공무원 시절

이규성의 기록

소이논집

박영사

머리말

이 자료는 내가 걸어온 삶을 정리하면서 그동안 쓴 글과 나와 관련된 기록들을 모아서 발간한 것이다. 소이(素怡)는 나의 호(號)로서 그저 빙그레 웃는다는 뜻이다.

최근에 대략 정리가 끝난 이 논집은 단순히 과거의 내 글만을 편집한 자료집이 아니다. 이번 논집은 내가 지금까지 걸어온 길을 공무원 시절, 장관 시절, 교수 시절, 경영자 시절의 네 시기로 나누어 각각의 책으로 발간하는 것이다. 이처럼 시기별로 나뉜 내 글을 읽는 분들이 그 내용을 보다 잘 이해하는 데 도움이 될 수 있도록 내가 태어나서 성장하고 사회생활을 하는 동안 내가 인식하고 있는 시대적 배경과 내가 해온 일들을 정리된 글 앞에다가 약술해 놓았다.

이런 이유 때문에 이 논집이 나의 회고록 또는 자서전처럼 보일 수도 있겠지만 이와 같은 추가적인 서술은 어디까지나 내가 쓴 글들의 배경을 좀 더 자세히 설명하려는 데 그 목적이 있다. 그런 연유에서 꼭 필요한 경우가 아니면 나의 개인적인 일이나 같이 일했던 사람들의 이름을 거명하는 것은 자제했다.

한편 코람코 경영시절의 이야기는 보다 자세한 기록을 토대로 별도의 책으로 발간하여 나의 기업경영에 대한 기본방향을 소상하게 알리려고 했었으나 여기에 합하여 발간하게 되었다.

공무원으로 시작해 대학교수를 거쳐 민간기업의 최고경영자에 이르기까지 나는 많은 글을 썼다. 내가 현재 가지고 있는 각종 정책보고서, 연구보고서, 강연록, 강의록, 연설문, 기고문, 치사(致辭) 등 여러 방면에 걸친 다양한 글들이 총 400여 편에 달한다. 이런 글 가운데 중요하다고 생각되는 58편만을 가려서 각 권에 별첨으로 수록했다.

한편 재정경제부장관 시절에 썼던 글들은 연설문의 경우 1999년 재정경제부 발간으로 국문과 영문 연설문집이 두 권의 별책으로 나왔기 때문에 중복을 피하고자 이번 논집에서는 가급적 별첨 게재에서 제외했다.

이 논집을 정리하는 데는 일차적으로 이춘성 중앙일보 전 경제부기자와 강봉희 코람코 전 자문위원이 실무적으로 많은 도움을 주었다. 다만 코람코 경영자 시절에 관한 자료 정리에서는 코람코의 강승일 및 홍은기 두 분 본부장과 김지영 차장, 그리고 ㈜사사硏 장형규 대표의 도움도 컸다. 그러나 이 논집과 관련된 모든 책임은 저자에게 있다. 마지막으로 이 책의 출판을 흔쾌히 수락해 주신 박영사 안종만 회장을 비롯한 관계자 여러분께도 감사의 말씀을 드리는 바이다.

2020년 1월

이 규 성

차 례

제 1 장 성장기 시절(1939년~1963년)

제 2 장 사무관·과장 시절(1963년 9월~1973년 8월)

제 3 장 국장 시절(1973년 8월~1980년 5월)

제 4 장 재무부차관보~국무총리행정조정실장 시절 (1980년 5월~1988년 12월)

제1장

성장기 시절

(1939년~1963년)

제1장 성장기 시절

(1939년~1963년)

나는 1939년(기묘년: 己卯年) 11월 1일(음력) 술시(戌時)에 부친 이희종(李羲鍾) 씨와 모친 임완순(任完淳) 씨 사이의 6남 1녀 중 첫째로 태어났다. 태어난 곳은 충청남도 논산군 구자곡면 소룡리 342번지이다. 나의 부친이 태어나신 바로 그 자리이며, 현재는 충청남도 논산시 연무읍 연무로 563-11이다.

제 1 절 시대적 배경

내가 태어난 시대는 일본제국이 우리나라 국권을 침탈한 후 중국대륙으로 뻗어가던 시기였다. 일본제국이 패망해 해방된 이듬해인 1946년에 나는 국민학교에 입학했으며, 5학년 때인 1950년 6·25전쟁이 발발했다. 중학교 2학년 때 휴전이 되었으며, 전후 복구기에 고등학교를 다녔다. 대학 3학년 때 4·19혁명이 일어났고, 고등고시 합격 후 1961년 육군에 입대해 훈련병 시절에 5·16 군사정변이 일어났다. 실로 파란만장하고 엄청난 변화 속에서 나는 자랐다.

일제의 병참기지 시기(1939년~1945년 8월)

한국의 식민지화만으로는 성이 차지 않은 일본은 1929년 세계대공황으로 열강들이 국내 문제에 골몰하고 있을 때 1931년 9월 18일 만주사변을 일으켰다.

일본은 '대동아공영권(大東亞共榮圈) 건설'이라는 망상에 빠져 1937년 중·일전쟁을 일으킨 데 이어 전선을 동남아로 확대했고, 1941년 12월에는 미국 하와이 진주만을 기습해 태평양전쟁을 시작함으로써 제2차 세계대전에 돌입했다. 이러한 소용돌이 속에서 한국은 일본의 병참기지화 되고 한국인들은 일본의 전쟁 지원을 위해 식량과 공업생산품과 원료 등 전시 물자를 징발 당함으로써 극심한 배고픔과 물자 궁핍을 겪었음은 물론 강제 징병·징용과 노역에 동원되기도 했다.

이와 아울러 일본은 한국인을 일본의 국민에 동화시키기 위해 한국말과 글을 못 쓰게 함은 물론 한국인의 성(姓)까지 일본인 식으로 바꾸는 등 황민화(皇民化)정책을 폈다.

1945년 8월 6일과 9일 히로시마와 나가사키에 원자폭탄이 차례로 투하되고 소련이 대(對) 일본전쟁에 참가하자 8월 15일 일본은 무조건 항복했다. 이로써 태평양전쟁과 제2차 세계대전이 마침내 동시에 막을 내렸다.

해방 정국의 혼란기(1945년 8월~1948년 8월)

1945년 8월 15일 우리나라는 해방의 기쁨을 맛보았지만 바로 정국의 대혼란으로 이어졌다. 미·소 양군이 일본군 무장 해제를 위해 설정한 단순한 경계선인 38도선은 우리 국토와 경제를 분단하는 선이 되고 말았다.

해방 후 한국의 통치문제를 살펴보면 일본 국왕의 항복 발표가 있자 조선총독부의 엔도(遠藤柳作) 정무총감이 여운형(呂運亨)에게 한국의 치안을 비롯한 통치 전반을 맡아줄 것을 요청했다. 이를 수락한 여운형은 조선건국준비위원회를 결성하고 확충해 나가다 1945년 9월 6일 조선민주주의인민공화국을 선포했다. 그러나 1945년 9월 8일 미군이 인천에 상륙해 한국 점령군사령관 하지(John R. Hodge) 중장의 포고로 미군정이 시작되었다. 여운형의 조선민주주의인민공화국은 불법화되었다. 미군정은 남한의 점령군으로서 기존 조직인 조선총독부와 관리들을 통해 한국을 통치하기 시작했다. 일본인 총독과 관리들이 남한의 통치에 고문(顧問) 등으로 계속 참여하다가 여론이 악화되고 일본인들이 귀국하면서 일본인들이 한국인으로 대체되었다.

미군정이 시작되자 한국은 일본의 통치체제와 운영의 질서가 바뀌는 과도기를 맞이했다. 경제면에서 보면 전시경제에 대한 전반적이고 직접적인 통제가 사라지면서 생산·유통 물가에 대한 통제가 느슨한 시장경제로의 시도가 나타났다.

1945년 12월 미·영·소 3개국 외상(外相)이 참석한 모스크바 3상회의(三相會議)에서 한국에 임시 민주정부를 수립하기 위해 미·소 공동위원회를 설치하고 한국은 정부를 수립할 능력이 없으므로 미·소·영·중이 최장 5년간 신탁통치하기로 했다. 이의 실천방안을 놓고 신탁 찬성과 반대의 국내 정치세력 간 대립이 있었다. 주로 공산주의자들이 찬성했으며 민족주의자들은 반대했다. 이런 가운데 미국과 소련은 한국에 단일정부를 세우고자 회담한 바 있으나 끝내 결렬되고 말았다. 그 뒤 소련은 38선 이북에 진주와 동시에 조직된 북조선임시인민위원회를 토대로 1948년 9월 9일 38선 이북에 공산정권을 수립했다. 참으로 남북 분단은 강대국의 냉전을 바탕으로 한 국제정치의 한 단면이라 할 수 있다.

다른 한편으로 해방을 맞은 남한의 정치세력들은 사분오열되어 백가쟁명의 의견 대립이 있었다. 자주 이야기 되는 보수 우파의 이승만(李承晩), 민족주의의 김구(金九), 극좌 공산주의의 박헌영(朴憲永), 온건 좌파의 여운형 등이 대결하고 있어 매우 혼란스러운 상황이었다. 그런 가운데 노동운동과 파업으로 사회 불안은 더욱 가중되었다.

경제구조면에서 보면 일본은 1930년대 중국대륙의 침략을 본격화하면서 지하자원과 전력이 풍부한 한반도의 북쪽에는 공장을 세워 기계 및 비료를 생산하게 하고, 남쪽은 쌀 생산에 주력하게 했다. 그러나 남북이 분단되면서 이 같은 남농북공(南農北工)의 보완적 경제구조가 단절되었다. 1948년 5월 14일 북한은 일방적으로 남한에 대한 송전을 중단했으며 1949년 3월에는 남북 교역이 단절되었다. 그리하여 남한은 비료, 전력과 기계가 턱없이 부족하게 되었다. 이에 따라 곡물 생산이 감소하고 공업 생산 역시 급감했다. 조선은행 『조선경제연보』(1948년)에 의하면 공업 생산은 1947년 3월 말 기준으로 사업장 수는 1943년보다 55%, 노동자 수는 49.5%가 줄었다. 1946년 주요 제조업 부문의 생산액은 1939년에 비해 71% 수준으로 감소했다.

홍성유(洪性囿)는 『한국경제와 미국 원조』(1962년)에서 한마디로 해방 이후 대한민국의 산업은 기간산업의 붕괴, 재고원료의 소진, 귀속공장관리 불철저, 기술진의 빈곤으로 총체적 난국에 처했다고 말하고 있다.

이와 같이 물자공급이 부족해진 데다 통제마저 느슨해진 경제운영 아래에서 해방 후 한국경제는 악성 인플레이션에 휩싸였다. 여기에 재정적자까지 가세했다. 식산은행 월보(殖産銀行 月報, 1949년 제4권 제3호)에 의하면 1945년 6월 도매물가는 1936년(지수 100 기준)보다 2.7배 상승하는 데 그쳤으나 해방 직후인 9월 서울도매물가지수는 2047.2, 1945년 12월 말에는 4359.2를 각각 기록했다. 물가 오름세를 알기 쉽게 표현한다면 해방 직전과 비교해 2개월 동안에만 약 7.5배, 반 년 후에는 약 16배가 올랐다. 1948년 정부 수립 시까지는 1936년에 비해 그 상승폭이 무려 67배에 달했다.

이러한 광란적인 물가 상승과 물자의 절대부족 현상의 완화에는 패망한 후 일본이 전쟁을 위해 비축해놓았던 물자의 방출도 일부 도움이 되었지만 미국 원조가 큰 역할을 했다. 미국은 점령지에 대해 구호를 펼쳤다. 해방 후에 제공된 미국의 한국에 대한 원조를 살펴보면 1945년 9월 미군에 의한 GARIOA(Government and Relief in Occupied Area, 점령지역행정구호계획) 원조가 그 효시로 식료품·의류·의약품 등의 구호물자와 원면·비료 등 원자재를 공급했다. GARIOA 원조는 1948년까지 총 4억539만 달러가 제공되었다.

대한민국의 건국

미·소 간의 합의에 의한 한국의 통일된 단일정부 수립이 실패로 끝나자 한국 문제는 유엔으로 논의의 장소를 옮겼다. 1947년 11월 유엔총회에서는 유엔한국임시위원단(UNTCOK: UN Temporary Commission on Korea)을 구성해 위원단의 감시 아래 인구 비례에 따라 총선거를 실시해 통일정부를 수립하자는 미국 상정안이 가결되었다. 하지만 소련과 북한의 거부로 북한지역에서 총선거를 할 수 없게 되자 유엔소총회(Little Assembly of the United Nations)[1]에서 임시위원단이 접근할 수 있는 남한에서만이라도 총선거를 치르자고 결의했다. 결국 1948년 5·10 총선거를 실시해 제헌국회의원을 선출했다. 제헌국회는 그해 7월 17일 민주공화국 체제의 헌법을 제정하고 이승만을 초대 대통령으로 선출했다. 이 대통령은 정부를 구성하고 8월 15일 대한민국 정부 수립을 선포했다.

대한민국 정부의 탄생으로 새로운 경제 질서가 잡혀가게 되었다. 제헌헌법은 주요 산업의 국유화, 기업 이윤의 근로자 균점 등 사회민주적·경제체제적 요소를 명시했다. 이는 후일 1954년 2차 개헌을 통해 자유기업을 원칙으로 하는 자본주의 요소가 강화되었다.

농지개혁과 귀속재산 불하도 뒤따랐다. 일제강점기에 이르기까지 농지 소유는 지주, 경작은 소작인의 형태가 주종을 이루었다. 미군정 시대에도 농지개혁의 논의는 있었지만 일본인이 소유하던 토지의 매각에 그치고 말았다. 이에 정부는 1949년 6월 경자유전(耕者有田, land to the tiller)의 원칙과 유상몰수·유상분배를 내용으로 하는 농지개혁법을 확정·공포했다.

---

1) 유엔총회의 기능을 부분적으로 대리하는 보조기관. 1947년 11월에 총회 업무를 보조하기 위해 설치되었으며 국제협력의 촉진 등에 관한 연구, 조사 심의 및 보고 등의 업무를 수행한다. 처음 설치될 때는 한시적(1년)인 보조기관이었으나 1948년 총회에서 1년간 더 존속시키기로 결정했으며 1949년 잠정위원회(Interim Committee)로 바뀌면서 상설기구가 되었다.

정부는 스스로 경작하지 않는 농지를 유상으로 수매했다. 그러나 심한 인플레이션 아래 주로 지가증권으로 대금을 지급해 제대로 농지의 가격을 주고 수매한 것은 아니라고 할 수 있다. 경작인에 대한 농지분배는 5년 균분납부토록 했으며 농지분배 총면적은 55만 정보에 달했다.

이에 앞서 정부는 1948년 9월 11일 한미 재정 및 재산에 관한 최초 협정(The Initial Financial and Property Settlement between the Government of ROK and Government of USA)을 체결함으로써 미 군정청이 접수 귀속시킨 일본인 재산을 이관 받았다. 미군정청이 귀속시킨 일본인 재산은 농지를 제외한 일본인 소유의 사업체와 가옥이 주종을 이루었다.

조선은행 『조선경제연보』(1948년)에 의하면 한국 정부에 이관된 주요 사업체는 대기업을 중심으로 해 822개였다. 이는 전체 공장의 21.6%에 해당하나 종업원 수로서는 59.6%를 차지했다. 정부는 귀속재산을 민간에게 불하했는데 1950년에 6·25전쟁이 발발해 많은 재산이 파괴·유실된데다 불하 절차를 진행할 수 없어 사실상 휴전이 된 후 1954년부터 불하가 재개되었다. 불하는 원칙적으로 선량한 한국인 연고자나 종업원에게 우선권이 주어졌다. 그러나 격심했던 인플레이션 아래 불하를 받기 위해 정치권과 유착하는 부작용도 만만치 않았다.

재무부의 『재정금융의 회고－건국 10년』(1958년)에 의하면 1948년 8월부터 1958년 5월까지 귀속재산 처리실적은 기업체 2029개, 부동산 25만 9639건, 기타 2106건 등 총 26만3774건이었다.

한편 정부 수립 이후 6·25전쟁 발발 이전까지 미국 원조는 1948년 12월 10일 대한민국 및 미합중국 간의 원조협정이 체결되어 한국의 경제부흥에 필요한 시설재, 소비재 및 기술원조를 공여하는 ECA(Economic Cooperation Administration, 경제협조처) 원조가 1949년 1월 1일부터 제공되어 이 기간 동안의 물가와 민생 안정에 기여했다. 이 ECA 원조는 6·25전쟁을 계기로 전시긴급구호계획에 통합되어 SEC(Supplies Economic Cooperation, 경제협력제공) 사업으로 1953년 5월까지 계속되었다. ECA 및 SEC 원조에 의해서는 2억187만 달러가 지원되었다.

송인상(宋仁相, 재무부장관 역임)의 『부흥과 성장』(1994년)에 의하면 정부는 ECA와의 합동회의를 통해 당시 초미의 과제였던 높은 인플레이션 수속을 위시한 경제의 안정을 위해 재정적자의 최소화, 수신 내 여신으로 통화증발의 억제, 귀속재산 처리과정에서의 부정부패 차단을 골자로 하는 경제안정 15원칙에 대해 합의하고 1950년 3월부터 시행에 들어갔지만 6·25전쟁이 일어나는 바람에 3개월 만에 중단되고 말았다.

6·25전쟁

『두산백과』에 의하면 북한군은 1950년 6월 25일 새벽 4시경 서해안의 옹진반도로부터 동해안에 이르는 38선 전역에 걸쳐 국군의 방어진지에 맹렬한 포화를 집중시키면서 기습공격을 개시했다.

당시 국군은 노동절(5월 1일), 국회의원 선거(5월 30일), 북한의 평화공세 등 일련의 주요 사태를 전후해 오랫동안 비상근무를 계속해 왔기 때문에 오히려 경계태세가 이완된 상태였다. 특히 북한의 평화공세에 대비해 하달되었던 비상경계령이 6월 23일 24시를 기해 해제되어 병력의 1/3 이상이 외출 중인 상태에서 기습공격을 받았다.

북한군은 6월 27일에는 서울을 점령했고 7월 3일에는 한강을 넘어 파죽지세로 남진을 계속했다.

국군은 유엔군의 참전 지원에도 불구하고 전력의 열세로 북한군의 남진을 저지하지 못해 8월 1일에는 낙동강 전선까지 후퇴했다. 치열한 공방전을 치르면서 국군과 유엔군은 부산 점령을 목표로 한 북한군의 8~9월 공세를 낙동강 방어선에서 격퇴하게 되었다. 국군과 유엔군은 북한군의 집중 공격을 받은 마산·대구·경주 축선을 고수해 국토의 약 10%에 불과한 부산 교두보를 간신히 확보한 것이다. 낙동강 방어전투는 국가 운명을 결정짓는 중요한 국면에서 최대의 위기를 극복하고 공세 전환의 기틀을 마련한 작전이었다.

그 후 같은 해 9월 15일 맥아더(Douglas MacArthur) 장군이 지휘한 인천상륙작전을 전환점으로 해 전세를 반전시킨 유엔군은 9월 26일에는 서울에 진입했고 완전히 회복한 뒤인 9월 29일에는 서울수복 기념식이 거행되었다. 유엔군은 패주하는 북한군을 추격해 10월에는 평양을 수복하고 압록강과 두만강까지 진격했다. 그러나 중공군의 개입으로 12월에는 북한지역에서 철수하게 되었고 1951년 1월 4일 대한민국 정부는 다시 서울에서 후퇴했다. 이후 전선은 일진일퇴를 거듭했으나 38선 부근에서 전선이 교착되었다.

1953년 7월 27일 오전 10시 제159차 본회의에서 유엔군 수석대표 해리슨(William K. Harrison) 중장과 북한과 중국 측 대표 남일(南日)이 휴진조인문에 합의·서명한 뒤 유엔군 총사령관 클라크(Mark Wayne Clark), 북한군 최고사령관 김일성(金日成), 중공인민지원군 사령관 펑더화이(彭德懷)가 각각 그의 후방 사령부에서 휴전조인문에 서명했다. 그러나 대한민국 대표는 최후까지 휴전에 반대한다는 의미에서 끝내 본 휴전조인문에 서명하지 않았다. 이승만 대통령은 북진통일론(北進統一論)을 고집해 정전협상에 반대했으나 한미상호방위조약을 얻어내어 전후 안전보장을 확고히 하기도 했다.

이로써 6·25전쟁은 마침내 정전되었다. 하지만 그 3년 1개월여의 전쟁으로 남북한을 막론하고 전 국토는 폐허가 되었으며 막대한 인적 피해가 났다. 국방군사연구소의 『한국전쟁피해통계집』(1996년)에 의하면 아군의 경우 한국군은 전사자 13만7899 명과 부상자 45만742 명 및 실종자·포로 3만2838 명을 포함해 총 62만1479 명, 유엔군은 전사자 4만670 명과 부상자 10만4280 명 및 실종자·포로 9931 명을 포함해 총 15만4881 명의 인적 피해가 났다.

반면 적군의 경우 북한군은 사망자 52만여 명과 실종자·포로 12만여 명을 포함해 총 64만여 명, 중공군은 사망자 13만5600여 명과 부상자 20만8400여 명 및 실종자·포로 2만5600 명을 포함해 총 36만9600여 명의 인적 피해를 본 것으로 추정되었다.

내무부의 『대한민국 통계연감』(1955년)에 의하면 전쟁 기간 중 대한민국의 경우 99만여 명의 민간인이 목숨을 잃거나 부상을 입었다. 전쟁 기간 중 북한은 8만5000명에 달하는 각계각층의 지도급 인사들을 대한민국으로부터 납치해 갔다. 이 가운데에는 국회의원을 비롯한 정치인들과 저명한 학자·종교인·공무원들은 물론 고급기술자들도 상당수 포함되었다. 이와는 반대로 전시 중 남한으로의 북한 피란민 유입 수는 국사편찬위원회의 『대한민국사』에 의하면 45만~72만 명인 것으로 추정하고 있다. 해방 후 일본·중국·만주로부터의 귀국자와 북한지역으로부터의 이동자를 포함한 224만 명 이후 최대 규모였다.

공보처의 『Korean Economy: Progress and Prospect』(1965년)에 의하면 대한민국의 재산 피해 규모는 총 30억3200만 달러로 당시 GNP의 2배에 달했다. 구체적으로는 일반산업시설 3억5400만 달러, 공공시설 4억7500만 달러, 교육시설 3억7200만 달러, 교통시설 2억3200만 달러, 주택 및 건물 5억1200만 달러, 방위시설 1억7200만 달러, 원자재 2억1200만 달러, 차량 2200만 달러, 선박 4억 달러, 기타 2억8100만 달러 등이었다.

전시 인플레이션은 극심했다. 1950년 6월 12일에 조선은행에서 한국의 중앙은행으로 설립된 한국은행의 『경제통계연보』에 의하면 1950년 6월 서울도매물가지수는 348(1947년 100 기준)이었으나 임시수도인 부산의 도매물가지수는 1951년 2194.1, 1952년 4750.8, 1953년 5951.0을 기록하는 등 물가는 천정부지로 치솟았다. 물가안정을 위해서는 무엇보다도 통화가치의 안정이 중요했다. 「1955년 IMF의 한국경제에 대한 연례협의 보고서」에 의하면 6·25전쟁 중 두 차례 긴급통화조치를 단행했다. 그 하나는 1950년 8월~1953년 1월 조선은행권을 한국은행권으로 교환하는 일이고 이어 1953년 2월 화폐단위를 '원'에서 '환'으로 변경하면서 화폐가치를 100 대 1로 절하하는 통화개혁을 단행하고 예금자산의 일부를 동결하는 것이었다.

전쟁 중 원조가 효율성 있게 관리될 수 있도록 한·미 간 합동경제위원회(CEB: Combined Economic Board)를 설치하고 원조와 관련해서 한국정부의 의무조항을 설치하는 등 한국과 유엔통일사령부 간 경제조정에 관한 협정(The Agreement on Economic Coordination between the Republic of Korea and the Unified Command, 일명 Meyer협정)이 1952년 5월 24일 체결되었다.

또한 전쟁 수행에 따라 국가재정이 극도로 악화되었다. 무기 등 군사장비와 긴급생활물자 등은 미국의 무상공여에 의존하는데도 유엔군 대여금을 포함한 전쟁 수행의 비용이 커서 재정적자는 불가피했다. 정부는 1951년 9월 임시토지수득세를 국세로 신설해 농민에게 부과되던 지세, 소득세, 호별세, 교육세 등을 쌀로 받는 현물세로 단일화했다. 인플레이션이 극심한 상황에서 화폐경제를 물물교환경제로 되돌리는 조치였다. 토지수득세 수입은 전체 조세 수입의 80%를 차지했는데 현물징수는 1951~1954년 중 연평균 100만~150만 석에 달했다. 현물세인 토지수득세는 1960년 12월 폐지되고 금납제(金納制)인 토지세가 새로이 도입되었다. 조세가 세입에서 차지하는 비중이 크지 않은 상황에서 토지수득세의 도입 등 정부의 노력에도 불구하고 재정적자는 매우 커 원조자금에 의해 설치된 대충자금(對充資金: counterpart fund)이나 국채 발행 또는 한국은행 차입금으로 해결할 수밖에 없었다.

여기서 대충자금을 살펴보면 그 수입은 미국의 무상원조 또는 장기저리 차관자금이었다. 미국 원조 형태의 변화에 따라 미국의 공공원조자금, PL(Public Law, 미 공법) 480호에 의한 잉여농산물 판매자금, 국제연합한국재건단(UNKRA: United Nations Korean Reconstruction Agency) 자금 등을 재원으로 해 이에 상응하는 내국통화를 정부가 특별계정에 적립토록 한 것이다. 대충자금의 일반재정으로의 이전은 총 재정수입의 30~40% 수준이었다. 그 운용방법도 전시에는 한·미 양국 간의 협의에 따라 결정되었지만 휴전 후에는 백-우드협정을 통해 한·미간의 합동경제위원회 협의를 거쳐 사용토록 정리되었는데 이에 따라 대충자금은 주로 전후 복구사업, 재정적자의 보전 등에 사용되었으며 원조기관의 자금관리 행정비는 5% 이내에서 사용되었다. 백-우드협정은 1953년 12월 14일 체결되었는데 그 내용은 바로 이어지는 「전후복구기」에서 설명하겠다.

결론적으로 6·25전쟁은 미국을 위시한 유엔군의 참전과 이들의 원조가 큰 역할을 한 전쟁이라 할 수 있으며 전쟁 중 집을 잃은 수많은 한국 국민들은 이들의 구호에 크게 의존해 연명해나가는 형편이었다.

홍성유의 전게서 『한국경제와 미국 원조』에 의하면 미국과 유엔 가맹국 및 비가맹국이 통일사령부를 통해 제공하는 ECA·SEC와 국제협조처(ICA: International Cooperation Administration), 한국민간구호계획(CRIK: Civil Relief in Korea), UNKRA 원조로 그 규모는 1950년 5871만 달러, 1951년 1억654만 달러, 1952년 1억6133만 달러, 1953년 1억9417만 달러 등 총 5억2075만 달러에 달했다.

전후 복구기

휴전된 이후 한국의 당면 과제는 전시에 잿더미로 변한 생산시설 등의 복구와 천정부지로 치솟는 물가의 수속을 통한 경제 안정 그리고 군사력의 강화에 의한 방위력의 향상이었다. 하지만 한국 정부 자력으로는 불가능한 일이었다.

휴전 협상이 막바지에 이른 1953년 4월 미국 아이젠하워(Dwight Eisenhower) 행정부는 한국의 당면 과제 추진에 필요한 원조 규모는 얼마이며 원조시스템은 어떻게 효율화해야 하는지에 대한 판단자료를 얻기 위해 타스카(Henry J. Tasca) 사절단을 파견해 한국의 실태를 알아보도록 했다. 아이젠하워 자신도 당선인 시절인 1952년 12월에 한국을 방문했었다.

한편 그동안 미국의 대외원조를 관장해오던 상호안전보장처(MSA: Mutual Security Agency)가 1953년 8월 1일을 기해 대외활동본부(FOA: Foreign Operations Administration)로 개편되었다. 그리고 한·미 간에 한국경제 복구에 대해 긴밀한 협의를 위해 한·미 양국은 경제조정관(Economic Coordinator)을 두기로 했다. 미국의 초대 경제조정관으로 당시 FOA 차장이었던 우드(Tyler Wood)가 임명되었으며 그는 서울에 미국의 경제조정관실(OEC: Office of the

Economic Coordinator)을 설치해 한국경제 운용을 실질적으로 주도했다.

그 후 우드는 한국의 국무총리 백두진(白斗鎭)과 협의를 거쳐 그해 12월 14일 한국과 유엔군사령부(실질적으로는 미국) 사이에 경제재건과 재정안정 계획에 관한 합동경제위원회 협약(CEB협약: 일명 백-우드협약)을 체결했다. 이는 여러 형태로 제공되는 외국원조의 효율적인 활용을 위한 것이었다. 김용환(金龍煥: 재무부장관·4선 국회의원 역임)의 회고록 『재정금융정책 비사』(2006년)에 의하면 이 협약에서는 경제재건을 위한 기본방향이 설정되었는데 자유기업의 원칙, 재정금융의 균형, 단일환율의 설정, 대충자금의 운용원칙 등이 결정되었다.

경제조정관은 1955년 9월 국제협조처(ICA)의 한국대표로 바뀌었다가 1959년 7월 1일 다시 주한미국경제협조처(USOM: US Operations Mission to the ROK)의 대표로 바뀌었다. 1957년에 개정된 상호안전보장법(MSA: Mutual Security Act)에 개발차관기금(DLF: Development Loan Fund)을 신설한 이래 미국의 대외원조는 종래의 무상원조를 지양하고 차츰 유상원조로 전환되었다.

홍성유의 전게서 『한국경제와 미국 원조』에 의하면 전후 복구를 위한 외국원조는 1953년부터 1961년 7월까지 총 22억8400만 달러에 달했는데 이 중 ICA 원조가 17억4300만 달러로 76%를 차지했다. 아울러 미국의 우리나라에 대한 PL480호 원조는 1955년부터 1961년까지 2억265만 달러가 제공되었다.

원조에 의한 휴전 이후의 재건사업은 전후 복구에 필요한 시멘트·판유리 공장의 건설과 전력·석탄 등 에너지 개발, 철도를 비롯한 수송력 증강, 농업 증산에 필요한 비료공장 건설 등 이른바 기간산업의 구축에 초점이 맞춰졌고 경인지역 산업부흥계획이 추진되었다. 문경시멘트, 인천판유리, 장항제련소와 방직산업이 복구되고 중앙의료원이 건립되었으며 충주비료공장도 건설되었다.

한편 한국경제의 재건방안을 모색하기 위해 UNKRA는 컨설팅회사인 네이선(Robert R. Nathan Associates, Inc.)에 연구용역을 맡겼다. 1954년 2월 4일 네이선 보고서(Nathan Report)가 작성 제출되었다. 「한국의 재건을 위한 경제계획(An Economic Program for Korean Reconstruction)」이란 제목의 이 보고서는 한국이 먼저 농업에 집중 투자해 농업의 근대화를 통해 생산성을 높이고 증산한 쌀을 해외에 수출해 얻은 외화로 공업화의 기반을 구축해야 한다는 입장을 취했다. 농업 위주의 근대화를 추진해야 한다는 게 그 요지였다.

「1955년 IMF의 한국경제에 대한 연례협의 보고서」에 의하면 다른 한편으로 한국의 부흥부도 장기경제부흥계획 시안을 작성한 바 있는데 공식적으로 확정하지 않았다. 단지 부흥부 내의 「산업개발위원회」에서 이를 작성하였을 뿐이다. 두 계획 모두 한국경제의 자립 달성을 목표로 했지만 UNKRA계획은 농업 생산 목표를 높게 설정한 데 비해 우리 정부 시안은 전력·제조업 생산을 높게 책정하는 등 세부적인 내용에서는 상이했다.

다른 한편으로 정부는 물가안정에도 주력했다. 여기에는 우선 곡가의 안정이 중요했다. 이때 춘궁기에는 아사자(餓死者)가 많이 발생했다. 그래서 PL480호에 의한 잉여농산물도 많이 수입하고 정부의 저가수매 등으로 농산물 가격을 안정시켰다. 이대근(李大根)의 『한국전쟁과 1950년대의 자본축적』(1987년)에 의하면 도매물가지수를 1950년 6월을 100으로 볼 때 1954년 6월 총지수는 1935인데 곡물은 1394, 직물은 2162, 건축자재는 3408, 연료는 3904였다.

대외교역은 국내 물가가 급격히 오르는 상황에서 무역업자를 정부에서 인가해주고 또한 수입과 수출품목도 정부의 직접통제 하에 두었으며 이에 따른 외환과 결제도 통제했다. 이런 상황에서는 사치품을 중심으로 한 밀수가 성행할 수밖에 없어 세관의 주된 임무는 밀수 단속이었다.

또한 6·25전쟁 중 유엔군의 군사 활동에 필요한 자금을 우리 정부가 대여해주고 있었는데 대여금의 외환 상환을 극대화하기 위해 한국 정부는 내외 가격차를 반영한 실세환율로의 조정보다는 고평가된 공정환율(official exchange rate)의 유지에 온힘을 쏟았다. 특히 이승만 대통령은 외환

사용의 절제와 공정환율의 유지에 고집스런 면모를 보였다. 이러한 정부의 고평가환율 유지정책은 미국과의 견해 차이가 심했다.

여기서 해방 이후의 환율제도에 대해 잠깐 살펴보면 1945년 10월 1일 미군정 당국은 공정환율제도를 실시해 미화 1달러당 15원으로 책정했다. 그 후 우리 정부가 공정환율의 유지에 고집스런 정책을 펴왔지만 미국의 끈질긴 환율의 실세화 요구를 외면할 수만은 없었다. 정부는 1947년 7월 15일부터 11차례에 걸쳐 3333배 인상해 1955년 8월 15일 달러당 500환(구화 5만원)으로 단일화했다. 이후에도 정부는 물가 및 재정 안정의 필요성 때문에 환율을 낮은 수준으로 유지하고자 노력했으나 결국 1960년 2월 23일 달러당 650환으로 조정했다.

이와 같이 공정환율이 적기(適期)에 실세화되지 못하자 공정환율은 정부의 외환계정을 통한 거래에 적용되는 환율로서 그 기능이 제한되어 있었다. 다시 말해 외환당국이 정한 공정환율 이외에 시장에서는 주한미군에 대한 한국은행의 달러 공매환율, 원조물자 매각환율, 암달러시장환율 등 사실상 복수환율체제(multiple rates of exchange system)로 운영될 수밖에 없었다. 예컨대 「1959년 IMF의 한국경제에 대한 연례협의 보고서」에 의하면 1958년 5월 암달러시장에서는 달러당 평균 1171환의 환율로 거래되었으며 미 군표(Military Payments Certificates)는 달러당 평균 1011환 수준이었다. 1959년 10월에는 이 환율이 각각 1240환과 1152환으로 상승했다. 당시의 공정환율은 1955년 8월 15일 이후 달러당 500환으로 고정되어 있었다.

물가안정을 위해서는 재정 및 통화신용의 긴축정책이 필요하지만 이를 실천하는 것은 매우 어려운 일이다. 전쟁 수행과 경제복구로 발생한 정부의 재정적자를 외국원조와 한국은행 차입으로 보전해야 하고 자본금이 작아 차입의존도가 높은 민간부문에 대한 대출이 불가피한 상황에서는 더욱 그렇다. 당시의 금융 현실을 「1960년 IMF의 한국경제에 대한 연례협의 보고서」에 의해 살펴보면 은행 대출금리는 평균 17.5%, 한국은행

재할인금리는 6.2~7.3%였고 1954년 5월 1년 만기 정기예금금리가 4.8%에서 12%로 인상되었지만 물가상승률을 감안한 실질 예금금리는 매우 낮은 편이었다. 그래서 은행의 예금은 매우 작은 수준에 머물러 있어 대출자원은 주로 한국은행 재할인으로 마련하는 형편이었다.

다른 한편으로 「1960년 IMF의 한국경제에 대한 연례협의 보고서」에 의하면 일반 서민들이 이용하는 고리채(高利債)의 금리는 월 10~15%나 되었다. 따라서 은행에서 대출받는 것은 특혜나 다름없었다. 이러한 상황에서 민간에 대한 융자를 제한하기 위해 대출한도제와 융자순위제 등 선별적 통제(selective control)를 실시했다.

김용환의 전게서 『재정금융정책 비사』에 의하면 재정수입의 47.5%를 대충자금이 차지하는 등 한국경제의 대미원조 의존도가 절정에 달하던 1957년부터 미국 측은 원조를 계속하는 조건으로 재정안정계획의 채택과 합의를 요구해왔다. 이에 한국 정부는 예산계획, 원조자금의 사용계획, 통화량 증가 억제계획 등을 망라하는 강력한 재정안정계획을 미국 측과 협의해 수립·집행하게 되었다.

생산의 복구와 필요물자의 원조수입 그리고 수요관리의 강화 등 물가안정을 위한 시책 등에 힘입어 물가상승률은 점진적으로 낮아졌다. 「1958년 IMF의 한국경제에 대한 연례협의 보고서」에 의하면 도매물가지수는 1953년을 100으로 할 때 1954년 말 169, 1955년 말 241, 1956년 말 352를 기록하다가 1957년 하반기부터 하락세로 돌아서 1958년 말까지도 이어졌다. 이와 같은 물가의 하락세 반전은 통화량 증가율의 급격한 둔화에 주로 기인했으며 쌀 풍작에 힘입어 곡물가격이 급락한 것도 일조했다. 1958년 들어 새로 편제하기 시작한 전국도매물가지수(1955년=100)와 서울도매물가지수(1947년=100)는 연평균 기준으로 전년보다 각각 6%와 7% 하락했다. 1959년에는 곡물가격은 하락세를 유지했으나 원조수입이 줄어들면서 종이·고무·건축자재·섬유류 등 수입물품에 대한 투기수요로 인해 전국도매물가지수는 9.2%, 서울도매물가지수는 10.7% 상승으로 반전했다.

4·19혁명과 5·16군사정변

『두산백과』는 4·19혁명을 초래하게 된 근본원인으로 종신집권을 노린 이승만 대통령의 지나친 정권욕과 독재성 및 그를 추종하는 자유당의 부패정치에 대한 국민들의 불평불만 누적을 들고 있다. 더불어 당시 농촌을 중심으로 실업률이 매우 높았다. 1960년 완전실업률은 8%를 넘나들었지만 농촌에서 가구 구성원으로 그저 허드렛일을 거들어 주며 먹고 자는 것을 해결하는 이른바 위장실업(disguised unemployment)률은 매우 높은 수준이었다. 6·25전쟁 후에 만연되었던 허무주의와 패배주의적 사회심리도 4·19혁명에 한몫했다. 일자리도 없는 곤궁한 형편에다 '엽전'이니 하는 자기비하의 말들이 서슴없이 회자되는 실정이었다.

1960년 3·15 정·부통령선거에서 부정선거가 이루어져 이승만·이기붕(李起鵬) 후보가 80%가 넘는 높은 득표율로 당선되었음을 발표했으나 국민들은 이를 받아들이지 않고 항거하기 시작했다.

4·19혁명의 최초의 도화선은 1960년 2월 28일 대구에서 불붙여졌다. 3월 1일에는 서울·대전·수원에서, 8일 대전, 12·13일 부산·서울에서 잇따라 학생 시위가 일어났다. 3월 15일 선거 당일에는 마산에서 학생들이 시위를 벌였고 시민들도 학생 시위에 합류했다. 경찰과 자유당 정치폭력배들의 무자비한 진압과 폭행도 있었다.

이어 4월 18일 고려대생 3000여 명이 국회의사당 앞에서 연좌시위를 한 후 귀교하는 길에 정치폭력배들의 습격을 받아 10여 명이 부상하는 사태가 발생했다.

1960년 4월 19일 서울 시내 각 대학 학생들이 중앙청을 향해 행진했다. 이들에게 자극된 수많은 고등학생들도 시위에 참가했다. 경찰이 이승만과의 면담을 원하는 학생들을 향해 무차별 발포를 했다. 정부는 오후 3시를 기해서 서울지역에 계엄령을 선포했다.

4월 25일 서울의 각 대학교수 259명이 시국선언문을 채택하고 구속 학생의 즉시 석방을 요구하면서 시위에 나섰다. 이날의 교수 시위는 자유당 정권 퇴진의 결정적 계기가 되었다. 이승만은 오전 11시 방송을 통해 직접 하야의 뜻을 밝히고 사흘 뒤인 4월 28일 경무대(景武臺)를 떠나 사저인 이화장(梨花莊)으로 물러났다. 그리고 한 달여 뒤인 5월 29일 이승만 부부는 김포공항을 통해 하와이로 망명했다.

4·19혁명으로 제1공화국이 붕괴된 후 1960년 6월 15일 의원내각제를 골격으로 하는 새 헌법이 국회 본회의를 통과해 8월 12일 민의원·참의원 합동회의에서 대통령에 윤보선(尹潽善)이 선출되었다. 그 후 헌법절차에 따라 국무총리에 장면(張勉)이 선출되어 1차 내각이 이루어짐으로써 제2공화국이 출범했다. 그러나 의회의 절대다수 의석을 차지한 집권 민주당 내 신파와 구파가 파벌싸움을 벌이면서 분열이 곧바로 표면화되었다.

신·구파의 대립은 총리 인준에서 노골화되어 1차 내각을 구성할 때 절정을 이루었다. 내각책임제에서 상징적인 의미의 대통령에 선출된 구파의 영수 윤보선이 구파의 김도연(金度演)을 국무총리로 지명하자 신파 의원들은 총리 지명 인준안을 부결시켰다. 이에 윤보선은 마지못해 신파의 지도자인 장면을 총리로 지명하고 8월 19일에 총리로 인준된 장면은 내각을 신파 일색으로 구성함으로써 내부 대립을 격화시켰다. 이에 격분한 구파가 민주당을 이탈해 12월 14일 신민당을 창당함으로써 신·구파의 알력은 분당 사태로 결말나고 말았다.

제2공화국은 경제제일주의를 표방했지만 정국의 혼란, 4·19혁명의 여세로 강화된 여론과 민권의 압력을 조정할 수 있는 리더십의 결여 등으로 인해 9개월간의 비교적 짧은 집권 기간 내에 실행에 옮기기에는 많은 한계가 있었다. 정치외적 압력을 정당의 자율적 기능을 통해 조정하는데 미흡했고 내부통제 기능마저도 거의 발휘되지 못했다. 다만 이 기간 중 정치적으로는 부정선거원흉 및 민족반역자처리법, 부정축재처벌법, 반민주행위자공민권제한법, 특별재판소 및 특별검찰부설치법 등 4개 특별법이 제정되었다.

1961년 5월 16일 새벽 제2군 부사령관인 소장 박정희(朴正熙)를 위시한 주도세력은 장교 250여 명 및 사병 3500여 명과 함께 한강을 건너 서울의 주요기관을 점령했다. 『한국민족문화대백과』에 의하면 5·16의 배경으로 군 내부 사정과 정치·사회적 상황을 꼽고 있다. 군 내부적으로는 6·25전쟁 이전 10만여 명 내외에서 60만 명 이상으로 확대된 군부가 미국의 집중 원조를 받았고 주요 군 간부들은 미국 유학을 통해 효율성에 입각한 현대적 경영기법과 사고방식을 접하게 되어 여타 사회 분야에 비해 엘리트 의식이 매우 강했다. 또한 1950년대 군부에 만연한 부정부패는 청년 장교들의 불만을 더욱 강화시켜 이른바 정군운동이 발생하는 등 쿠데타의 한 배경을 이루었다.

정치·사회적으로는 4·19혁명 후 과도기를 거쳐 출범한 장면 정권이 4·19혁명의 과제를 제대로 수행하지 못하고 있었다. 장면 정권의 부정축재자, 선거부정 관련자 처리도 지지부진했고 이승만 독재정권 하에서 억압되었던 다양한 사회적 요구가 봇물처럼 터져 나오고 있었지만 이를 제대로 수렴하지 못했다. 현대적 경영기법 등의 교육을 받은 군인들이 볼 때 이 같은 당시 한국 사회상은 혼란스럽고 비효율적일 뿐만 아니라 경제발전에 관한 희망도 보이지 않았던 것이다. 아울러 1950년대 세계적으로 군사 쿠데타가 빈발하고 있었다는 점도 하나의 배경이 되었다.

5·16 주도세력은 군사혁명위원회를 조직해 전권을 장악하면서 군사혁명의 성공과 6개 항의 혁명공약을 발표했다. 그 내용은 다음과 같다. 첫째, 반공을 국시의 제일의로 삼고 지금까지 형식적이고 구호에만 그친 반공태세를 재정비 강화한다. 둘째, 유엔헌장을 준수하고 국제협약을 충실히 이행할 것이며 미국을 위시한 자유 우방과의 유대를 더욱 공고히 한다. 셋째, 이 나라 사회의 모든 부패와 구악을 일소하고 퇴폐한 국민도의와 민족정기를 바로잡기 위해 청신한 기풍을 진작시킨다. 넷째, 절망과 기아선상에서 허덕이는 민생고를 시급히 해결하고 국가 자주경제 재건에 총력을 경주한다. 다섯째, 민족의 숙원인 국토통일을 위해 공산주의와 대결할 수 있는 실력배양에 전력을 집중한다. 여섯째, 이와 같은 우리의 과업이 성취되면 참신하고도 양심적인 정치인들에게 언제든지 정권을 이양

하고 우리들은 본연의 임무에 복귀할 준비를 갖춘다.

군사혁명위원회는 국가재건최고회의로 재편해 3년간의 군정통치에 착수했다. 군정은 1961년 7월 4일에는 반공법을 제정해 반공 이데올로기를 강화했다. 1962년 3월 16일에는 정치활동정화법을 제정해 구정치인의 정치활동을 금지했다.

뒤돌아본 1960년대 초 한국의 실상

1960년대 초 한국경제를 우선 시장 측면에서 살펴보면 첫째로 국내시장이 좁다는 점이다. 일반적으로 국내시장의 크기는 국토 면적, 인구, 소득에 의해 결정된다고 본다. 국가기록원 통계에 의하면 국토 면적은 9만 9000㎢인데 임야가 65.4%, 농경지 21.2%, 기타 13.2%로 되어 있었다. 이에 비해 인구는 1960년 현재 2501만여 명에 인구성장률은 2.99%로 경제성장률 2.1%를 웃돌았다. 해방과 함께 일본·중국·만주 등으로부터의 대량 귀국과 6·25전쟁을 전후해 북한에서 월남해온 인구 유입이 많았기 때문이다. 여기에 1955~1960년 베이비 붐(baby boom)으로 인해 1961년 우리나라의 인구는 2540만 명으로 급속도로 늘었다.

반면 소득은 호구(糊口)도 어려운 수준이었다. 농민들은 4~5월의 '보릿고개'에는 초근목피(草根木皮)로 연명할 수밖에 없었으며 도시 빈민 역시 굶주림에 시달려야 했다. 1960년대 초반을 전체적으로 보면 나라의 GNP는 성장하더라도 1인당 GNP의 성장은 제자리걸음을 하고 있는 실정이었다. 한국은행 경제통계시스템(ECOS)에 의하면 1961년 1인당 GNP는 82달러였다. 게다가 농촌의 위장실업까지 고려하면 실제실업률은 30% 이상이 되었다.

산업구조 측면에서 보면 우리나라는 전통적인 농업 위주의 경제구조였다. 한국은행 『경제통계연보』(1966년)에 의하면 1961년 1차 산업 종사자는 전체 취업인구의 65.3%에 달했다. 하지만 국민총생산에 있어 1차 산업의 비율은 35.3%에 불과했다. 당시의 영농 수준은 농지개혁에 의해 영세 소규모 경작이 대부분인 데다 비료 등 영농자재의 부족 등으로 생산성이 낮았다. 여기에다 영농의 목적도 농사를 통한 영리의 극대화에 있는 것이 아니라 가족의 식량 마련에 무게를 두었다.

공업은 전후 복구사업에 필요한 건설자재와 농업용 비료 생산공장 등의 기간산업도 없지 않았지만 기본적으로는 경공업 위주였고 면·설탕·제분의 '삼백(三白)산업', 또는 시멘트·설탕·제분의 '삼분(三粉)산업'이 주종을 이루었다.

성장과 물가 측면에서 살펴보면 성장은 더뎠다. 한국은행『경제통계연보』(1966년)에 의하면 1957년 8.1% 성장한 우리 경제는 1958년 6.5%, 1959년 4.8%, 1960년 2.5%로 해마다 성장이 둔화되었다. 1961년에도 산업생산은 전력을 제외하고는 고전을 면치 못했다.

1957~1958년 일시 안정되었던 물가는 1959년 다시 오름세로 돌아서 1961년까지 상승세가 지속되었다. 경제기획원의『1962 경제백서』에 의하면 전국도매물가지수(1955년=100)는 1960년 말 164.4에서 1961년 말 192.9로 올라 연중 17.3% 상승했다. 물가상승에는 환율 인상도 가세했다. 정부는 1960년 2월 23일 달러당 500환이던 환율을 650환으로 조정한 데 이어 1961년 1월 1일 달러당 1000환으로 조정했으며 2월 2일에는 이를 1300환으로 인상했다. 1년 새 두 배로 올린 것이다.

한편 국내저축을 보면 경제 자립을 위한 국내투자를 충족할 수 없었다. 일본 식민지시대에도 공업화를 위한 투자가 있었지만 대부분 일본인의 자본으로 이루어진 것이다. 일본 자본(저축)이 80% 이상을 차지했으며 우리 민족자본은 18% 정도에 불과했다. 해방 이후에도 부정부패에 얼룩진 상업자본의 축적도 있었지만 투자 소요를 감당하기에는 태부족이었다.

이러한 부족분은 해외로부터의 자본 도입으로 메울 수밖에 없었다. 해방 이후 미국이 제공하는 무상원조가 이 문제의 해결에 큰 도움이 되었다. 그러나 무상원조는 점차 감소되고 있었다. 1961년의 무상원조 금액은 1억9920만 달러로 1960년의 2억4540만 달러에 비해 19%나 감소했다. 이제

외국자본 도입은 무상원조에서 차관으로 그 중심을 옮길 수밖에 없었다. 말하자면 국내의 저축과 투자의 불균형은 해외로부터 차관을 도입해서 해소할 수밖에 없는 처지가 된 것이다. 미국은 무상원조를 줄이면서 그래도 혜택적 요소(grant element)가 많은 공공차관인 국제개발처(AID: Agency for International Development)[2] 차관을 제공했다.

부존자원 또한 부족했다. 국민들의 일상생활에 소요되는 식량 등 기본 수요도 국내적으로 충족시키지 못하는 형편이었다. 지하자원은 북한에 편재(偏在)했으며 한국에는 무연탄과 중석 등이 일부 부존할 따름이었다. 더욱이 6·25전쟁은 모든 경제 활동의 근거마저 잿더미로 만들었다.

기술과 경영의 전문 인력도 부족했다. 일본 식민지시대 공업화는 시작했으나 고급기술은 일본인이 독점하고 한국인은 하급기술에 종사하는 데 그쳤다. 해방 후 미국의 기술원조가 있었으나 그 기간이 짧아 심오한 기술까지 습득해 체화하기는 어려웠다. 뿐만 아니라 경륜 있는 기업경영인은 찾기가 힘들었다.

전력 등 에너지와 수송·통신 등 사회간접자본시설 역시 부족했다. 남북 분단으로 남농북공의 산업구조가 단절되어 북쪽에서 보내오던 전력이 끊김에 따라 남과 북의 경제적 보완관계가 파괴되었다. 전후 복구기에 전력·철도·비료·시멘트를 위시한 기간산업에 투자한 바 있지만 이로서는 넘치는 수요를 충당하기에는 역부족이었다.

안보 측면에서 보면 국제적으로 동·서방 간 냉전체제가 6·25전쟁 이후 더욱 강화되는 가운데 남·북 간의 군비 증강을 위한 소모적 경쟁은 더욱 치열해졌다. 그리하여 남·북 간 국방비 부담은 계속 증강되어 빈곤 속의 비생산적 국력 소모가 지속되었다. 끝으로 행정 조직·운영 면에서 보면 일본 식민지시대의 대륙법 계통의 행태와 미군정 이후의 영미법 계

---

2) 개발도상국의 경제개발을 위해 미국이 제공하는 장기융자의 하나이다. 1957년에 개정된 상호안전보장법(Mutual Security Act)에 의거한 개발차관기금(DLF)의 후신으로 우리나라는 1962년부터 AID 원조를 받게 되었다.

통의 행태가 때에 따라 서로 혼합되어 혼란과 난맥상을 나타내었다. 그런데 당시 공무원의 대다수가 일본어에 능통해 미국의 제도도 일본의 법제를 통해 도입하는 데 익숙했다.

이러한 정치·경제·사회적 상황으로 인해 국제사회에서 보는 한국경제의 미래는 매우 비관적이었다. 세계은행(IBRD: International Bank for Reconstruction and Development)의 *Sustaining Rapid Development, East Asia and Pacific Region*(1993년)은 「East Asia's prospects as seen in the 1950s」를 통해 아시아 저개발국 가운데 필리핀경제를 가장 밝게 전망하고 그다음으로 버마(현 미얀마), 태국과 말레이시아를 꼽은 반면 인도네시아와 한국경제(Korea was another country with poor prospects)의 미래를 가장 어둡게 보았다.

IBRD는 필리핀이 넓은 경작지와 풍부한 산림·지하자원 등을 바탕으로 1949~1952년 중 연평균 7% 성장해 저개발국 중 최고를 기록했으며 향후 높은 수준의 교육·교통·통신 투자를 바탕으로 장기적인 경제성장을 이어갈 것이라고 전망했다.

반면 한국의 경우 1950년대 외국의 원조에 의해 연평균 4~5% 성장했지만 국내저축이 국민총생산의 3%에 불과하고 수출은 3000만 달러를 밑도는 수준이어 성장 전망이 결코 밝지 않을 것으로 내다보았다. 세계은행은 또한 한국이 제1차 경제개발 5개년계획 기간 중 연평균 7.1% 성장과 수출 1억 달러의 목표를 세웠지만 이는 한국경제의 잠재력을 훨씬 넘어서는 것이라고 단언했다.

이와 같은 총체적 난관에도 불구하고 한국에는 성장잠재력이 있었다. 근면한 민족성에 더해 기술 습득을 위한 노력과 높은 교육열이 그 가능성을 예고했다. 특히 1950년대의 교육열은 교육기적 또는 교육혁명이라고 불릴 만큼 뜨거웠다. 6·25전쟁 중에도 2부제, 3부제 수업은 물론 학급당 100명 이상 수용하는 것도 불사하면서 교육은 계속 이루어졌다. 서울의 학교들은 전쟁 중 피란지에서 학교 문을 열었다. 서울대와 연희대(연세대)는 부산에서, 고려대는 대구에서 임시학교를 설치했다.

〈뉴욕타임스〉 1951년 4월 23일자는 "어떤 국민학교는 교외 산 위에서, 그전 일본 신사에서, 개천 자리에서 그리고 한 중학교는 산골짜기에서 각각 수업을 받고 있다. 남한 어디를 가든지 정거장에서, 파괴된 건물 안에서, 천막 속에서 그리고 묘지 부근에서 수업을 하고 있다"고 6·25전쟁 중인 한국의 교육현장에 대해 보도한 바 있다.

그리고 대학을 지칭하는 상아탑(象牙塔)은 우골탑(牛骨塔)으로 불렸는데 이는 농촌까지 자식들 대학교육에 열을 올려 농가의 큰 자산인 소까지 팔아서 비싼 대학교육비를 대느라 그 부담이 크다는 점을 비유했다.

대한교육연합회의 『한국교육연감』(1970년)에 의하면 1945년 2834개이던 국민학교 수는 1960년 4496개로 159%, 165개이던 중·고등학교 수는 866개로 525%, 19개이던 대학교 수는 52개로 274% 각각 늘어났다. 이 같은 공교육의 확대에 따라 국민학생 수는 같은 기간 136만6024 명에서 362만1267 명으로 265%, 중·고등학생 수는 8만3514 명에서 81만672 명으로 982%, 대학생 수는 7819 명에서 9만2930 명으로 1189% 각각 증가했다. 그러는 가운데 군대에서는 국민학교 교육을 받지 못해 문맹인 사병들에게 한글을 가르치는 공민학교를 운영하기도 했다.

빈약한 부존자원과 낮은 기술 수준을 극복하고 경제적 도약을 기약할 바탕이 되는 인적자원의 양성과 확보에 전 국민적 공감대가 형성되어 있었고 경쟁적으로 이를 실행에 옮기고 있었던 것이다.

제 2 절 성장 과정

나의 가계

나의 선조

우리 가계의 예조(藝祖)는 광평대군(廣平大君, 1425~1444)으로 나에게는 19대조이시다. 이름이 여(璵)이신 광평대군은 세종대왕(世宗大王)과 소헌왕후(昭

憲王后) 심씨(沈氏)의 다섯째 아들이시다.

왕족에서 벗어난 이후 효종(孝宗) 때 우의정을 지내신 오재(迂齋) 후원(厚源, 1598~1660) 공은 나의 12대조이시며, 숙종(肅宗) 때 이조참판을 지내신 지호(芝湖) 선(選, 1631~1692) 공은 나의 11대조이시다.

나는 지호공의 셋째 아들이신 반매헌(伴梅軒) 장휘(長輝, 1679~1707) 공의 10대 봉사손(奉祀孫)이다.

조부모

나의 조부 범규(範珪) 공의 호(號)는 호운(湖雲)으로 1894년(갑오년: 甲午年) 9월 16일(음력) 술시(戌時)에 태어나셨으며 1962년(임인년: 壬寅年) 2월 23일(음력) 소룡리 자택에서 서거하셨다.

어릴 적 한문 사숙에 다니시다가 강경공립보통학교를 졸업하고 서울에 있는 사립 휘문의숙에 수학 중 질병으로 자퇴하셨다.

젊은 시절(1918~1935)에는 논산의 가야곡면과 구자곡면에서 근무하셨으며, 그 이후에는 반매헌 공의 8대 봉사손으로서의 역할과 집안 농사일, 정미소 경영 등에 전념하셨다.

손자들의 교육에도 열성이셨다. 손자들이 어릴 적에는 "까마귀도 반포지효(反哺之孝: 까마귀가 어릴 때에는 부모가 모이를 구해 자식을 먹여주고, 부모가 늙으면 자식이 모이를 구해 부모를 먹여줌)를 하는데 너희들은 까마귀보다 잘해야 하고 형우제공(兄友弟恭: 형은 아우를 사랑하고 동생은 형을 공경함) 해야 하며, 입립개신고(粒粒皆辛苦: 밥알 하나하나는 농부들의 고통스런 결과)이니 밥알을 흘리지 말고 감사하는 마음으로 먹어야 한다"고 가르치셨다.

특히 큰손자인 나에게는 특별한 관심과 사랑을 베풀어 주셨는데 어릴 때는 물론 중학교·고등학교의 입학과 졸업, 대학교 입학 때까지 직접 뒷바라지해 주셨다.

내가 대학생이 되고 나서 방학 때 고등고시 준비를 위해 늦게까지 공부하고 있으면 "건강을 잃으면 아무것도 소용없다(身外無物, 신외무물)"는 말씀을 하시며 "그만 자라"고 하셨다. 손자의 공부를 위해 등잔불보다 밝은 양초를 준비해 두셨던 것은 물론이다. 이렇게 할아버지의 사랑을 받고 공부한 나는 1960년에 시행된 고등고시에 합격해 할아버지 생전에 기쁘게 해 드릴 수 있었다.

나의 할머니 심재필(沈載弼) 씨는 청송(靑松) 심씨로 공주에서 소학교 교장을 역임하신 심기섭(沈驥燮) 씨와 모친 민영(閔泳) 씨 사이에 1894년(갑오년: 甲午年) 3월 24일(음력) 태어나셔 1983년(계해년: 癸亥年) 7월 20일(음력) 소룡리 자택에서 서거하셨다.

할머니의 손자 사랑은 극진하셨다. 어렸을 때 손자들에게 사랑을 베풀어 주신 것은 물론 탁발승에게 손자들로 하여금 시주토록 하고, 누가 밥을 청하면 손자들로 하여금 응대토록 하는 등 어려운 이웃들을 도와주도록 가르치셨다.

할머니는 큰손자인 내가 결혼한 후에는 오랫동안 서울에서 우리 내외와 함께 지내셨다.

부모

나의 부친 희종 씨는 호가 용문(龍門)으로 1916년(병진년: 丙辰年) 5월 18일(음력) 사시(巳時) 소룡리 자택에서 태어나셔 2015년(을미년: 乙未年) 4월 7일(음력) 자시(子時) 서울 백병원에서 운명하셨다.

고향 논산에서 소학교를 졸업하시고 1931년에 공주공립고등보통학교에 입학하셔 1936년에 5년 졸업하셨다. 소학교와 고등보통학교 재학 중 줄곧 우등상을 받으셨으며, 결석이 적어 정근상도 계속 받으셨다.

학교 졸업 후에는 논산금융조합에 다니셨으며, 성실하게 근무함으로써 조합장의 각별한 신임을 받으셨다. 금융조합을 그만둘 무렵인 1940년대 초에는 논산군 부적면에 있는 정미소를 매입하셨다.

해방 정국을 맞아 정치적 이념 대결의 소용돌이를 슬기롭게 헤쳐 나가셨으며, 1950년 6·25전쟁 시에는 부산으로 피란하셨다.

나의 부친은 우리 집 살림도 책임지셨다. 6·25전쟁이 나기 전까지 우리 집안 형편은 비교적 여유가 있었다. 우리 식구 먹을 만큼 농사지을 농토가 있었고 부적면 소재 정미소를 경영하고 있었기 때문이다. 하지만 6·25전쟁이 난 이후에는 사정이 급변했다. 학비 조달과 의식주 해결에 매우 어려운 형편이었다. 비록 당시 나라가 전쟁 중이라 재정 형편상 그럴 수밖에 없기는 했지만 전시에 육군제2훈련소 설치를 위해 징발된 토지에 대한 보상은 후일 내가 대학에 다닐 때까지도 지속되는 등 지지부진했다. 이에 더해 전시 전비 조달을 위한 농가의 부담이 가중되고 물가가 폭등하는 가운데 자식들의 교육비 지출이 늘어나면서 가세가 급격히 기울었다. 기울어지는 가세에다 점점 커가는 자식들의 교육비를 조달하기 위해 동분서주하는 형편이셨다.

금융조합에 다니신 기간을 제외하고는 정미소 경영과 전래의 농업에 종사하시면서 반매헌 공의 9대 봉사손으로서의 역할과 자녀 교육에 정열을 쏟으셨다. 평생 한복을 입으셨으며 부모와 처(妻)의 상을 당해서는 과거의 예법에 따라 상례를 치른 전형적인 선비이셨다.

일상생활에서는 겸손하며 타인에 대해 많은 배려를 하면서도 일은 결단력 있고 고집스럽게 추진한다는 평을 들으셨다.

부친께서는 자식들에게 항상 양보하고 겸양하면서 모든 일에 성의와 열정을 다 바쳐 하라고 말씀하셨다. 또한 '마루 밑에서 힘을 다해 떠받치는, 즉 표면에 나서지 말고 밑에서 묵묵히 일하는 희생정신으로 봉사하라(椽の下の力持ち: 엔노시타노 지가라모치)'는 일본의 경구를 늘 강조하셨다.

나의 모친 임완순 씨는 풍천(豊川) 임씨로 조선조 현종 때 형조·공조참판을 지낸 금시당(今是堂) 임의백(任義伯) 공의 봉사손이신 임도재(任道宰) 씨와 모친 이화(李和) 씨 사이에 장녀로 1915년(을묘년: 乙卯年) 11월 2일(음력) 태어나셔 1997년(정축년: 丁丑年) 11월 12일(음력) 소룡리 자택에서 돌아가셨다.

나의 모친은 한국의 전형적인 가정주부로서 9대를 봉사하면서 시조부를 위시한 가족들과 농사일을 뒷바라지하는 바쁘고 고된 생활을 보내셨다. 솜씨가 좋으셔서 남편과 시조부·시부모님의 한복 수발은 물론 자식들이 어렸을 적에는 설날 등 명절에 한복을 손수 지으셨고, 중학교에 다닐 때에는 교복(양복)도 직접 해 입히셨다.

음식 솜씨도 매우 좋으셨고, 붓글씨도 잘 쓰셔서 14~15세 때에는 조선시대 고전소설인 『창선감의록(彰善感義錄)』 등을 습작하신 바 있으며 그 책들은 논산 본가에 보관되어 있다.

6·25전쟁 중에는 공산 정권으로부터 반동으로 몰려 가족이 생사의 기로에 있었으나 사리 판단을 명민하게 하셔서 시부모님과 함께 현명하게 대처해 가족 전원이 무사할 수 있었다.

전쟁이 끝난 후 자녀들이 학교에 다니게 되고 가정이 경제적으로 어렵게 되자 대전으로 나오셔서 재봉틀을 가지고 삯바느질도 하시고 자녀들의 학교생활을 뒷바라지하셨다. 가정 형편이 어렵더라도 자녀들이 구김살 없이 자라기를 바라면서 고진감래(苦盡甘來)와 안빈낙도(安貧樂道)를 자주 말씀하셨다.

형제

나의 출생 이후로는 1958년까지 남동생 다섯과 여동생 한 명이 태어났다.

신동아 2002년 3월호는 「한국의 난형난제 열전」 제하 기사에 나와 동생들을 소개했다. 바로 아래 동생 규승은 충남대 농대학장을 마치고 지금은 은퇴해 명예교수로 있다.

둘째 동생 규홍은 오랫동안 사법부에서 판사 생활을 하다가 대법관을 역임했다. 특히 1998년 우리가 겪은 외환위기의 와중에서 내가 재경부장관으로 있으면서 부실 대기업 퇴출 등 국가 차원의 구조조정 작업을 진두지휘한 데 비해 규홍은 법정관리 전담재판부인 민사합의50부 수석부장판사로 법정관리나 화의를 신청한 부실기업의 회생업무를 책임졌다. 그래서 '살아있는 기업은 형님이, 죽어가는 기업은 동생이 맡는다'(매일경제신문 1998년 3월 4일자), '부실국가는 형님이, 부실기업은 아우가'(한국경제신문 1998년 3월 4일자)라는 신문기사도 났었다.

셋째 동생(규창)은 좀 일찍 사고로 사망했다.

넷째 동생 규방은 국토연구원장을 역임했다.

다섯째 동생 규선은 여동생인데 가정주부이고, 막내 동생 규왕은 명지대 화학교수로 재직 중이다.

결혼

나는 재무부 사무관 시절인 1968년 3월 31일(음력 3월 3일) 서울에 있는 천도교 수운회관 예식장에서 결혼했다.

배우자 정수자(鄭秀子)는 동래(東萊) 정씨의 후손으로 1941년(신사년: 辛巳年) 4월 3일(음력)에 부친 정진동(鄭鎭東) 씨와 모친 고복순(高福順) 씨 사이에 차녀로 태어났으며 1964년에 연세대학교 사학과를 졸업했다.

나의 처조부 정승모(鄭升謨) 씨는 한학자이시고 장인 진동 씨는 일제 때 경성제대 법학부를 나와 고등문관시험에 합격하고 뒤에 교통부차관과 6, 7대 국회의원을 지냈으며 7대 국회에서 교통체신위원장을 역임했다.

결혼 후 나는 밖에서 사회생활을 중심으로 활동했으며, 배우자는 안에서 가정사를 전담하다시피 했다.

우리 둘 사이에는 자녀가 없다. 그래서 여자인 은영(恩姈)이를 갓난아기 때부터 키웠다. 은영이는 한국에서 대학을 졸업한 후 미국 보스턴 소재 버클리음악대학(Berklee College of Music)에 유학했으며 현재 초등학생 딸을 두고 있다.

나의 고향 소룡리

내가 태어나고 어린 시절을 보낸 동네는 옛 지명으로는 구자곡면(九子谷面) 소룡리(巢龍里)였다. 지금은 구자곡면이 연무읍(鍊武邑)으로 바뀌었다.

우리 동네 뒤에는 높은 산이 있고 여기에서 발원한 시냇물이 마을을 관통하고 있다. 그리고 넓은 펀더기와 논밭이 펼쳐있다. 이 펀더기는 산도 아니고 그렇다고 논으로 된 것도 아닌 넓은 들이다. 이 펀더기를 우리 집에서 매우 크게 소유하고 있었는데 상수리나무도 심고 고구마도 심고 목화도 재배했다. 또한 우리 동네에서 시작된 논밭은 논산·강경까지 펼쳐졌다. 그리고 우리 집은 봉사손이 제수 장만에 어려움이 없을 만큼의 넉넉한 논밭이 있었다. 뿐만 아니라 선영을 모실 수 있는 넓은 산도 있었다. 이런 산은 고향동네에만 있는 것이 아니라 이웃동네를 비롯해 인근의 강경, 전라북도의 익산·완주군에 걸쳐 있었다. 이러한 우리 고향의 산과 농토 그리고 펀더기의 일부가 6·25전쟁 중인 1951년 11월 구자곡면 일대에 육군 제2훈련소가 생기면서 제대로 된 보상도 없이 징발되었다.

한편 동네에서 한참 가는 계곡에는 강경읍민이 식수로 사용하는 저수지가 있었다. 그 계곡을 막은 두둑 옆에는 벚나무와 복숭아나무도 심어져 있어 봄이면 벚꽃, 복사꽃이 만발해 아름다운 풍경을 자아냈다. 이런 우리 동네에는 육칠십 가구가 모여 살았다. 당시로서는 결코 작지 않은 규모였다.

어린 시절

어린 시절 나는 천진난만하게 성장하면서 노는 데 온통 팔려 있었다. 봄에는 진달래꽃을 따러 산에도 가고, 여름에는 시냇물에서 멱도 감고 가재도 잡고, 가을에는 칡도 캐고 논게도 잡고 메뚜기도 잡고, 겨울에는 연도 날리고 고인 물이 언 논에서 스케이트도 타고 쥐불놀이도 하는 등 여느 어린아이의 일상생활과 다름없었다.

그처럼 풍요로운 자연 속에서 동무들과 함께 구김살 없이 자랄 수 있었던 것은 내 어린 시절의 커다란 행복이었다.

내가 국민학교(지금은 초등학교) 1학년에 입학한 후까지 증조부를 모시고 살았으며 이 무렵 조부 내외분께서는 논산군 부적면 외성리 소재 정미소를 경영하시며 집에도 자주 들르셨다.

여섯 살 때에 나는 증조부로부터 천자문을 배웠는데 한자를 쓰는 것이 아니라 단순히 천자문을 순서에 따라 암송하는 수준이었다.

학창 시절

6·25전쟁 발발과 국민학교 시절

한국나이로 여덟 살인 나는 1946년 9월에 구자곡국민학교에 입학해 학교에서 한글과 아라비아숫자를 처음 배웠다. 나는 우리나라가 일제로부터 해방된 후 첫 번째로 국민학교에 입학한 셈이어서 일본식 교육은 전혀 받지 않았다.

학교 교실이 부족해 동네 공회당(公會堂, 현 마을회관)에서 공부하기도 하고 오전반·오후반으로 나뉘어 2부제 수업을 했던 것으로 기억된다.

국민학교 5학년 때인 1950년 북한군의 남침으로 6·25전쟁이 발발했다. 논산문화원 자료에 의하면 1950년 7월 중순경 북한 공산군에 의해 고향이 점령당했다. 그 후 나의 조부께서는 면 인민위원회에 호출되어 구금당했다가 귀가하셨다. 그리고 얼마 안 있어 반동으로 몰려 우리는 집에서 쫓겨나 동네의 공회당으로 갔다가 후에 이웃 동네인 양지리 당산말(堂山村)에 있는 나의 선조의 제사를 모시는 재실로 옮겨 살았다. 이 과정에서 나는 말라리아에 걸렸으나 약을 구할 수 없어 복숭아 나뭇가지로 때리는 등 무속치료를 받았으나 쉽게 낫지 않아 많은 고생을 했음은 물론 조부모와 모친께도 많은 심려를 끼쳐 드렸다. 북한 공산군의 패색이 짙어지자 할아버지는 나를 데리고 딴 집에 가서 잠을 잤다.

1950년 9월 공산군이 후퇴해 수복된 후에도 공산당들이 대둔산 등에서 빨치산 활동을 하고 있어 밤이 되면 소룡리가 공산당 빨치산의 치하에 들어가는 바람에 본가에 돌아갈 수 없게 되자 서둘러 채운면 화산리의 종조(범섭: 範燮) 댁으로 가서 생활하다가 모든 가족이 이곳에 거처를 잡게 되었다. 그래서 그해 9월 채운국민학교로 전학해 1952년 3월 말 졸업했다.

나는 1946년 9월 입학해 5년 7개월 만에 국민학교 과정을 졸업했다. 이는 1949년도 학기에 한해 3개월을 단축하는 학제 개편으로 1950년 5월 31일 각 학년 수료–6월 1일 각 학년 진급을 했으나 6·25전쟁 발발로 수업 차질이 심각해 각 학년 기말을 1951년 8월 말로 연장했다가 다시 매

학년의 기간을 5개월 단축하는 학제 개편에 따라 이듬해 3월에 6학년을 졸업했기 때문이었다.

강경중학교 시절

채운국민학교를 졸업한 나는 1952년 4월 강경중학교에 입학했다. 강경중학교는 강경상업중학교가 중·고교로 분리되면서 설립된 학교다. 당시 강경상업중학교는 전국에 이름이 알려진 명문 학교 중 하나였다.

1950년 6월 1일부터 국민학교 의무교육을 실시한 우리나라는 같은 날 중등교육 기간을 5년에서 6년으로 하고 5년제 중학교를 중학교 3년, 고등학교 3년으로 분리하는 학제 개편을 단행했다.

이때 강경상업고등학교와 분리된 강경중학교는 새로운 교사와 운동장 등 새 터전을 마련해야만 했다. 선배들이 학교 조성에 힘을 썼지만 4회 졸업생인 우리들까지도 동원되어 논을 운동장으로 조성하는 일에 참여했다. 우리 학생들은 들것에 흙을 퍼 담아 날랐다.

중학교 시절 특히 생각나는 것은 서울에서 피란 오신 훌륭한 선생님들이 많아 충실하게 공부할 수 있었던 일과 학급 대항 단축 마라톤대회를 통해 단 한 명의 낙오자 없이 협력해 일을 해내는 지혜를 터득했던 일들이다.

중학생 시절에는 집이 화산리에서 강경으로 이사를 해서 집에서 다녔다.

전후 복구기와 대전고등학교 시절

내가 고등학교에 다니던 시절은 휴전 후 전후 복구사업이 본격적으로 추진된 시기였다.

나는 1955년에 대전고등학교에 입학했다. 당시 대전고등학교는 충남 지역의 제일가는 명문 고등학교라고 자부할 뿐만 아니라 일류 대학을 위시한 대학 진학률이 높아 전국에서도 명문으로 꼽히는 학교였다.

대전고등학교로 진학하게 된 이유는 간단했다. 할아버지와 아버지께서 "너는 이제 좀 큰 데 가서 공부해라"고 하셔서 그 말씀을 따른 것이다.

대전고등학교에는 훌륭한 선생님들이 많이 계셨다. 인격적으로 사랑을 품고 계시면서 학문적으로도 높은 경지에 오른 선생님들이었다. 이분들 중 대다수가 훗날 대학교수로 자리를 옮기셨다.

대전고등학교 시절 기억에 남는 일은 내가 입학시험에서 수석을 했다는 점과 3학년 때 신흥대학교(현 경희대학교)가 주최한 제1회 고등학교 학력경시대회에 참가해 우리 학교가 단체 1등(김대인·윤석철·이규성·이봉주·조용필 등 5명 참석)을 했다는 점이다. 이때 나는 개인적으로 8등을 했다. 3학년 때 교지 『대릉(大稜)』에 「우리나라 교육제도의 발달에 대하여」라는 글을 기고한 적이 있다. 평소 관심 있게 읽은 역사책에서 얻은 지식을 바탕으로 내 생각을 정리해 본 것이다.

고등학생 때 나는 어려워진 가정 형편에 따라 동생 및 친구들과 자취도 하고, 동급생 집에서 지내면서 함께 공부하거나 중학생 집에서 입주과외를 했다. 자취할 때는 한 달에 한두 번씩 집에 들러 보리·쌀 등을 자루에 담아 어깨에 메고 버스를 타고 대전 자취방으로 돌아오곤 했다.

그때 내 꿈은 한둘이 아니었다. 학교선생님도 해보고 싶었고, 사관학교에 가서 장군이 되고도 싶었고, 고등고시에 합격해 판사나 검사가 되고도 싶었다. 고등학생이었지만 지금 세상과 달리 보고 듣는 게 한정되어 있어 그랬던 것 같다. 부모님들이 평소 '너는 뭐가 되어라'는 내 장래 직업에 대해 별 말씀이 없었던 것도 고등학생인 내가 다양한 꿈을 꾸었던 또 하나의 요인이 아니었을까 하는 생각이 든다.

국민학교에 입학한 뒤 고등학교 졸업 때까지 나는 우등상을 받았지만 줄곧 1등을 한 것은 전혀 아니다. 다만 동생들이 공부하는 데 길잡이 역할은 했다고 생각한다. 학교의 출·결석은 당시 불안정한 사회상을 반영해 개근하지는 못했다.

서울대학교 상과대학 경제학과 시절

나는 1958년 고등학교를 졸업하고 서울대학교 상과대학 경제학과에 진학했다. 진학한 후 자유롭게 공부를 개인적으로 할 수 있어 매우 만족스럽고 자랑스러웠으며 고교 후배들에게도 경제학과로 진학할 것을 적극 권유하기도 했다.

당시 대학의 분위기는 우리나라가 어떻게 개발해야 좀 잘 살 수 있겠느냐 하는 경제개발에 대해 큰 관심이 있었다. 상과대학이 특히 그랬다. 그래서 가장 인기 있는 과목이 '경제개발론', '경제정책론'이었다. 하지만 당시에는 읽을 만한 책이 없었다. 외국 서적도 수입이 잘 되지 않았다. 공부하는 데 어려움이 많을 수밖에 없었다. 일부 교수님들이 노트를 들고 와 그 내용을 불러주시면 받아쓰는 방식이었다.

그런 가운데도 여러 당대 석학들로부터 훌륭한 가르침을 받을 수 있었던 것은 나에게는 크나큰 행운이었다.

나라 전체가 경제적으로 어려웠지만 특히 지방에서 올라 온 학생들은 가정교사를 하면서 숙식을 해결해야 하는 형편이었다. 그러다 보니 축제라고 해야 소주 또는 막걸리나 갖다 놓고 마시고, 가을철 야유회를 간다고 해도 학교 가까이에 있는 태릉 넘어 배나무 밭에 가서 배나 싸게 사서 먹는 정도였다. 그때는 다들 그럴 수밖에 없었다.

3학년 때인 1960년 4·19혁명이 일어났다. 도저히 도서관에 앉아서 공부만 할 수 있는 분위기가 아니었다. 당시 상과대학은 고려대학교 옆 종암동에 자리 잡고 있었다. 나는 당시 학우들과 함께 반정부 시위에 참여해 학교에서부터 광화문에 있는 국회의사당까지 도보로 행진한 적이 있다.

나는 2학년 때인 1959년부터 도서관 내 '자유열람실'에 자리를 잡고 고등고시 공부를 시작했다. 당시는 일자리가 한정되어 대학을 졸업하고도 취업하기가 매우 힘들었다. 상과대학 졸업생들은 그래도 은행에도 가고 한국전력 같은 국영기업체에도 취업이 되었지만 고등고시에 합격하는 게 가장 확실한 취업 경로였다. 더욱이 국가 공무원으로서 나라 발전에 이바지하는 것은 보람 있는 일이라는 생각이 들었다. 그리고 1960년에 시행된 제12회 고등고시 행정과 2부(재경직)에 합격했다.

일반적으로 고등고시는 대개 8월에 필기시험을 보고 이를 대상으로 구술시험을 연내에 마쳤지만 12회의 경우는 1960년에 4·19혁명이 발생하고 그 후는 정치 개혁이 추진됨에 따라 새로이 탄생한 장면 정부는 필기시험을 예년보다 늦게 실시해 그해 12월에 필기시험 합격자 발표, 이듬해인 1961년 1월에 구술시험과 최종 합격자 발표가 있었다.

고등고시에 합격한 직후 나는 1961년 3월에 육군에 입대했다. 마침 나의 집은 제2훈련소 근처에 있었다. 내가 훈련받는 동안 할아버지와 아버지께서 고시 공부로 약해진 몸을 추스르고 원기를 회복할 수 있도록 음식과 약을 수시로 수발해 주시는 수고를 아끼지 않으셨다. 내가 훈련받는 동안에 5·16 군사정변이 일어났다. 이날은 마침 전반기 훈련과정을 마치는 날이었다.

훈련을 무사히 마치고 육군 제12사단 제65포병대대 B포대에 배치되어 강원도 화천 사방거리에 주둔하면서 1년 3개월여를 근무했다.

나는 군대 생활을 대학 재학생에게 복무 단축의 혜택을 주는 학보병으로 했다. 일반 사병들이 3년을 복무하는 데 반해 학보병은 1년 6개월 복무하고 6개월은 귀휴 조치를 해 주어 복학에 편의를 주었다.

병역 의무를 마친 후 나는 1962년 9월에 복학해 1963년 8월에 서울대학교 상과대학 경제학과를 졸업했다.

비록 고등고시 준비에 열중했지만 학교 성적도 항상 학비 면제를 받을 만큼의 수준은 되었다. 졸업 시 학사시험이 실시되어 이 시험에 합격해야만 졸업할 수 있었다.

재학 중 「후진국 경제개발과 행정의 역할」, 「개정 헌법상의 예산 규정에 대하여」, 「한국 공업화의 문제」 등 몇 편의 글을 썼지만 고등고시 시험 준비를 위한 습작 수준이었다.

제2장

사무관·과장 시절

(1963년 9월~1973년 8월)

제2장 사무관·과장 시절

(1963년 9월~1973년 8월)

나의 사무관·과장 시절 직책

나는 1963년 9월 재무부에 첫발을 디딘 후 1964년 5월 재경사무관으로 정식 발령을 받아 군산세관 대전출장소장으로 전보되었다. 이후 1966년 3월 재무부 세관국 국제과 평가계장으로 전보 발령을 받았으며 1967년 8월에는 감정과 조사통계계장으로 전보되었다. 1969년 5월 과장급으로 승진해 재무부 법무담당관을 거친 후 1970년 1월 세관국 수출과장, 그해 8월 관세국 관세조정과장으로 전보되었다. 그리고 1973년 3월부터 8월까지 외환국 외화자금과장으로 근무했다.

이 시기에 나는 직책과 관련하여 주로 관세와 무역에 관한 글을 10편 썼고 또 폴 사뮤엘슨(P. A. Samuelson), 벨라 발라사(Bela Balassa), 맥키넌(R. I. McKinnon) 등의 논문을 번역한 것도 3편이 된다. 그 중 4편을 이 장 말미에 싣는다.

제 1 절 시대적 배경

내가 1963년 9월 공무원으로서 첫발을 내디뎠던 때는 군정(軍政)에서 민정(民政)으로 이양되는 무렵이었다. 1963년 10월 15일 대통령 직선제 선거가 실시되고 12월 17일 나라의 지도자가 국가재건최고회의 의장 박정희에서 제5대 대통령 박정희로 바뀌는 시기였다. 그리고 1962년에 시작된 제1차 경제개발 5개년계획의 제2차 연도에 해당한 해였다.

사무관 시절(1963년 9월~1969년 2월)은 1960년대로 우리나라에서 본격적인 경제개발이 추진되던 시기였다. 제1차 5개년계획을 끝내고 제2차 5개년계획(1967~1971년)이 추진되었으며 1964년에 베트남전 참전, 1965년에는 한·일 국교 정상화가 이루어졌다.

과장 시절(1969년 3월~1973년 8월)에는 제2차 5개년계획이 완료되고 제3차 5개년계획(1972~1976년)이 진행되었다. 1970년대 들어서 새마을운동이 시작되었으며 중화학공업의 육성이 본격 착수되었다. 정치적으로는 3선개헌(1969년 9월)에 이어 1972년 10월 유신(維新)이 선포되었다. 이에 앞서 1972년 8·3 긴급경제조치가 단행되었다.

국제경제면에서는 케네디(John F. Kennedy) 미국 대통령의 제안으로 1961년 제16차 유엔총회에서 1960년대를 '유엔의 개발 10년(United Nations Development Decade)'으로 선언하고 개발도상국의 GNP 실질성장률을 평균 5%로 높일 것을 결의했다. 1970년에 유엔은 1970년대 10년간의 개도국의 성장목표를 실질성장률 6% 이상으로 정한 '제2차 유엔의 개발 10년'을 결의했다.

다른 한편으로 1971년 8월 닉슨(Richard Nixon) 미국 대통령이 달러화의 금태환(金兌換) 정지와 부가세(surtax)의 부과 등의 조치(Nixon Shock)를 선언함으로써 브레튼우즈체제(Bretton Woods System)[1]가 사실상 붕괴되고 새로운 환율체제 모색이 가속화되었다. 닉슨 미국 대통령이 미 달러화 금

---

1) 1944년 7월 미국 뉴햄프셔주의 브레튼우즈에서 44개 연합국 대표들이 참석한 가운데 전후의 국제통화질서를 규정하는 협정을 체결한 데서 '브레튼우즈체제'라 부른다. 이 같은 국제통화제도를 관장하는 기구로 IMF와 IBRD(세계은행)가 설립되었다. 이 협정의 핵심내용은 1차 세계대전 이후 2차 세계대전 사이에 나타났던 금본위제도(Gold Standard System)의 폐해를 시정하기 위해 미국 달러화를 기축통화로 하는 금환본위제도(Gold Exchange System)로 전환하는 것이다. 금 1온스의 가격을 35 미국달러로 고정하고 다른 나라 통화는 미 달러화에 고정하는 평가제도(par value system)를 채택한 데 있다. 다만 미국을 제외한 다른 나라들은 국제수지 등의 사정 변경이 있는 경우 조정이 가능하도록 해 이른바 조정 가능한 고정환율제도(Adjustable Pegged Exchange Rate System)를 실시했다.

태환 정지를 선언한 근본 원인은 미국의 국제수지 적자가 누적되고 베트남전을 위시한 전비를 조달하기 위해 재정적자가 누적되자 달러 가치를 금 1온스 당 35달러로 태환을 계속할 수 없었기 때문이었다. 그리고 세계 경제는 활력이 떨어져가는 모습이 나타나고 있었다.

국제정치면에서는 이에 앞서 1969년 7월 아시아에 대한 새로운 안보 전략인 '닉슨 독트린(Nixon Doctrine)'이 발표되고 닉슨이 1972년 2월 중국을 방문했다. 그해 5월 미국과 소련이 전략무기감축협정(SALT)에 서명하면서 국제사회는 완연한 데탕트 시대에 접어들었다. 그리고 1973년 1월 미국과 북베트남(월맹) 간에 평화협정이 체결되었다.

경제개발계획의 도입 및 추진

1961년 5월 군사혁명 주체세력들은 자립경제와 자주국방의 건설을 목표로 삼고 혁명을 일으켰다는 설명은 앞에서 살펴본 바와 같다.

군사혁명정부는 시작 단계부터 의욕이 넘쳤다. 구악(舊惡) 일소를 명분으로 국가재건비상조치법(1961년 6월 6일)에 의한 특별군사재판인 혁명재판을 진행하는 한편 농어촌고리채정리법(1961년 6월 10일)을 공포하고 농어가 고리채(高利債) 정리를 추진했다. 그러나 경제 건설을 위해 1961년 7월에는 혁명 직후 부정축재자로 구속한 기업인들을 석방하면서 비료·시멘트·제철·정유·화학섬유 등의 5개 부문 기간산업 공장 건설에 참여토록 하고 차관 도입을 알선했다. 또한 경제개발에 필요한 내자를 동원하기 위해 1962년 6월 10일 화폐개혁을 단행하기도 했다.

다방면에 걸친 노력에도 불구하고 1961~1962년 성장은 더디고 물가 상승세는 가팔랐다. 1962년에는 가뭄으로 인해 쌀농사 흉작까지 겹쳤다. 성장을 우선시해 투자를 확대하고 안정을 뒷전으로 했지만 그 결과는 신통치 못했다. 이때 1957년부터 실시해 오던 재정안정계획은 사실상 그 기능을 상실했다.

그러나 군사혁명정부는 보다 체계적으로 자립경제를 추진하자는 문제의식 아래 제1차 경제개발 5개년계획(1962~1966년)을 수립했다. 종합적인 시각에서 경제개발계획을 국가 차원에서 추진해보자는 것이다. 말하자면 경제개발계획을 국가적 의제(national agenda) 차원으로 설정해 '우리도 할 수 있다'는 의욕의 공론화를 추진한 것이었다.

6·25전쟁 이후 한국경제의 전후 복구 내지는 부흥정책이 없었던 것은 아니지만 이는 그 당시의 필요성에 입각해 응급적이고 단편적으로 이루어진 면도 없지 않다. 원조에 크게 의존한 의식주(衣食住) 위주의 기초생활물품을 조달하고 전후의 복구와 현실적 필요성에 주안을 둔 기간산업을 건설하는 것이 큰 줄기를 이루었다. 그리하여 시멘트·비료공장·디젤기관차 등에 투자가 이루어졌다.

정재석(丁澈錫, 부총리 겸 경제기획원장관 역임)의 『세계 속의 한국경제』(1980년)에 의하면 자유당 시절 부흥부의 산업개발위원회가 경제개발 3개년계획(1960~1962년)안을 마련했다고 한다. 그러나 이는 정치 변혁으로 인해 실행에 옮겨지지도 못하고 국가적 의제화도 되지 못했다. 군사혁명 전까지 짧았던 민주당 정부 시절에도 경제제일주의를 표방하고 국토개발을 시도했지만 정치에 압도되어 꽃을 피우지 못했다.

군사혁명정부는 국가적 의제의 청사진을 제시하기 위해 1961년 7월 22일 경제기획원을 설립했다. 경제기획원은 건설부가 승계한 구 부흥부의 경제개발부문과 재무부의 예산, 내무부의 통계분야를 엮어서 신설되었다.

참고로 경제개발 5개년계획은 이후 1981년까지 네 차례에 걸쳐 시행된 후 1982년부터는 그 이름을 경제사회발전 5개년계획으로 바꾸고 1996년까지 세 차례 더 추진되어 7차로 끝나고 그 이후에는 매년 경제전망에 기초한 경제운용계획의 느슨한 체제로 바뀌었다.

제1차 경제개발 5개년계획은 기본목표를 사회경제적 악순환을 시정하고 자립경제 달성을 위한 기반을 구축하는 데 두었다. 먼저 자립경제의 기반을 구축하고 이를 바탕으로 해 자립을 이룩하자는 것이다. 여기에서 자립경제는 원조에 의해 운영되지 않는 경제를 의미하는 것이다.

자립경제를 위한 기반을 구축하기 위해 전력·석탄 등 에너지공급원의 확보를 위시한 사회간접자본과 기간산업의 확충, 공업화 추진과 고용의 증대, 수출 증대를 주축으로 하는 국제수지의 개선, 기술 진흥, 농업생산력 증대에 의한 농가소득의 향상과 식량 확보에 중점을 두었다.

경제개발 전략으로서는 첫째, 정부가 주도하는 경제운영을 채택했다. 민간이 정유공장과 같이 투자규모가 큰 기간산업을 맡기에는 자금조달이나 경영 측면에서 역부족이었다. 따라서 이런 분야는 정부가 직접 담당하도록 했다. 그리고 민간부문에서는 규모가 작은 경공업부문을 담당토록 했다. 그러나 경공업부문도 경험 있는 사업가가 없고 6·25 전란으로 잿더미가 된 상태에서 새로 시작하는 것이어서 원료와 제조기계를 외국에서 들여와 가공하는 것부터 시작할 수밖에 없었다. 이때 어떤 산업을 어떻게 시작할 것인지는 정부와 긴밀한 협의를 해야 했다. 말하자면 상공부가 중심이 되어 산업목표(industrial targeting)를 정하고 추진해나갔다. 그리하여 시장이 주도하는 자본주의가 아니라 정부가 주도하고 시장이 합동으로 작동하는 '지도받는 자본주의'를 표방했다.

이와 더불어 국가 차원의 기획·관리 시스템을 확립·운영함으로써 경제개발계획의 수립과 집행이 마치 하나의 '대한민국주식회사(Korea Incorporated)'에서 하는 것처럼 다각적이고 실효적으로 이루어지고 그 결과는 반드시 확인 평가를 받았다. 1961년 9월 도입된 국무총리실의 심사분석보고회의는 매분기 열렸는데 여기에서 문제 제기와 해결 방안을 마련했다. 그리고 사업에 대한 타당성조사(feasibility study)도 널리 활용되었다. 1962년부터는 행정부 각 부처가 성장·물가·국제수지·수출·조세징수·공장건설 등 해당부분에 대한 연간목표를 설정하고 실행계획을 마련해 연초에 대통령에게 업무보고를 했다. 1965년 1월부터는 월례경제동향보고를 통해 확인·점검이 이루어지고 수출진흥확대회의를 통해서는 금융·세제·재정의 즉응적(卽應的) 지원은 물론 철도운임과 전기요금의 할인 등 각종 추가적인 조치가 광범위하게 이루어졌다. 1967년부터는 총자원예산(ORB: Overall Resources

Budget) 제도를 적극적으로 활용했다. 총자원예산은 최근 경제동향과 추세 분석 등을 토대로 5개년계획상 당해 연도의 수출입 및 저축증가율의 목표 등을 조정하고 여기에 맞추어 분야별 투자계획과 상품별 수급계획을 수립하는 일종의 연도별 실행계획이다.

둘째로 성장 우선의 공업화 전략을 산업정책으로 채택했다. 이를 다른 말로 표현하면 전통 농경사회의 근대화였다. 농업 위주의 자급자족경제에서 공업 위주의 영리경제로 가자는 것이다. 자연자원과 농토는 빈약하지만 양질의 노동력을 풍부하게 가지고 있는 현실에서 공업화 전략의 채택은 필요한 선택이었다. 공산품과 농산품을 비교할 때 공산품이 수요의 소득탄력성이 클 뿐만 아니라 농촌에 잠재된 양질의 풍부한 노동력을 활용할 수 있기 때문이다. 당시의 개발 전략과 관련해 넉시(R. Nurkse) 류의 농공병진(農工竝進) 개발정책이 제기되기도 하고 허쉬만(A. O. Hirschman) 류의 연쇄효과(linkage effect)를 고려한 공업 우선정책이 제기되는 등 논쟁이 없었던 것은 아니었다. 그러나 결론은 공업화 전략의 채택이었다. 공업화는 기술과 국산 원료 생산의 부족으로 단순가공 형태로 시작했다. 즉 부품부터 시작해 완제품으로 가는 선진공업국과는 반대로 부품과 제조기계를 수입해서 선진기술을 모방해 완제품을 먼저 생산하는 방식을 채택했다.

셋째로 외자 도입 및 수출지향 전략을 채택했다. 그러나 이에 대해서도 논란이 없었던 것은 아니었다. 국내저축도 투자 소요에 비해 턱없이 부족한 데다 국내시장도 협소해 규모의 경제(economy of scale)에 맞는 투자도 할 수 없었다. 이에 더해 기술도 부족한 형편에다 전 세계적인 외환의 부족(dollar shortage) 현상이 우리를 압박하고 있는 형편이었다. 이런 상황에서 민족자본을 동원해 우리 자력으로 내포적 성장정책을 추진할 것인가 또는 외자를 도입해 외연적 성장정책을 추진할 것인가의 논쟁도 있었다. 그러나 결론은 외자 도입을 통한 외연적 성장 전략의 추진이었다.

외자 도입은 공공차관과 정부 또는 은행이 보증하는 민간차관이 병행되었다. 외국인과의 합작이나 외국인의 직접투자보다는 차관에 의한 외자

도입을 선호했다. 1963년부터 서독에 광부와 간호사 인력의 송출, 1964년부터 베트남전 참전 및 1965년의 한·일 국교 정상화는 외자 도입 확대에 계기가 되었을 뿐만 아니라 무역외수지의 개선에도 크게 기여했다.

1965년 3월 단일변동환율제도의 안정적 운영을 위해 IMF와 제1차 스탠드바이협정(SBA: stand-by arrangement)을 체결한 이래 자금을 인출하지 않으면서도 이를 계속 갱신한 것은 국제적으로 차관을 제공하는 기관들에게 우리 경제의 대외 신인도를 제고시키는 게 주목적이었다. 또한 IBRD의 주도로 미국 등 11개국이 회원국으로 참여해 1966년 12월 설립된 대한국제경제협의체(IECOK: International Economic Consultative Organization for Korea)는 우리 경제개발에 필요한 외자 조달을 위한 사전협의를 순조롭게 하는 데 톡톡히 역할을 했다.

외자 도입을 통해 투자재원 마련에 노력하는 한편 수출에 대한 노력도 강화했다. 경제개발을 위한 투자 재원으로 활용된 외자는 결국 갚아야 하며 이를 위해서는 결국 수출의 증대를 통해 외환을 확보하지 않으면 안 되었다. 종전에 수출입링크(link)제를 중심으로 해 수출을 장려하던 시스템을 금융·세제를 통한 지원체제로 바꾸었다. 1960년 3290만 달러에 그쳤던 수출은 1964년에는 1억 달러를 돌파하게 되었다. 이에 자신감을 갖게 된 정부는 그해 하반기부터 수출 제일주의와 수출입국의 기치를 크게 내걸었다.

국가운영의 기본 틀 모색

1960년대는 국가의 기본제도를 확립하는 국가 건설(nation-building)의 기간이라고 해도 과언이 아니다. 1960년은 한국이 독립된 지 15년, 6·25전쟁의 종료로부터 7년이 되는 해이다. 전쟁의 잿더미에서 국가를 건설해야 하고 일제강점기를 거치는 동안 일본식 제도와 미군정을 통한 미국식 제도가 혼재(混在)하는 매우 혼란스런 시기였다. 그리고 대부분의 공무원은 일본어에 능통해 미국 제도도 일본의 법제를 통해 받아들이고 있는 형편이었다.

이런 상황에서 국가 운영의 기본 틀로서 대내적으로 가격기구의 활용을 확대하고 대외적으로는 국제협력을 강화해나가야 했다. 말하자면 대내적으로 시장을 만들어가고 대외적으로 개방의 틀을 만들어가자는 것이다.

1960년대에는 국가 주도의 경제운영이었지만 시장을 무시한 것은 아니었다. 다만 당시 시장의 규모는 너무 작고 그에 대한 생각의 깊이가 얕아 운영의 기본 틀이 허약했을 뿐이다. 그래서 제대로 된 시장을 만들어가야 했다. 이를 위해 시장 시세에 동떨어져 있으면서도 시장경제의 기초가 되는 환율의 실세화와 금리의 현실화 조치를 취했다.

1964년 5월 정부는 당시의 공정환율제도를 단일변동환율제도로 이행했다. 1달러당 130원으로 정해 놓았지만 공정환율은 단지 정부 거래에만 적용되었다. 다른 거래에는 일반환율이 적용되었다. 따라서 공정환율제도는 사실상 복수환율제도로 운영되고 있었다. 이러한 공정환율제도를 달러당 255원을 하한으로 하는 단일변동환율제로 바꾼 것이다. 말하자면 외환시장을 만들어 여기에서 결정되는 환율을 따르자는 것이었다. 그런데 외환시장에서 결정되는 환율을 안정시키고자 수입에서 발생하는 이익을 세금으로 흡수하는 방안을 강구했다. 환율이 안정화되지 않고 국내시장과 국제시장의 가격 차이에 따라 움직이게 되면 국내물가가 높이 상승하는 상황에서 환율은 수시로 조정하지 않으면 안 되고 이는 다시 외국원료에 크게 의존하는 국내생산도 불안정하게 된다. 이에 따라 그해 6월 임시특별관세법을 제정해 환율 상승에 따른 수입업자의 과당이윤을 세금으로 흡수함으로써 수입에 대한 과대한 인센티브를 줄이기로 했다.

1965년 9월에는 금리 현실화 조치를 단행했다. 1년 만기 정기예금금리를 15%에서 30%로 인상하고 상업어음할인금리(대출금리)를 14%에서 24%로 인상했다. 10.5~11.5%이던 한국은행 재할인금리도 21%로 올렸다. 말하자면 예금금리가 대출금리보다 높은 이른바 역금리(逆金利) 체제의 금리

현실화였다. 금리 현실화 이전에는 기업들이 사채에 비해 훨씬 저리인 은행 대출을 받는 것은 특혜 중 특혜였다. 사채시장의 금리는 월 3~4%, 연리로는 40~50% 수준이었다. 또한 이 조치로 금융저축이 증가해 공금융기관의 자금 조달 기반을 확대하는 데 기여했다. 은행들은 한국은행의 재할인에 크게 의존하고 있던 실정이었다. 저축 증대가 전적으로 금리 현실화에 힘입은 것은 아니라 하더라도 각종 저축자금의 동원에 있어 금리 현실화가 매우 중요한 기능을 수행했음은 부인할 수 없다. 하지만 대출금리가 예금금리보다 낮은 이러한 역금리 체제는 대출자금의 예금화와 은행의 경영수지 악화 등의 폐단으로 인해 1967년 7월 조정되었다.

대외적으로는 대외지향적인 개방의 틀을 만들어갔다. 말하자면 세계 속의 한국을 지향하는 기본 틀을 만들자는 것이었다. 무상원조는 줄어들고 국제수지 적자는 점점 커져 이의 해결이 중요한데 그 요체는 수출을 늘리는 길이었다. 그리고 적정환율을 유지해 국내시장과 국제시장을 잘 연결해야 했다. 여기에는 주요국과의 양자 간 협력을 강화하는 것도 중요하지만 다자간 협력도 중요했다. 특히 국제적 기준에 맞는 우리의 제도와 관행을 정립하는 것이 필요했다. 말하자면 우리 경제의 국제화가 절실히 필요했다. 국제화는 무역 자유화 → 경상외환거래 자유화 → 자본 자유화의 순서로 추진해 나갔다. 그리하여 무역 확대의 기반을 확립하기 위해 1967년 4월 14일 관세 및 무역에 관한 일반협정(GATT: General Agreement on Tariffs and Trade)에 가입한 데 이어 그해 7월 25일 수입품목의 자유화 폭을 확대하고 그 규제체제도 네거티브 리스트 시스템(negative list system)으로 전환했다.

관세 및 수출입 규제 등의 무역장벽을 각국의 다각적인 교섭으로 제거하려는 목적으로 1947년 스위스 제네바에서 발족한 GATT는 1994년 12월 우루과이 라운드(Uruguay Round)를 끝으로 막을 내리고 세계무역기구(WTO: World Trade Organization)로 전환되었다. 우리는 GATT 가입 시 62개 품목에 대한 관세율을 인하해 주는 대신 6만5000개 품목에 대한 관세양허의 혜택을 보게 되었다. 우리는 개발도상에 있어서 GATT 가입 시 엄격한 상호주의에서 벗어날 수 있었다. 참고로 GATT가 주관한 다자간 협상은 1947년 스위스 제네바에서 열린 제1차 협상에서 4만5000개 품목에 대해 양허하는 것을 비롯해 1964~1967년 열린 제6차 협상인 케네디 라운드까지 약 6만5400개 품목에 대해 양허했다. 이후 도쿄 라운드(Tokyo Round)에서 약 3만 개, 우루과이 라운드에서 약 2만7000개 품목에 대해 추가 양허했다.

우리나라는 무역량이 급증함에 따라 관세행정의 간소화와 국제적 통일화 및 관세 기술의 향상을 위해 1968년 7월 관세협력이사회(CCC: Customs Cooperation Council)에 가입을 통고해 10월에 가입 효력이 발생했다.

1960년대 정비된 제도와 정책

이러한 국가운영의 큰 틀 아래 정부는 조국 근대화 또는 민족중흥의 큰 포부를 실천하기 위해 구체적인 제도와 정책을 펼쳐나갔다.

산업정책면에서는 공업 진흥과 관련해 1967년 기계공업진흥법, 1969년 전자공업진흥법과 석유·화학공업육성법 및 석탄·광업육성에 관한 임시조치법을 제정했다. 1967년 호남정유공장을 기공하고 이듬해 3월 여천(여수)에 석유화학공업단지의 조성에 착수했다. 1970년에 구미전자공업단지를 조성하고 1971년 4월에는 포항제철의 건설에 들어갔다. 사회간접자본 투자도 활발히 진행되었다. 물동량의 원활한 수송을 위해 1968년 2월 착공한 경부고속도로가 1970년 7월 7일 개통되었으며 울산·포항 등 임해공업단지도 조성했다.

대외정책면에서는 대외 지향적 즉 개방화 전략을 뒷받침하기 위해 관련 법률이 마련되었다. 우선 1961년 12월 31일 외국환관리법을 제정해 그동안 군정법령, 한국은행법, 재무부령, 금융통화위원회 규정 등 여러 법체계에 의해 관리·운영되어 오던 외국환관리를 일원화했다. 또한 외자

도입촉진법(1960년 제정), 장기결제방식에 의한 자본재 도입에 관한 특별조치법(1962년), 차관에 대한 지불보증에 관한 법률(1962년)을 1966년 8월 외자도입법으로 단일화했다.

무역을 확대하기 위해 1967년 1월에는 무역법·수출장려 보조금 교부에 관한 임시조치법·수출진흥법 등을 무역거래법으로 통합했다. 1968년에는 대외무역거래에서 통상의 보험으로 구제할 수 없는 수출대금 미회수위험으로부터 수출업자를 보호하기 위해 수출보험제도를 도입하고 한국수출보험공사를 설립하고자 수출보험법을 제정했다. 그리고 1969년에는 수출입은행법을 제정했다. 1970년 12월 무역거래법을 개정해 체코·폴란드·유고·쿠바 등 4개 비적성 공산권국가와의 교역을 허용했다. 이에 따라 1960년 25개국에 불과했던 수출대상국은 1970년 104개국으로 늘어나 시장다변화에도 성공했다. 수출을 늘리기 위해 1964년 수출산업공업단지개발조성법을 제정해 1966년 구로공업단지를 조성한 데 이어 1971년 3월에는 마산수출자유지역을 지정했다.

그리고 1967년 11월에는 관세법을 개정해 그동안 건설된 국내 산업을 보호하기 위해 보호관세율 체제를 확립했다. 그리고 새로이 건설되는 산업과 소비자의 보호를 위해 시의적절하게 관세를 조정하기 위해 일정한 범위 내에서의 세율 변경권을 행정부에 위임하는 탄력관세제도를 도입했다. 또한 1960년대 후반부터 무역량과 세관의 통관관리 업무가 급증하고 세관행정의 효율화가 필요하게 됨에 따라 이를 관리·감독하기 위해 1970년 8월 27일에는 관세청이 독립기관으로 발족했다. 관세청이 하는 일을 종전에는 재무부의 세관국이 맡았었다. 이와 아울러 정부는 제2차 경제개발계획의 수립 과정에서 국민경제의 발전 및 제반 과제와 관련된 종합적 사고와 예측의 과학화를 위해 1971년 3월 한국개발연구원(KDI: Korea Development Institute)을 설립했다. 말하자면 번영의 설계를 위한 중추적 역할을 할 수 있는 싱크탱크를 설립한 것이다.

과학기술정책으로는 과학기술의 진흥을 위해 1966년 2월 한국과학기술연구소(KIST: Korea Institute of Science and Technology)를 설립하고 미국·

서독 등 해외에서 활동하는 우리 과학자들을 유치했으며, 1967년 3월에는 경제기획원 기술관리국을 확대 개편해 과학기술처를 신설했다.

인구정책으로는 제1차 5개년계획 개시 시점인 1962년부터 가족계획 정책을 본격적으로 추진해 인구 조절에 나섰다. 높은 인구증가율이 경제성장효과를 잠식해 1인당 국민소득이 정체되는 요인이 되기 때문이다. 통계청 국가통계포털(KOSIS)에 의하면 인구증가율은 1962년 2.9%에서 1966년 2.5%로 낮아진 데 이어 1971년에는 2.0%로 떨어졌다.

공업화를 통한 경제발전은 도시화를 의미한다. 정보 및 다양한 전문인력의 도시집중이 필연적이기 때문이다. 여기에 더해 개발 초기 도시지역에 공장 설립이 급증하면서 농촌의 젊은 저임금의 노동력이 일자리를 찾아 대거 이동하는 이촌향도(離村向都) 현상이 나타났다. 이러한 도시화는 주택 등 생활문제를 낳았다. 정부는 도시 팽창을 억제하기 위해 1971년 개발제한구역(development restriction area)[2] 제도를 도입했으나 수도권 인구집중을 이겨내지 못했다. 특히 서울의 인구는 수직상승했다. 서울시 주민등록인구 자료에 의하면 1960년 244만5402명에서 1963년 325만4630명, 1970년에 543만3198명으로 500만 명을 돌파한 데 이어 1973년에는 629만 명으로 급증했다.

재정·금융정책으로는 우선 물가안정을 위해 1957~1960년 운영되다 1961년 중단된 재정안정계획을 1963년 1월 부활했다. 「1964년 IMF의 한국경제에 대한 연례협의 보고서」에 의하면 1963년 말 통화량을 전년 말 대비 5% 증가한 385억 원 이내로 억제하는 목표를 세웠는데 연간 2% 증가에 그치는 성과를 달성했다. 이는 '인플레이션은 언제나, 어느 곳에서나 통화적

---

2) 도시의 경관을 정비하고 환경을 보전하기 위해 설정된 녹지대로 그린벨트(greenbelt)라고도 한다. 생산녹지와 차단녹지로 구분되며 건축물의 신축·증축, 용도변경, 토지의 형질변경 및 토지분할 등의 행위가 제한된다. 1971년 7월 서울을 포함한 수도권 일부가 그린벨트로 지정된 이후 1977년 4월 여천(여수)권역까지 8차에 걸쳐 14개 도시권이 그린벨트로 묶였다.

현상이다(Inflation is always and everywhere a monetary phenomenon)'는 밀튼 프리드먼(Milton Friedman)의 지적처럼 통화 증발의 억제가 물가 안정의 기초가 된다는 점에서 부활된 것이다.

국내 금융저축 증대와 금융 이용 편의성 제고를 위해 금융기관을 확충하는 등 금융제도의 정비도 있었다. 은행 중심의 금융제도(bank-based financial system)로 이루어진 우리나라는 주로 은행의 확충에 힘을 쏟았다. 농업금융의 원활화를 위해 1961년 8월 농업협동조합을 발족했으며 농업은행의 도시점포를 발판으로 중소기업 금융 업무를 주로 취급하는 중소기업은행을 설립했다. 그해 무진(無盡: 상호신용 계)이나 사설 계 등에 주로 의존하던 서민금융의 건전한 육성을 도모하기 위해 국민은행법을 제정하고 한국무진회사를 개편해 1962년 1월 한국국민은행을 발족했다. 그러나 기능을 제대로 발휘하지 못하자 그해 말 새로 제정된 국민은행법에 따라 1963년 2월 한국국민은행을 승계해 국책은행인 국민은행을 설립했다. 1966년에 한국외환은행을 설립한 데 이어 금융업무의 지역분산과 지역경제 발전을 도모한다는 취지하에 1967~1971년 사이에 부산광역시와 각 도 단위로 10개의 지방은행을 설립해 1도(道)1행(行) 체제를 갖추었다. 외환의 원활한 공급을 도모하기 위해 1967년부터 1971년까지 체이스맨해튼은행(CMB)과 퍼스트내셔널시티은행(FNCB) 등 8개의 외국은행지점이 한국에 진출했다.

한편 1967년 4월 한국경제인협회(전국경제인연합회의 전신)는 외국 금융기관과 합작해 자본금 500만 달러로 우리나라 최초의 민간 개발금융회사인 한국개발금융회사(KDFC)를 설립했다. KDFC는 1980년 6월 장기신용은행으로 전환했다. 1968년에는 자본시장 육성에 관한 법률을 제정해 한국투자개발공사를 설립해 증권투자신탁제도를 도입하는 최초 계기가 되는 등 직접금융의 강화를 시도하기도 했다.

국내저축을 늘리기 위한 국민저축조합법이 1962년 2월 제정되어 범국민적 저축증대운동이 전개되었다. 이 운동은 모든 임금노동자 급여의 1%를 강제저축하게 하는 방식으로 추진되었다. 저축의 중요성이 커지자

1964년 매년 9월 25일을 저축의 날로 제정해 시행되었으나 그 뒤 10월 25일로 바뀌었으며 1984년부터는 매년 10월 마지막 화요일로 정했다. 1969년에는 저축추진중앙위원회를 설립해 저축 홍보를 총괄하게 했다. 위원회는 1988년 1월 시행된 근로자의 주거안정과 목돈마련 지원에 관한 법률 부칙 제2조에 의거해 1997년 12월 31일 해산했다.

국가의 재정을 보면 세수 증대와 세무관서의 운영 개선을 위해 1966년 3월 국세청을 신설했다. 『국세청 50년사』(2016년)에 의하면 이낙선(李洛善: 상공부장관·건설부장관 역임)은 초대 국세청장으로서 세수를 늘리는 한편 세정을 올바로 세우는 데 크게 기여했다. 이 청장은 당시 세수 목표 700억 원 달성 의지를 다지기 위해 청장 관용차 차량번호를 '서울 관 1-700'으로 정했다. 박정희 대통령은 무질서한 세정을 바로잡자는 차원에서 '견금여석(見金如石: 황금 보기를 돌같이 하라)'이라는 휘호를 국세청에 하사했다.

1966년 내국세 징수 실적은 전년 말 대비 68.7% 증가한 704억 원, 1967년에는 전년 대비 47.6% 증가한 1040억 원에 달했다. 이는 경제성장에 따른 증수가 주된 요인이었지만 세정 정상화로 인한 효과도 있었음을 의미한다.

재정규모는 1966년 1426억2900만 원으로 사상 처음으로 1000억 원을 넘어섰는데 세입 중 조세가 832억500만 원으로 58.3%를 차지했다. 아울러 통신료·전기료 등 공공요금을 대폭 인상해 재정을 크게 확충했다. 이에 따라 국내에서 자력으로 조달한 재원이 1095억4600만 원을 차지해 76.8%의 재정자립도를 기록했으며 대충자금을 비롯한 해외지원자금은 330억8300만 원으로 23.2%를 차지했다.

6·25전쟁 이후 1960년대까지의 남북관계

경제기획원의 『북한의 개혁 전망과 통일한국의 모습』(1992년)이 영국 이코노미스트그룹(The Economist Group) 산하 정보분석 및 자문기관인 EIU

(The Economist Intelligence Unit)의 『남북관계 보고서』(1992년)를 인용한 바에 의하면 1973년까지 북한의 1인당 GNP는 남한(406달러)을 능가했다.

북한은 전후 3개년복구계획(1954~1956년)과 제1차 5개년계획(1957~1961년)에 이어 1961년 9월 경제발전 7개년계획(1961~1967년)을 발표하고 이를 추진했다. 1958년부터는 자력갱생(自力更生)을 목표로 한 천리마운동을 실천해 나갔다. 이들이 목표로 한 '이밥(쌀밥)에 고깃국 그리고 비단옷에 기와집'의 목표는 실패했지만 남한보다 우월한 경제력을 갖게 되었다.

전후 복구사업이 어느 정도 마무리되고 남한보다 우월한 경제력을 바탕으로 군사력에 자신감을 갖게 된 김일성 정권은 1962년 전인민의 무장화, 전국토의 요새화, 전군의 간부화, 군사장비의 현대화 등 '4대 군사노선'을 선포하고 민생보다 군 우선주의를 택했다. 그리고 1960년대 후반부터 대남 게릴라 침투와 휴전선에서의 도발을 지속했다.

1968년 1월 21일 청와대를 기습하기 위해 124군부대 소속 게릴라 31명을 침투시켰고, 이틀 후에는 미 해군 정보수집함 푸에블로(Pueblo)호를 동해안에서 납치했다. 그해 11월 울진·삼척지역에 무장 게릴라 120여 명을 침투시켰고 이듬해 4월에는 미국 정찰기(EC-121)를 격추시켰으며 12월에는 대한항공 YS-11기를 공중 납치했다.

1970년대 들어서도 북한의 도발은 그치지 않았다. 1970년 6월 5일 서해 휴전선 부근에서 우리 해군 방송선을 납치했으며 6월 22일에는 서울 동작동 국립현충원 현충문 폭파사건을 일으켰다. 1971년부터는 대남 기습전을 위해 땅굴을 파기 시작했다.

이러한 북한의 거듭된 도발로 안보상황이 크게 위협받자 박정희 대통령은 제2차 경제개발계획 기간 중인 1968~1970년 3년간의 국정지표를 '싸우면서 건설하는, 일면 건설, 일면 국방의 해'로 정했다. 우선 1968년 4월 1일 250만 명의 향토예비군을 창설하고 1969년에는 고등학생과 대학생을 대상으로 군사훈련을 도입했다. 또한 군사장비의 현대화를 위한 방안도 모색해 나갔다.

이런 가운데 1972년 이후락(李厚洛) 중앙정보부장이 평양을 극비리에 방문해 김일성을 만난 뒤 자주·평화·민족대단결의 3대 원칙을 공식 천명하는 7·4 남북공동성명이 발표되었고 8월 30일에는 평양에서 제1차 남북적십자회담이 개최되었다.

이어 1973년 6월 23일에는 박정희 대통령이 남북 교차승인과 유엔 동시가입, 비적성 공산주의 국가와의 수교 추진 등을 골자로 하는 평화통일 외교정책에 관한 특별성명(6·23 선언)을 발표해 국제적 화해 조류에 발맞춰 폐쇄적인 외교노선을 탈피하려고 노력했다.

사실 6·25전쟁 이후 한국의 안보는 주한미군과 함께 보장하고 있었다. 그런데 1965년 10월 1개 전투사단을 월남에 파병한 한국에 대해 미국은 추가 파병을 요청했다. 이에 우리 정부는 증파(增派)에 앞서 한국의 안보와 경제발전 등 제반 문제의 해결을 위한 조치를 요구하는 선행조건을 미국에 제시했다. 그 결과 미국 정부는 한국군의 실질적 장비 현대화와 대한(對韓)군사원조 이관의 중지, 차관 제공 등을 골자로 하는 14대 항에 걸친 보장과 약속을 당시 주한 미국대사 브라운(W. G. Brown)을 통해 각서의 형식으로 1966년 3월 7일 한국 정부에 공식 통보했다. 그럼에도 불구하고 미국 내에서는 베트남전에서의 미군 증강을 목적으로 주한미군 철수 주장이 꾸준히 제기되었고 결국 1971년 초에는 동두천에 있던 미 7사단이 철수하기에 이르렀다. 이 같은 안보 상황 변화는 자주국방의 필요성을 가중시켰다.

1960년대의 빛과 그림자

경제적 성과

1960년대의 경제적 성과를 보면 무엇보다도 국민들이 '하면 된다(can do it)'는 긍정적 사고를 갖게 되어 '경제 하려는 의지(will to economy)'를 확실히 했다. 전통적인 농업사회가 보다 빨리, 값싸게, 품질 좋게 만드는 제조업 중심의 공업화사회로 바뀌면서 종전의 패배주의적 가치관이 긍정적 가치관으로 바뀌었다.

1960년대의 경제적 성과를 몇 가지 지표로 살펴보면 그 성과는 눈부셨다. 우선 소득의 증대였다. 한국은행의 『한국의 국민소득』(1973)에 의하면 1960~1969년에 국민총생산(GNP)은 연평균 8.6% 성장해 약 2.3배의 규모로 확대되었다. 1인당 GNP는 1960년의 81달러에서 1969년에는 2.5배가 넘는 208달러가 되었다. 이 기간 중 경제성장은 공업부문의 급속한 성장이 주도했다. 산업구조의 변화를 보면 1961년 15.2%였던 광공업 비중은 1971년 22.8%로 커졌다. 농림어업은 1961년의 40.2%에서 1971년 28.3%로 축소되었다. 산업별 종사인구도 1963년 농림어업이 63.0%를 차지했으나 1970년에는 50.4%로 줄었으며 광공업 종사자는 1963년 8.7%에서 1970년에는 14.3%로 증가했다. 통계청 국가통계포털에 의하면 실업률은 1963년 8.1%에서 1970년 4.4%로 낮아졌다.

대외 측면에서 보면 수출과 외자도입이 활발해졌다. 한국은행의 『경제통계연보』(1973)에 의하면 수출은 1961년 4090만 달러에서 1964년에 1억1910만 달러를 달성해 처음으로 1억 달러를 돌파[3]했고 1969년에는 6억2250만 달러에 달했다. 1961년부터 1969년까지 연평균 39.0% 증가했다. 이러한 수출의 증대는 상품의 다양화 및 시장의 다변화에 의해 뒷받침되었는데 수출품목 수는 1961년 100개에서 1969년에는 822개 종류로 늘어났으며 수출대상국도 25개국에서 98개국으로 늘어났다. 10대 주력 수출품목의 변화도 뒤따랐다. 1961년에 철광석과 중석이 수출에서 차지하는 비중이 13% 안팎으로 1~2위였으며 생사·무연탄·오징어·활선어·흑연·합판·미곡·돈모(豚毛)가 그 뒤를 이었다. 그러나 1970년에는 섬유

---

3) 1964년 8월 26일 국무회의는 수출실적이 1억 달러가 되는 날을 '수출의 날'로 하기로 의결했으며 그해 11월 30일에 연간수출누계가 1억 달러에 이르자 당일을 수출의 날로 정하고 대통령 참석 하에 성대한 기념식을 했다. 1973년 3월에는 대통령령으로 11월 30일을 수출의 날로 명시했다. 1990년 수출의 날을 '무역의 날'로 고쳤으며 2011년 12월 5일 우리나라가 세계에서 아홉 번째로 무역규모 1조 달러를 달성한 것을 기념하기 위해 2012년부터는 무역의 날을 12월 5일로 변경했다.

제품이 전체 수출에서 40.8%를 차지해 압도적 주력 수출품으로 등장했고 합판·가발이 10%를 약간 웃돌며 2~3위를 기록한 데 이어 철광석·전자제품·과자제품·신발·연초 및 담배·철강제품·금속제품의 순이었다.

이와 같은 경제적 성과를 거두기 위해서는 투자율의 확대가 필요했다. 한국은행의 『한국의 국민소득』(1973)에 의하면 국내총투자율은 1960년의 10.9%에서 1969년에 29.8%로 증가했다. 이러한 높은 투자율은 국내저축의 증가와 해외저축의 원활한 조달에 의해 가능했다. 국내저축률은 1960년의 1.4%에서 1969년 17.5%까지 제고되었고 해외저축률은 이 기간 8.6%에서 11.0%로 늘었다. 국내저축의 증대는 경제가 성장해 국민들의 소득이 증대된 데 기인한다고 하겠지만 소비절약에도 기인한다. 특히 세원의 확대와 세무행정의 능률화에 의한 조세수입의 증가와 금리 현실화에 따른 저축성 예금의 증대가 그것이다. 해외저축이 늘어난 것은 대외 신인도가 제고되면서 외자 도입이 지속적으로 확대되었기 때문이다.

1960년대의 경제적 성과를 한마디로 요약하면 고도성장에 따른 소득의 증가, 공업화에 따른 산업구조의 개선, 수출산업 육성으로 인한 국제화가 동시에 이루어졌다. 그리고 이러한 성과는 높은 투자가 있어 가능했다.

문제점과 부작용

하지만 불도저식으로 밀어붙인 고도성장의 뒤안길은 편치만은 않았다. 성장의 전도사였던 장기영(張基榮) 부총리 겸 경제기획원장관은 『1966 경제백서』의 서문에서 "승리는 필연코 부채(負債)를 수반한다"며 "성과는 언제나 상대적인 것이며 어떤 면에서 성과는 새로운 부작용까지 초래한다"고 말했다. 경제성장의 이면에는 부작용이 따를 수밖에 없다는 점을 고백한 것이다. '공짜 점심은 없다(There is no such thing as a free lunch.)'는 말 그대로였다.

장 부총리 시절 안정화정책을 소홀히 하는 바람에 물가 안정을 이루지 못해 어려움을 초래했다. 또한 보다 많은 투자를 위한 외자 도입은 국제수지 적자 폭의 확대로 이어졌다. 이는 결과적으로 과다차입을 한 기업들의 부실화로 이어졌다.

먼저 물가를 살펴보면 인플레이션의 악순환이 반복되었다. 한국은행의 『경제통계연보』 각호(各號)에 의하면 연말 기준으로 서울소비자물가는 1969년 13.2%가 올라 전년(9.9%)에 비해 오름세가 확대되었다. 1969년의 국제수지 상황을 한국은행의 『한국의 국제수지』(1970년)에 의해 살펴보면 우선 경상수지가 5억5080만 달러의 적자를 시현했다. 그 내역에 있어서는 무역수지가 9억9170만 달러의 적자인 데 비해서 무역외수지인 용역수지와 이전수지는 합계 4억4090만 달러의 흑자를 나타냈다. 다음으로 자본거래에서는 장·단기자본수지가 각각 5억9330만 달러와 5650만 달러의 흑자를 기록했다. 이에 따라 종합수지는 과다 계상된 410만 달러의 오차 및 누락을 감안하면 9490만 달러의 흑자로 나타났다. 여기에 종합수지 계상에서 제외된 금융기관 차입 및 기타의 금융계정에서 발생한 외환수입(순) 6690만 달러를 합한 1억6180만 달러가 1969년 말 외환보유액을 전년 말의 3억8770만 달러에서 5억4950만 달러로 증가시킨 요인이 되었다.

기업 경영도 차입에 의한 외형 성장을 추구하다 보니 재무구조가 매우 취약했다. 한국은행의 『기업경영분석 개요』(1969년)에 의하면 우리나라 제조업의 자기자본비율(자기자본/총자본)은 1968년 33.2%에서 1969년에는 27.0%로 낮아졌다. 여기서 총자본이라 함은 자기자본과 부채의 합계를 말한다. 1968년 미국 제조업의 자기자본비율은 57.0%였다. 또한 우리나라 제조업의 부채비율(부채/자기자본)은 1968년 201.3%에서 1969년 270.0%로 증대했다. 참고로 1968년 미국 제조업의 부채비율은 75.4%였다. 환율의 현실화에 따라 외채의 원화 상환부담이 커지면서 외자 도입 기업에서 부실이 시작되었다. 1968년 차관기업 83개 중 37개가 부실이 심해져 은행에 의해 정리되었다.

이러한 은행에 의한 정리에도 불구하고 외자 차입이 많은 기업들을 중심으로 부실기업이 속출하자 1969년 4월 청와대에 부실기업정리반이 설치되었다. 정리기업 대상에는 1964년부터 4년 동안 수출실적 1위를 차지하고 1968년에 2000만 달러의 수출실적을 올렸던 당시 최대 수출기업인 천우사(天友社)가 포함되었다. 이의 정리에는 장덕진(張德鎭) 재무부 이재국장이 청와대에 차출되어 책임을 맡았다. 1971년 11월 말 현재 330개 차관업체 중 26개 업체가 정리 대상이었다.

성장에 치중한 데 따른 부작용은 이 같은 만성적인 인플레이션, 경상수지 적자 폭의 확대, 기업의 재무구조의 악화에 국한되지 않았다. 지역적으로는 성장의 혜택이 농촌에까지 파급되지 못했다. 또한 수출을 위한 인프라의 구축도 미진했다. 이러한 성장의 이면에 드리운 그림자로 인해 그동안 앞만 보고 달려오던 성장 위주의 정책에 대해 문제의식을 가지게 되었다. 즉 발등에 떨어진 불인 만성적인 인플레이션을 잡고 국제수지 적자를 줄이면서 우리 능력으로 감내할 수 있는 균형적인 발전을 도모해야 했다.

이에 따라 그동안 고도성장을 추구해 오던 정부의 거시정책은 '안정 위의 성장'으로 전환되었다. 1969년 김학렬(金鶴烈) 부총리 겸 경제기획원 장관은 경제안정화시책을 내걸었다. 물가 안정, 국제수지의 개선, 농업개발의 촉진, 수송력의 확충, 중화학공업을 포함한 기간산업의 건설, 과학기술의 인력 개발 등 6대 중점 사업 추진이 그것이다.

1970년대 초(1972년~1973년)의 국가적 과제와 대응

1972~1973년은 제2차 경제개발 5개년계획이 마무리되고 제3차 경제개발 5개년계획이 시작되는 시기였다. 정부는 3차 개발계획을 추진하기에 앞서 두 차례에 걸친 5개년계획을 돌아본 결과 여러 문제점이 지적되어 이에 대한 대응책을 강구해야 했다.

첫째, 그동안 추진해온 경공업 위주에서 3차 개발계획 기간에는 중화학공업을 육성해 산업구조를 고도화하는 일이 절실했다. 박정희 대통령은 1973년 1월 12일 중화학공업화를 선언하고 6월에는 철강·비철금속·기계·조선·전자·화학공업 등 6대 전략 업종의 육성계획을 발표했다. 향후 8년간 총 88억 달러의 자금을 투자해 1981년까지 전체 공업에서 중화학공업의 비중을 51%로 늘려 1인당 국민소득 1000달러와 수출 100억 달러를 달성한다는 청사진을 제시했다. 이 계획은 IMF와 세계은행은 물론 경제기획원까지도 부정적이었다. 그러나 박 대통령은 청와대 비서실장 김정렴(金正濂)과 경제제2수석 오원철(吳源哲) 등으로 중화학공업화팀을 구성해 이를 강력히 추진했다.

둘째, 안보 면에서는 1972년 7·4 공동성명 발표 등 남북 간 대화를 통한 유화(宥和)적인 대응도 있었다. 그러나 1963년 이래 4대 군사노선을 바탕으로 한 북한의 지속적인 군비증강과 군사도발에 대비해 우리 군사장비의 현대화와 국산화가 시급하다는 인식 아래 이에 대한 대비도 게을리 하지 않았다. 유비무환(有備無患) 즉 갖추고 있으면 뒤에 환란이 없다는 자세에서의 대비이다. 1960년대의 북한 도발에 맞서 군사장비 개발에 골몰하던 정부는 1970년대 들어서 경제기획원을 중심으로 군사장비의 현대화를 위해 조선·중기계·특수강·주물선(鑄物銑)산업의 4대 핵 공장(核 工場) 건설을 검토한 바 있다. 그러나 군수공장을 건설하는 데는 막대한 자금이 소요된다는 점과 군사장비도 분해해 보면 민수의 기계공장에서 만들 수 있는 기계부품으로 구성되어 있으므로 수출 및 민간 수요와 군 수요를 동시에 목표로 해 군수공장을 포괄하는 중화학공업을 건설키로 했다. 아울러 당장 국산화 추진이 불리한 군사장비는 부품의 국산화를 전제로 우선 최신 군사장비를 해외에서 도입한 후 기술을 이전받는 절충교역(折衷交易)이 시작되었다. 나아가 군사장비의 확충을 위한 율곡사업을 본격적으로 시행하였으며, 1975년에는 방위세를 신설하여 이를 뒷받침했는데 이에 대한 설명은 제3장에서 부연하겠다.

셋째, 공업 위주이다 보니 도·농 간 소득의 격차가 더욱 벌어져 이를 완화하기 위해서는 농어촌 소득증대를 위한 사업의 추진이 필요했고 아울러 미국의 PL480호 원조와 혼분식(混粉食)으로 근근이 버티는 식량의 자급자족도 하나의 지상과제였다. 이를 위해 정부는 1972년 4월 22일 새마을운동 선포식을 하고 스스로 근면하게 노력하고 협력해서 살기 좋은 우리 마을을 만들자는 모토를 내걸었다. 농업의 기초가 되는 경지 정리,

농업용수의 확보를 위한 4대강 중심의 댐 건설 등은 국가 주도로 하기로 방향을 잡았다. 그러나 농촌의 소득증대를 위한 구체적인 사업은 근면·자조·협동의 직업윤리(work ethics)를 확보하지 않으면 안 된다는 게 새마을운동의 요체였다. 소득 증대와 생활환경 개선을 통해 삶의 질(quality of life)을 향상시키자는 것이다. 환경정비사업을 첫 단계로 한 농어촌의 새마을운동은 지붕 개량·주택 개량·농로 개설·마을도로 확충·하천 정비·전기화사업 등에서 가시적인 성과를 거두었다. 1972년부터 주민지도자를 발굴해 훈련시킴으로써 낙후된 주민의 정신을 계도시켜 나갔고 농어가의 소득증대를 위해 많은 노력을 기울였다.

한편 식량의 자급자족을 위한 벼 품종개량사업이 본격적으로 추진되었다. 1960년대 후반 농업진흥청 주도로 필리핀의 국제미작연구소(IRRI: International Rice Research Institute)에 파견된 허문회(許文會) 서울대 교수를 주축으로 한 여러 연구자들의 합심노력으로 1971년 다수확 품종인 통일벼(IR667)를 개발했다. 이를 계기로 관련 신품종이 다양하게 개발되고 지속적으로 보급되었다.

넷째, 지나친 성장 위주이다 보니 물가 불안 등의 문제점이 많이 드러나자 3차 개발계획에서는 안정과 성장을 병행 추진하기로 하고 1973년에는 물가상승률을 3% 내외에서 억제하기로 했다.

다섯째, 국제수지 적자가 문제였다. 이를 개선하기 위해서는 국내저축의 증강과 함께 수출을 증대해야 했다. 3차 개발계획의 마지막 해인 1976년 수출목표를 2차 개발계획 마지막 연도인 1971년의 10억 달러보다 3.5배가 되는 35억 달러로 설정한 것은 이 때문이었다.

여섯째, 그동안은 공업성장을 통한 일자리 창출이 최선의 복지였다. 그러나 이제는 여기에서 한발 앞서 나가야 했다. 따라서 농어촌 보건·문화시설의 대폭 확충, 농어촌 전화(電化: electrification) 및 도로망 확장과 주택·위생시설의 확충을 통해 생활환경을 개선하는 등 국민의 복지와 생활향상에도 주목하기로 했다.

이러한 문제를 해결하기 위해 성장과 안정 및 균형의 조화, 즉 자립적 경제구조의 달성과 지역 개발의 극대화로 요약되는 3차 개발계획의 기본정신이 마련되었다.

경제개발의 지속적 추진을 위한 여건 정비

국내 경제·사회의 어려움

하지만 이러한 목표를 3차 개발계획 기간인 1970년대 중반까지 추진하는 데는 국내 경제·사회·정치 상황이 큰 어려움에 처해 있었다.

우선 경제적 측면에서 보면 앞에서 살펴본 바와 같이 전 산업에 걸친 기업의 부실이 큰 문제였다. 당시 우리 기업들은 1970년을 전후해 침체된 세계 경제의 불황에 따른 수출 둔화, 환율 인상에 따른 외화 차입금 상환 부담의 이중고로 인해 월 3.84%(연리 46%)짜리 고리사채로 연명(延命)하는 실정이었다. 기업들이 사채를 갚지 못하는 상황이 발생하자 은행에서 대불(代拂)까지 하는 사태가 발생했다. 1970년부터 기업의 부도사태가 속출해 금융기관의 부실채권이 증가하면서 금융시스템 자체가 흔들렸다. 이런 상황을 반영해 1971년 6월 28일에는 예금금리를 연 22.8%에서 20.4%로, 일반대출금리를 연 24%에서 22%로 인하하는 조치를 취했음에도 그해 하반기에 사채 파동이 일어날 조짐이 나타났다. 정부는 1972년 1월 17일 전국경제인연합회의 건의를 받아들여 대출금리를 15%로 인하하고 상업어음 재할인율을 16%에서 13%로 인하했으나 기업의 재무구조 개선이나 경기 반등의 양상도 나타나지 않았다. 보다 근본적인 대책이 필요했다. 이런 상태로는 3차 개발계획을 추진하기가 어려울 것으로 판단되었기 때문이다.

8·3조치

이와 관련해 기업들이 떠안고 있는 고리사채를 제도금융으로 대환(貸換)해 주자는 의견과 이번 기회에 아예 사채를 저리로 동결(凍結)해야 한다는 의견이 제시되었다. 결론은 후자(後者)였다. 1972년 8월 3일 박정희 대통령은 경제의 안정과 성장에 관한 긴급명령을 발동했다. 이른바 8·3 긴급 경제조치다.

조치의 주요 내용을 살펴보면 모든 기업은 8월 2일 현재 보유하고 있는 모든 사채를 신고해야 하며 동결된 사채는 8월 3일자로 월리 1.35%(연리 16.2%), 3년 거치 5년 분할상환의 새로운 채무관계로 조정되거나 출자로 전환되었다. 금융기관은 2000억 원의 특별금융채권을 발행해 이 자금으로 기업의 단기대출금의 일부를 연리 8%, 3년 거치 5년 분할상환의 장기저리대출로 대환하였다. 또한 신용보증제도를 확충해 담보능력이 취약한 중소기업에 대한 신용대출을 촉진하고 산업은행에 산업합리화기금을 설치해 기업에 장기저리자금을 공급하며 금융기관 금리를 대폭 인하하고 환율을 달러당 400원 선에서 안정시키는 한편 물가상승률을 3% 내외 수준으로 억제하기로 했다.

8·3조치 시행 후 물가가 빠르게 안정되어갔다. 한국은행 경제통계시스템(ECOS)에 의하면 8·3조치 시행 직전인 7월 말 전년 동월 대비 16.5%의 상승률을 기록했던 전국도매물가는 10월 9.6%의 한 자릿수로 상승세가 꺾였다. 이후 1973년 들어서는 3월부터 내리 4%대 상승에 그치는 등 현저한 물가안정세를 시현했다. 이처럼 물가가 안정되자 정부는 1973년의 물가안정 목표를 3%로 설정했다. 그러나 물가안정은 그리 쉽게 되는 일이 아니었다. 그리하여 경제기획원은 물가국을 중심으로 해서 물가를 행정적으로 통제하기 시작했다. 이 과정에서 여러 가지 무리한 조치가 이루어졌다.

수출도 잘 되었다. 1972년의 수출액은 16억2410만 달러로 전년(10억 6760만 달러)보다 52.1% 증가했다. 그러나 1973년 10월 오일 쇼크가 발생하면서 물가·수출 등 모든 면에 차질이 생겨 없던 일이 되고 말았다.

사금융의 공금융화와 자본시장 발전책의 강구

다른 한편으로 사금융의 공금융화를 위해 '사금융 양성화를 위한 3법' 즉 상호신용금고법, 단기금융업법, 신용협동조합법이 8·3조치와는 별도로 제정되었다. 정부가 이들 3법의 제정을 추진하게 된 배경은 대기업의 단기운전자금 조달창구인 고금리의 사채시장, 소상공인과 영세서민의 상업자금 및 가계자금 수요를 대상으로 하는 사설 무진회사 및 서민금고 등의 서민금융기관이 도산하는 등 사회적인 물의를 야기하고 신용질서를 문란케 하고 있었으나 규제할 법적 장치가 없어 이를 제도적으로 정비할 필요성을 절감했기 때문이다.

정부는 대기업의 거액사채를 단기금융시장을 통해 합리적이고 안전하게 매개할 수 있도록 1972년 8월 17일 단기금융업법을 제정했다. 이에 따라 한국투자금융(KIFC)이 그해 9월 국내 최초의 단기금융회사로 전환되었다. KIFC는 1971년 6월 한국개발금융회사(KDFC)에 의해 우리나라 최초의 비(非)은행금융기관으로 설립되어 1972년 5월부터 기업들로부터 어음할인 및 매매 업무를 하고 있었다.

또한 전국에 산재(散在)해 있던 사설 무진회사·서민금고 등을 양성화해 건전한 서민금융기관으로 육성하기 위해 1972년 8월 2일 상호신용금고법을 제정해 상호신용금고로 하여금 서민금융을 담당토록 했다. 그해 12월 재무부는 상호신용금고법에 의해 전국적으로 269개 서민금융업자에 대해 사업인가를 발급했다. 아울러 8월 17일 신용협동조합법을 제정해 지역·직업·종교 등 상호유대를 지닌 개인이나 단체 간의 협동조직을 기반으로 해 자금의 조성과 이용을 도모하도록 했다.

이어 정부는 기업들이 재무구조를 근본적으로 개선토록 하기 위해 1972년 12월 기업공개촉진법을 제정해 주식시장에서 자기자본을 직접 확충하도록 했다. 기업공개촉진법을 제정한 이유는 1968년 12월 한국투자개발공사를 설립해 증권투자신탁제도를 도입하는 등의 노력에 더해 기업들의 직접금융에의 참여를 보다 강화하기 위해서였다.

10월유신

사회적인 측면에서는 도시 빈민 문제와 노동자의 열악한 노동환경이 사회 문제로 대두했다. 1960년대는 저임금과 노동환경보다 일자리 확보가 최우선이었지만 1970년대 들어서는 사정이 달라졌다. 도시산업선교회가 주축이 되어 도시화와 산업화 과정에서 소외된 도시 빈민과 노동자의 노동조건의 개선과 노동조합의 구성을 지원했다. 1970년 11월에는 청계천 평화시장에서 재봉사로 일하던 청년 전태일(全泰壹)이 노동환경 개선을 요구하며 분신하는 사건이 발생했다. 조세희(趙世熙)는 『난장이가 쏘아올린 작은 공』에서 당시 도시 빈민의 현실을 고발하기도 했다. 박정희 정권은 이 같은 사회운동이 수출에 방해된다며 치안 차원에서 제압했다. 이에 야당과 대학가를 중심으로 반체제 운동이 태동하게 되었다.

정치적인 측면에서 보면 국가가 주도하는 외자 차입을 통한 대기업 위주의 공업화와 수출지향전략 즉 외연 확대정책은 앞에서 살펴본 바와 같이 인플레이션의 악순환, 국제수지의 악화, 부실기업의 속출 등의 경제 상황을 초래하고 지역 간 불균형 성장을 심화시켰다는 불만이 노골화되었다. 이에 야당이 일찍이 내세운 대중경제론이 본격 대두되었다. 즉 농업과 중소기업 육성을 통한 내포적 성장을 추구해야 한다는 주장이었다. 경제 발전의 프로세스를 놓고 벌어진 이러한 첨예한 대립은 1971년 4월과 5월 잇따라 실시된 제7대 대통령 선거와 제8대 국회의원 선거의 결과로 나타났다. 박정희 후보는 김대중 후보를 가까스로 누르면서 3선에는 성공했지만 다음 달 실시된 국회의원 선거에서는 여촌야도(與村野都) 현상과 함께 야당이 대약진하고 여당인 민주공화당의 득표율은 48.8%에 그쳐 차기 선거에서의 정권교체 가능성 등이 제기되었다. 정권이 교체될 경우 그동안 추진해 온 외연 확대정책이 대중경제론으로 대체될 수밖에 없는 상황이 시시각각 다가오고 있었다.

박정희 대통령은 1971년 7월 취임사에서 중화학공업의 육성, 국토종합개발, 수출입국, 농어촌의 근대화를 다짐했다. 하지만 그의 임기는 1975년 7월까지였다. 이러한 상황에서 박 대통령은 1972년 10월 17일 초헌법적인 국가긴급권을 발동해 제8대 국회를 해산하고 정치활동을 금하는 동시에 전국적인 비상계엄령을 선포해 헌정을 일시 중단시켰다. 거센 반발은 잇따른 긴급조치를 발동해 강압적인 방법으로 무력화했다. 효력이 정지된 일부 헌법 조항의 기능을 비상국무회의가 행사하도록 했다. 비상국무회의는 10월 27일 헌법개정안을 공고하고 11월 21일 국민투표로 확정했으며 이 헌법에 따라 12월 23일 통일주체국민회의 대의원들이 간접선거를 통해 단독 입후보한 박정희 후보를 제8대 대통령으로 선출했다.

'유신헌법'으로 불리는 제4공화국 헌법은 대통령 취임일인 12월 27일에 공포·시행되었다. 유신헌법은 대통령을 입법·행정·사법의 3부(府) 위에 군림하는 국가적 영도자로 규정했다. 유신헌법에 따라 1973년 2월 27일 제9대 총선이 선거구별로 2인을 선출하는 중선거구제와 국회의원 정수의 1/3을 통일주체국민회의에서 간접 선출하는 전국구 성격의 유신정우회(維新政友會: 유정회) 국회의원으로 나누어 실시되었다. 제9대 국회는 같은 해 3월 12일 개원되었다.

10월유신을 보는 시각은 그때나 지금이나 크게 둘로 엇갈린다. 조국근대화를 효율적으로 추진하기 위한 불가피한 선택이라는 주장과 민주화에 역행하는 장기집권을 위한 독재체제의 구축이라는 지적이 그것이다. 그러다 보니 당시 유신체제를 두고 정치·사회적으로 극심한 갈등과 투쟁이 뒤따를 수밖에 없었다.

유신체제 불가피론자들은 1960년대의 실적을 토대로 1970년대에는 중화학공업을 건설·육성해 산업구조를 고도화하고 자주국방을 추진해 한국군의 장비를 현대화해야 한다. 그리고 수출주도정책을 지속적으로 추진해 만년 적자에 허덕이는 국제수지의 균형을 이루고 고질병이던 인플레이션을 잡아 물가 안정을 이루어야 한다. 이러한 조국근대화를 이루기 위해서는 안정된 정치세력의 확보가 되어야 한다는 것이다.

반면 민주화 세력은 유신헌법이 민주주의의 기본인 삼권분립 정신보다는 행정부의 권한을 과다하게 강화해 대통령에게 부여된 긴급조치권을 가지고 헌법의 개정 요구나 대통령에 대한 비난 또는 비방을 원천봉쇄한 점 등을 들어 반대했다.

제2절 나의 경력

부산세관 및 세관국 감정과 수습(1963년 9월~1964년 5월)

나는 1963년 9월 19일 조건부 재경사무관으로 발령을 받았다. 보직은 마산세관 삼천포출장소장이었지만 실제로는 부산세관에서 이듬해 5월 7일까지 세무, 감시, 밀수 방지 등 세관업무 전반에 걸친 오리엔테이션을 받았으며 특히 수입화물의 감정 업무에 중점을 둔 실무수습을 하게 되었다. 삼천포출장소장으로 발령을 받은 이유는 정원(TO)이 있어야 발령이 나게 되어 있었기 때문이다.

부산은 한국 제일의 수출입물품 교역 창구였으며 쓰시마(對馬島)에 가까워 '밀수특공대'의 활동 우범지로 외국에 빈번히 왕래하는 선박·선원을 통한 항구 내 밀수가 성행했다. 당시 시계(時計) 등 부족물자와 국내 거래가격과 외국가격의 격차가 커 밀수꾼들은 목숨을 걸고 불법행위를 감행했다.

조건부 사무관이란 6개월 동안 근무시킨 뒤 사무관시보 발령 여부를 결정짓는, 요즘으로 치면 인턴 같은 제도였다. 6개월간의 수습 과정을 거친 1964년 3월 18일 나는 재경사무관 시보로 임명되었다. 부산세관에서의 실무수습에 이어서 재무부 세관국 감정과에서 3개월 정도 실무수습을 더 했다. 감정과는 감정계와 조사통계계의 2개 계가 있었는데 때마침 1964년 6월 12일자로 임시특별관세법이 제정되어서 조사통계계가 그 시행을 준비하던 때라 수습기간 중 그 작업을 돕는 일을 했다. 또 하나 기억나는 일은 감정계에서 수습 시 항생제의 세율에 대한 해석이다. 당시에 제약회사에서는 항생제를 대량용기로 수입해서 무균실에서 소분(小分)해 판매했다. 이때 무균실에서 소분하는 것이 제약으로 볼 수 있느냐가 문제였다. 결론은 제약으로 보았다. 당시 우리나라 제약회사의 실정이 그러했다.

나는 세관국 감정과에서 수습기간 중 1964년 7월 「특관세법의 시행과 그 문제점」이라는 글을 써서 환율의 안정을 위해 특관세의 도입이 필요하다고 특관세 실시를 옹호했다. 전문(全文)은 〈별첨 2-1〉로 싣는다.

군산세관 대전출장소장(1964년 5월~1966년 3월)

1964년 5월 18일 재경사무관으로 정식 발령을 받으면서 동시에 군산세관 대전출장소장으로 전보되었다. 하지만 당시 임시특별관세법 제정과 관련한 업무에 매여 있어 실제로 부임한 것은 8월경이었다.

대전출장소는 임해세관이 아닌 내륙세관이어서 주로 국제소포 통관 업무를 담당했다. 그래서 사무실도 대전우체국의 방 하나를 빌려 사용했다. 당시의 사무실에는 타자기도 없었다. 이와 함께 면세되던 수출용 원자재가 국내에 불법 유통되지 않고 수출용으로 제대로 쓰이는지 등의 사후관리를 하는 업무도 담당했다. 수출이 늘어남에 따라 이 업무량이 늘어났으며 나중에는 원자재를 보세 운송해 와서 통관하는 업무까지 담당하게 되었다. 한편 미군 PX 등에서 밀반출되는 사치품 중 특정외래품을 단속하는 업무를 했다. 특정외래품이란 국내 산업을 저해하거나 사치성이 있는 물품을 말하며 정부는 이의 판매를 금지하는 특정외래품판매금지법을 1961년 5월 제정해 시행하고 있었다.

세관국 국제과 평가계장(1966년 3월~1967년 7월)

1966년 3월 4일 나는 재무부 세관국 국제과 평가계장으로 전보 발령을 받았다. '계장' 직급은 지금은 없어졌지만 당시에는 과장 전 단계에서 결재를 하는 엄연한 보직이었다.

당시 재무부 사세국이 재무부 세제국과 국세청으로 개편되는 등 재무행정에 혁신이 이루어졌지만 관세행정은 종전처럼 세관국에서 일선 세관을 관장하도록 되어 있었다. 다만 세관국 기구를 확장해 국제과를 신설했다. 글로벌 스탠더드에 걸맞은 세관제도와 수출촉진 방안을 강구하기 위해 신설된 국제과는 국제협력계와 평가계의 2개 계로 구성되었다. 이때 차관보 제도가 신설되어 재무부에 재정차관보와 세정차관보 자리가 만들어졌다.

평가계는 수입가격(CIF)으로 과세가격을 결정하는 업무를 담당했다. 관세율이 높아 수입가격을 낮추어 신고하는 경우가 많아 이를 방지하는 것이 주된 임무였는데 각 세관에 가격의 적정성을 판단하기 위한 정보를 주는 센터의 역할을 했다. 이를 위해 각 세관에서 송장(送狀)을 가져오면 카드로 정리해 놓은 후 문의해 오는 물품에 대한 가격 기록을 알려주었다. 그래서 평가계에는 카드를 작성하는 여직원들이 많았다.

한편 국제과로서는 당시 GATT 가입 여부와 관련한 타당성을 검토하는 등 발 빠르게 움직이면서 관세협력이사회(CCC) 가입도 추진해 CCC 규범에 일치하는 세관업무의 개선을 도모해나가야 했다. 그런데 이 업무를 담당해야 할 국제협력계장의 발령이 지연되면서 공석으로 있었다. 비록 내 소관사항은 아니었지만 이 업무를 거들 수밖에 없는 형편이었다. 이에 따라 관세법의 영문 번역 작업 등 GATT 가입을 위한 기초적 준비와 GATT 가입 타당성 검토를 위한 관계부처 실무자회의에 참석하게 되었다. 또한 교섭 단계에서는 국제과장과 새로이 임명된 국제협력계장이 제네바 현지에서 교섭에 참여하기 때문에 사실상 국내 실무책임을 내가 맡을 수밖에 없었다. GATT 업무에 내가 깊숙이 관여하게 된 이유이다.

앞에서 설명한 바와 같이 1967년 4월 14일 우리나라는 GATT에 가입했으며 1968년 10월에는 CCC에 가입했다. 1967년 8월 1일 국제과를 떠나 감정과 조사통계계장으로 옮긴 후에도 나는 이 일과 관련해 1968년 9~11월 중순 벨기에의 브뤼셀 CCC 본부 및 케네디 라운드 협상이 진행 중인 스위스의 제네바에 출장을 갔는데 이것이 나의 최초 외국출장이다.

사실 GATT 가입은 이때 처음 시도된 것은 아니다. 한국관세협회의 『관세』(1970년 7월)에 실린 「세관 야화—초대 세관국장 강성태(姜聲邰, 상공부장관 역임)씨의 회고록」에 의하면 우리나라는 1950년 초 그해 4~9월 영국 토키(Torquay)에서 개최되는 GATT회의에 옵서버로 참석해 달라는 초청이 있어 주영공사 윤치창(尹致昌)으로 하여금 참석케 했으나 그 결과를 보고받지 못하다가 1951년 4월에 '우리나라는 31개 품목에 대한 양허를 하기로 했다'는 보고를 받았다. 1951년 5월에 그해 9월 제네바에서 개최되는 GATT회의에 옵서버로 참석해 달라는 초청을 다시 받았고 주불공사 전규홍(全奎弘)을 대표로, 그 보좌역으로 관세전문가인 엄승환(嚴承煥) 세관국 지도과장을 보냈다. 재무부는 앞으로의 우리나라 상품 수출에 도움이 될 것으로 판단하고 토키 의정서에 서명해 GATT에 가입하기로 방침을 세우고 이를 경무대에 올렸으나 이 대통령은 '31개 품목에 대한 세율양허로 연간 약 10억 원의 관세수입의 감소를 초래하게 됨은 재정형편으로는 불가하다'는 이유를 들어 거부했다고 한다.

나는 평가계장으로 재직 중 한국관세협회의 『관세와 무역』(1967년 1월호)에 「특관세법의 문제점」이라는 글을 써서 특관세 도입 당시 환율의 안정을 위해 특관세 도입이 필요하다고 주장했으나 그동안 경제사정이 변화해 GATT에 가입하는 등 개방화의 확대에 비추어 볼 때 이를 한시적으로 운영할 필요성이 있음을 지적하고 운용 과정에서 제기되고 있는 문제점도 아울러 검토한 글이다. 또한 우리나라의 평가제도를 설명하고 그 개선방안을 모색하는 내용을 담은 「평가사무의 제도화」를 『관세와 무역』(1967년 5월호)에 썼다.

세관국 감정과 조사통계계장(1967년 8월~1969년 3월)

1967년 8월 1일 나는 세관국 감정과 조사통계계장으로 전보되었다. 조사통계계의 업무는 1964년 6월 제정된 임시특별관세법의 운영과 무역통계를 작성하는 일이었다. 특관세와 관련된 구체적인 업무는 수입물품의 국내도매가격을 정확하게 파악하는 일이었다. 그런데 당시의 수입구조를 보면 기계나 원자재 등 실수요자 중심으로 수입이 허용되고 있어 수입물품시장이 제대로 형성되어 있지 않았다. 도매시장이 없으니 가격을 파악하기가 힘들 수밖에 없었다. 그래서 시가조사를 한국은행과 부산세관, 인천세관, 서울세관, 재무부 세관국 감정과 등 다섯 군데의 조사처로 하여

금 가격을 조사토록 해 이를 조사통계계에서 사정해 매달 도매가격표를 시달했다. 그리고 빈번하게 수입되지 않는 수입물품은 국내도매가격을 파악할 수 없어 시가대수(市價對數)를 적용할 수밖에 없었다. 시가대수는 가격이 포착되지 않는 물품을 같은 종류의 물품 즉 같은 물품분류번호인 세번(稅番)에 해당하는 물품의 국내도매가격과 CIF 수입가격의 비율을 말한다.

또 다른 업무는 수출입 무역통계를 표준국제무역분류(SITC: Standard International Trade Classification)로 작성하는 일이었다. 무역통계는 각 세관으로부터 브뤼셀관세품목분류표(BTN: Brussels Tariff Nomenclature)로 되어 있는 수출입면장 사본을 제출받아 점검하고 이를 SITC 기준으로 다시 정리해 경제기획원 통계국 컴퓨터로 집계·작성했다.

당시 경제분석을 위한 가공통계는 수입의 경우 수입재원을 중심으로 정부 보유 달러(KFX: Korean Foreign Exchange)수입, 원조수입 등으로 구분해 작성되고 있었다. 그러나 수입물품이 다양화됨에 따라 비내구소비재, 내구소비재, 원료 등 중간재, 자본재 등으로 세분해 통계 작성을 시작했다. 수출통계도 보세가공 등 가공 형태별로 작성되고 있었으나 수출물품이 다양화됨에 따라 수입물품과 같이 구분해 통계 작성을 시도했다.

국제과 평가계장과 감정과 조사통계계장이었던 1967년에 나는 전면적인 관세법 개정작업에 참여했다. 최각규(崔珏圭, 부총리 겸 경제기획원장관 역임) 국장의 국 전체의 지혜를 모아 관세제도를 개편하자는 방침에 따른 것이다. 평가에 관한 규정과 통관절차는 물론 관세율도 전면적으로 개정하는 작업이었다. 특히 산업 발전에 따라 보호관세율도 조정하고 탄력관세제도를 마련해 빠르게 변화하는 경제산업구조에 기동성 있게 대처할 수 있도록 했다. 보호관세를 어떻게 책정해야 하는지와 관세보호시스템과 환율과의 관계 등에 관해 맥키넌(R. I. McKinnon) 스탠퍼드대학 교수를 초청해 자문을 받았는데 나는 카운터파트너의 일원으로 함께 일했다. 그리고 그해 말 관세법 전문개정이 이루어졌다.

나는 조사통계계장으로 일하던 1968년에 맥키넌 박사가 제시한 관세의 기능에 대한 이론을 소개한 「관세의 기능」을 『관세와 무역』(1968년 1월호)에 썼다. 그리고 우리나라의 1967년 및 1968년 상반기의 수출과 수입을 다각도로 분석해 「최근의 무역동향」이라는 제목의 글을 『관세와 무역』(1968년 9월호)에 게재했다.

재무부 법무담당관(1969년 3월~12월)

나는 1969년 3월 20일 법무담당관 직무대리에 임명되었다. 직무대리로 된 것은 당시에는 법무직렬이 재경직에서 별도로 분리되어 있었기 때문이다. 재경직으로서는 법무담당관 보직을 받을 수 없었던 것이다. 그래서 법무직으로의 전직시험을 거쳐 과장급으로 승진해 그해 6월 1일 정식으로 법무담당관에 임명되었다.

법무담당관은 신참과장이 가는 자리로 국무회의나 차관회의 및 경제장·차관회의 안건을 검토해 장·차관에게 설명하는 등 보좌하는 일이 주된 임무였다.

재무행정의 기본 골격을 갖추기 위해 수출입은행법(1969년) 등 재무부 제안 법안도 많았다. 타 부처가 제안한 법률도 많았는데 그 내용을 면밀히 검토하고 각 국의 의견을 종합해 이를 기획관리실장과 장·차관에게 보고했다. 또한 법무담당관은 조세를 제외한 재무행정에 관한 소원 처리도 해야 했다.

나는 이때 1970년 1월 1일부터 시행을 목표로 국회에 제출한 관세의 자진신고 납부제도에 대한 해설의 글인 「관세의 자진신고 납부제도」를 한국관세협회의 『관세와 무역』(1969년 9월호)에 썼다.

세관국 수출과장(1970년 1월~8월)

1970년 1월 1일 나는 다시 재경서기관으로 환직했다. 세관국 기획조사과장으로 보직되었지만 과의 명칭이 수출과로 곧 변경되어 며칠 만인 1월 20일 수출과장이 되었다.

수출과장의 주된 업무는 수출과 관련된 관세제도와 정책을 구상하고 입안하는 일이었다. 특히 수출진흥확대회의 등에서 상공부가 수출업계를 대변해 제시하는 민원사항 중 관세문제나 보세공장제도 같은 사안에 대해 효율적인 처리방안을 제시하는 것도 중요한 일이었다.

수출과장 시절 나는 일선 세관에 대한 감사에 차출되었다. 감사는 박정희 대통령의 특별지시에 따른 것이었다. 감사 결과 정부는 제도개선 조치로 관세청을 신설하기로 했다. 나는 수출과장으로 관세청 신설 준비작업에 참여했다. 그리고 관세청은 그해 8월 27일 발족되었다.

나는 수출정책을 담당하는 관세공무원과 수출기업 담당자들의 이해를 증진시키기 위한 해설의 글인 「수출지원을 위한 관세정책의 고찰」을 『관세』(1970년 2·3월호)에 게재했다.

관세국 관세조정과장(1970년 8월~1973년 3월)

관세청이 발족할 즈음 재무부 세관국은 관세정책을 담당하는 관세국으로 개편되었다. 나는 1970년 8월 24일 새로 개편된 관세국 관세조정과장으로 전보되었다. 관세조정과의 업무는 관세율의 조정을 통해 국내 산업을 보호하고 관세수입을 확보하는 일과 특관세제도를 관장하는 일이었다.

나는 관세조정과장에 임명되자 관세율 조정, 특관세의 유지 여부에 대한 기초자료의 수집에 중점을 두었다. 우선 관세율 조정에 관한 기본 방향을 세워야 했다. 관세율 조정의 기본 방향은 수출입기별공고 형태의 무역거래법과 약사법과 같은 특별법상의 직접규제를 관세에 의한 보호로 전환해 정책의 과잉(過剩)을 시정하고 임시특별관세를 폐지해 관세정책의 효율화를 도모해 나가는 것이었다. 그리고 관세정책과 외환정책을 유기적으로 연결해 '저환율+고관세'의 비능률적 조합을 '적정환율+적정관세'의 정책조합으로 전환하는 것이었다. 그리하여 고율보호관세는 산업구조의 고도화를 위해 꼭 필요한 보호대상품목(protective list)에 한정해 적용토록 하고 여타 품목은 20%의 중심세율을 기준으로 부과하되 생활필수품과 기초원자재는 보다 저율을 적용토록 했다. 그리고 연차적으로 보호대상품목을 축소하고 보호세율을 인하함으로써 궁극적으로는 관세율을 중심세율로 수렴해 나갈 계획이었다. 중심세율은 세입규모에 있어서 관세수입규모 등을 고려해 결정키로 했다.

보호관세율의 설정은 주로 신규의 중화학공업을 대상으로 실효보호이론(theory of effective protection)의 개념에 따르기로 했다. 실효보호란 간단히 말해 투입되는 원료의 관세율을 고려해 제조되는 물품에 대한 관세가 얼마나 실질적으로 보호되고 있는지를 살펴보는 것이다. 이는 제품과 투입원료 간의 투입계수와 부가가치를 조사해야 하는 등 방대한 작업이었다. 지금이야 투입산출표(input-output table)도 잘 발달되어 있고 각종 컴퓨터 프로그램도 개발되어 있음은 물론 전자계산기의 도움을 받을 수 있지만 당시로서는 일일이 통계를 수집해 수작업으로 표를 만들고 가공하던 시절이다. 기껏해야 목침만한 기계식 계산기가 유일한 사무기기였다. 이러한 방대한 작업을 수작업으로 하다 보니 과 직원 전원이 일요일도 쉬지 못하고 밤늦게까지 근무했다.

나는 관세조정과장으로 취임한 이후 지속적으로 관세조정작업을 준비했었는데 그 과정에서 셰한(John B. Sheahan) 윌리엄스 칼리지(Williams College) 교수와 벨라 발라사(Bela Balassa) 존스홉킨스대학(Johns Hopkins University) 교수를 초청해 자문을 받았다. 이분들과의 집중적인 교류를 통해 국제경제의 이론과 실제를 숙지하게 되었다. 앞에서 설명한 맥키넌 교수를 포함해 사실상 세 분의 세계적인 석학들을 사사(師事)한 셈이다.

관세율 조정은 이 같은 준비 과정을 거쳐 1973년 3월 관세법 개정에 따라 이루어졌다. 이와 더불어 수습사무관 시절 도입을 옹호했던 임시특관세가 폐지되고 적정환율을 유지하지 못할 경우에 대비해 임시수입부가세(surtax)가 신설되었다. 당시는 유신 체제 초기여서 국회가 해산된 상태였다. 그래서 비상국무회의가 국회 기능을 대신해 관세법 개정안을 의결했다.

한편 관세율 운영의 기본이 되는 BTN 해설서를 번역해 『관세율표 해설』 책자로 제작했다. 당시 우리는 일본어로 번역된 BTN 해설서를 우리말로 재번역한 두 권의 등사본을 사용하고 있었는데 난삽(難澁)할 뿐만 아니라 목침만한 크기여서 사용하기에도 불편이 많았다.

내가 이때 쓴 글을 보면 관세에 관심이 있는 일반인들의 교양을 증진시키기 위해 새뮤얼슨이 지은 『경제학원론(Economics)』 제8판 중 관세에 관한 논고를 발췌해 번역한 폴 사무엘슨(P. A. Samuelson)의 「보호관세와 자유무역」을 『관세』(1971년 8월호)에 실었다. 또한 관세율 조정의 기초가 되는 이론을 소개하기 위해 1967년에 방한하여 관세제도의 개폐에 관해 전반적인 자문을 한 바 있는 맥키넌(R. I. McKinnon) 교수의 논문 인 「대외무역에 있어서 보호와 비보호: 제약요인의 극복을 위한 조세전략」을 번역해 『관세』(1973년 2월호)에 실었다. 특히 이 논문에서 맥키넌 교수가 다룬 '보호관세의 책정', '관세보호시스템과 환율과의 관계'는 우리에게 많은 시사를 해 주었다. 또한 발라사 교수는 내가 관세조정과정으로 있는 동안 내게 여러 가지 조언을 해 주었다. 그가 쓴 「대만과 한국의 공업화정책」을 번역해 『관세』(1971년 10~11월호)에 두 차례에 걸쳐 게재했다. 1973년 2월에는 「73 관세율 조정을 위한 준비」라는 제목의 책자를 펴냈는데 여기에는 관세율 조정(안)에 대한 세한 교수의 평가(요약 번역)와 관세율 조정에 관한 세한 교수의 글을 발췌하여 원문 그대로 수록했다. 이어 1973년에 이루어진 관세율 조정에 관한 개괄을 정리한 「관세정책체계의 개편」을 『관세』(1973년 3월호)에 게재했다. 여기에는 물론 세한 교수의 의견이 포함되어 있다.

이 중 「대만과 한국의 공업화정책」은 〈별첨 2－2〉로, 「대외무역에 있어서 보호와 비보호: 제약요인의 극복을 위한 조세전략」은 〈별첨 2－3〉으로, 「관세정책체계의 개편」은 〈별첨 2－4〉로 소개한다.

외환국 외화자금과장(1973년 3~8월)

관세법 개정이 끝나자마자 나는 1973년 3월 15일자로 외환국 외화자금과장으로 전보되었다. 외화자금과는 외국환 수급계획을 총괄하고 D/A(인수도조건)거래, D/P(지급도조건)거래, 유전스(usance, 기한부어음), 수출선수금 등 단기차입을 관리하는 게 그 임무였다.

당시 외국환의 수입은 한국은행으로 집중하는 외환집중제였다. 반면 지출은 엄격히 제한하는 체제였다. 무역 등 일부 자동으로 외국환은행을 통해 이루어졌으나 여행경비는 일일이 재무부 외환관리과의 허가를 받아야 했다. 다만 내가 외화자금과장으로 있는 동안에는 외환 사정이 좋은 편이었다. 그래서 외국환 수급계획을 느슨하게 수립할 수 있었다.

5개월 남짓 있다가 8월 30일자로 외화자금과장에서 부이사관으로 승진해 주제네바 재무관으로 내정되었다. 얼마 되지 않아 제1차 석유파동이 발생했다. 그해 10월 16일 OPEC(석유수출국기구) 회원국 중 아랍 6개국이 일시에 원유 공시가격을 21% 인상하면서 '오일 쇼크'가 시작된 것이다.

별첨 자료

〈별첨 2-1〉
1964.7
재무부 내부용
감정과 사무관

특관세법의 시행과 그 문제점

Ⅰ. 문제의 제기

정부는 거(去) 6월 12일 임시특별관세법을 공포하고 이어 동 시행령 및 관계법령을 공포함으로써 지난 6월 23일부터 특관세를 부과하고 있다.

특관세법의 주요 골자를 별견(瞥見)한다면 특관세는 수입외국물품에 대해 신고할 때의 외환대수(外換對數)에서 일정률을 공제한 수치를 금액으로 하고 그 금액을 과세표준으로 하여 부과하되 세율은 제1종물품은 90/100, 제2종물품은 70/100으로 하며 물품의 종별은 특관세 심의위원회와 국무회의의 심의를 거쳐 이를 결정하고 재무부장관이 고시하게 되었으며 특정수입물품 중 그 수입이 국민경제에 긴요하다고 인정되는 물품과 관세법에 의하여 무세 또는 면세인 물품 등은 특관세를 부과치 않으며 특관세법에 규정된 것을 제외하고는 관세법을 준용하도록 되어 있다.

여기에서 이러한 특관세법을 시행함으로써 얻을 수 있는 효과를 살펴보고 다음에 이의 시행에 대해 대한상공회의소가 세제개혁에 대한 건의를 통해 제기한 제(諸)문제점을 중심으로 해 이의 시행에 따른 제문제점을 고찰해 보고자 한다.

Ⅱ. 특관세 시행효과

특관세를 부과함으로써 기대할 수 있는 효과를 보면

1. 특관세의 부과는 신외환제도를 유지시킬 수 있다. 지난 5월 3일에 실시된 외환제도의 개혁은 단순한 환율의 실세화 인상에 그치지 않고 고정환율제도를 변동환율제도로 하여 외환수급관계에 의해 환율이 변동할 수 있도록 유동성을 부여한 점에 그 특색이 있다. 그런데 여사(如斯)한 신외환제도를 안정적으로 유지하기 위해서는 우리가 가용외환을 충분히 확보하고 있지 않는 한 과열된 외환수요를 억제해야 하며 특히 과당이득을 목표로 해 특정인기품목에 편중하는 투기적인 외환수요를 억제해야 할 것인바 특관세의 부과는 이러한 효과를 얻을 수 있는 것이다. 즉 특관세는 수입물품의 정상이윤을 정상도착가격의 30%만 허용하고 그를 초과하는 대부분을 흡수하므로 특정품목에 대한 외환수요의 편중과 그로 인한 환율의 변동을 막을 수 있는 것이다.

2. 특관세의 부과는 국내물가를 일정한 선에서 안정화시키는 안전판의 역할을 한다. 이 점에 관해서는 이하 특관세와 그 문제점을 고찰할 때 아울러 검토하기로 하겠다.

3. 특관세의 부과는 수입대체산업을 유인시킨다. 특관세는 수입물품의 정상이윤을 정상도착가격의 30%로 제한하고 있으므로 특관세가 부과되면 수입업자는 이윤율이 저하된다. 그런데 이의 대체품을 국내에서 생산한다면 특관세로 흡수됨이 없이 그에 상당한 액은 그대로 생산자의 이

윤이 될 것이다. 따라서 수입업자는 이러한 초과이윤이 예견되는 수입대체산업으로 전환할 것이 기대된다.

4. 특관세의 부과는 국민의 소비유형을 건전화하고 국산품 이용을 유발시킨다. 앞에서 본 바와 같이 특관세의 부과는 수입대체산업을 유발시켜 국산 수입대체품이 생산될 것이며 또한 일부 사치성 물품은 그 가격이 등귀될 것이 예상되므로 이에 따라 소비유형은 개혁될 것이다.

5. 특관세의 부과는 소비자 부담으로 소수 수입업자가 얻는 과당이득을 국고에 흡수시킴으로써 세수를 증가시켜 궁핍한 국가재정을 완화시킬 것이다.

Ⅲ. 특관세와 그 문제점

그런데 이러한 특관세법을 운영함에 있어서 몇 가지 점에 대해 비판적인 의견이 대두되고 있다. 이제 이러한 문제점에 대해 고찰해 보고자 한다.

1. 특관세의 부과는 무역업자의 창의성과 의욕을 저해한다는 의견이 있다. 즉 특관세는 수입물품의 정상이윤을 30%로 한정하고 있는 까닭에 이의 부과는 무역업자의 기대수익률을 저하시키며 또한 평준화시킬 것이다. 따라서 극대이윤을 목표로 활동하는 무역업자는 의욕과 창의성을 저상(沮喪)하게 된다는 것이다. 이러한 주장은 단기적이며 근시안적인 관점에서 본다면 일응 수긍할 수 있는 의견이다. 그러나 이 문제를 장기적이며 거시적인 관점에서 본다면 결코 무역업자의 창의성과 의욕을 저상시킨다고 단정할 수는 없을 것이다.

특관세가 부과되기 이전에는 수입업자는 수입권만 획득하면 거액의 비정상적인 초과이윤을 획득할 수 있었던 것이다. 따라서 수입업자는 수입권 획득에 과열상을 노정(露呈)시켰으며 외환획득을 위해 상당한 프리미엄의 지출도 불사했던 것이다. 말하자면 수입업자는 수입권을 획득함으로써 정치 지향적이며 천민적인 초과이윤을 얻었던 것이다. 사안의 추이가 이와 같을진대 특관세의 부과는 이러한 정치지향적이고 천민적인 요소를 제거해 국민경제질서를 건전화시킨 것에 불과하며 합리적 영리주의에 입각한 기업의 창의성과 의욕을 저상시킨 것이라고는 볼 수 없는 것이다. 말하자면 기업의 창의성과 의욕은 건전한 경제질서 위에서 경영의 합리화와 혁신적인 활동을 통해 발휘되어야 하는 것인바 특관세의 부과는 이를 저해시킨다고 볼 수는 없다는 것이다.

2. 특관세의 부과는 국내물가를 상승시킨다는 견해가 있다. 즉 특관세의 부과는 첫째, 사회심리적인 면에 자극을 주고 둘째, 특관세가 cost-push 작용을 해 소비자에게 전가되며 셋째, 특관세가 부과되지 아니하는 물품으로의 가격평준화 파급운동을 야기해 국내물가를 상승시킨다는 것이다. 그러나 이 견해는 다음과 같은 제점(諸點)에서 찬동하기 어려운 견해라 하겠다.

(가) 특관세의 부과가 사회심리적인 면에 자극을 주어 물가를 상승시킨다는 점에 대해 고찰하건대 특관세의 부과는 물가를 상승시키리라는 막연한 심리적 작용은 소비자로 하여금 가수요를 유발케 할 것이며 공급자로 하여금 공급을 축소케 하고 재고를 늘리도록 할 것이다. 그러나 이러한 현상은 일시적이며 단기적인 현상에 불과하다. 말하자면 이에 의한 물가상승은 제도개혁에 따르는 마찰적 현상에 지나지 않는다고 보겠다.

(나) 특관세가 cost-push를 통해 소비자에게 전가되어 물가가 상승된다는 견해에 대해 고찰해보자. 특관세는 외형적인 면에서 볼 때는 간접세같이 보이나 내용에서 볼 때는 결코 간접세라 할 수 없는 성격을 가지고 있다. 특관세는 그 실에 있어서 차액지대와 그 성격이 같은 것으로 말

하자면 특관세는 국가가 수입으로부터 생(生)하는 초과이윤에 대해 부과하는 준(準)지대라 할 수 있는 것이다.

문제의 성질이 이와 같다면 데이비드 리카도(D. Ricardo)가 일찍이 지적한 '차액지대는 가격을 구성하는 것이 아니라 가격의 결과이다'라는 이론은 여기에서도 타당성을 가질 것이다. 따라서 특관세는 결코 전가되지 않을 것이며 이로 인한 가격상승은 있을 수 없는 것이다.

그러나 우리나라의 시장구조를 보건대 이른바 seller's market의 성격을 띠고 있으므로 전가의 가능성이 전연 없는 것은 아니다. 그러면 과연 특관세의 전가가 어느 정도 이루어질 수 있는가를 살펴보자. 주지(周知)하는 바와 같이 조세의 전가는 수요와 공급의 사정 즉 공급이 계속적인가 간헐적인가 수요의 가격탄력성이 큰가 작은가에 따라 달라지는 것이다.

여기에서 첫째로 수입이 계속적으로 행해지고 수요의 가격탄력성이 큰 물품은 전가가 없다는 것은 췌언(贅言)을 요치 않을 것이다. 둘째로 수입이 계속적으로 행해지고 수요의 가격탄력성이 작은 물품의 경우에도 전가는 없을 것이다. 왜냐하면 만약 수입업자가 특관세를 전가시키기 위해 가격을 상승시켰다면 일회에 한해서는 초과이윤을 얻을 수 있을지라도 그 이후 수입되는 물품에 대해서는 상승가격의 대부분이 특관세로 추가되어 특관세와 물가가 상호경쟁적으로 상승작용을 하게 되어 수입업자는 가격을 등귀시켜도 거시적인 면에서 볼 때 하등의 이윤증가도 재래(齎來)시킬 수 없기 때문이다.

셋째로 수입량이 극히 소량이거나 그 수입이 간헐적으로 행해지고 수요의 가격탄력성이 큰 경우에도 전가는 없을 것이다. 왜냐하면 이 경우에 있어서는 공급측면에서는 가격을 상승시킬 수 있는 소인(素因)은 있으나 수요측면에서는 가격상승을 불허(不許)하기 때문이다. 즉 수입업자가 가격을 상승시키면 가격상승률 이상으로 수요의 감퇴가 예상되므로 수입업자는 가격상승을 하지 않을 것이다.

넷째로 수입량이 극히 소량이거나 그 수입이 간헐적으로 행해지고 수요의 가격탄력성이 적은 경우에는 전가가 가능하다. 따라서 이 경우에는 물가가 상승할 것이다. 그러나 이 경우에 속하는 물품은 시설재와 사치품(물론 사치품은 수요의 가격탄력성이 큰 것이 통례이나 우리나라의 경우는 그 공급이 극히 소량이므로 수요의 한계점에 근사한 데서 존재하는 수요를 상정한다면 탄력성이 작다고 볼 수 있다)이다. 그중 시설재의 대부분은 무세나 면세의 특전을 받고 있으므로 특관세는 부과되지 않는다.[1] 그러나 사치품의 경우에는 전가가 가능하며 따라서 사치품은 가격이 상승될 것이 예상된다.

이와 같이 볼 때 특관세의 부과는 보편적으로 전가되지 않을 것이며 따라서 이로 인한 전반적인 물가의 상승은 없을 것으로 보이며 다만 사치품의 경우에 한해 물가의 상승이 예상될 뿐이다.

(다) 특관세의 부과로 인해 가격이 상승된 물품이 여타의 물품으로의 가격평준화 파급운동을 유발시켜 물가를 상승시킨다는 견해에 대해 고찰해보자. 이러한 주장은 수입물품의 가격이 전반적으로 상승될 것이라는 예상 하에서 본다면 타당한 주장이라 하겠다. 그러나 앞에서 본 바와 같이 가격상승이 예상되는 물품은 사치성 물품에 한한다. 그런데 사치성 물품은 산업연관적 지위에 있어서 그 비중이 극히 작기 때문에 이 부문의 물가상승이 타 물가상승을 유발시키는 선도적 인자(因子)로서 작용하기는 어려운 것이다. 따라서 이러한 주장은 그 타당성을 상실한 것이라 하겠다.

결론적으로 보건대 특관세는 물가상승 인자가 아닐 뿐만 아니라 물가를 일정한 선에서 안정화시키는 인자라 하겠다. 말하자면 특관세는 물가상승의 가속제가 아니고 이는 물가상승에 대한 억제요소라 하겠다. 이러한 논리는 별표 물가대비표에서 실증을 얻을 수 있을 것이다.

3. 특관세의 부과는 헌법상 자유기업의 원칙과 조세법률주의에 위배된다는 견해가 있다. 우선 특관세의 부과가 자유기업원칙을 규정한 헌법

---

1) 현행관세율표상의 무세품은 101개 품목이나 되며 관세법은 기초산업설비품 및 기계에 대해 28개 업종에 걸쳐 광범위한 면세를 허용하고 있다.

에 위배된다는 주장에 대해 고찰해 보자. 우리 헌법 제111조 제1항에 '대한민국의 경제질서는 개인의 자유와 창의를 존중함을 기본으로 삼는다'라고 규정해 자유경제의 원칙을 천명했다. 따라서 수입업자의 정상이윤율을 소위 일정률로 제한한 특관세법은 일응 이 원칙에 위배되는 것처럼 보일 것이다.

그러나 이 규정은 우리나라의 경제질서의 기본방향이 자본주의에 입각하고 있다는 것을 규정한 것이지 고전적 의미의 레세 페르(laissez-faire, 자유방임주의)를 우리가 고수하겠다는 것을 규정한 것이라고 볼 수는 없다. 이러한 취지는 헌법전문의 규정 즉 '정치·경제·사회·문화의 모든 영역에 있어서 각인의 기회를 균등히 하고 의무를 완수케 해 안으로는 국민경제의 균등한 향상을 기하고'에서, 또한 동법 제11조 제2항의 규정 즉 '국가는 모든 국민에게 생활의 기본적 수요를 충족시키는 사회정의의 실현과 균형 있는 국민경제의 발전을 위하여 필요한 범위 내에서 경제에 관한 규제와 조정을 한다'에서, 그리고 동법 제20조의 규정 즉 '모든 국민의 재산권은 보장된다. 그 내용과 한계는 법률로써 정한다. 재산권의 행사는 공공복리에 적합하도록 하여야 한다'에서 찾아 볼 수 있는 것이다.

따라서 소비대중의 부담으로 소수 수입업자가 과당이득을 얻는 것을 조세로 흡수하며 국민경제의 균형을 위해 외환수요를 억제하는 제도인 특관세법은 헌법 위반이라고는 할 수 없는 것이다. 즉 우리 헌법이 고전적 의미의 자본주의를 고수하지 않고 사회정의와 국민경제의 균형을 위해 이의 수정이 가능하도록 규정한 이상 특관세법은 헌법 위반이라 볼 수는 없을 것이다. 그리고 특관세법인 조세법률주의에 위배된다는 주장에 대해 고찰하건대 특관세의 세율이 법률에 의해 규정되어 있고 그 대상이 특정수입물품에 한하도록 법률로 규정하고 있는 이상 특관세법이 조세법률주의에 위배한다고 볼 수는 없을 것이다.

4. 특관세의 부과로 인해 수입업자의 조세부담이 과중해짐으로써 상

거래의 위축을 초래한다는 견해가 있다. 이 견해에 대해 고찰하건대 이러한 주장은 실로 부당한 것이라 하겠다. 왜냐하면 특관세는 과당이득에 부과하는 까닭에 수입업자가 과당이득을 노리지 않는다면 특관세는 부과되지 않을 것이다. 따라서 수입업자가 과당이득을 포기하고 정상이윤만 획득코자 한다면 특관세가 부과되지 않기 때문에 조세부담이 과중해지지 않을 것이며 이에 따른 상거래의 위축은 있을 수 없는 것이다.

5. 특관세법의 운영에 관련해 시가조사에 불합리한 점이 있다는 견해가 있다.

(가) 도매가격은 각기의 물품이 그 구매행태·규격·품질·지역 등에 따라 각양각색의 가격현상을 보이고 있는 것을 획일적인 가격기준을 정해 적용한다는 것은 비합리적이라 한다. 이 점에 대해 고찰컨대 규격·품질 등의 차이는 문제가 되지 않는다고 하겠다. 왜냐하면 시가조사는 동종동질(同種同質)의 물품의 가격을 조사하게 되어 있기 때문이다.

또한 구매행태·지역에 따라 각양각색의 가격현상을 나타낼 수 있으나 오늘날과 같은 자유시장경제 하에서는 지역 간의 유동이 용이하며 구매행태가 표준화되고 있는 점을 상기할 때 그로 인한 가격차는 극히 사소할 것이므로 획일적인 가격기준을 정해 적용해도 그렇게 비합리적이라 볼 수는 없을 것이다.

또한 획일적인 가격기준은 과세의 공평과 세무행정의 편의상에서도 요청된다. 즉 동종동질의 물품에는 동액의 세금을 부과하는 것은 세법이 추구하고 있는 이상인 것이며 사소한 특수사정을 고려하기 위해 수시로 도매가격을 조사한다는 것은 비능률적이기 때문이다.

(나) 가격조사의 방법에 있어서의 그 조사원이 관리 일색이라는 것은 독선적일 우려가 있으며 특히 세관원에 대한 재량권이 많아서 부정·부패의 소인(素因)이 많다고 한다. 수입외국물품의 도매가격결정은 주요수입외국물품과 일반수입외국물품의 경우에 따라 다르다. 주요수입외국물

품의 도매가격은 서울세관·인천세관·부산세관과 한국은행에서 조사한 가격과 재무부 세관국에서 조사한 가격을 기초로 해 결정하되 세관국을 포함해 4개 처 이상의 조사가격이 일치할 때는 그 가격에 의하고 세관국을 포함한 각 조사기관의 산술평균가격을 도매가격으로 하며 조사가격의 차가 10% 이상일 때는 도매가격사정위원회(都賣價格査定委員會)의 사정을 거쳐 결정한 가격을 도매가격으로 하고 있는 바 이 주요수입외국물품은 1,024개 물품으로서 수입외국물품의 대부분이 포함되고 있다.

또한 일반수입외국물품의 경우는 현지 세관에서 2인 이상이 최소 3개 처 이상에서 조사해 결정하도록 하고 시가조사처가 3개 처 미만일 때에는 서울세관·인천세관·부산세관에 조사를 의뢰해 처리하도록 함으로써 시가조사에 신중을 기하고 있다. 이와 같이 시가조사에 신중을 기하고 있으므로 비록 조사자가 관리 일색으로 구성되어 있다 할지라도 독선적인 가격결정은 불가능한 것이다. 그리고 공무원은 국민의 공복(公僕)임을 상기할 때 국민의 재산권과 직결되어 있는 시가조사를 행함에 있어서 여타의 기관에서 행하는 것보다 정확하고 공정한 조사를 할 수 있다 하겠다. 또한 앞에서 본 바와 같이 도매가격결정에 참여하는 기구가 방대하며 정기시가조사를 위주로 하기 때문에 세관원이 시가조사 시 재량권을 발휘할 여지가 없다 하겠다.

(다) 정상이윤율의 한도와 그 산출방법에 이의가 있다 한다. 이 점에 대해 고찰하건대 특관세법이 인정하고 있는 정상이윤율 30%는 여타산업의 평균이윤율 및 은행의 금리, 수입업의 특수성을 고려해 합리적인 방법으로 정해진 것이기 때문에 적당한 것으로 본다. 즉 특관세법이 인정하고 있는 정상이윤율은 종래 수입업자가 누리고 있던 과당이윤을 포함해 산출한 이윤율에 비하면 작다 하겠으나 앞에서 말한 제점(諸點)을 고려해 산출한 것을 생각할 때 작다고 할 수는 없으며 오히려 적당한 것이라 하겠다. 여기서 부언(附言)할 것은 특관세로 초과이윤의 전부를 흡수치 않은 점이다. 이것은 정상이윤율을 과소책정했기 때문이 아니라 이는 급격한

과세가 경제에 미치는 충격을 완화시키기 위한 고려에 불과한 것이다.

(라) 도입물품의 확인, 가격·기타 애매한 것에 대한 절차의 복잡성과 담보 또는 보증금의 과다로 시간 낭비와 자금사정을 곤란케 한다고 한다. 이 점에 대해 보건대 특관세의 부과로 인해 통관이 지연될 가능성이 있는 것은 사실이다. 앞에서 본 바와 같이 시가조사를 극히 신중히 하도록 했으며 또한 신제도(新制度)에 익숙지 못했기 때문에 통관은 지연될 것이다. 이러한 점에 대처하기 위해 세관에서는 면허전 인취제도(免許前引取制度)를 활용하고 있다. 따라서 이 제도를 이용하면 통관의 지연은 어느 정도 완화될 것이다. 이 경우에 제공되는 담보금 산출에 있어서는 다소 불합리한 점이 있는 것은 사실이다. 그러나 이러한 난점은 신제도 채택에서 오는 일시적 진통 현상일 것이며 이것이 상태(常態)이라고 볼 수는 없을 것이다. 즉 앞으로 특관세의 운영에 있어서 행정력을 강화시키고 면허전 인취 시 담보기준을 명확히 세우게 된다면 이 문제는 해결될 것이다.

(마) 과세기준이 되는 도매가격의 시장시세가 형성되지 아니하는 물품에 대해서는 사실상 인정과세의 폐단을 낳는다고 한다. 그러나 이러한 견해는 기우(杞憂)에 불과하다 하겠다. 왜냐하면 국내도매가격이 없는 경우 즉 국내도매가격을 포착할 수 없는 물품은 송품장 가격에 의한 일반관세만 부과하고 특관세는 부과치 않도록 되어 있으며 다만 그 제품 또는 유사한 물품의 도매가격이 형성되거나 소매가격만 형성되는 경우에는 이들로부터 도매가격을 합리적으로 산출해 과세토록 되어 있기 때문이다. 말하자면 도매가격이 없는 경우에 있어서도 보편타당한 도매가격을 산출해 과세하거나 또는 과세치 않게 되기 때문에 인정과세의 우려는 없다는 것이다.

Ⅳ. 결론

우리는 이상에서 특관세와 관련된 제문제점을 고찰했다. 이에 살펴본 바와 같이 특관세는 외환수요를 억제해 신외환제도를 유지하여 주고 수입업자의 부당한 물가조작을 방지함으로써 소비대중을 보호하며 수입업자로 하여금 수입권과 직결된 우연소득(windfall profit)의 추구를 지양하고 건전한 경제질서 위에 합리적인 영리추구를 할 수 있는 소지를 마련해주었다는 점을 우리의 오늘날 현실과 조감(照鑑)해 보건대 실로 그 의의가 큰 제도라 하겠다. 그러나 이 제도는 오늘날 우리가 처해 있는 특수사정에서 불가피하게 시행되고 있는 제도이므로 앞으로 우리의 경제가 호전되면 당연히 폐기되어야 할 한시성을 갖는 것이라 하겠다. 그리고 앞에서 본 바와 같이 이의 시행에는 난점이 불무(不無)하므로 이 난점을 극복하기 위해 행정력을 강화해 또한 하루빨리 운영의 묘를 터득해야 할 것이다.

국내도매가격 대비표

품명	규격	단위	1964.6.8 현재	1964.7.15 현재	증감
분유	Vilac 가당	LB	442	436	−6
우지	USA Fancy in D/M	M/T	128,000	129,000	+1,000
유황	USA 괴상	〃	21,000		
파라핀왁스	USA AMP140−150℃	〃	78,000	78,900	+900
가성소다	USA 98% UP	〃	52,000	46,700	−5,300
소다회	USA right	〃	24,400	23,200	−1,100
PVC Compound	USA for Wire	〃	264,500	300,000	+35,500
천연고무	말레이시아 R SS−3	〃	282,000	276,400	−5,600
나왕원목	V3	M/BF	32,000	32,000	

품명	규격	단위	1964.6.8 현재	1964.7.15 현재	증감
유산펄프	표백	L/T		56,000	
신문용지	52g/m² 일본	M/T	45,500	47,000	+1,500
F 나이롱사	70D 반무광 일본	LB	600	680	+80
인견사	120D 유광 이태리 Cone	곤(梱)·200LBS	52,000	55,000	+3,000
아세테이트 인견사	120D 유광 이태리	〃	57,000	63,000	+6,000
스프 면	1.5D×1.5"	곤(梱)·400LBS	42,000	42,000	
석도철판	20"×28" 75LBS 112판 per PKG	PKG	8,800	8,170	−630
알루미늄 괴	99.5% WP	M/T	230,000	230,000	
연 괴	99.99%	〃	90,000	85,000	−5,000
아연 괴	99.95%	〃	143,000	158,000	+15,000
소맥분	22K	대(袋)	1,400	744	−656
광목	40Y	필(疋)	1,700	1,680	−20
설탕	30K	대(袋)	7,300	6,900	−400
고무신	남자용 백색	100족(足)	8,800	8,800	

〈별첨 2-2〉
1971.10. 12
『관세』
관세조정과장

대만과 한국의 공업화정책

저자: 벨라 발라사(Bela Balassa)

Ⅰ. 대내추구 및 대외추구 개발전략
Ⅱ. 1950년대의 공업화정책
Ⅲ. 대외추구전략을 채택한 이유
Ⅳ. 유인(誘引)제도
Ⅴ. 수출과 성장
Ⅵ. 공업생산과 수출
Ⅶ. 수출의 구성과 산업의 구조
Ⅷ. 유인제도의 역효과
Ⅸ. 전망
Ⅹ. 결론

Ⅰ. 대내추구(inward-looking) 및 대외추구(outward-looking) 개발전략

전후(戰後)에 라틴아메리카와 아시아의 수개 국에서는 대내추구 개발전략을 적용하였는 바 이는 고도의 보호장벽 하에서 달성한 제조부문의 수입대체에 기저를 두었다. 이 전략은 수입대체가 용이한 기간 즉 비내구성소비재 및 동(同) 제조용 중간재의 수입이 국내생산으로 대치(代置)될 수 있는 기간에는 경제의 고도성장을 가능케 했다. 이들 국가의 경제 여건은 이러한 물품의 제조에 적합했다. 왜냐하면 이러한 물품은 비교적 소규모 하에서도 능률적으로 제조될 수 있으며 또한 대부분 비숙련 또는 반(半)숙련 노동을 필요로 하며 정교한 기술적 제조방법의 적용이 필요치 않기 때문이다.

어떻든 실제에 있어서 이러한 모든 수입은 대치되었으나 비내구소비재와 동 원료의 생산 확대는 국내수요를 초과하는 수준까지 계속할 수 없었다. 따라서 공업성장의 새로운 활로를 찾는 데 있어서 대내추구 개발전략을 사용하는 대부분의 국가는 여타의 중간재, 기계 및 내구소비재의 수입대체로 전환했다. 이러한 과정에 있어서 이들 국가들은 국내시장의 협소와 당해 산업에 필요한 자본과 기술 때문에 한계점에 당면하게 되었다. 이러한 산업은 일반적으로 능률적인 가동을 위해서는 고도의 생산 수준－동 물품뿐만 아니라 동 물품의 부분품·전용구성부분·부속품의 제조에 있어서－을 필요로 하며 저위(低位)의 생산수준에서는 생산비를 상당히 증가시킨다. 더욱이 이들 산업은 숙련된 노동자와 기술자의 활용을 필요로 하고 정교한 기술적 제조방법의 활용을 요청하고 있을 뿐만 아니라 자본집약적인 경향이 있다. 따라서 이들 산업은 국내소득의 추가적 증가분에 대한 투자소요를 확대시킨다.

고수준의 생산비가 소요되는 기업(high-cost firm)의 건설을 허용한다는 점 이외에도 대내추구적 전략 하의 고도보호는 기술과 제품 품질의 개선을 저해하며 수출에 대해 불리한 효과를 가지고 있다. 1차 산품의 수출은 공산품원료의 고가 및 보호와 결부되어 있는 고평가환율에 의해 곤란하게 된다. 또한 생산자는 해외시장보다 보호된 국내시장에서 상당히 고가로 판매할 수 있기 때문에 수출물품에 대해서는 불리한 편향(偏向)이 있다. 대내추구적 전략을 사용하는 국가에 있어서는 종종 수출의 확대가 둔화되어 국가경제의 성장에 역효과를 가져오는 결과를 초래하고 있다.

수입대체의 제2단계에 있어서 성장은 국내제조의 높은 생산비와 신규산업의 대자본 소요 때문에 저해된다.

자유중국(대만)과 한국도 역시 비내구성소비재와 동 제조용 원료의 수입대체부터 시작했다. 그리하여 1950년대 후반에는 사실상 이러한 물품의 수입은 대체되었다. 그러나 이들 두 나라는 그다음 단계로 중간재·기계·내구소비재의 수입대체에 전념하는 대신에 수출지향정책을 추구했다. 대만에서는 이 정책이 제2차 4개년계획 기간(1957~1960년)의 말기에 적용되었으며 차기 4개년계획 기간까지 계속되었다. 한국에 있어서는 제반정책의 변화는 1961년에 이루어졌으나 주된 정책의 전환은 1964년 환율제도의 개혁 시에 이루어졌다.

대만과 한국에서 적용한 대외추구전략은 수출의 유인(誘引)제도의 변화를 초래했다. 또한 제조부문의 보호한도는 축소되는 반면에 1차 산업은 보다 실세화된 환율을 적용하게 되어 혜택을 받게 되었다. 그런데 이 정책의 주된 효과는 노동집약적인 공산품의 수출에 있으며 이러한 수출의 확대는 두 나라의 경제성장을 가속화하는 데 크게 공헌했다.

1950년대에 적용된 제(諸)정책을 별견(瞥見)한 다음 대만과 한국에서 대외추구전략을 적용해야 했던 이유와 이 전략을 수행하는 데 있어서 적용된 방법을 검토하고자 한다. 다음에 이 정책이 수출과 경제성장 및 이 양자의 상호관계에 미치는 효과를 검토하고자 하며 특히 제조부문 즉 제조부문의 수출·성장·구조면에 대해 중점을 두고자 한다. 끝으로 대만과 한국경제의 현재의 문제점과 전망을 분석하고 다른 국가에 있어서 대외추구전략의 적용 가능성을 검토하고자 한다.

Ⅱ. 1950년대의 공업화정책

대만과 한국에 있어서의 공업화는 일본점령 하의 제1차 대전과 제2차 대전 사이의 중간 기간에 시작되었다. 1920년대에 있어서 산업활동은 식품가공으로 크게 제한되었으며 1930년대에 있어서는 일본은 그들의 전쟁노력을 지원하기 위해 약간의 중공업-이러한 중공업 중에는 알루미늄

(대만)·철(한국)·시멘트·지(紙)·화학공업품(양국)—을 개발했다. 그러나 비내구성 소비재산업은 일본이 자국의 동종 산업을 보호하기 위해 두 나라의 시장을 확보하기를 원했기 때문에 억제되었다. 교역에 있어서 두 나라는 식료품과 수산물 및 약간의 원료를 일본에 판매했다.

제2차 대전 후의 양국은 중공업의 개발을 계속하지 못했다. 대만에 있어서는 전쟁 시 피해된 산업시설을 복구했으나 국내시장이 협소하기 때문에 기존시설의 확장—또는 완전활용—의 가능성은 희박했다. 한국에 있어서는 분단 후 중공업시설이 대부분 북한에 잔류하게 되었으며 비료는 별개의 문제로 하더라도 한국의 중공업 개발은 충분한 국내수요의 부족으로 저해되었다.

이와 대조적으로 두 나라에 있어서 비내구성 소비재와 동 제조용 원료의 산업은 수입을 국내생산으로 대체할 수 있는 기회를 부여받았다. 일본으로부터의 독립은 이러한 산업의 발전을 가능케 했을 뿐만 아니라 특정의 1차 산품 수출의 확보된 시장의 상실로 인해 직물·구두·의료와 같은 물품에 대한 수입의 절약을 필요케 했다.

양 국가에 있어서 수입대체는 고관세장벽 하에서 달성되었으며 외환통제에 의해 조장되었다. 또한 대만에 있어서 수입대체는 중국인 기업가의 유입과 본토로부터의 이민에 의한 인구증가에 따른 수요증대에 의해 지원되었다. 한국에 있어 비내구성소비재 및 동 제조용 원자재산업의 발전은 북한의 남침 후의 부흥 노력의 일부로서 이룩되었다.

직물·구두 및 기타 혁(革)제품의 수입대체는 1950년대에 있어서 한국과 대만의 산업생산의 급성장에 기여했다. 그러나 1950년대 말기에는 이러한 산업에 있어서 수입대체는 사실상 완료되어 이들의 수입실적은 국내소비의 10% 이내로 되었으며 또한 양 국가는 완만한 성장과 국제수지의 곤란을 당면하게 되었다. 따라서 국제수지를 개선하고 경제적 목표인 동시에 정치적 목표인 고도경제성장을 유지하기 위한 새로운 정책이 안출(案出)되지 않으면 안 되었다.

〈표 1〉 대만과 한국의 경제비교

	대만				한국			
	1953	1960	1964	1969	1953	1960	1964	1969
기본자료								
총국내생산액(백만 달러)	972	1,550	2,285	4,782	1,673	2,325	2,971	6,947
인구(1,000인)	8,261	10,612	12,070	14,312	21,440	24,695	27,631	31,410
1인당 국내생산액(달러)	118	146	189	334	78	94	108	221
제조업의 1인당 부가가치(달러)	14	25	39	61	6	11	16	45
총국내생산액에서의 제조업 비율(%)	11.6	17.3	20.8	23.5	7.6	12.1	14.8	20.3
수출과 수입								
1인당 수출액(달러)	15	15	36	80	2	1	4	20
1인당 공산품 수출액(달러)	1	5	14	51	0[b]	0	2	15
총수출액 중 공산품 수출액 비율(%)	6	30	39	67	10	12	49	76
1인당 수입액(달러)	23	28	36	86	16	14	15	48
인당 공산품 수입액(달러)	5	15	18	54	5[b]	7	7	34
총수입액 중 공산품 수입액 비중(%)	52	53	51	64	33	48	51	58
제조업(식료품·음료품·연초 포함)								
공산품 산출액(백만 달러)	217	561	1,006	2,045	264	573	899	2,601
공산품의 국내가액(백만 달러)	309	669	1,117	2,079	374	736	1,047	3,186
공산품 총산출액 중 공산품 수출액 비중(%)	3.7	8.7	15.8	36.1	1.5	0.7	6.5	18.4
공산품 국내가격에 대한 공산품 수입비율(%)	32.4	23.5	19.6	37.1	30.5	22.7	19.7	33.3
제조업의 평균 임금(달러/일당)	0.74	0.92	1.10	1.61[c]		1.07	0.61	1.15[c]
투자와 저축								
총산출액에 있어서의 국내저축의 비율(%)	8.5	12.0	19.2	23.8	8.2	2.4	7.5	18.3
총산출액에 있어서의 투자의 비율(%)	13.9	20.0	19.2	26.3	16.2	10.9	14.6	29.5
투자액에 있어서 제조부문 투자의 비율(%)	25.0	30.2	32.1	33.03	20.2	20.0	23.9	19.3
투자금융								
국내저축(%)	62.5	62.7	102.1	90.4	50.6	21.7	51.4	61.9
해외저축(%)	37.5	37.3	(−)2.1	9.6	49.4	78.3	48.6	38.1

(*b*: 1954년도, *c*: 대만 1~5월; 한국 1968년도)

Ⅲ. 대외추구전략을 채택한 이유

1960년 전후에 있어서 한국과 대만에서 사용된 정책의 선택을 고찰함에 있어서 첫째로 고려해야 할 점은 양국은 부존의 천연자원이 빈약하다는 점이다. 양국은 작은 양의 광물을 가지고 있으며 경지면적당 인구비율은 높다. 대만에 있어서는 일본의 설탕·쌀 및 기타 1차 산업에 대한 수요 감퇴는 고도의 경제성장을 유지하는 데 있어서 농산품 수출에 주로 의존할 수 있는 가능성을 더욱 제한했다. 한국도 역시 일본에 대한 약간의 1차 산품 수출(예: 해태·한천)에 있어서 시장제한에 직면하게 되었다.

비내구성소비재와 동 제조용 원자재의 수입대체가 사실상 완료되었기 때문에 이러한 산업에 있어서 국내시장을 위한 생산은 고도성장을 기할 수 없게 되었다. 동시에 대만과 한국의 국내시장의 협소는 중간생산물·기계 및 내구소비재의 수입대체의 범위를 제한했으며 또한 생산원가를 상승시켰다. 1960년에 있어서 식품가공을 포함한 공산품의 국내시장 규모는 양국은 약 7억 달러이며 인도는 230억 달러이며 브라질은 140억 달러, 아르헨티나는 100억 달러이다. 따라서 대만과 한국에 있어서의 수입대체 가능성은 후자(後者)의 국가들보다 작은 반면에 수입대체의 비용은 보다 크다.

또한 개발전략의 선택은 관세동맹 또는 공동시장 형태의 지역적 통합의 여부에 의해서도 영향을 받는다. 예컨대 중미 제국은 비록 협소한 시장(2억~4억 달러)을 가지고 있을지라도 수출지향적 정책 대신에 관세동맹의 기초 하에 국내산업의 확장에 노력하고 있다. 지리적 및 정치적 이유 때문에 1960년 전후에 있어서 한국과 대만은 이러한 선택을 할 수 없었으며 또한 최근 많은 성과를 나타내고 있는 바와 같은 양국 간의 산업협력의 노력도 할 수 없었다.

대만과 한국에 있어서 대외지향적 정책을 채택하는 데 있어서는 고도의 교육을 받았으면서도 상대적으로 저렴한 노동력을 활용할 수 있다는 점에서 많은 영향을 받았다. 이러한 노동력은 노동집약적인 물품의 수출에 있어서 양국에 있어서 양국에 대해 경쟁적 우위를 제공해 주었다. 이러한 산업의 확장은 중간재·기계 및 내구성소비재의 생산을 확장하는 것보다 산출단위당 자본을 적게 소요하면서도 실업을 흡수할 수 있었다.

끝으로 이 두 나라에 있어서는 고도성장을 지속하고자 하는 지도자의 결심이 있었다는 점과 이러한 결정과 이의 수행에 있어서 아무런 강제성이 없었다는 점을 언급하고자 한다. 이와 관련해 한국과 대만에 있어서는 수입대체에 따른 이자부담이 중간재·기계·내구성소비재까지 수입대체 하고자 하는 아르헨티나 및 칠레와 같은 나라에 있어서보다 그리 중대하지 않다는 사실을 유의해야 한다.

Ⅳ. 유인(誘引)제도

1960년 이전에 있어서 한국과 대만은 대내추구정책의 성격을 띠고 있는 유인제도를 적용했다. 관세와 수량제한은 수입으로부터 고수준의 보호를 제공했으며 수출에 대한 보조가 없기 때문에 수출물품에 대해 불리한 편의(偏倚)가 있었다. 공산품에 대한 보호는 1차 산업부문을 저해했는바 이는 1차 산업에 투입되는 공산품 원료가 고가이며 또한 획득된 외화에 상당하는 국내통화를 감소시키는 저환율 때문이다.

대만에 있어서 유인제도의 전면적인 재검토는 1958~1961년에 있었다. 복수환율구조는 1958년 4월에 이중환율로 대치되었으며 1958년 8월에 대만달러 40 : 미국달러 1의 단일환율로 대치되어 그 이후 계속 적용되고 있다. 환율개혁과 더불어 수입할당제도는 자유화되었고 수입신청에 필요한 사전적립금제도는 폐지되었다.

실세환율의 적용에 추가해서 수출증진을 위한 조세·금융상 대책이 도입되었다. 대만의 산업구조의 전환은 외국인투자, 기존산업에 있어서의 신규공장 설립에 관한 제(諸)정책의 자유화, 산업개발 및 투자 '센터'와 중국개발공사의 설립에 의해 더욱 촉진되었다.

이와 유사한 정책 전환은 한국에서도 찾아 볼 수 있다. 다만 한국에서는 이러한 전환이 1961년과 1964년의 2단계를 거쳐서 이룩되었는바 후(後)단계가 더욱 중요하다. 1961년 초에 종전에 적용되어 오던 이중환율제도는 단일화되었으며 공식환율은 미화 1달러에 대해 65원에서 130원으로 평가절하되었다. 그리고 수입제한도 완화되었다. 그러나 다음 수년간에 있어서 인플레이션은 평가절하가 수출에 대해 제공했던 유인의 일부를 잠식했다. 이것은 수입에 대한 가혹한 제한의 부과를 필요케 했으며 또한 복수환율을 재도입하도록 했다.

1963년의 외환위기 다음에 1964년 5월부터 다시 단일환율을 적용했다. 이때 공식환율은 미화 1달러에 대해 130원에서 255원으로 상승했다. 이와 동시에 수출진흥제도가 도입되었으며 수입은 자유화되었다. 수입금지대상이 아닌 품목의 수는 1965년 말에 420품목으로부터 1630품목으로 증가되었으며 1966년 말에는 2490품목으로 증가되었다. 이러한 정책과 더불어 인플레이션 압력을 배제하기 위한 대내적 안정화정책이 실시되었다.

이상에서 설명한 정책은 그 이전 연도에 취해진 정책과 더불어 이 두 나라에 있어서의 유인제도를 수입대체 위주로부터 수출증진 위주로 전환시켰다. 실제에 있어서 대부분의 후진국과 비교해 볼 때 대만과 한국에서 적용하고 있는 유인제도의 특징은 1차 산품 및 공산품 수출에 유리한 취급을 하고 있다는 점이다. 그러나 수지면에서 볼 때는 공산품 수출이 1차 산품 수출보다는 유리하다. 왜냐하면 수출유인제도 중 여러 가지 제도는 후자보다 전자(前者)에 대해 투입원료의 비용을 보다 더 절감시켜 주기 때문이다.

대만에 있어서의 수출유인제도는 수출물품의 제조에 사용되는 원자재와 구성부품에 대한 관세(항구사용료 및 국방부가세 포함) 및 간접세의 환급, 수입허가대상이 되는 원자재 및 기계를 구입하기 위한 수출로 획득한 외화의 보유 및 그 수입권을 타 기업에 판매할 수 있는 것, 영업세 및 인지세(印紙稅)의 면제, 과세소득으로부터 연간 수출소득의 2% 공제, 수출에 사용되는 원자재 및 기계의 수입을 결제하기 위한 저리융자, 정부기관에 의한 수출보험 등으로 구성되어 있다. 또한 면방적 및 고무제품과 같은 몇몇 산업에 있어서는 직접보조가 있으며 이는 제조업자협회에서 지불된다. 끝으로 수출은 시장조사를 위한 정부기관과 1965년부터 수입물품의 가공을 위한 수출자유지역의 설치에 의해 지원되고 있다.

한국에 있어서 수출진흥을 위한 대책은 수출물품제조에 사용되는 수입원자재 및 시설재에 대한 관세의 면제, 영업세 및 물품세의 면제, 수출소득에 대한 소득세의 50% 경감, 원자재 및 시설재에 대한 저리융자, 자가용 또는 시판(市販)을 위한 수입금지품목의 수입을 수출업자에게 허가해 주는 수출-수입링크(link)제도, 수출용 수입원자재의 기술소득의 과도한 허용, 전기료 및 철도료의 할인 등으로 되어 있다. 또한 공공무역기구인 KOTRA와 한국 재외공관에 의한 해외에 있어서의 수출진흥을 위한 정부의 지원도 중요하다. 끝으로 대통령이 수출확대를 위해 업계 지도자들에게 비공식적인 종용을 하고 있다는 점을 언급하고자 한다.

이 두 나라에서 도입한 유인정책은 수출수익성을 제고했다. 어떤 경우에 있어서는 수출은 국내시장을 위한 생산보다 더 수익이 많았다. 수출을 확대한 결과로 국제수지의 속박은 완화되었으며 또한 이것은 고도성장을 이룩하게 한 것을 차치하더라도 수입정책의 자유화를 가능케 했다. 이 두 나라에 있어서 수입제한제도는 탄력적이며 또한 관세는 유사한 공업화 수준에 있는 다른 후진국에 비해 일반적으로 낮은 수준에 있다. 그리하여 라틴아메리카 제국(諸國)의 수입에 대한 평균관세율이 종종 100%에서 150%인 데 반해 한국과 대만에 있어서 이에 상응하는 평균관세율이 20~30% 정도이다.

또한 제조업에 대해 상대적으로 저수준의 보호를 하고 있다는 사실은 이 두 나라의 농업이 투입공산품의 고가와 고평가환율에 의해 대부분의 후진국의 경우에 있어서보다 적게 저해되고 있다는 것을 의미한다. 특히 대만에 있어서 농업은 직접적인 정책으로 지원되고 있다. 이러한 직접적인 정책 중에는 용역·신용·개량종자의 확대공급은 물론 기계의 사용 및 다모작(多毛作)을 위한 유인을 포함한다.

V. 수출과 성장

1960년대에 추구한 정책은 대만과 한국에 있어서 급격한 수출확대를 초래했다. 1960년과 1969년 사이에 두 나라는 그들의 공산품 수출은 각각 연간 34% 및 69%로 증가했다. 한국의 높은 성장률의 일부는 초기 기초연도의 낮은 실적을 기준으로 했기 때문이라고 설명되고 있다. 동(同) 기간에 있어서 수출지향적 공업화정책을 추구하는 국가(한국과 대만 이외에 홍콩, 이스라엘, 싱가포르 및 최근의 파키스탄) 이외의 다른 후진국으로부터의 공산품 수출은 연간 8% 이내로 증가했다.

고도수출성장은 동기간 동안 지속되었고 공산품 수출은 절대금액에 있어서 상당히 큰 비중을 가지고 있다는 것은 강조되지 않으면 안 된다. 그리하여 1969년에 있어서 한국과 대만으로부터의 공산품 수출을 합산해 보면 라틴아메리카(LAFTA 역내교역을 제외)로부터의 수출량의 약 3배가 된다. 그런데 라틴아메리카의 공업생산은 이들보다 약 8배 크다.

적용된 유인제도는 또한 1차 산품 수출의 확대도 북돋아 주었다. 대만과 한국에 있어서 1차 산품의 수출은 1960년과 1969년 사이에 연평균 13% 및 20% 증대했으며 그 반면에 비석유생산 후진국에 있어서는 연간 3% 증대했다. 그 결과 이 기간 동안 대만에 있어서는 총수출이 연간 23% 성장했으며 한국에 있어서는 39% 성장했다. 이와는 대조적으로 비석유생산 후진국에 있어서 연평균증가율은 약 5%였다.

수출의 급격한 확대는 두 나라에 있어서 경제성장에 크게 공헌했다. 1960~1969년 동안에 대만은 9.9%의 GDP(국민총생산)의 성장률을 시현했으며 한국은 9.2%를 시현했다. 그 반면에 비석유생산 후진국에 있어서는 약 4.5%를 시현했다. 대만에 있어서는 동기간 동안 지속적으로 고도성장률을 견지했는 데 반해 한국에 있어서는 1964년 개혁 이후 상당히 가속화되었다(〈표 2〉).

수출은 경제성장에 여러 가지 면에서 공헌했다. 비교우위에 따른 전문화를 허용함에 따라 수출지향적 전략의 시작은 국가자원의 선용(善用)을 가져온다. 앞에서 언급한 바와 같이 한국과 대만에 있어서 비내구소비재의 수출은 두 나라의 교육되어 있는 인력을 활용하게 했다. 그 반면에 중간재·기계·내구소비재의 수입대체를 시도했다면 상당한 양의 자본을 필요로 했을 것이다. 이와 관련해 고용 및 고정투자에 대한 자료는 흥미있는 것이다.

대만에 있어서 총고용은 1960~1969년간 연평균 4.1% 증가했으며 특히 제조부문에 있어서의 고용증대는 상당히 급진적이었다. 한국에 있어서 총고용의 증대는 통계자료를 활용할 수 있는 1963~1969년 동안을 살펴보면 연 2.8%였으며 제조부문에 있어서의 고용증대는 11.7%였다. 동기간에 있어서 제조부문은 한국 노동력 증가의 3/5을 흡수했다. 이와는 대조적으로 대내추구정책을 추진하고 있는 후진국에 있어서 제조부문의 고용증대는 매우 작았으며 그중 여러 나라(예: 칠레 및 콜롬비아)는 1960년대에 매우 미미한 증가를 시현했다.

두 나라에 있어서의 고용증대는 절대적인 수치에 있어서나 상대적인 수치에 있어서나 실업을 감소시켰다. 1963~1968년간에 대만에 있어서는 실업자 수가 20만 명에서 7만2000명으로 감소했으며 한국에 있어서는 70만5000명에서 49만6000명으로 감소했다. 이를 노동력에 대한 비율로 표시하면 대만에 있어서는 5.3%에서 1.7%로 감소했으며 한국에 있어서는 8.4%에서 5.1%로 감소했다. 다시 우리는 여기에서 대내추구정책을 추진하는 국가와 대조를 이루고 있음을 발견할 수 있는바 통계자료가 발간되어 있는 대부분의 국가는 1960년대에 있어서 실업이 증대되고 있음을 시현하고 있다.

이와 동시에 급진적인 산출의 증대에 따른 자본소요는－자본/산출증가율로 표시되는－한국과 대만에 있어서는 상대적으로 낮다. 1960~1969년 동안에 대만과 한국에 있어서의 이 비율은 평균 1.7인 데 반해 비교가능한 통계자료가 있는 후진국의 경우를 살펴보면 자본/산출비율이 과테말라, 에콰도르 및 파라과이에 있어서는 약 3이며 볼리비아, 콜롬비아, 페루는 약 3.5이다.

수출의 성장은 또한 소비재산업에 있어서 대단위생산방법의 적용을 가능케 했으며 생산기술 및 제품품질의 개량을 가져왔다. 더욱이 수출은 국산원료에 대한 수요의 증대, 소득의 제고, 국제수지의 개선을 통해 간접적으로 경제성장에 공헌해 왔다. 예컨대 대만의 식품가공산업에 있어서 수출의 증대는 농업에 대한 유인을 보다 발전시켰다. 대만과 한국의 양국에 있어서 수출 및 이와 관련부문에서 얻어지는 소득의 증대는 국내제조의 소비재에 대한 수요를 증대시켜 왔다. 끝으로 수출에 의한 외화수입은 경제성장에 필요한 물품수입의 가능성을 증대시켰다.

성장과정에 있어서 수출의 선도적 역할은 GDP에 있어서 수출의 점유율의 증가로써 표시된다. 대만에 있어서 수출의 점유율은 1960년의 11%에서 1969년에는 23%로 증가했으며 한국에 있어서는 1960년의 1%에서 1969년에는 9%로 증가했다. 그러나 경제성장에 대한 수출의 기여도의 견지에서 본다면 GDP의 증가에 대한 수출의 증가비율이 보다 더 흥미롭다. 1960~1969년에 있어서 GDP의 절대금액의 증가에 대한 수출의 절대가액의 증가비율은 대만이 39%이며 한국은 29%이다. 이러한 비율 간의 차이는 초기의 수출의 점유율이 큰 경우에는 수출의 성장률이 보다 작을지라도 GDP에 대한 수출의 기여도는 커질 수 있다는 것을 표시한다.

〈표 2〉 대만, 한국과 후진국의 연평균성장률(1953~1969년)

(단위: %)

	대만				한국				후진국			
	1953~60	1960~64	1964~69	1960~69	1953~60	1960~64	1964~69	1960~69	1953~60	1960~64	1964~68	1960~68
국내생산량[a]	6.9	9.6	10.2	9.9	5.0	6.3	11.4	9.2	4.9	4.8	4.8	4.8
인구	3.6	3.3	3.2	3.0	2.0	2.0	2.3	2.6	2.5	2.4	2.4	2.3
1인당 국내총생산[a]	3.1	6.1	6.8	6.5	3.0	3.3	8.9	6.4	2.3	2.3	2.3	2.3
농업[a]	3.9	5.6	4.7	5.0	2.3	6.5	3.1	4.6	2.9	3.1	2.5	2.8
제조업[a]	10.1	23.0	18.0	16.1	13.6	9.7	22.0	16.0	7.2	6.8	5.8	6.3
총수출[b]	3.6	27.5	18.8	23.1	−2.8	38.0	39.0	38.9	6.6	5.7	6.2	5.9
총수출(석유류 제외)[b]	3.6	27.5	18.8	23.1	−2.8	38.0	39.0	38.9	2.0	4.5	5.1	4.8
공산품 수출[b]	29.5	36.1	34.5	34.2	0.2c	89.7	55.0	69.0	6.4	9.6	13.3	11.4
총수입[b]	6.4	9.6	24.2	19.0	−0.0	4.2	36.0	21.0	4.8	4.0	7.0	5.5
공산품 수입[b]	6.7	8.7	28.5	19.2	6.6c	5.4	40.0	26.0	6.3	4.3	9.0	6.6

a: 불변가격, b: 경상가격, c: 1954~1960년

Ⅵ. 공업생산과 수출

대만·한국에 있어서 공평한 유인제도의 활용은 농업과 제조업 양자의 급격한 성장에 공헌했다. 1960~1969년간에 양국에 있어서 농업의 부가가치는 연평균 약 5% 성장했다. 훌륭한 수출실적과 소득수준의 증대에 따른 비내구소비재에 대한 국내 수요의 증대에 따라 제조부문의 성장은 더욱 가속화되었다. 앞에서 언급한 기간 동안 대만 및 한국의 양국에 있어서 제조업의 부가가치는 연평균 16% 성장했다. 제조업의 성장은 1964년의 유인제도의 개혁 이후 더욱 가속화되었다(〈표 2〉).

양 국가에 있어서 제조부문의 확장은 공산품 수출의 성장에 의해 영향을 받아왔다. 이러한 상관관계를 계수화하는 하나의 방법은 제조업의

산출의 증가에 대한 수출증가의 비율을 산출하는 것이다. 1960~1969년 동안 이 비율은 대만에 있어서는 약 35%이며 한국에 있어서는 약 25%이다. 이 수치는 제조업의 성장에 대한 수출의 공헌을 과소 추계한 것이다. 왜냐하면 산출금액의 계산에 있어서 완제품과 동 물품제조에 사용된 중간재가 일정한 한도 내에서 이중으로 계산되어 있기 때문이다. 더욱이 이 통계자료는 수출의 소득의 증대화를 통한 산업생산에 대한 간접효과를 나타내지 않고 있다.

대내추구정책을 추진하고 있는 후진국과 비교해 보면 이들 국가에 있어서 수출은 산업생산의 2~3% 이하에 불과하다. 그리고 근년의 LAFTA 국가 간의 교역의 증대를 제외한다면 이 비율은 1950년대에 비해 변동이 없다. 대부분의 후진국에 있어서는 공산품 수출이 총수출의 4~5%에 불과하다. 그러나 대만에 있어서는 공산품 수출이 총수출의 2/3 이며 한국에 있어서는 3/4이다.

Ⅶ. 수출의 구성과 산업의 구조

대만에 있어서 주요 수출 공산품은 의류·통신장비·합판·면직물 및 합성수지제품이다. 만약 공산품 제조업에 식품가공을 포함하는 것으로 정의한다면 버섯통조림·파인애플통조림·아스파라가스통조림도 이 범주에 포함되게 되어 총수출에 있어서의 공산품의 점유율은 74%로 증가된다(〈표 3 및 4〉). 1차 산품 수출 중에는 바나나와 설탕이 중요한 것이다. 그러나 바나나는 일본의 무역자유화에 따라 상당한 정도 증대되었으나 설탕 수출은 국내생산비용의 증대와 국제시장가격의 하락으로 인해 타격을 받았다.

한국의 주요 수출 공산품은 합판·가발·의류·면직물·모(毛) 및 합성직물 등이다. 이 중에서 1960년대의 전반기에는 합판과 면직물이 중요했

〈표 3〉

대만의 주요수출품목, 1953~1969(%)

	1953	1960	1964	1969
천연산품				
쌀	8.7	3.1	4.6	0.4
바나나	2.6	4.1	6.8	5.3
설탕	69.5	44.1	28.2	4.3
차	5.3	3.7	1.8	1.2
농산물가공품				
파인애플통조림	2.0	4.9	3.0	1.9
버섯통조림	–	0.1	4.4	2.9
아스파라가스 통조림	–	–	0.1	2.8
공산품				
합판	–	1.5	6.0	5.9
면직물	n.a	7.3	4.5	4.7
시멘트	0.8	0.7	3.0	1.0
통신장비	–	–	0.3	7.6
의류	n.a	n.a	3.8	12.6
플라스틱제품	n.a	n.a	1.5	4.3
주요품목 수출	88.9	69.5	68.0	54.9
기타 수출	11.1	30.5	32.0	45.1
총수출	100.0	100.0	100.0	100.0

〈표 4〉

한국의 주요수출품목, 1953~1969(%)

	1953	1960	1964	1969
천연산품				
선어	4.7	4.9	4.0	2.8
쌀	–	11.8	2.0	–
마른김	n.a	4.0	4.6	1.8
농산물가공품				
조제어류	0.9	3.5	3.4	0.4
새우 및 그 제품	2.2	0.4	3.8	0.0
기타 1차산품				
생사	6.2	3.1	4.9	3.4
철광과 그 정광(精鑛)	n.a	7.7	5.0	0.9
중석광과 그 정광	44.1	14.8	3.9	1.8
한천	4.9	3.0	1.7	0.2
공산품				
합판	–	0.1	9.6	113
면직물	n.a	7.7	9.3	2.4
기타 직물	–	–	0.9	2.3
의류	–	–	4.7	8.2
가발	–	–	3.0	8.6
주요품목 수출	60.8	61.0	60.8	44.1
기타 수출	39.2	39.0	39.2	55.9
총수출	100.0	100.0	100.0	100.0

으나 그 이후에는 의류 특히 가발이 중요하게 되었다. 한국은 가공식품을 크게 수출하지는 않지만 생사(生絲)와 선어(鮮魚)를 해외에 계속해 판매하고 있다.

1960년대의 중기까지 대만과 한국의 수출에 있어서 상품의 집중도가 높다는 특징을 가지고 있었다. 집중도는 그 이후 상당히 감소되었으며 지금은 주요 5개 수출물품의 수출은 총수출금액의 1/3에 불과하다. 이와는 대조적으로 수출대상국의 집중은 그리 변하지 않았는바 한국에 있어서는 약 70%를 미국과 일본에 수출하고 있으며 대만에 있어서는 약 50%를 수출하고 있다. 그러나 두 나라의 공산품의 주요 수입국인 미국은 크게 이익을 보고 있는 반면에 일본은 한국과 대만으로부터 1차 산품을 계속 수입하고 있다.

비내구성소비재와 비교적 단순한 중간재가 이 두 나라의 수출유형을 지배하고 있다. 그런데 대만은 기계와 장비의 수출에 있어서 좀 더 앞서 있다. 축전기·기억장치·반도체·진공관·변압기를 포함한 통신장비의 수출은 1969년의 수출의 13%나 된다. 기계와 운반기기의 수출점유율은 한국에 있어서는 좀 낮다. 한국은 근년에 라디오 및 계산기의 조립용 부분품 및 구성부분을 해외에 수출하기 시작했다. 대만은 화공품·금속 및 금속제품의 수출에 있어서 한국보다 앞서 있으며 대만은 이들 물품을 주로 동남아의 후진국에 팔고 있다.

양국의 수출유형은 그들의 산업구조의 특징을 나타내고 있다. 1968년의 대만에 있어서 비내구소비재와 동 물품 제조용 중간재가 전 제조업의 부가가치의 21%를 차지하고 있으며 한국에 있어서는 동 비율이 36%이다. 또한 식품가공에 있어서도 대만(21%)이 한국(24%)보다 적은 점유율을 나타내고 있다. 이와는 대조적으로 금속과 기계의 점유율은 전자(前者)에 있어서는 22%이며 후자에 있어서는 17%이다. 또한 중간재의 점유율에 있어서는 36% 및 23%로 되어 있다(〈표 5〉).

대만과 한국에 있어서 중간재와 기계의 점유율의 차이는 2차 대전 직후에 대만의 산업생산에 있어서 중간재와 기계의 비율이 보다 높았다는 사실을 어느 정도 반영하고 있는 것이다. 즉 1953년에 있어서 이들 물품의 점유율의 합계는 대만이 35%이었고 한국이 20%였다. 산업구조는 지난 15년간 두 나라에 의해 추진되어 온 정책의 차이에 의해 더욱 영향을 받았다.

대만에 있어서 정부는 인플레이션을 억제하는 데 성공함으로써 실세환율(국내물가의 상승에 따라 조정된 명목환율)의 하락을 피할 수 있었다. 실세환율은 기계와 장비의 국내생산을 유인했으며 또한 저수준의 보호관세는

〈표 5〉 대만과 한국의 산업구조(1953~1968년)

(단위: %)

	대만[a]			한국[b]		
	1953	1960	1968	1953	1960	1968
식료품·음료품 및 연초	33.1	31.7	20.8	39.1	31.7	24.0
식료품	23.6	28.2	16.6	17.6	15.0	10.9
음료품	0.5	0.6	0.7	10.9	10.9	6.1
연초	9.0	2.9	3.5	10.6	5.8	7.0
비내구소비재산업	31.5	23.2	21.4	40.9	43.1	36.3
직물	20.5	12.8	12.5	28.1	29.6	25.9
의류와 신발	3.0	3.3	3.2	3.9	5.4	3.0
가구	1.0	1.0	1.1	2.3	1.5	0.8
인쇄와 출판	3.9	4.6	2.6	5.3	4.9	4.4
기타 산업	3.1	1.5	2.0	1.3	1.7	2.2
중간재산업	28.3	29.7	35.7	12.2	15.0	22.9
목제품	5.1	4.2	3.8	2.9	3.0	3.2
종이와 종이제품	3.3	3.9	3.0	1.1	1.6	2.1
가죽과 가죽제품	0.4	0.3	0.1	1.3	0.9	0.5
고무제품	1.4	1.3	1.1	1.8	2.4	1.4
화학제품	9.8	6.6	11.4	3.0	3.4	6.9
석유와 석탄제품	4.2	5.4	9.3	0.6	1.3	4.3
비금속광물제품	4.1	8.0	7.0	1.5	2.4	4.5
금속과 기계	7.1	15.4	22.1	7.8	10.2	16.8
금속제품	2.0	3.1	2.7	1.3	1.5	} 5.2
비금속	0.9	4.1	1.8	0.9	2.9	
비(非)전기기기	1.7	2.3	3.4	2.6	2.6	2.3
전기기기	1.1	2.1	8.6	0.6	0.8	3.2
수송장비	1.4	3.8	5.6	2.4	2.4	6.1
합계	100.0	100.0	100.0	100.0	100.0	100.0

a: 경상요소비용, b: 불변시장가격

대만이 실제적으로 또는 잠재적으로 비교우위에 있는 이들 물품의 계열부문의 확대를 가능케 했다.

이와는 대조적으로 1960년대 2반기에 있어서 한국은 국내물가의 상승에 따라 환율을 같은 비율로 조정하지 않았기 때문에 국내통화의 고평가를 가져왔다. 수출에 대한 고평가의 역효과를 상쇄하기 위해 정부는 수출보조를 증가시켰다. 그러나 수출물품에 사용되는 기계와 원료에 대한 면세수입과 동 물품수입에 대한 저리융자지원은 국내 생산자로 하여금 수입원료를 사용하도록 유도했으며 이러한 원료의 국내생산을 저해했다. 실제로 한국에 있어서 중간재 생산의 확대는 석유제품과 화공품에 한정되어 있는 바 이들 물품은 특별한 혜택을 받은 물품들이다. 또한 전기기계부문에 있어서는 수출보조는 라디오 조립을 촉진했으나 부분품 또는 구성부분의 생산을 지원하지 않았다.

Ⅷ. 유인제도의 역효과

만약 수출보조가 생산자로 하여금 수출을 통한 추가적 외화획득에 필요한 국내자원의 비용이 수입대체를 통한 외화절약에 필요한 자원의 비용을 초과하는 수준까지 수출을 확장하도록 유인한다면 수입대체처럼 수출도 크게 달성할 수 있을 것이다. 전체적인 수출에 대해 살펴볼 때 이러한 조치는 대만과 한국에서 취해지지 않았다. 왜냐하면 수출보조율의 평균치는 수입보호율의 평균치를 초과하지 않았기 때문이다. 그러나 차별적 보조의 결과로서 특정산업의 수출은 소망스러운 수출규모보다 증대되었으며 특정산업에 있어서는 감소되었으며 특히 한국에 있어서는 어떤 수출물품의 국내생산비용이 오히려 높은 수준을 나타내고 있다. 예컨대 한국무역연구소의 연구에 의하면 1966년에 있어서 주로 라디오 등의 전기기기의 수출을 통한 1달러의 획득을 위한 직접 및 간접의 국내비용이

600 원으로 나타나 있는바 이때의 환율은 1 달러당 271 원이었다. 이러한 결론은 무역협회의 연구에 의해서도 확인되었는바 이에 따른다면 라디오는 환율과 1달러당 국내비용의 차이보다 훨씬 많은 보조를 받고 있다. 이와 유사한 결과는 합판 및 면직물에서도 나타나 있다. 끝으로 특정의 직물류에 대한 40~50%의 보조가 소망스러운지는 의문이 있다.

한국에 있어서 수출보조가 차별적으로 된 이유는 어느 면에 있어서는 환율의 고평가를 상쇄하기 위해 주어지는 여러 가지 형태의 수출보조를 증가시켰기 때문이다. 자원배분을 개선하고 외화획득과 절약(수출 및 수입대체)의 국내비용을 절감하기 위해서는 보조제도를 단순화하고 통합해야 한다. 현행 보조제도 중 어떤 것은 그 보조금액이 얼마나 되는지 정확히 알 수 없는 것도 있다. 중간재와 기계의 국내제조를 장려하기 위해서는 수출물품의 제조에 있어서 수입원료와 국내원료의 사용에 대해 동등한 유인을 주는 것이 더욱 소망스럽다. 동등한 유인의 제공은 관세율의 조정 및 수입제한을 관세로 대체함으로써 이루어질 것이다.

대만에 있어서 유인제도는 일반적으로 동등한 것이라고 할 수 있지만 아직도 개선해야 할 점이 있다. 소망스러운 개선 중에서 가장 중요한 것은 수입제한제도를 관세로 대치한 것이다. 또한 관세율은 개정되어야 할 것이며 수출유인제도는 수출 및 여러 계열의 산업의 수입대체에 대해 동등한 유인을 줄 수 있도록 단순화되어야 한다. 이와 관련해 대만의 관세율표는 아직도 공산주의자가 점령하기 이전의 중국 본토에서 적용되던 관세율표를 기초로 하고 있다는 것을 첨언하는 바이다.

Ⅸ. 전망

한국과 대만은 노동집약적인 제조업부문에 있어서 주요 경쟁국에 비해 임금상의 우위를 지속하고 있다. 1968년에 있어서 제조업의 1일당 평균임금을 살펴보면 한국은 1.15 달러이며 대만은 1.61 달러이고 싱가포르는 약 2.50~3.00 달러이며 일본은 6.00 달러이다. 임금의 급상승 특히 한국에 있어서의 급상승은 이러한 우위성을 축소했으며 이에 따라 양 국가는 보다 정교한 물품의 수출로 전환해야 할 것이다. 이것은 한편으로는 비교적 단순한 가공을 거쳐 수출되는 물품(예: 미표백직물·베니어판)을 고급화하는 것을 포함하며 다른 한편으로는 높은 교육수준의 노동자를 효율적으로 활용할 수 있는 기계 및 기계공구산업의 노동집약적인 부문을 확장하는 것을 포함한다.

보다 정교한 물품의 수출로의 전환은 표준화된 상품의 수출점유율을 감소시키고 특수화된 상품의 수출점유율을 증대시킨다. 그런데 전자(前者)의 경우에는 특별한 판매노력이 요구되지 않으나 후자의 경우에는 해외에 판매시설의 설치가 필요하거나 또는 외국상사와 거래관계의 수립이 필요하다. 유망해지는 길은 도급(都給)계약을 통한 국제분업적 제조공정에 자주 참여하는 것이다. 도급계약은 외국시장을 확보하는 것 이외에도 한국과 대만의 비교적 저렴하고 숙련된 노동을 효율화해 추가적인 이익을 주게 되며 새로운 기술의 도입을 가능케 한다. 도급계약에 대한 잠재력은 일본에서 조립하는 데 필요한 부분품·구성부분·부속품의 생산에 많이 있다. 대만 및 한국에 있어서 최근년에 많은 진전이 있었지만 한국에 있어서는 대만보다 적은 진전이 있었다. 이러한 잠재력은 아직까지 극히 일부만 활용되고 있다.

수출의 고급화와 기계 및 기계공구산업의 노동집약적 부문의 확대는 수출에 있어서 국내부가가치의 점유율을 제고시킬 것이다. 대만과 한국은 일반적으로 국내부가가치의 점유율을 제고시키고 또한 국내생산을 통한 중간재·부분품·구성부분 및 부속품의 수입대체를 의미하는 후방적 통합(backward integration)에 의해 수입의 의존도를 감소시키는 것이 요청된다.

수입의존도를 감소시키는 목표는 어떤 경우에는 합성수지나 합성섬유의 경우처럼 가동비용이 높은 소규모 공장을 유발하기 쉽다. 또한 자동차부품과 구성부분의 계획적인 증산도 높은 생산비를 의미할 수 있다. 이러한 산업시설이 주로 국내시장만을 위해 생산하고 있는 한국에서는 특히 이러한 점을 고려해야 할 것이다. 그 반면에 대만에 있어서는 일찍부터 수출까지 할 수 있는 새로운 시설의 확보에 노력이 있었다. 한국의 철강공장의 생산계획도 역시 국내소비에 두고 있다. 그러나 철강제품의 몇 가지 종류만을 전문화해 국내사용과 수출을 하도록 하고 여타의 종류는 수입함으로써 생산비용은 낮아질 수 있을 것이다.

이러한 사례는 후방적 통합의 목표의 추구는 높은 생산비가 소요되는 기업을 유발하기 쉽다는 것을 나타내고 있다. 그런데 이러한 기업은 투입원료비용을 증가시키고 또한 희소요소의 획득에 불편을 제고시킴으로써 수출의 경쟁력에 악영향을 미치고 있다. 이러한 위험을 피하고 양국의 수출잠재력을 증대시키기 위해서는 물품의 제조에 있어서 수입원료의 구성비(比)가 얼마이든 간에 국민소득에 대한 순(純)기여를 극대화할 수 있는 사업을 증진시키는 것이 소망스럽다. 이것은 대외추구적 공업화정책을 계속하고 또한 중간재와 기계에 대한 차별적 대우를 제거해 대외추구정책을 더욱 견실화함으로써 이룩될 수 있다. 이러한 일반적인 방안은 투자완료기간이 길어서 정부의 개입이 요청되는 경우에는 특별대책에 의해 보완될 수 있다.

X. 결론

본고(本稿)에서는 1960년대에 대만과 한국에서 적용한 공업화정책을 검토했다. 이상에서 살펴본 바와 같이 비내구성소비재의 수입대체의 과정을 완료한 다음에 양국은 대외추구개발전략을 적용해 노동집약적인 공산품의 수출에 노력했다. 이 전략은 수출의 급격한 증대를 가져 왔으며 또한 수출의 증대는 두 나라의 경제성장의 가속화를 초래했다.

노동집약적인 공산품의 수출은 양국의 유휴자원과 노동을 활용하고 자본을 절약하고 대단위 생산방법의 사용을 가능케 하고, 수출산업에 있어서 기술개발을 촉진하고 또한 국내물품에 대한 수요를 창조하고, 소득을 제고하고, 수입재원을 증대시킴으로써 양국의 경제성장에 공헌했다. 다른 후진국과는 극히 대조적이다. 즉 1960년대에 있어서 대만과 한국은 1인당 국민소득이 연 6.5% 증가했는데 비해 비석유생산 후진국은 연 2%를 약간 상회하고 있다.

대만과 한국에서 적용한 대외추구전략을 여타의 후진국에 적용할 수 있느냐는 의문이 제기된다. 이와 관련해 어떤 논자(論者)는 양국에 있어서의 고도성장은 그들이 수혜한 대량의 원조에 의해 가능했던 것이 아닌가 하고 의견을 제시하고 있다. 그러나 이러한 설명은 특히 한국에 있어서 최근년에 성장률의 증대에 따라서 외국원조가 감축되었다는 사실을 고려치 않은 것이다. 동시에 양국은 공히 초기의 외국원조의 대부분을 흡수하고 또한 근년의 외국원조보다는 비용이 훨씬 많이 드는 대군(大軍)을 유지하고 있다. 또한 통계적 연구는 후진국에 있어서 경제성장에 대한 수출의 공헌이 외국원조보다 상당히 크다는 사실을 나타내고 있다. 이것은 외국원조의 대량유입이 후진국의 수출과 국내저축의 보정(補整)에 유익하다는 것을 부인하는 것은 아니다. 그러나 이 원조의 적절한 활용을 위해서는 적정한 경제정책이 요청된다. 또한 비교적 저렴한 노동력은 대만과 한국에 대해 유리한 조건이지만 대외추구전략의 활용은 이 노동력의 유익한 활용을 가능케 해주었다. 이 전략은 여타의 국가에서 활용할 수 있는 기회를 개척할 수도 있을 것이다.

보다 일반적으로 말한다면 대외추구전략은 국가의 자원을 경제성장을 위해 적절히 활용하는 기회를 부여하며 생산비·기술의 변동 특히 생산품의 품질에 대한 수입대체정책의 역효과를 피할 수 있게 해준다. 따라서 후진국들은 수출지향적정책의 활용에 있어서 대만과 한국의 경험을 배워야 할 것이다.

〈별첨 2-3〉
1973.2
『관세』
관세조정과장

대외무역에 있어서 보호와 비보호: 제약요인의 극복을 위한 조세전략

저자: 맥키넌(R.I. McKinnon)

Ⅰ. 역자 서(序)

본고(本稿)는 스탠퍼드대학(Stanford University)의 맥키넌(R.I. McKinnon) 교수의 후진국에 있어서의 보호체제의 문제점과 개선방안에 대한 논고(論考)를 번역한 것이다. 맥키넌 교수는 1967년에 관세율 조정에 자문하기 위해 우리나라를 두 번 방문한 바 있으며 관세정책 분야에 있어서 세계적으로 알려진 석학이다.

본 논고의 주요 내용을 요약해 보면

① 후진국의 보호체제의 특징을 분석하고 있는바 그 주요 특징으로서

첫째, 공산품은 고율관세 및 직접적인 수량제한으로 기이(旣已) 보호되고 있는 반면 대부분이 농산품인 후진국의 전통적인 특산품은 하등의 보호를 받지 못하고 있으며

둘째, 원료 및 자본재는 보호를 받지 못하고 있는 반면 제품은 기이 보호되고 있으며

셋째, 특히 사치성 소비물품은 소득재분배의 견지에서 고율관세가 부과되고 있다는 점을 들고 있다.

② 이러한 후진국의 보호정책이 경제에 미치는 결과로서는

첫째, 수출에 대해 과세하는 결과를 초래해 수출을 저해하고 있으며

둘째, 조세의 탄력성이 경제성장률보다 작게 되어 재정수입 확보에 지장을 초래하고 있으며

셋째, 사치성 소비물품에 대한 국내투자를 유인하는 등 효율적인 국내자원배분을 저해하고 있다는 점을 들고 있다.

③ 이러한 후진국의 보호체제의 방안으로서

첫째, 관세, 내국소비세, 거래세 등 복잡다기한 간접세제를 정률(定率)의 부가가치세 예컨대 10% 또는 20%의 부가가치세로 통합 전환해 수출 저해, 자원배분의 오도 등을 막는 중립적 세제를 확립해야 할 것이며

둘째, 이러한 부가가치세와 병행해 소득재분배에서 필요한 사치성 소비재에 대한 고율관세는 최소한의 범위 내에서 내국소비세로 전환해 국내투자와 수입을 동시에 억제토록 해야 하며

셋째, 이러한 중립적 세제의 확립은 금융의 자유화와 동시에 추진되어야 효과적이라고 논술하고 있다.

이러한 맥키넌 교수의 논설(論說)은 우리 실정에 있어서 그대로 받아

들이기에는 어려운 점이 많다는 것은 바로 알 수 있지만 우리나라의 제도 개선에 대해 많은 시사를 내포하고 있을 것이라 하겠다.

Ⅱ. 서론

경제개발에 있어서 수입대체전략을 통한 대외무역정책은 재정정책과 비교해 볼 때 광범위하게 분석되어 왔다. OECD는 최근 브라질, 인도, 멕시코, 파키스탄, 필리핀 그리고 대만 등 6개국에 관한 일련의 연구책자와 이러한 6개국(아르헨티나를 포함해서)의 경험을 요약하고 있는 총괄적인 책자를 발간했다. 즉 이것은 Ian Little, Tibor Scitovsky 그리고 Maurice Scott(1970)에 의해서 집필된 『개발도상국가에 있어서의 산업과 무역』이란 책자[1]이다.

저자들은 아르헨티나, 브라질, 인도, 파키스탄, 필리핀 등 수입 및 수출에 대한 관세, 수량제한 직접금지조치 등의 정책을 과도하게 사용하는 국가들이 멕시코와 특히 대외무역이 다소 완화된 대만과 비교했을 때 매우 잘못되어져 있다는 사실을 잘 설명해 주고 있다. 그들은 대외지향정책 또는 자유무역정책을 점진적이고 꾸준하게 추진해 나가는 것은 경제개발을 성공시키는 데에 필요불가결하다고 결론짓고 있다. 본인은 전적으로 그 결론에 동의하는 바이다.

본 논고에서는 우선 현(現) 정책에 내재하는 대외무역에 대한 편향적 왜곡을 분석하겠다. 그리고 다음에 보다 중립적인 대외무역정책을 계속적으로 수행하기 위한 조세정책을 대안으로 제시하고자 한다. 편향적 왜곡으로부터 중립으로의 전환을 실현하는 문제는 다음 기회에 좀 더 직접적으로 다루고자 한다.

---

1) 이들 책자는 셰한(John B. Sheahan) 교수가 구입하여 관세조정과장 시절 나에게 송부해와 내가 보관하다가 그 후 관세청박물관에 자료로 기증했다.

Ⅲ. 저개발국가에 있어서의 수입에 관한 관세 및 기타 제한조치에 대한 견해

빈곤한 국가의 정책결정자들이 학문적인 영향에 의해 어떠한 조직적인 방법으로 유도되었는지는 통계적으로 설명할 수는 없지만 각 국가들에 있어서 수입에 대한 또는 어느 정도는 수출에 관한 무역제한조치의 범위와 엄격성에 있어서 놀랄 만한 유사성이 있다. 간섭하려는 주요 동기는 다소 다른 이유에서 올지는 모르나 그 동기의 상당수는 현존하는 자본의 제약성에 연결된다. 몇몇 국가들은 농촌지주들을 희생시키는 대신 도시산업을 보호하기 위해 수출세와 관세제도를 개발했다. 이러한 사실은 아르헨티나에 있어서는 다소 사실이었던 것 같다. 타 국가들은 부적정한 환율 하의 희소한 외환을 할당하기 위해서 관세나 수량제한을 시작했으며 그다음에 이 제도는 파키스탄이나 필리핀에 있어서와 같이 보호제도로 발전되었다. 그 외의 국가는 의식적으로 자급자족적인 발전을 강조하는 계획체제나 이론지배 하에 놓였을지도 모른다. 그러한 사실이 인도에서 사실이었던 것 같고 어느 정도는 1960년대 중엽까지의 브라질에서도 사실이었던 것 같다.

수입에 대한 관세와 수량제한의 실제적인 미시경제학적 의도는 무엇이든 간에 이러한 것들은 수출시장에 있어서 그 나라의 국제적인 경쟁력을 약화시키고 GNP에 대한 수출의 비율을 감소시킨다. 이러한 수입과 수출세 간의 거시경제학적 균형은 특히 수출을 설명하는 데 있어서 중요한 것이다. 모든 수입 외국물품의 CIF 가격에 부과하는 50%의 관세는 모든 국산수출품의 FOB 가격에 대한 50%의 과세와 같다. 외국으로부터의 자본유입과 외환보유고를 어느 수준에서 유지하기 위한 수입억제에 사용된 관세와 수량제한은 역시 수출도 억제하게 된다. 기본적으로 외환은 환율을 상향 유동(流動)시킬 때에 있어서는 형식적인 인상에 그치거나 또는 국내 인플레이션에 직면했을 때에 필요한 평가절하를 하지 못하게 됨으로써 수입관세에 영향을 미친다. 어느 방법이든 수출업자들이 추구하는 외환가격은 수입대체품, 비교역물품 및 생산요소의 국내가격에 비해 저렴하다.

〈표 1〉을 잠깐 보면 제품에 부과된 수입관세는 1960년대 초기에 주요 라틴아메리카 제국(諸國)에 있어서는 보통 100% 이상이라는 것을 지적해 주고 있다. 따라서 이 관세구조에 있어서 잉여부문(redundancy in this tariff structure)이 없는 한 수출업자들에게도 놀라울 정도의 높은 부담이 부과되어 왔다.

〈표 1〉 종가세로 환산한 수입에 대한 관세 및 제세

(단위: 산술평균에 의한 1962년경의 %)

	아르헨티나	브라질	칠레	콜롬비아	멕시코	EEC
소비재						
1. 비가공성식료품 (13개 품목)	123	264	46	185	65	21
2. 내구성소비재 (11개 품목)	266	328	90	108	147	19
3. 비내구성공산품 (31개 품목)	176	260	328	247	114	17
소비재에 대한 평균 (55개 품목)	181	275	214	205	109	18
중간재						
4. 산업용원자재 (10개 품목)	55	106	111	57	28	1
5. 반제품 석유포함 (32개 품목)	9	80	98	28	28	7
6. 자본재 (28개 품목)	98	84	45	18	14	13
중간재에 대한 평균 (70개 품목)	90	85	79	28	24	9
총 평균관세 (125개 품목)	131	168	138	112	61	13

여하튼 관세부과나 수량제한은 모든 수입품에 있어서 균등하게 적용되지 않는다. 개개 상품별 조사를 하지 않는다면 우리는 일반적인 거시경제학적인 실마리를 찾을 수 있겠는가? 논리를 전개함에 있어서 우선 선진국의 경우를 살펴보면 제품의 수입업자들은 완화되어 있기는 하지만 유효한 관세(이것은 국제관세 인하 교섭의 반복으로 인하되어 있다)를 지불해야 하지만 대부분의 산업용 원료는 무세(無稅)로 수입된다. 하여간 후진국에 있어서 수입에 대한 차별적인 조치는 선진국과 비교해 볼 때 매우 크다. 사치성 소비물품과 기타 보호대상 공산품에 대해서는 관세가 매우 높지만 중간 투입재와 자본재에 대한 관세는 저율이거나 또는 무세로 되어 있다. 〈표 1〉의 차별관세구조는 라틴아메리카의 보호주의(1962년)를 잘 표현해 주고 있으며 그리고 그 이후에도 뚜렷한 자유화는 없었다. 본인은 과거에 본인이 기술한 것을 인용할 수밖에 없음을 사과한다.

라틴아메리카 유엔위원회는 대표적인 교섭품목 125개를 선정해 이들에 부과되는 명목관세, 부가세, 특별환율 등을 조사한 후 이들을 각 상품별로 종합해 종가(從價)관세율표로 편집했다. 이러한 종합적인 관세의 산술평균은 라틴아메리카의 5대국에 있어서 수개의 상품 유형별로 산출되었다. 이 125개 품목이 각 상품 유형별 분류에 있어서 명확하게 분류되어 있지 않았고 또한 각 유형별로 분류된 상품의 품목 수가 각각 다르기는 하지만 최종소비재에 대한 종가관세율은 중간재에 대한 관세율보다 2~7배가 높다. 수입소비재에 대한 대표적인 관세율은 200%를 초과하며 반면에 중간재에 대한 관세율은 60~70% 정도이다.

이 비교에서조차도 중간재와 자본재의 생산업자에 비해 최종소비재의 국내생산업자들에게 주어지는 상대적인 보호도(保護度)를 과소하게 표현하고 있다. 라틴아메리카의 과대평가된 국내통화는 이 정교한 관세구조에도 불구하고 수입품에 대한 관성적인 초과수요현상을 나타나게 하고 있다. 이러한 현상에 대처하기 위해 수입허가당국은 여러 종류의 수입에 대해 금지조치를 하거나 제한조치를 하며 이러한 제한은 일반적으로 최종소비재에 대해 가장 과중하게 취해지고 있다. 예컨대 칠레에 있어서 내구소비재의 수입에 대한 표면상 관세율은 단지 90%이지만 125개 조사대상품목에 포함된 11개 내구소비재의 수입에 대해 살펴볼 때 이들은 수입이 금지되고 있다. 이러한 반면에 국내생산업자들이 유치(幼稚)산업에서 이득을 보기 위해서 필요한 자본재나 중간재에 대한 관세를 면제하는 것이 상례이다. 따라서 수입품에 대한 두 가지 유형의 차별대우는 단지 명목상의 관세수준만을 가지고 계산할 때에 나타나는 것보다 훨씬 크다.

복잡한 수량제한과 외환관리가 관세의 의의를 감소시키기는 하지만 인도, 파키스탄, 실론에 있어서 보다 고수준이고 차별적인 수입제한이 존재하고 있는 것이다.

거시경제학적 수준에서 볼 때 이 차별적인 통제는 저율관세나 제한이 없는 수입물품(즉 중간재)에 대해 소비재의 수입에 부과되는 고율관세나 또는 기타 제한에 의해 은연중에 보조를 주고 있다는 사실을 의미한다. 물론 실제에 있어서는 모든 중간재가 무세로 수입되지는 않으며 소비재라해서 모두 고율관세가 부과되는 것은 아니다. 그럼에도 불구하고 관세율에 있어서의 심한 차별구조는 어떤 물품의 수입에 대해서는 심히 낮은 실질외환가격에 의해 매우 유리한 조건으로 수입되는 것을 보호해 주고 있다. 이러한 매우 낮은 실질외환가격은 수출업자에게 제공해 주고 있다.

총체적으로 볼 때 이익을 보는 사람과 손해를 보는 사람은 쉽게 추론될 수 있다. 수입대체적 소비재의 생산업자들은 경쟁수입품에 대한 고율관세와 인위적으로 저렴하게 수입되는 중간재와 기타 수출 가능한 원자재로 말미암아 이중으로 보조를 받는다. 자본재와 특정의 구성부분품에 있어서는 높고 경직적인 수입의존도를 나타내고 있다. 이에 반해 그들은 그들도 역시 국가가 보호하고 있다고 생각하고 있지만 수출 가능품과 중간재 생산업자들은 전혀 보호되지 않고 있다. 수출업자에 대한 조세의 인하나 또는 수입특권의 부여와 중간재 생산업자에 대한 조세의 인하나 적정관세는 존재하지만 이러한 것들은 이들 계층들이 받고 있는 과중한 간접적인 비보호를 상계하기에는 결코 충분치가 못하다. 비록 정책결정자는 모든 업자들이 보호되고 있다는 망상을 가지고 있지만 사실상 특정

생산업자에 대한 적극적인 보호는 불가피하게 자원을 유인하며 여타의 업자들을 보호하지 못할 만큼 환율을 왜곡시킨다.

이러한 거시경제학적 왜곡은 구체적인 수입허가의 미시경제학적 비효율 전부를 설명하지 못한다. 그런데 이러한 구체적인 수입허가는 소비자는 물론 중간재에 부과할 관세와 수량제한의 정도를 결정하는 데 사용된다. OECD와 많은 다른 연구로부터 다음과 같은 결론이 나온다.

(1) 상품별 품목분류문제 즉 '자유', '준금지', '금지', '기타'의 문제 또는 사용자별 품목분류문제 즉 '개방적 일반허가'나 '특별허가' 등의 문제는 수입업자와 정부당국에게 둘 다 시간을 낭비시키고 또한 비용을 많이 들게 한다. 허가신청이 처리되고 승인되기까지에는 수개월 또는 수년이 소요될 경우도 있다.

(2) 이러한 지연과 불확실성 때문에 재고량은 불합리하게 된다. 즉 수입허가품목은 재고량의 잉여가 생기고 자유수입품목은 부족이 생긴다. 주요 부분품의 부족 때문에 산업의 가동률은 저하될 것이다.

(3) 과거부터 수입에 의존하던 수입업자 또는 제조업자에게 유리한 편향(偏向)이 있고 또한 소규모생산자에게 대한 불리한 편향도 있다. 이러한 과거의 수입유형에의 의존은 각 수입허가기간 내에 있어서 수천의 산업별 물품에 대한 새로운 결단을 피하고자 하는 행정당국의 필요성 때문에 불가피하게 야기되는 것이다.

(4) 수입허가를 받은 제조업자가 실제로 산업용 원료로 사용하는 것을 보장하기 위해 많은 재고량이 무역업자 또는 도매업자로부터 최종제조업자에게 이전된다. 물론 재고량에 있어서의 규모의 경제는 상실되고 소규모로 사용하는 자는 상대적으로 더 많이 피해를 받고 있다. 왜냐하면 소규모로 사용하는 자가 참여해야 할 중앙화된 집중재고제도가 결여되어 있기 때문이다.

(5) 다른 나라에서와 마찬가지로 인도에서는 정부당국자들은 특정사용자의 생산시설별 생산능력 또는 등급별 생산능력에 따라 원자재나 반(半)제품 수입을 허가하고 있다. 이것은 기업가로 하여금 불균형하게 저

렴한 환율로 중간재를 더 많이 확보하기 위해 필요 이상으로 생산시설을 과대하게 설치하도록 한다.

이러한 수입제한의 대부분은 자본의 제약 때문에 취해진 조치이지만 이의 궁극적인 결과는 자본의 사용을 한층 더 왜곡시키고 분산화시켰다. 정교한 외국의 장비를 필요 이상으로 매입하고 또한 이것을 방치하는 경향이 있다. 이에 반해 운전자본에 대한 재정상의 제약효과는 재고량이 왜곡되어 있는 산업용 원료에 대한 수입통제에 의해 더욱 고조되었다.

끝으로 소규모 생산업자에게 일반적으로 불리한 소득의 분배에 대한 재정상 제약의 소망스럽지 못한 결과는 도시산업들의 수입허가에 대한 특권적인 참여에 의해 더욱 고조된다.

Ⅳ. 저개발국가의 수출에 미친 영향

분업은 시장의 규모에 의해 제한된다. 현대기술은 저개발경제의 한정된 재원을 특화된 수출 활동으로 확대함으로써 항상 증가하는 최적규모 하에서 능률적으로 활용될 수 있다. 그 수익은 높은 생활수준의 기본요소가 되는 여러 종류의 소비재와 생산재를 수입하는 데 사용된다.

일반적으로 개발된 국가라고 불리는 일본을 제외한 모든 국가의 1953~1969년까지 16년 동안의 수출성장률은 저개발된 준공업화국가의 수출을 비교할 수 있는 유용한 지표가 된다. 공업화되어 있는 유럽, 미국, 캐나다, 오스트레일리아, 뉴질랜드가 여기에 포함된다. 이들 성숙한 경제의 총수출은 1914년 이전의 세계무역의 '황금기'와 대등한 시기인 1953년부터 1969년까지 243.3%가 증가했다(〈표 2〉). 그러나 예외 없이 대부분의 저개발국가는 공업화를 시도했기 때문에 이러한 무역의 가능성을 활용하지 못하게 되었다. 이에 따라 그들의 수출은 매우 서서히 성장했다.

〈표 2〉 준공업화 저개발경제 있어서의 수출 비교

(단위: 디플레이트 하지 않은 미 백만 달러)

국가	1953년 수출	1962년 수출	1969년 수출	1953~1969 변동(%)
개발된 경제 (일본 제외)	49,250	85,374	169,065	+ 243.3
대외무역 성장도가 늦은 저개발 국가				
아르헨티나	1,125 (1,624)	1,216	1,612	+ 43.3 (0.7)
브라질	1,539	1,214	2,311	+ 50.2
콜롬비아	596	463	608	+ 2.0
우루과이	270	153	200	− 26.0
베네수엘라	1,445	2,594	2,523	+ 74.6
인도	1,116	1,409	1,833	+ 64.2
파키스탄	439	397	681	+ 55.1
실론	329	380	322	− 2.1
터키	396	381	537	+ 35.6
적절한 무역증가를 보이는 저개발국가				
칠레	408	530	1,069	+ 162.0
멕시코	585	930	1,430	+ 172.4
페루	219	538	864	+ 294.5
필리핀	398	556	855	+ 114.8
타일랜드	323	458	708	+ 119.2
급격히 성장하는 경제				
일본	1,275	4,917	16,003	+ 1,155.1
대만	128	218	1,050	+ 820.3
한국	40	55	622	+ 1,030.9

저개발국가의 이처럼 미약한 수출실적에 대한 이유는 위에서도 언급한 바와 같이 수입억제와 결부된 불리한 환율, 이와 결부된 수입허가의 미시경제학적 비효율에 의해 대체로 설명될 수 있다.

그러나 수출에 대한 직접제한 또는 과중한 과세도 놀랄 정도로 널리 활용되었다. 파키스탄에 있어서 황마직물 및 면직물의 국내생산을 증진시키기 위해 황마와 면의 수출은 과세되었다. 브라질이나 인도의 철광 수출은 국내 제철산업의 보호를 위해 제한되었을 것이다. 심지어 인도에서는 양곡이 남는 주(州)에서 모자라는 주로 수출되는 것이 잉여지역의 소비자 이익을 위해 종종 금지되었다. 브라질로부터의 1950년대부터 1960년대 초기에 있어서 비커피류의 총수출고의 하강은 어느 면에 있어서는 수출에 대한 과세와 기타 수량제한에 기인된 것이다.

이러한 수입과 수출에 제한의 소용돌이를 통해 현재에는 준공업화되어 있는 이들 저개발경제는 각기 다른 양상으로 자기들의 활용할 수 있는 무역기회를 포착했다. 라틴아메리카 국가들은 전체적으로 볼 때 〈표 2〉의 맨 처음 5개 국가 아르헨티나, 브라질, 베네수엘라, 콜롬비아, 우루과이에서와 같이 굉장히 저조했다. 콜롬비아는 수출성장이 아주 미약했으며 우루과이의 수출은 오히려 적어졌다. 아르헨티나에 있어서도 역시 만약 기준연도를 1953년에서 1948년도로 변경한다면 수출은 오히려 감소된다. 남아메리카 인구의 반을 차지하는 브라질은 그의 달러로 표시한 수출액에 있어서 50.2%의 증가를 보였다. 그것은 성숙한 공업국가들이 보인 성장의 약 1/5에 불과하다. 이러한 저성장그룹 중에서 가장 높은 성장률을 보이고 있는 베네수엘라의 74.6%의 성장률은 주로 석유에 의존한 것이며 따라서 이는 광범한 경제개발을 의미하는 것은 아니다.

이들 다섯 라틴아메리카 국가와는 정말 대조적으로 일본과 대만은 똑같은 1953~1969년 사이에 각기 1155.1%와 820.3%의 막대한 수출증가율을 보였다. 한국의 1962~1969년의 1030.9%의 수출증가는 일반적인 대외무역과 금융의 자유화에 기인한 것이다. 수출증가는 일본을 준공업화 저개발경제로부터 서유럽 수준의 부유한 공업화국가로 추진하는 데 크게 기여했다. 대만에 있어서의 1인당 국민소득의 성장은 조금 덜 인상적인 것에 불과하다. 이와 같은 규모의 수출성장률로 성숙경제의 그것을 초과하는 것은 부유한 나라와 빈곤한 나라의 격차를 현저히 감소시키는 데 필요하다. 이러한 그것들은 성취하기 불가능한 것은 아니나 다른 준공업화 저개발국들은 이러한 것들을 성취하기에는 훨씬 뒤떨어져 있다.

수출의 침체는 라틴아메리카에만 국한되는 것은 아니다. 인도, 파키스탄, 실론과 터키는 모두 〈표 2〉에서 지적한 바와 같이 저조한 실적을 가지고 있다. 인도의 무역확장은 성숙한 공업화경제에 의해 이룩된 그것의 1/4에 불과하며 일본과 대만의 성공적 경우에 비해서 매우 미약하다. 최근 파키스탄의 실적은 1950년대 말보다 좀 나아졌지만 아직도 매우 실망적이다. 실론의 수출소득은 매우 불안정하고 1953년 이래 실제에 있어서 조금씩 감소되었다. 터키의 매우 저조한 35.6%의 수출증가율은 그 나라가 사용한 수입에 대한 매우 엄중한 외환통제 때문이라고 말할 수 있다.

위에서 논했던 나라들처럼 대외무역이 그렇게 뒤떨어지지는 않은 중간그룹의 경제가 라틴아메리카와 아시아에 있다. 멕시코, 칠레, 페루, 필리핀, 태국이 여기에 속한다. 멕시코는 안정되고 자립된 성장을 향한 상당한 발전이 있었다. 〈표 2〉에서는 계산되지 않은 관광으로부터 추가적인 외화를 획득했다. 매우 낮은 경제기초와 국민소득 수준에서 출발한 페루는 라틴아메리카에서 훨씬 좋은 수출실적을 가지고 있다. 멕시코와 더불어 페루는 오랜 기간 동안 매우 안정된 환율정책을 실시한 라틴아메리카에 있어서의 유일한 주요국이다. 이와는 대조적으로 칠레는 그의 수출수익의 3/4을 풍부한 동맥(銅脈)에서 이루었으며 그것은 수입에 대한 별도의 제한적인 관세 및 쿼터정책을 부분적으로 극복하기에 충분했을 뿐만 아니라 적절한 수출성장을 달성케 했다. 그러나 페루를 제외한 모든 이들 나라들의 수출은 세계무역보다 덜 빠르게 성장해 왔다.

한 나라의 GNP에 대한 수출의 비율은 그의 대외무역전략의 성공과 실패 여부를 판가름하기에는 모호한 지표이다. 고도 수출성장은 고도실적 GNP 성장 또는 수출물품의 상대가격의 하락에 의해 상쇄될 수 있다.

따라서 이 경우에 있어서 수출의 비율은 상대적으로 변동이 없게 된다. 이러한 사실은 1953~1969년 사이에 있어서 일본의 경우에 있었던 것 같다(〈표 3〉). 그러나 일반적으로 대외무역의 저속성장은 GNP에 대한 수출비율의 감소 또는 정체로써 나타나고 있다. 그리고 실제에 있어서 상대적으로 정체된 수출이 이루어졌던(1953~1969년) 저개발국은 수출의 비율이 감소되었으며 만약 아르헨티나에 있어서 기준연도를 훨씬 더 과거를 역

〈표 3〉 준공업화 저개발국가의 GNP에 대한 수출비율

국가	1953년	1962년	1969년
대외무역 성장도가 늦은 저개발국가			
아르헨티나	.070	.110	.092
브라질	.077	.062	.070
콜롬비아	.151	.126	.133
우루과이	–	–	–
베네수엘라	.353	.350	.286
인도	.051	.044	.045
파키스탄	.076	.060	.050
실론	.363	.282	.202
터키	–	–	–
적절한 무역증가를 보이는 저개발국가			
칠레	.089	.199	.151
멕시코	.138	.109	.093
페루	.192	.233	.206
필리핀	.153	.131	.136
타일랜드	.188	.167	.192
급격히 성장하는 경제			
일본	.104	.099	.110
대만	.198	.132	.250
한국	……	.052	.141

급(逆及)한다면 또한 실질GNP 자체에 있어서도 만족스럽지 못한 성장을 가져왔다. 거의 모든 국가가 어느 정도 국가분업에 의존한다고 가정하면 이러한 무역부문의 위축은 자립형 개발정책의 추구는 과거보다 미래에 있어서 더 비용이 많이 들 것이라는 것을 시사해 주고 있다.

한편 대만과 한국은 수출량이 급격히 증가함은 물론 GNP에 대한 수출의 비율도 급격히 증가하고 있다. 1962~1969년의 짧은 기간 내에 대만의 GNP에 대한 수출의 비율은 13.2%에서 25.0%로 증가했고 한국은 5.2%에서 14.1%로 증가했다. 1964~1965년의 개혁 이래 한국은 매년 40.0%라는 경이적인 수출증가율을 유지해 왔으나 반면에 그전 10년 동안에는 수출은 아주 작았다. 이들 두 나라에 있어서(또는 이에 관한 한 일본도) 급격한 수출의 발전에 대한 뚜렷한 외부적인 장벽은 없었다. 그리고 두 나라의 경제는 상대적으로 단기간 내에 수출을 향한 주요한 내적 구조적 전환을 할 수 있었다.

그러므로 후진경제들의 저조한 무역실적은 외부적인 제약이나 내재하는 내적인 구조적 경직성 때문이라고 말할 수는 없을 것이다. 이와 같이 수출이 저조한 이유에 대한 전통적인 설명은 세계적으로 1차 산품에 대한 수요의 소득탄력성이 낮다는 점을 들고 있다. 공업화국가들이 점점 더 부유해짐에 따라 그들은 저개발국가들에 의해서 생산되는 1차 산품에 대한 상대적인 수요를 감소하고 있다. 특히 합성대체품의 활동도가 증가됨에 따라 더욱 감소된다. 그러나 저개발국가들이 1차 산품에 얽매여 있다고 가정할지라도 어빙 크라비스(Irving Kravis)와 다른 사람들은 저개발국가는 1차 산품의 많은 분야에서 그들의 경쟁력을 잃어왔다는 것을 경제적으로 보여주고 있다.

저개발국가들이 전문화하려고 노력하는 1차 산품에 있어서의 세계무역은 공산품에 있어서의 무역처럼 그렇게 빠르게 확장되지 않았다는 것에는 의심의 여지가 없다. 그러나 저개발국가의 수출의 애로가 불리한 외국의 수요사정에 있다고 가정한다면 세계시장이 커지고 있는 1차 산품을 전문화한 저개발국가들이 그들의 수출을 확대하는 데 있어서 성공했을 것이며 전문화에 있어서 정체한 국가들은 저조한 실적을 나타냈을 것이다. 또한 다른 각도에서 살펴보면 만약 저개발국가들이 그들이 수출하고 있는 물품에 대해 세계시장에 있어서의 점유율을 최소한 일정하게 유지하고자 노력하는 경우라면 이러한 불리한 외국의 수요에 의한 설명은 설득력이 있을 것이다. 이러한 물품에 있어서의 점유율의 저하는 수출성장에 대한 외부적인 장해보다는 오히려 내부적인 장해 때문이다. 실제에 있어서 후진국 상품의 세계시장에 있어서의 점유율이 하락된다는 것은 명백하며 후진 각국의 수출은 그들의 전통적인 생산품의 세계시장에 있어서의 활동에 일반적으로 의존하지 않는다는 것도 명백하다.

실제로 구조적은 아니지만 위에서 언급한 의심하리만치 복잡하고 차별적인 수입제한으로부터 야기되는 수출에 대한 내국적인 공급의 억제가 존재한다. 공산품이나 1차 산품에 있어서의 억제된 수출기회는 사전적(事前的)으로 알 수 없다. 수출이 보다 더 채산이 맞게 될 경우에 한해 기회는 명백해질 것이다. 그렇게 되면 페루의 고기먹이(fishmeal)나 대만의 직물, 한국의 합판과 같은 그러한 예들은 저개발지역에서 더욱 흔해 빠진 일이 될 것이다.

Ⅴ. 산업진흥에 있어서 중립성의 중요성

빈곤한 준공업화경제는 수입대체로부터 수출확대로 그들의 정책을 급격히 전환해야 하는가. 놀랍게도 하나의 중요한 관점에서 본다면 이의 대답은 부정적이다. 사실 매우 저렴한 환율로 나타내지고 있는 과거의 수출에 대한 억제를 전래의 왜곡은 시정하지 않고 단지 수출업자에게 재정·금융상의 유인을 줌으로써 보상하려고 하는 것은 해보고 싶은 충동을 가져오는 일이다.

그러한 부분적인 보상의 최초의 예는 1955년 파키스탄 정부에 의해서 시행된 수출상여제도(Export Bonus Scheme)이다. 특정 공산수출품의 생산업자들은 더 이상 그들의 모든 외환수입을 공정환율에 의해 인도(引渡)할 것을 요구당하지 않게 되었다. 오히려 외환수입의 일부분은 각 산업마다 그 비율이 다르기는 하지만 훨씬 높은 가격으로 특정의 수입업자들에게 다시 판매하거나 또는 자신이 보유할 수 있게 되었다. 결과적으로 복수환율제도(많은 라틴아메리카에 있어서의 제도와 비슷한)가 시작되었으며 이것은 환율의 명백한 과대평가를 약간 완화하게 되었다. 그러나 공산수출품에 대한 보조금은 매우 다양하게 되어 있다. 왜냐하면 어떤 수출업자는 저렴한 공정환율로 중간재를 수입하는 반면에 어떤 수출업자는 그러하지 못했기 때문이다. 물론 이러한 차별적 대우는 자본에 대한 사회적 수익률에 있어서의 편파성을 유지시켜 주고 있다. 더욱이 이러한 차별적인 대우는 어떤 산업으로 하여금 사실상 외환을 획득하는 자가 아니라 외환의 손실을 가져오는 자로 만들 가능성이 있다.

이러한 산업에 대한 실효보조율은 매우 높다. 계산상의 오차의 한계가 매우 크다 할지라도 누구든지 수출산업에 있어서의 부가가치의 약 반(半)은 실질적이 아닌 명목적인 것이고 수출상여를 받는 산업의 총외환수익은 수출상여제도에 순수출수익을 실질적으로 과대평가하고 있다는 결론에 도달하게 될 것이다.

대부분의 저개발국가들은 거의 틀림없이 공산품의 수출업자에 의해 사용되는 물품에 부과되는 간접세와 관세를 환급하려고 할 것이다. 이러한 일을 취급하는 정부기구는 일반적으로 비조직적이고 비효율적이다. 그러나 이에 추가해 인도의 경우를 살펴보면 인도는 수출업자들을 과거의 수입실적 또는 산업별 용도에 따라 확립되어 있는 필요한 산업용 원료량의 2배를 수입할 수 있는 권한을 부여함으로써 보조하고 있다. 엄격한 외환배급과 결부된 매우 저렴한 환율 때문에 잉여공급분은 CIF 수입가격보다 훨씬 높은 가격으로 국내시장에서 판매될 수 있다. 이것은 매우 차별적인 보조를 제공했고 실질적 부가가치가 낮고 수입원료의 의존도가 높은 수출산업을 장려했다.

공산품의 수출업자에게 낮은 실질이자율로 중앙은행이나 상업은행의 대부를 특별히 허용하는 것이 저개발국가(그리고 많은 선진국)에서 공통된 실례이다. 이러한 낮거나 또는 부(負)의 이자율이 예금주들에게로 귀착되는 한 이것은 우리가 일찍이 생각했던 일반적인 금융압박에 영향을 준다. 자본이 매우 부족한 국가에서는 수출업자들은(다른 모든 생산업자들과 같이) 풍족한 대부를 받아야 하지만 높은 실질이자율을 부담하는 것이 중요하다.

다행히 바로 위에서 기술한 바와 같은 개별적인 수출업자들에 대한 특별한 재정·금융상의 보상은 불필요하다. 현존하는 보호관세나 수량제한의 제거가 이에 대한 대안이며 이것은 가장 좋은 전략이다. 수입세와 수출세 간의 조화에 관한 이론으로부터 우리는 수입에 대한 관세와 쿼터의 효과가 평균 100% 이상의 관세와 동등한 경우에 있어서 이러한 관세와 쿼터를 제거한다는 것은 수출업자의 100% 조세부담을 덜어주는 것이라는 것을 알 수 있다. 수입제한을 제거할 때에 무역균형을 유지하기 위한 환율에 있어서 보완적인 인상은 수출업자들에게도 유리하게 되는 수단이 된다. 말할 필요도 없이 이러한 환율인상은 수출업자는 물론 종전에 보호를 받지 못하던 국내 판매용 중간재 생산업자에게 수익성을 일률적으로 제고시켜 줄 수 있는 단일환율제도 하에서 이룩되는 것이 가장 바람직하다.

종전까지 보호를 받던 비효율적인 소비재의 생산은 감소될 것이라는 것은 사실이다. 그러나 규모가 크고 건전한 은행제도는 총자원활용의 감소를 상쇄하기 위해 수출과 수입대체에 있어서의 채산이 맞는 새로운 분야를 급속히 성장하도록 해줄 것이다. 번창하는 자본시장은 수출증진을 위한 보다 구체적인 조치를 취하라는 행정당국에 대한 압박을 또한 완화시켜줄 것이다. 이에 의해 비편향적이며 중립적인 산업성장은 이룩될 것이다. 이에 따라 수출은 상대적인 실질수익률에 전적으로 의존하는 방향으로 될 것이다.

한편 금융압박이 그대로 존속한다면 신규산업의 개발은 억제되고 대외무역 자유화의 정도는 최적 상태보다 덜하게 될지 모른다. 그러나 역(逆)으로 대외무역이 왜곡되어 있는 상태 하에서의 금융자유화는 새로 방출된 자본이 오도된 용도로 유입될 것이므로 완전한 효율을 기하기 어려울 것이다. 이러한 두 가지의 자유화는 아주 보완적인 것이다.

Ⅵ. 간접세와 세입의 비탄력성

특정한 업체나 산업을 지원하기 위한 관세의 철폐, 조세의 인하 및 보조금 등을 가정한다면 어떤 종류의 세제를 철폐해야 하는가. 언젠가는 활용되고 있는 자본시장이 본받아야 할 '중립적인' 조세구조란 실제로 무엇인가. 재정상의 능력이 제한되어 있어 세입을 증대시키기 위해 일반적으로 간접세 그리고 특히 대외무역에 대한 조세에 의존하지 않으면 안 되는 저개발국가들에 있어서는 이 문제가 결코 사소한 것은 아니다. 빈곤한 저개발국가들에 있어서는 매상세(賣上稅), 거래세, 면허수수료, 인지세, 관세, 소비세 등과 같은 많은 간접세가 총 세수입의 거의 2/3를 차지한다(〈표 4〉). 간접세 세입 중의 거의 1/2 이상이 대외무역으로부터 조달된다. 관세와 수입물품에 과중하게 부과되는 각종의 매상세 등으로 어느 면에 있어서 〈표 4〉에 있어서는 저개발국가의 간접세에 대한 의존도를 과소하게 나타내 주고 있다. 왜냐하면 사업소득세의 세입에는 종종 매상세나 거래세의 형태로 과세되는 사업소득세의 세입이 제외되어 있기 때문이다. 상세한 타당성을 제시하지는 않겠지만 대부분의 빈곤한 국가들이 행정력의 이유 때문에 간접세에 지나치게 의존하는 것이라고 나는 생각한다.

조세와 관세의 개혁과정에 있어서 대외무역을 보다 중립적으로 만든다는 점 이외에 이와 관련된 주요한 문제점은 세입과 세입탄력성이다. 수입대체를 통한 공업화의 부산물은 모든 간접세가 소득의 증가에 비해 탄력적이 되지 못한다는 것이다.

〈표 4〉 1인당 GNP 등급에 의한 간접세와 관세의 의존도

(단위: 평균, %)

추계된 1인당 GNP(US$)	국가의 수	총 조세 중 간접세의 비율	총 조세 중 관세의 비율
개발도상국			
$100 이하	20	68	35
101～200	11	64	32
201～500	19	64	33
501～850	9	50	18
고도로 성장한 국가			
$850 이상	15	32	4

어느 나라 재무장관도 기꺼이 설명하듯이 GNP의 성장에 비해 간접세 세입의 성장은 보다 작다. 그러나 문제는 간접세 그 자체에 있는 것이 아니고 간접세가 수입대체를 위한 공업화의 유인을 제공하기 위해 왜곡되어 있다는 데에 있다.

조세수입과 조세탄력성에 있어서의 약간의 탈루는 우연적 또는 간접적 요인에 의해 발생한다. 대부분의 저개발국가는 그리 멀지 않은 과거에 순전히 1차 산품의 생산자로서 시작했다. 화폐화되지 않은 생계유지를 위한 생산부문이 크기 때문에 수입공산품에 대한 관세는 세입을 증대하기 위한 주된 조세로서 사용되었다. 조세구조에 있어서 누진성을 부여하기 위해 화장품, 향수, 냉장고, 가공식품 등 사치성 소비재 수입은 과중하게 조세가 부과되었다. 좀 더 공업화를 이루지 않으면 안 되는 에티오피아에서는 254개의 열거된 종가관세 중 200개 이상이 보호의 목적 없이 세입을 위해서만 부과되었다. 수입액을 가중치로 해 이들 200개 관세의 평균치를 산출하면 약 35%이며 어떤 물품의 세율은 60%까지 책정되어 있는 것도 있다.

에티오피아가 성숙되어가고 자본이 공업화를 뒷받침하게 됨에 따라 오랫동안의 이들 세입을 목적으로 한 관세는 보호관세로 되어 동종의 사치성 소비재의 생산에 국내자본을 유인하게 되었다는 것을 우리는 알 수 있다(이것은 초기단계에 있어서는 별 문제가 되지 않았다).

정부는 국내생산이 개시됨에 따라 수입이 감소되므로 세입원을 잃어버린다. 세제는 공업화에 따라 상승하는 소득에 대해 비탄력적이 되고 또한 누진적이 되지 않는다.

그러나 저개발국가의 대부분의 세입 상실은 현행의 정부정책의 직접적인 결과이다. 〈표 1〉에서의 라틴아메리카에 있어서 200%의 세율과 같은 소비재에 대해 보호적인 목적으로 부과된 실제적이고도 높은 금지관세는 수입을 고갈시키므로 세입을 전혀 증대시키지 못한다. 많은 경우에 있어서 그들은 보다 적절한 세입관세를 대체하고 있을 뿐이다. 통상 과세되는 물품에 수입제한조치가 가해질 경우에 있어서 수입에 대한 수량제한이나 금지는 세입을 더욱 감소시킨다.

그러나 신규 보호산업에 대한 관세 및 기타 조세의 경감이 조세수입의 비탄력성에 기여하고 있다는 중요한 사실은 잘 인식되어 있지 않다. 이것들은 특정한 생산자들에게 그들의 수입원료나 자본재에 대한 관세나 기타 매상세를 면세해 주는 형태를 취할 수 있다. 또는 대안으로서 공업화 발전에 중요한 투입물이라고 생각되는 수입물품에 대한 명목관세와 매상세율을 무세로 책정할 수도 있다. 이와 같은 과정에 있어서 특별히 초연해 있다고 볼 수 없는 에티오피아에서는 관세나 매상세에 있어서 세율인하 및 면세로 인한 세입손실은 수입으로부터 실제로 징수되는 세입의 40% 이상이 된다. 더욱이 공업화가 본격적으로 시작됨에 따라 세입손실의 비율은 급격히 증가되어 왔다. 라틴아메리카, 인도 및 파키스탄에 있어서는 이러한 세율인하 또는 면제의 금액을 산출하기에는 매우 곤란하다. 왜냐하면 이들 국가는 환율이 불균형화되어 있고 이에 따라 보완적인 관세가 필요하기 때문이다. 아직도 많은 경우에서 환율인하 또는 면세는 실지 거두어지는 세입보다 훨씬 크다.

세입은 그렇지 않다 하더라도 국가지출은 소득성장에 탄력적이기 때문에 재정압박을 완화하는 문제는 한층 더 어렵게 되었다. 성장은 예산적자의 만성적인 추세를 초래한다. 장기부채를 소화할 만한 자본시장이 결여되어 있는 경우를 가정한다면 공공저축이 따라가지 못하게 됨에 따라 정부는 계속적으로 중앙은행으로부터의 차입에 의존하게 될 것이다. 따라서 명목화폐의 지나친 발행은 우리가 일찍이 했던 분석처럼 인플레이션을 야기하고 또 화폐의 실질가치를 감퇴시킨다. 그러므로 조세제도 개혁에 있어서 세입탄력성을 보다 많이 부여하는 것은 재정압박을 완화시키기 위해 필요하다.

다행히도 간접세 구조는 외국무역에 대한 차별과 또는 외국무역 내에 있어서의 차별을 제거하면서도 세입을 증가할 수 있도록 개편될 수 있다.

Ⅶ. 관세로부터 부가가치세로

〈표 1〉에 기술한 바와 같이 고도의 차등 관세와 수량제한의 혼란을 일소한다고 가정하자. 동시에 우리는 특혜를 받는 생산자에 대한 거의 모든 관세와 조세의 면제를 없앤다고 가정하자. 끝으로 매우 환상적이기는 하나 재무장관이 생산과 분배의 여러 단계에서 부과되는 거래세, 국내소비세, 면허수수료 등등의 형태로 예산상의 갭(gap)을 메우려는 과거의 시도를 합리화하려고 한다고 가정하자. 간단히 말하면 그는 간접세의 모든 구조를 개혁하려 한다고 가정하자. 그러면 적절한 정책은 무엇이겠는가?

아무런 면세가 없는 모든 수입품에 대한 가령 10% 내지 20%까지의 적정의 정률관세는 소득이 증가함에 따라 세입도 증가시킬 수 있는 하나의 방법이다. 조직화된 대외무역활동을 세원에 포함하는 데 있어서의 행정상의 중요성은 잘 인식되고 있다. 다만 이것은 일반적으로 수출에 대해서도 동등한 부담을 지워주고 있다. 이에 부가해서 동(銅)·석유·커피 등과 같은 특수천연자원 수출은 비탄력적인 해외수요나, 국제상품협약이나,

혹은 개발되고 있는 유전이나 광맥(鑛脈)에 내포된 경제적 지대를 반영해 각기 적정하게 마련된 고유의 별도 조세가 부과될 수 있다(나는 이들 물품에 대한 고율의 종가세가 새로 개혁된 조세제도의 한 부분으로서 존재할 것이라고 가정한다).

정률관세제도는 대부분의 저개발국가에 있어서 큰 발전이다. 그러나 다른 간접세와의 모호한 불일치는 역시 상존할 것이다. 국내생산업자는 국내 판매실적 또는 소득세 부담에 비추어 보아 수입원료에 지불된 관세의 경감이 주어질 수 있겠는가? 더욱이 수출업자들은 그들이 사용하는 원료에 의해 관세환급을 얻을 수 있겠는가? 만약 그렇다면 수출업자들에게 팔리는 국산원료에 지불된 제세(諸稅)의 환급도 국내산업에 불리한 편향을 회피하기 위해서 필요할 것이다.

다행히 정률부가가치세의 도입은 정률관세부과의 간편성을 상실하지 않고 이러한 어려움을 극복할 수 있다. 수출업자와 수출산업에 대한 국내, 국외의 원료공급자들은 조세부담에서 제도적으로 제외된다. 그러나 부가가치세는 실제 모든 수입품에 적용되며 국내시장을 위한 모든 법인 및 비법인 생산에까지 같은 세율로 부과된다. 농업과 대부분의 서비스업은 제외될 것이다. 즉 실제에 있어 현재 그들은 대부분의 국내 간접세로부터 제외되고 있기 때문이다. 그럼에도 불구하고 급격히 증가하는 국내공업과 수입은 세율이 적절하고 정률로 되어 있는 경우라 할지라도 소득증가에 매우 탄력적일 세원을 제공한다. 재무부장관은 계속해서 벌어지는 예산상의 갭을 막기 위해 적지만 새로운 간접세를 더 이상 요(要)하지 않을 것이다. 실로 사업소득세와 같이 간접세의 성격을 가지고 있는 모든 다른 간접세는 다음에 논의되는 특정의 소비재에 대한 소비세를 예외로 하는 것 이외에는 부가가치세 제도에 의해 대치(代置)되거나 혹은 그 제도로 흡수될 수 있다.

대외무역의 중립적 취급 문제는 수입 및 수출세 간의 조화에 관한 우리의 이론의 조건에서 찾아 볼 수 있다. 만약 수입이 하나의 정률로 과세된다면 수출은 이중과세를 피하기 위해 조직적으로 제외되지 않으면 안 된다. 다행히도 채택된 부가가치세의 행정적 기구는 이것을 자동적으로 달성할 수 있다. 왜냐하면 모든 생산자들은 전(前) 생산단계에서의 조세에 대해 경감을 받고 있기 때문이며 비록 수출업자가 판매 시에 조세가 면제되는 경우에 있어서도 전 생산단계에서의 조세를 경감받고 있기 때문이다. 이리하여 수출업자는 국외나 국내에서 구매된 물품에 부과된 조세로부터 환급을 받으며 따라서 관세와는 달리 특별한 환급 또는 담보 절차가 이를 달성하기 위해 설정될 필요가 없다.

더구나 국내시장을 위한 생산자들은 그들이 사용하는 원료에 부과되는 수입세의 면제를 당국에 강요할 필요를 덜 느낀다. 왜냐하면 그들은 수입을 포함한 전 단계에서 부과된 조세를 경감 받고 있기 때문이다. 대조적으로 고율의 차등관세 구조 하에서는 관세면제를 완전히 받지 못하는 국내생산자는 그들의 경쟁적 지위가 아주 희망이 없음을 발견할 수 있을 것이다. 따라서 관계당국들은 포괄적이면서 정률의 부가가치세 제도 하에서는 조세인하에 대한 압력을 견디어 내는 데 있어서 보다 나은 지위에 있게 된다.

개발국은 물론 개발도상국에서도 부가가치세에 관한 많은 논란이 있으며 여기에서는 필요한 행정기구를 구상하지는 않겠다. 세율의 정률성이 지속되는 한 부가가치세의 행정은 복잡할 필요가 없으며 관세 및 다른 간접세가 부과되는 경우보다 매우 간편할지도 모른다. 조세 부과자들은 국내기업들의 총판매고만을 판단하면 되고 반면에 조세 납부자들은 전(前) 생산단계에서 이월된 비용에 대한 증명만 하면 된다. 공평성의 견지에서 보는 이윤이라든가 감가상각 같은 복잡한 회계 개념은 사업소득세와는 달리 부가가치세 하에서는 불필요하다.

부가가치세의 운영은 다양한 납세의무자들을 서로 연결시켜 놓는 반면에 관세당국에 대해서는 그들이 유지하고자 하는 많은 징세단계에 대해 상당히 신축성을 주고 있다. 몇몇 상품이 밀수 때문에 수입단계에서 조세가 부과되지 않는다면 제조과정이나 도매단계에서 효과적으로 조세가 부과될 것이다. 대부분의 저개발국가에게는 조세징수가 국내경제 안에서는 유동적이고 상대적으로 국경지방에서는 강하기 때문에 물품은 수입단계에서 조세가 부과되어야만 한다는 표면상의 행정적 문제점이 있다. 수입상품에 대한 정률의 부가가치세 징수는 현존하는 세관직원들에 의해서 쉽게 운영될 수 있다. 간단히 말하면 저개발국가에 있어서 부가가치세는 이해하기가 쉽고 또한 생존을 위해 경영되는 농업의 중요성이 감퇴됨에 따라 공업화되어가는 경제가 자연적으로 결합될 수 있는 조세이다. 대외무역과 국내자원의 배분에 대한 중립성은 보다 쉽게 유지될 수 있을 것이다.

Ⅷ. 관세로부터 소비세로

부가가치세는 지금은 면제되고 있는 자본재나 중간재를 포함해 모든 수입품에 적용될 것이다. 이들 중간재는 더 이상 조세가 부과되지 않을 것이다. 그러나 많은 나라에서 사치성 소비재에 대한 고율의 관세가 세입을 위해 부과된다. 자동차·장난감·보석·냉방기 등에 대한 이와 같은 고율 과세는 세제에 있어서의 질적인 상당한 누진성을 말해주고 있지만 15%의 정률부가가치세의 부과는 그렇지 못할 것이다. 개인소득세의 과세가 빈약하고 비누진적인 경우에 있어서는 정률부가가치세의 부과 이외에 각 물품에 대해 적정한 차등세율로 사치성 소비재에 대한 과세를 계속하는 것은 좋을 것이다.

그러나 위에서 언급한 것처럼 사치성 소비재의 국내생산자에 대한 비의도적인 보호를 피하기 위해서 모든 국가들은 세입을 위한 관세를 소비세로 전환하지 않으면 안 된다. 이들 소비세는 수입 시 세관원에 의해 징수될 것이나 국내 사치품 생산자들 또한 '공장문'에서 같은 율(率)로 소비세가 부과된다. 이 같은 최종소비재에 대한 조세를 부과하는 소비세 방식은 공업화 과정에 있어서 대외무역에 불리한 편향을 피하는 것이 되고 또한 그것은 소비와 소득이 증가함에 따라 전반적인 세입탄력성을 유지시켜 주거나 증가시켜 준다. 개별적인 소비재에 대한 차등세율의 정도는 다음에 달려 있다.

(1) 소득의 분배에 대한 결과

(2) 수요의 가격탄력성과 정부가 기대하고 있는 세입

(3) 밀수에 대한 유인 등을 포함한 시행상의 문제

(4) 이와 동등한 과거의 세입을 위한 수준

말할 필요도 없이 이러한 세입을 위한 관세를 소비세로 전환시키는 것은 국내산업이 아직 실질적으로 확립하지 않은 소비재에 대해서는 어렵지 않다. 국내생산은 물론 수입도 되고 있는 소비재에 대해서는 그러한 전환은 모두 수입품에 대한 관세와 수량제한을 제거하고 부가가치세로 전환함으로써 가장 잘 이루어질 수 있다. 국내산업이 그들에 대한 관세에 의한 보호의 상실을 조정함에 있어서 환율의 평가절하는 국내산업에 대한 부담을 경감해 줄 것이다. 한 번에 한 산업을 전환시키려고 시도하는 것은 큰 잘못이다. 그러나 자유화된 대외무역과 금융정책으로 전환을 효율화하는 모든 문제는 다음에 포괄적으로 다루겠다.

Ⅸ. 결론

부가가치세나 소비세 제도로의 전환이 이룩되면 관세구조나 쿼터 제한은 어떻게 되겠는가? 대외무역이 행정적인 면과 세수의 양면에서 볼 때에 세원으로서 공헌하고 있다 할지라도 관세와 수량제한이 전혀 없는 경제를 상상한다는 것은 가능하다. 이 완전히 중립적인 조세정책은 금융의 자유화와 자본시장의 발달만 보장되면 가장 적절한 것이 될 것이다. 이러한 것이 충족되지 못하는 경우에 있어서는 수량제한이 아닌 보호관세를 극히 제한된 범위 안에서 신규산업에 대해서는 지속할 수 있을 것이다. 그러나 이러한 관세는 시간이 지남에 따라 관세에 의해 보호되는 품목 수에 있어서 순증가가 되지 않을 만큼 산업이 성숙되면 제도적으로 없어지게 될 것이다. 이러한 극소수 품목에 대한 세율은 지금 성행하는 70% 내지 200%까지가 아닌 20%에서 30%선일 것이다.

그러나 몇몇 산업에 대한 조심성 있는 보호라 할지라도 이것은 다른 산업에 대해서는 비보호가 된다는 것을 의미한다. 그러한 차별적인 무역정책에 대한 불행스런 과거의 전례는 매우 불리한 것이기 때문에 각 나라 정부는 일반적인 개혁이 있을 때에는 새로운 보호체제를 마련하고자 할 것이다.

〈별첨 2-4〉
1973.3
『관세』
관세조정과장

관세정책체계의 개편

Ⅰ. 개설

관세정책의 목표는 합리적인 국내 산업구조를 유도하는 동시에 이를 적정히 보호하고 수입을 효율적으로 규제하며 나아가서 재정수입을 확보하는 데 있다고 하겠다.

이러한 관세정책의 과제를 효율적으로 수행하기 위해서는 그 정책수단이 현실경제의 실상과 괴리(乖離)되어 있지 아니 하여야 하며 또한 능률적이어야 한다. 그런데 관세정책의 가장 중요한 수단인 관세율은 1968년 1월 1일부터 별다른 수정 없이 장기간 계속 시행되어 온 반면에 그동안 국내산업은 급격히 성장함으로써 세율이 산업구조로부터 유리(遊離)되었으며 그 결과 무역계획 및 관세감면제도 등에 의한 보완정책이 불가피하게 됨으로써 관세정책의 실효성이 상당히 저감된 실정에 놓이게 되었다.

또한 1964년부터 수입수요의 억제를 통해 환율의 안정을 기하고자 시행되어 온 임시특별관세는 수입의 규제에는 다소의 효과가 있었으나 그 운영에 있어서는 여러 가지 어려운 점을 야기함으로써 정책수행의 능률면에서 볼 때에 그리 소망스러운 제도는 아니었다.

이와 같은 관세정책의 정책수단에 내포되고 있는 비현실성과 비능률성을 제거해 능률적이고 실효성 있는 관세정책체계를 확립하고자 정부는 1973년 2월 5일자로 관세율 구조의 전면적인 개편을 단행해 법률 제2469호로 공포 시행했으며 또한 동년 3월 3일자로 임시특별관세법을 법률 제2569호로 폐지했다.

이하에서 이러한 관세정책체계의 개편 내용과 이의 정책적 효과를 살펴보고 앞으로의 관세정책의 운영방향에 대해 언급하고자 한다.

Ⅱ. 관세율의 조정

1. 1968년 세율구조의 특징

관세율 조정의 필요성을 살펴보기 위해 먼저 1968년 관세구조의 특징을 살펴보면 다음과 같다.

(1) 1968년 세율은 1962년부터 시작된 제1차 경제개발 5개년계획의 성공적인 추진에 따른 산업구조의 변동을 세율구조면에 반영하기 위해 책정된 세율이다.

(2) 따라서 그 당시 우리나라 산업은 대부분 해외로부터 부분품 또는 전용구성자재를 수입해 가공 또는 조립을 위주로 하면서 차후에 점진적으로 원료의 국산화 비율을 높이고자 하는 개발초기단계에 놓여 있었으므로 세율구조에 있어서도 이러한 산업구조가 반영되어 원료·반제품·완제품 간의 세율격차(tariff escalation)가 매우 큰 소위 낙차 큰 보호제도(cascade protection)이다. 이러한 세율의 구조적 특징은 〈표 1·1〉에 잘 나타

〈표 1·1〉 가공도별 단순평균세율(1968년)

구분		세율(%)
국내생산 가능	물품	
	원료	27.7
	반제품	45.8
	완제품	72.2
국내생산 불가능	물품	
	원료	20.8
	반제품	23.4
	완제품[1)]	20.0

주 1) 산업용기계류가 주종을 이루고 있음

나 있다.

(3) 또한 1968년 세율의 책정 당시는 우리나라 산업은 소비재산업이 주종을 이루고 있었으므로 산업 간의 보호에 있어서도 격차가 크게 나타나 있다. 즉 원자재 및 자본재는 저율로 보호되고 있는 반면에 소비재 및 가공식료품은 고율로 보호되고 있다. 이러한 사실은 〈표 1·2〉가 잘 나타내 주고 있다.

(4) 1968년 세율의 또 하나의 특징은 국민경제상 긴요물품 및 동(同) 원료 예컨대 생활필수품의 세율은 소비자 보호의 견지에서 저율로 책정되어 있으며 그 반면에 사치성 물품의 세율은 무역자유화에 대비해 수입을 억제하기 위해 고율로 책정되어 있다는 점이다.

이상에서 살펴본 1968년 세율구조의 특징을 요약해서 말한다면 이는 소비재와 조립·가공산업을 중점적으로 보호하고 있는 개발초기단계형의 편향적 보호체제라 특징지을 수 있다. 그러나 여기에서 특기(特記)해 둘 점은 1968년 세율구조에서 비로소 보호관세율의 개념이 뚜렷이 정립되었음은 물론 무역자유화를 추진하기 위한 대책으로서 관세율이 설정되었다는 점이다. 즉 1968년 관세율은 종래의 재정수입 위주의 관세정책을 산

〈표 1·2〉 **산업 간의 단순평균세율(%)**

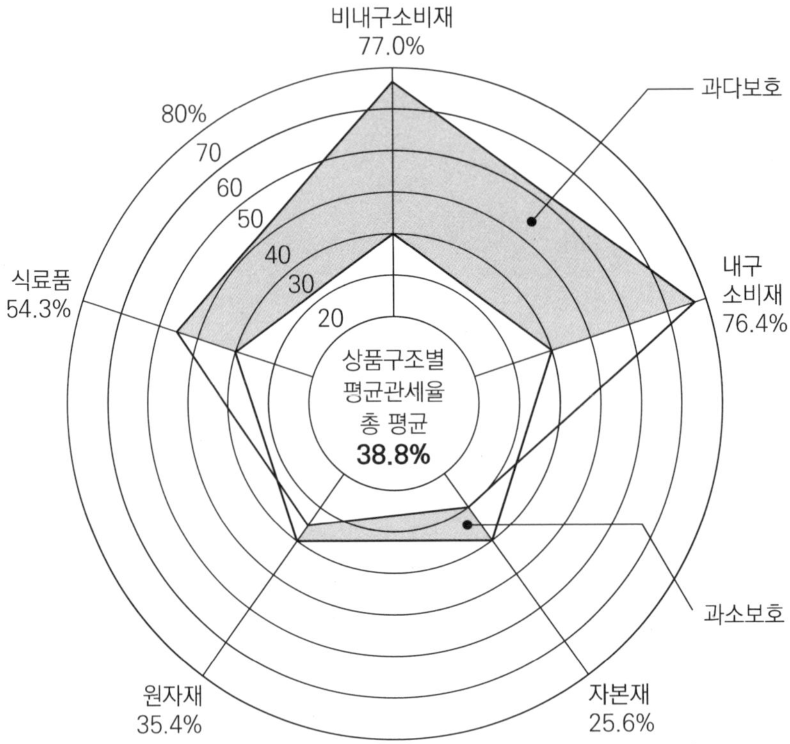

업정책 내지는 무역규제정책까지 포용하는 것으로의 전환을 시작했던 것이며 이는 우리나라 관세정책사상 일획(一劃)을 기할 만한 것이라 하겠다.

끝으로 우리나라 관세율의 변동추이를 세율별 품목수의 구성비로 나타내 보면 〈표 1·3〉과 같다.

〈표 1·3〉 우리나라 관세율의 구조(세율별 세목수의 구성비)

(단위: %)

세율 \ 연도	1957	1962	1964	현행(1968)
0	4.0	4.4	4.9	4.7
1～10	17.7	10.0	10.2	8.8
11～20	25.7	20.3	20.2	36.5
21～30	11.5	16.3	16.6	3.9
31～40	18.3	14.5	13.3	10.1
41～50	10.0	7.3	7.9	10.7
51～60	7.7	6.2	7.1	5.8
61～80	3.4	12.3	11.5	7.7
81～100	1.7	7.0	6.5	8.9
100이상	–	0.8	0.8	1.8
종량세	–	0.7	1.0	0.7
병과세	–	0.1	–	0.2
택일세	–	0.1	–	0.2
평균세율	30.3	39.4	38.7	38.8

2. 관세율 조정의 필요성

무릇 제도와 정책은 특정한 시대의 요청에 부응해 마련되었다가 그 사명을 완수하고 나면 오히려 문제만을 야기하게 됨으로써 이를 개선하지 않으면 안 되게 되는 것이 사실인 것 같다. 1968년 세율도 제정 당시에는 우리나라 산업구조에 알맞게 책정되었던 것이나 그동안 제2차 경제개발 5개년계획이 만족스럽게 성취됨으로써 산업구조가 급격히 변동되어 이제 와서는 알맞던 세율구조가 오히려 많은 문제점을 제기시켜 주고 있으며 뿐만 아니라 1972년부터 시작된 제3차 경제개발 5개년계획을 효과적으로 추진하는 데 있어서 불리한 요인으로 작용할 것이 아닌가 하는 우려마저 자아내게 되었다.

1968년 세율의 구조적 특징은 앞에서 살펴본 바 있거니와 이제 여기에서 우리나라의 산업은 여하히 발달해 왔는가를 살펴본다면 〈표 2·1〉로 요약할 수 있을 것 같다.

〈표 2·1〉 우리나라 산업의 발달과정

구분＼기간	1957~1961	1962~1966	1967~1971	1972~1976
기본 방향	악성 인플레 수습을 통한 경제안정의 모색	사회경제적 악순환시정 자립경제 달성을 위한 기반구축	산업구성 근대화 고도 경제성장	성장·안정·균형의 조화 자립적 경제구조
공업화단계와 추세 (경공업 : 중공업 비율)[1]	소비재부문의 발달 (80.1 : 19.9)	중간재부문의 발달 제1단계 (69.7 : 30.3)	중간재 및 자본재 부문의 발달 (61.3 : 38.7)	자본재부문, 중간재부문 및 소비재부문의 연관정비(聯關整備) (59.5 : 40.5)
주요 신규산업 발달과정	경(輕)기계류 전기계기(計器) 및 용품 라디오 섬유기계 재봉기 통신기 비료 펄프	화학 섬유사 (나일론, 비스코스 인견사, 폴리아크릴 섬유) 비료 시멘트 정유 PVC 자동차	화학 섬유사 (폴리에스텔 사 아세테이트 인견사) 철강 전자공업품 자동차 석유화학공업제품 (Naptha)	석유화학공업 제품 (V.C.M., AN-Monomer, Polyethylene, Poly-propylene, S.B.R., 알킬벤젠) 철강 및 금속 (종합제철, 주물특수강, 신동(伸銅)) 기계(공작기계 정밀기계) 전자공업품(요소부분품 개발) 대단위 조선

주: 1) 1960, 1964, 1970년은 1965년 불변가격기준, 1976년은 1970년 불변가격기준

이와 같은 산업의 발달과정에 비추어 볼 때 1968년 세율은 어떠한 문제점을 제기하고 있는가를 고찰함으로써 관세율 조정의 필요성을 찾아

보기로 하자. 1968년 세율의 문제점을 한마디로 요약한다면 우리나라의 산업구조는 석유화학·제철·기계 등 중화학공업의 추진을 통한 고도화된 균형적 산업구조를 전개하려는 단계에 놓이게 됨으로써 산업진흥형의 균형적 보호체제를 요청하고 있는 데 반해 1968년 세율은 소비재 및 조립·가공단계의 산업을 중점적으로 보호하는 개발초기단계형의 편향적 보호체제의 범주에서 벗어나지 못함으로써 당위와 실제 간에 여러 가지 마찰을 일으키고 있는 것이라 할 수 있겠다. 이를 좀 더 구체적으로 살펴보면

(1) 원료·반제품·완제품 간의 tariff escalation이 크기 때문에 우리가 추진해야 할 산업구조의 고도화 내지는 수직적 통합(vertical integration)을 불리하게 하고 있다. 즉 완제품은 고율로 보호되고 있는 반면에 원료는 저율로 책정되어 있기 때문에 기업가로 하여금 원료의 국산개발 의욕을 저상(沮喪)시키고 오로지 해외로부터 원료를 수입해 단순히 조립·가공하는 단계에 안주하도록 하거나 또는 이곳에 투자를 집중시키도록 유인하는 결과를 가져오고 있다. 그러나 이제 우리는 기이(旣已) 중점적으로 보호된 조립·가공단계의 산업은 능률화를 촉구해야 하며 반면에 과소보호로 말미암아 개발의욕이 저상되었던 원료부문은 적정보호로써 국산개발을 촉진해야 할 단계에 놓이게 되어 있는 것이다.

(2) 소비재는 고율로, 자본재 및 중간재는 저율로 보호하는 등 산업간의 보호도(度)에 있어서 격차가 크기 때문에 우리가 추구하고 있는 산업의 균형적 발전을 저해하고 있다. 사실 소비재 부문에 대하여는 관세중복(tariff redundancy) 현상이 대두되는 반면에 중간재 및 자본재 부문은 관세 상의 보호가 미흡해 무역계획에 의한 급진적 보호조치가 필요하게 되는 경우가 허다히 발생했던 것이다. 이러한 사실은 〈표 2·2〉에서 찾아볼 수 있다. 이와 같은 보호체제 하에서는 산업구조의 균형적 발전을 이룩하기는 많은 난점이 없지 않을 것이라는 점은 누구나 쉽게 수긍할 수 있을 것이다. 따라서 우리는 산업의 균형적 발전을 도모하기 위해서는 과당 보호되었던 소비재 부문은 보호의 장벽을 낮추어 자립화를 촉구하는 한편 거의 보호를 받지 못하던 중간재 및 자본재에 대해서는 적정의 보호조치

가 강구되어 투자의 유인이 있어야 할 것이다.

〈표 2·2〉 **산업부문별 내외가격차 및 관세율(예시)**

구분	평균 세율	품명	관세율 및 내외가격차 (━ 관세율, ┅ 내외가격차)
내구소비재	76.4%	냉장고	77
		라디오	72
		자장식 공기조절기	85
비내구소비재	77%	크라프트 지(紙)	20
		구두	65
		우산	63
원자재	35.4%	소다회	27
		V.C.M	32
		폴리에틸렌 수지	25
자본재	25.6%	노용 버너	35
		포크리프트 트럭	38
		기체 압축기	58

(3) 장기간 별다른 수정 없이 시행되어 왔기 때문에 그동안 새로이 생산을 개시한 일부 산업에 있어서는 원료의 세율이 제품의 세율보다 높은 소위 세율불균형 현상을 야기하게 됨으로써 일부 국내 신규산업은 실효적으로 보호하지 못할 뿐만 아니라 나아가서는 생산세를 부과하는 상황을 초래하게 되었다. 이러한 세율불균형 현상을 예시하면 〈표 2·3〉과 같다.

〈표 2·3〉 세율불균형 품목의 예

원료	세율	제품	세율
산화알루미늄	20%	알루미늄 괴(塊)	10%
알루미늄 스트랩	40%	알루미늄 박(箔)	25%
소금	40%	소다회	20%
현미경 렌즈	40%	현미RUD	20%
E.D.C.	20%	V.C.M.	15%
아연의 대(帶)	50%	아연의 박(箔)	20%

(4) 제2차 경제개발 5개년계획의 시작단계에서 책정된 세율이기 때문에 제3차 경제개발 5개년계획을 효과적으로 추진하기 위해서는 관세율 구조상에 있어서 지원의 우선순위를 재조정하지 않으면 안 되게 되었다. 즉 우리는 제3차 경제개발 5개년계획상 우선순위 사업인 농어촌의 혁신적 개발·중화학공업의 확충 및 사회환경의 개선 등에 대해 적극 지원할 수 있도록 세율구조의 개편이 필요하게 된 것이다.

(5) 일부 주요물품에 대한 세율이 과도하게 고율로 책정되어 있어 관세감면제도를 활용해 관세부담을 경감해 주지 않으면 안 되는 결과를 초래하게 되었다. 따라서 이러한 비현실적안 고효율은 적정수준으로 인하해 관세감면 폭의 확대유발을 지양함은 물론 관세율제도의 실효성을 제고해야 할 것이다.

(6) 품목분류에 있어서 관세협력이사회(CCC)가 1972년부터 적용토록 권고한 BTN 개정안을 반영치 못하고 있을 뿐만 아니라 산업구조의 다양화에 발맞추어 세분화하지 못했기 때문에 세율표의 운영에 있어서 마찰이 야기되고 있는 실정이다. 따라서 우리는 세율표의 품목분류를 합리화함으로써 명료한 관세체제를 확립해야 할 것이다.

3. 관세율 조정의 기본방향

관세율 조정의 기본방향은 앞에서 살펴본 바와 같은 세율구조상의 문제점을 개선해 합리적인 산업구조를 유도하는 동시에 적정히 보호하는 데 있다고 하겠는데 이를 정리해 보면 다음과 같다.

(1) 중간재 및 자본재 등 새로이 개발되는 산업의 과소보호를 적정 수준으로 인상해 산업구조의 고도화와 균형화를 촉진한다.

(2) 이미 과거 다년간 보호를 받아 그 기반이 확립된 최종소비재 및 완성가공재의 세율을 인하해 국내산업의 자립화와 능률화를 촉구한다.

(3) 제3차 경제개발 5개년계획상의 우선순위 산업의 건설(농어촌의 개발·중화학공업의 건설·사회간접자본의 확충 등)을 적극 지원한다.

(4) 일부 주요물품(생필품 및 중요산업용 자재)에 대한 과도한 고세율을 인하해 물가의 안정에 기여하고 관세감면 폭의 확대유발을 지양한다.

(5) 국내생산이 불가능한 일부 사치성 물품의 세율을 인상해 수입규제의 효율화를 기하고 나아가서 소비유형의 건전화를 도모한다.

(6) 관세율표의 품목분류를 합리적으로 개선함으로써 명료한 관세체제를 확립한다.

(7) 물가안정의 견지에서 즉각적인 세율인상이 소망스럽지 못한 물품은 물가안정의 기조가 고착될 때까지 잠정세율제도를 채택해 현재의 관세부담 수준(특관세부담 포함)을 유지토록 한다.

여기에서 물가안정의 문제와 세율조정의 문제 사이를 조화시키는 방향으로 이번 관세율 조정이 이루어졌다는 점에 대해 좀 더 부연하고자 한다. 원래 관세율은 하나의 가격개념으로 파악될 수 있는 것이며 관세의 부과의 목적은 가격기구를 통해 국내가격체계와 국제가격체계 간의 합리적인 연결을 통해 자원배분을 합리적으로 유도하면서 또한 희소성에 입각한 가격체계를 정립하는 것이다. 따라서 관세율의 기능이 성공적으로 발휘되기 위해서는 국내물가의 안정이 필요불가결한 것이다. 이러한 관점에서 볼 때 지금 정부가 8·3조치 이후 강력히 추진하고 있는 물가의 안정화정책과 관세의 적정화를 통한 가격기구의 합리화가 상충될 경우에는 물가의 안정화정책에 우선을 두지 않으면 안 되게 되었다. 따라서 금번 세율 조정에 있어서 세율 인상의 경우에는 cost push의 요인이 되지 않도록 하기 위해 잠정세율제도를 도입하는 등 세심한 배려를 했던 것이다. 그러나 앞으로 정부의 물가안정화정책이 공고한 기반을 확립하게 될 때에는 잠정세율의 폐지 또는 탄력관세 등으로써 관세율 구조를 개선해 보다 더 합리적인 가격기구가 이룩되는 데 공헌하게 될 것이다.

4. 관세율의 책정기준

이상에서 살펴본 바와 같은 관세율 조정의 기본방향을 세율구조면에 반영하기 위해 세율의 기능별 구조를 보호관세, 수입규제관세, 재정관세 및 무세로 구분하고 각 기능별 구조에 따라 세율의 책정기준을 마련했다. 이하에서 이를 좀 더 구체적으로 살펴보자.

가. 보호관세의 책정기준

(1) 보호대상품목은 다음과 같은 기준에 입각해 책정했다.

(a) 현재는 국제경쟁에 있어서 열위(劣位)에 있으나 앞으로 경쟁력의 제고가 가능한 품목

(b) 외국상품의 저가 유입으로 인해 심한 충격을 받고 있는 물품

(c) 경제의 자립화 또는 국방 등 경제외적 이유에 의해 육성하고자 하는 물품

따라서 기이 국제경쟁력이 확립되어 있는 물품과 인삼·해태 등과 같이 우리나라의 전통적 생산품(traditional products)에 대해서는 보호대상물품에서 제외했다. 또한 특정물품이 물가의 안정 또는 중요산업의 건설 지원을 위해 필요한 불가결한 물품인 경우에는 비록 국내생산이 가능하다 할지라도 보호대상에서 제외함으로써 물가의 안정과 중요산업의 건설 지원

에 우선순위를 두었다. 다만 이러한 경우는 최소한에 그치도록 세심한 배려를 했다.

(2) 보호세율은 관세율 조정의 기본방향에 입각해 다음과 같은 기준하에서 책정했다.

(a) 보호세율은 실효보호율의 개념에 입각해 책정했다. 실효보호율(effective protection)이란 요약해서 말한다면 원료와 제품의 관세율을 다 같이 고려해 볼 때에 있어서 동종의 외국기업에 비해 국내기업이 관세에 의해 얼마나 보호를 받고 있는가를 나타내는 수치이다. 이를 바꾸어 말한다면 국내기업이 외국기업에 비해 얼마나 비효율적인가를 나타내는 수치인 것이다. 이러한 실효보호율의 계산 예는 〈표 4·1〉과 같다.

〈표 4·1〉 실효보호율의 계산 예

$$실효보호율 = \frac{관세\ 부과후의\ 부가가치 - 국제가격으로\ 평가한\ 부가가치}{국제가격으로\ 평가한\ 부가가치}$$

(계산 예)

품명: <u>폴리스틸렌 수지</u>

1. 국제가격으로 평가한 부가가치	2. 관세부과시의 부가가치	3. 실효보호율
① 금액 $\frac{\$330}{(4)} - \frac{\$161^{28}}{(14)의\ 계} = \frac{\$163^{72}}{A}$	① 금액 $\frac{\$396}{(6)} - \frac{\$186^{22}}{(16)의\ 계} = \frac{\$209^{78}}{B}$	① 금액 $\frac{\$209^{78}}{B} - \frac{\$163^{22}}{A} = \underline{\$46^{06}}$
② 율 $\frac{\$163^{72}}{A} \div \frac{\$330}{(4)} = \underline{50\%}$	② 율 $\frac{\$209^{78}}{B} \div \frac{\$396}{(6)} - 53\%$	② 율 $\frac{B - A}{A} = \underline{28\%}$

산 출 기 초 자 료

1. 제품 부문

세번(稅番) (1)	품명 (2)	단위 (3)	수입품가격 (CIF)(4)	관세율 및 관세액 (5)	수입원가(6) (4)+(5)	비 고 (7)
3902-43	폴리스틸렌수지	M/T	$ 330 (₩122,628)	20% $ 66	$ 396	

2. 투입원료 부문
   가. 수입원료

세번 (稅番) (8)	품명 (9)	규격 (10)	단위 (11)	단가 (CIF) (12)	소요수량 (13)	금액(14) (12)×(13)	관세율 및 관세액(15)	수입원가(16) (14)+(15)	비고 (17)
2901-31	스틸렌	모노마	M/T	$ 138	$1.^{060}$ M/T	$ 146.^{28}	15% $ 21.^{94}	$ 168.^{22}	
3819-10	Catalyst		M/T	$ 750	$0.^{02}$ M/T	$ 15	20% $ 3	$ 18	
계						$ 161.^{28}	$ 24.^{94}	$ 186.^{22}	

이러한 실효보호율의 개념을 보호세율 책정기준으로 도입한 이유는 전용원자재와 제품의 세율을 함께 고려함으로써 보호세율을 합리적으로 책정하자는 데 있다. 우리는 얼른 생각할 때 제품의 명목관세율이 같은 경우에는 동일한 보호를 받고 있는 것으로 생각하기 쉽다. 그러나 실제에 있어서는 제품의 세율이 동일하다 할지라도 만약 원료의 세율이 상이하다면 실질적인 보호의 정도는 달라지는 것이다. 이것은 다음과 같은 예에서 명백히 알 수가 있다.

제품의 CIF 가격: $100

제품의 관세율: 100%

원료의 CIF 가격: $50

원료의 관세율: 20%인 경우에 있어서 실효보호율은 180%가 된다. 그러나 여타의 것은 다 동일하고 원료의 세율만 40%인 경우에는 실효보호

율은 160%가 된다.

따라서 우리는 보호세율의 책정에 있어서는 전용원자재와 제품의 세율을 언제든지 함께 고려하지 않으면 안 된다. 만약 이러한 배려를 하지 아니하고 원료와 제품의 세율을 별개의 기준에 입각해 책정한다면 우리가 의도했던 것보다 높은 수준으로 과당 보호하는 결과를 초래하거나 또는 이와 반대로 아주 과소하게 보호하는 결과를 초래할 것이다.

(b) 보호세율은 국제경쟁력을 고려해 고율보호대상과 저율보호대상으로 구분 책정했다.

우리가 거시경제학적 견지에서 볼 때 적정보호관세율은 환율이 고평가(over-valued)된 만큼이 될 것이다. 즉 적정보호관세율의 수준은 외국의 구매력과 우리나라의 구매력을 균형화시킬 수 있는 균형환율에서 실제적용환율을 공제한 수치가 될 것이다. 따라서 보호관세율의 책정에 있어서는 이러한 거시적 모델에서 산출한 적정보호율을 기저로 삼지 않으면 안 된다. 물론 금번 관세율 조정에 있어서도 이러한 거시적인 측면에서의 적정보호율을 기저로 했지만 여기에 미시적인 측면 즉 각 산업의 특수성 즉 국제경쟁력도 아울러 고려했다.

국제경쟁력의 강약은 우리나라 산업의 외국기업에 대한 비교열위의 정도에 따라 측정할 수 있으며 이는 생산규모, 국내 부가가치·기술수준 및 외국상품(상표)의 선호성(選好性) 등에 의해 결정되는 것이다. 따라서 고율보호대상과 저율보호대상의 구분 책정은 이러한 제(諸)요인의 대소에 따라 했다.

(c) 보호세율의 변동은 급진적인 방법을 피하고 점진적인 방법을 택했다.

우리가 가장 이상적인 보호관세율체제를 상정한다면 단일의 적정보호세율제도일 것이다. 왜냐하면 단일세율제도는 모든 기업에 대해 공평하고 평등한 보호를 공여할 뿐만 아니라 자원의 배분 면에 있어서도 인위적인 왜곡을 최대한으로 줄일 수 있으며 또한 국제분업의 원리에 의한 이익을 누릴 수 있기 때문이다.

그러나 오늘날 관세율의 현 실태를 보면 관세율은 산업의 발달단계, 경제외적인 제(諸)목적(예컨대 제1·2차 대전의 경험이 보여준 바와 같은 전시에 있어서 국제교역상황의 급변에 대처하기 위한 자립적 국내산업구조의 편성, 고용유지 등)에 따라 다목적적인 요소에 의해 결정된 역사적 산물이기 때문에 매우 다양하고 복잡하게 되어 있다.

그런데 이와 같은 세율구조를 급진적인 방법으로 통합 단순화해 단일 세율제도로 이행하는 것은 불가능하다. 왜냐하면 급진적인 세율의 변경은 국내산업에 너무나 큰 충격을 주게 되어 기업의 자기조절능력을 상실케 함으로써 오히려 혼란만을 야기하게 할 뿐이기 때문이다. 그렇다고 하여 이와 같은 복잡다기한 관세율구조를 그대로 유지해 나간다면 산업 간의 보호 상의 불평등, 자원배분에 있어서의 왜곡을 심화시키게 될 것이다.

따라서 금번 세율 조정에 있어서는 각 산업 간의 차별적인 보호세율을 가급적 균형화하고자 했으며 이러한 조정의 방법은 급진적인 방법을 피하고 점진적인 단계적 방법을 채택했다. 말하자면 금번 세율 조정은 산업 간의 보호도의 격차를 축소하기 위한 제1단계 조치인 것이다.

나. 수입규제 관세의 책정기준

사치성 물품의 수입을 규제해 국제수지의 개선을 기하고 국내 소비유형의 건전화를 도모하기 위해 사치성 물품의 세율을 금지적 고율관세로 정했다. 그런데 국내생산이 가능한 사치성 물품에 대해 고율의 관세를 책정하게 되면 이러한 물품의 생산에 대한 국내투자를 강력히 유인하게 되어 국내자원의 낭비를 초래하게 된다. 따라서 수입규제 대상은 국내생산이 불가능한 사치성 물품에 한정해 그 세율을 보호세율보다 높게 책정했으며 국내생산이 가능한 사치성 물품은 보호세율 수준으로 책정했다. 다만 연초·주류 등 국제적으로 수입을 규제하고 있는 물품에 대해서는 국내생산이 가능하다 할지라도 150%의 고세율로 책정했다. 이러한 물품은 전매품이거나 또는 특허를 받아야 투자가 가능하기 때문에 자원의 배분에 별다른 영향을 미치지 않기 때문에 고세율로 책정해 수입을 규제코자 했다.

다. 재정관세의 책정기준

재정관세품목은 보호관세·수입규제관세·무세 품목 이외의 모든 물품을 포괄한다. 따라서 재정관세품목은 대체로 국내생산이 불가능한 물품이 분류된다. 그런데 이러한 재정관세품목에는 생활필수품, 중요산업재 원자재 및 기계가 포함되어 있다. 이러한 물품은 소비자의 보호 및 자립경제의 건설을 위해 저세율이 요청된다. 따라서 재정관세품목을 정률품목과 재정관세 예외품목으로 구분해 세율을 책정했는바 정률품목은 20%의 현행세율을 그대로 유지했으며 재정관세 예외품목은 15% 이하로 책정했다.

라. 무세품목의 선정

무세품목은 국제관례상 또는 국가정책상 특수 취급해야 할 최소한의 물품으로 한정했다.

마. 관세율 책정기준표

이상에서 설명한 관세율 책정기준을 종합 정리해 〈표 4·2〉와 같은 관세율 책정기준표를 작성했으며 이에 따라 각 품목별 세율을 조정했다.

〈표 4·2〉 관세율 책정기준표

기능별	품목별 \ 경제적 용도 또는 가공도	천연상품 또는 기초원자재와 산업용 기계	중간제품	완제품
보호관세 품목	1) 고율 보호품목 2) 저율 〃	50~60 30~40 (60~25)	60~70 40~50 (80~40)	80~100 50~70 (150~50)
수입규제 관세품목	1) 국산불능품목 2) 연초·주류·고급승용차 등	60~80 (60~80)	80~100 (100)	100 (100~150) 150

기능별	품목별 / 경제적 용도 또는 가공도	천연상품 또는 기초원자재와 산업용 기계	중간제품	완제품
재정관세 품목	1) 주요산업용 기계 및 기초원자재	5~10 (5~15)	5~15 (5~15)	5~15 (5~15)
	2) 농수산용 긴요품목	5~10 (5~15)	5~15 (5~15)	5~15 (5~15)
	3) 기타	20 (20)	20 (20)	20 (20)
무세품목	국제관례 또는 국책상 특수취급해야 할 품목	0	0	0

주: ⅰ) 150%의 세율은 연초류·주류·고급 승용차 등 국제적인 고급소비 규제품에 한해 적용한다.
ⅱ) 종량세만으로 보호 목적을 기하기 곤란한 물품은 종량·종가 선택세로 책정
ⅲ) 영화용 필름은 종량세로 책정한다.
※ 참고 (　)안은 현행 기준임

5. 관세율 조정의 내용

가. 개요

금번 관세율 조정의 내용을 개괄적으로 살펴보면 다음과 같다.

(1) 관세율표의 품목 수는 3,174품목에서 3,985품목으로 세분되었다.

(2) 세율의 인상·인하 품목 수를 살펴보면

인상 → 440여 품목

인하 → 1,068품목

거치 → 2,477품목으로 되어 있다.

여기에서 특기해야 할 것은 세율 인상의 경우이다. 세율 인상은 원칙적으로 현재의 특관세 부담의 범위 내 또는 당해물품의 내외가격 차의 범위 내에서 이루어졌다. 이와 같이 세율 인상의 범위를 한정한 이유는 관세율 조정으로 인해 물가의 상승에 하등의 영향을 주지 않기 위해서다. 그런데 세율의 인상이 있어서 이러한 제약을 두다 보니 세율 균형상 그

한계 이상으로 인상해야 할 물품이 있었다. 이러한 물품에 대해서는 기본세율은 그 한계 이상으로 인상하되 실제적용세율은 잠정세율로서 현행 관세부담 수준(특관세 포함)을 유지토록 했다. 잠정세율은 그 시행기간을 대통령령으로 정하는 기간으로 한정했으며 따라서 정부가 추진하고 있는 물가의 안정화정책이 고착화될 때에는 이는 폐지될 것이다. 이번에 잠정세율이 설정된 품목 수는 113개 품목이다.

(3) 관세의 기능별로 조정 내용을 살펴보면 〈표 5·1〉과 같다.

〈표 5·1〉 관세기능별 품목 구성

구분	현행		개정	
	품목 수	구성비	품목 수	구성비
무세품목	148	5%	219	6%
재정관세				
예외품목(15% 이하)	374	12	616	16
정율품목(20%)	1,060	33	1,444	36
보호품목	1,137	36	1,575	39
규제품목	455	14	131	3
계	3,174	(100)	3,985	(100)
평균관세율	38.8%		31.3%	

(4) 금번 세율의 조정에 따라 단순평균세율은 38.8%에서 31.3%로 인하되었다.

나. 조정의 주요 내용

(1) 국내산업의 보호

(가) 기반이 확립된 기존산업의 과당보호세율을 인하 조정해 국내산업의 능률화를 촉구함.

(나) 중화학공업 등 새로이 개발되는 산업의 적정보호로 산업구조의 고도화 촉진을 기하도록 함.

〈예시〉

1. 과당보호세율의 인하

가) 식품공업 생산품

품명	현행	개정
조제분유	150%	80%
조제식료품	100%	80%
과자류	150%	80%
빵류	100%	80%

나) 섬유와 동제품

품명	현행	개정
아크릴 섬유	60%+250원	70%
모직물	100%	80%
양탄자	150%	100%
메리야스 편물	100%	80%
아마사	80%	50%
장갑류	150%	100%
의류	150%	100%

다) 기계류

품명	현행	개정
공기조절기	100%	80%
냉장고	100%	80%
제분기계	70%	50%
탈곡기	70%	50%
선풍기	100%	80%

라) 기타

품명	현행	개정
치약	100%	80%
신발류	100%	80%
바니쉬 페인트	70%	60%
잉크류	70%	60%
수지의 제품	100%	80%
화장품	150%	100%
사진용 인화지	100%	80%

2. 신규산업의 적정보호

가) 화학공업 생산품

품명	현행	개정
무수푸탈 산	20%	50%
산화티타늄	20%	30%
안료	20%	40%

나) 기계류

품명	현행	개정
수지식(手持式)공구 부분품	20%	30%
윈드스크린 와이퍼	20%	50%
노용(爐用) 버너 부분품	20%	30%

다) 기타

품명	현행	개정
합금강의 판대(板帶)	10%	15%
고탄소강의 판대	10%	15%
여과지 (특정형상으로 절단한 것)	20%	40%

(2) 중화학공업의 지원(3차 5개년계획)

(가) 제3차 경제개발 5개년계획 사업인 제철·석유화학·조선 등 중화학공업에 대한 효과적인 지원으로 생산구조의 고도화 촉진을 기함.

(나) 국산이 되지 아니하거나 국산으로서 수요를 충족시키지 못하는 기초원자재에 대해서는 세율을 인하함.

(다) 필요불가결한 시설용 건설기자재로 국산이 되지 아니하는 물품에 대해서도 세율을 적정수준으로 인하함.

〈예시〉

1. 기초원자재에 대한 세율 인하(또는 거치)

품명	현행	개정
석유 코크스	10%	5%
산화알루미늄(제련용)	20%	5%
스티렌(합성고무 제조용)	15%	무세
신전유(伸展油)(〃)	25%	무세
E.D.C(V.C.M제조용)	20%	무세
폴리프로필렌 테트라마 (알킬벤젠 제조용)	25%	무세
고철	5%	5%
전기동	25%	20%
공업용 소금	40%	10%

2. 시설용 기자재의 세율 인하

품명	현행	개정
내화벽돌(SK 37이하)	70%	40%
액체펌프(석유화학용)	50%	무세
증류장치(〃)	20%	〃
정류장치(〃)	20%	〃
반응탑(〃)	20%	〃
전기로	무세	〃

(3) 농어민의 보호(3차 5개년계획)

(가) 농어민 소득증대·농어촌시설장비의 현대화에 필요한 관세상의 지원을 확대해 새마을사업을 효율적으로 추진할 수 있도록 함.

(나) 비료·농약 등은 안가(安價)한 공급을 기할 수 있도록 세율을 인하 또는 거치함.

(다) 축산진흥을 위해 종축·사료·목초 종자 등에 대해 세율을 인하함.

(라) 농업기계화 촉진을 위해 국산이 되지 아니하는 기계류는 세

율을 인하함.

(마) 어민의 소득증대를 위해 국산으로써 수요가 충족되지 아니하는 어선·어구류 등의 세율을 인하함.

〈예시〉

1. 비료의 안가(安價) 공급

품명	현행	개정
요소비료	무세	무세
유안비료	〃	〃
인산비료	〃	〃
용성(溶成)비료	〃	〃
가리비료	〃	〃
복합비료	〃	〃

2. 농약·종자의 안가 공급

품명	현행	개정
농약원료	20%	5%
채소종자	15%	무세
과수목종자	20%	〃

3. 축산진흥

품명	현행	개정
젖소	10%	무세
종축	10%	〃
사료용 옥수수	50%	15%
목초 종자	무세	무세
착유기	10%	10%
초예기	50%	20%
목초종자 정선기	70%	20%
목초종자 탈곡기	70%	20%

4. 어업생산의 증대 지원

품명	현행	개정
양식용 새우	35%	무세
양식용 활어	무세	〃
철강 어선(선령 10년 미만)	10%	〃
어구제조용 아바카	15%	15%
어망 지	70%	50%
스탄트로울러 어망	70%	30%

5. 농업기계화 지원

품명	현행	개정
농산물 선별기	70%	20%
농기계 부분품	50%	10%
파종기	10%	10%
비료 살포기	10%	10%
할로우	10%	10%

(4) 사회간접자본의 확충 지원(3차 5개년계획)

(가) 급속한 경제성장을 원활히 뒷받침할 사회간접자본의 확충을 위한 효율적인 지원을 기함.

(나) 통신시설 확장을 위해 중요통신자재의 세율을 인하함.

(다) 해운 수송력 확충을 위해 선박세율의 조정을 기함.

(라) 철도 수송력의 확충을 위해 관련세율의 조정을 기함.

〈예시〉

1. 통신시설의 확장지원

품명	현행	개정	
		기본	잠정
전화 교환기	50%	50%	25%
반송용(搬送用) 통신기기	50%	50%	25%
Tele Type	15%	15%	

품명	현행	개정	
		기본	잠정
Tele Print	15%	15%	
영상전신 기기	15%	15%	

2. 해운 수송력의 강화지원

품명	현행	개정
철강제 화물선 (3000톤 이상, 선령 10년 미만)	50%	무세
철강제 화물선 (3000톤 미만 1500톤 이상)	50%	5%
철강제 화물선 (1500톤 미만의 것)	50%	20%

3. 철도 수송력의 강화지원

품명	현행	개정
기관차	무세	무세
객차	〃	〃
화차	〃	〃
기관차용 보일러	50%	10%
기관차용 내연기관	무세	무세
기관차용 원동기	20%	10%

(5) 보건·사회 환경의 개선

(가) 결핵 퇴치 등 국민보건향상 및 공해예방 등 사회환경의 개선을 위한 지원을 기함.

(나) 인구조절·기생충박멸·결핵퇴치 등 국민보건관계 물품의 세율을 인하함.

(다) 공해예방을 위해 필요한 물품의 세율을 인하함.

〈예시〉

1. 인구조절을 위한 지원

품명	현행	개정
피임제	무세	무세
피임용 호르몬	20%	15%

2. 기생충 박멸 및 결핵 퇴치의 지원

품명	현행	개정
항 결핵제 원료	20%	15%
항 결핵제(완제품)	40%	20%
구충제 원료	15%	15%

3. 공해예방의 지원

품명	현행	개정
집진기	20%	10%
제진기	20%	10%
배기가스 청정기	20%	10%
유해성 폐수처리기	20%	10%

(6) 생필품의 가격안정과 사치성 물품의 수입규제

(가) 생필품에 대한 가격안정을 기할 수 있도록 적정수준으로 세율을 인하 책정함으로써 소비자 보호를 기하도록 함.

(나) 사치성 물품의 세율 조정으로 수입규제의 효율화를 기함과 아울러 국민경제생활의 건전화를 기하도록 함.

〈예시〉

1. 생필품 가격안정을 위한 세율 인하 및 거치

품명	현행	개정	
		기본	잠정
면사	40%	30%	10%
생고무	10%	10%	
합성고무	15%	15%	

품명	현행	개정	
		기본	잠정
원목	10%	10%	
원면	10%	10%	
원유	5%	5%	

2. 사치성 물품의 세율 인상

품명	현행	개정	
		기본	잠정
치이크 원목	25%	40%	35%
치이크 판(板)	40%	60%	55%
전사 오르간	70%	100%	

Ⅲ. 임시특별관세법의 폐지와 임시수입부가세법의 제정

1. 특관세법의 폐지 이유

임시특별관세법은 1964년 5월 3일 단일 변동환율제도를 채택함에 따라 이의 보완책으로서 제정되었다. 즉 특관세는 수입에서 발생될 수 있는 초과이윤을 국고에 흡수함으로써 수입수요를 억제해 환율의 안정화를 기하고 나아가서 국제수지를 개선하고자 하는 데 그 목적이 있었다.

이러한 특관세법의 시행 결과 수입수요가 억제됨으로써 환율의 안정과 국제수지의 개선을 기할 수 있을 뿐만 아니라 연간 약 80억 원의 재정수입을 확보할 수 있었다.

그러면 이와 같은 시행 결과를 가지고 있는 특관세법을 왜 폐지하지 않으면 안 되었는가 그 이유를 살펴보자.

첫째, 특관세법의 시행에 있어서는 다음과 같은 문제점을 가지고 있었기 때문이다.

(1) 특관세법은 시장가격기구의 간섭이 심하기 때문에 가격기구의 정상화를 저해한다. 즉 특관세는 기이 형성되어 있는 국내도매가격과 수입원가(CIF 가격+제세+정상비용 및 이윤)와의 차액을 과세가격으로 하기 때문에 국내도매가격이 수급상의 일시적인 병목현상(bottle neck) 등 우연적인 요인에 의해 상승되는 경우 특관세는 이를 기준으로 해 부과되기 때문에 수입업자의 판매가격이 구성요소로 작용하게 됨으로써 시장가격기구의 자기조절기능에 의한 물가의 하향을 저해하게 되며 이에 따라 국내가격체계는 물품의 희소성과 자원배분상태를 반영하는 정상적인 상태로부터 상당히 왜곡되게 마련이다.

(2) 특관세의 부과는 국내도매가격 조사를 전제로 하고 있다. 그런데 국내도매가격의 정확한 조사는 실제에 있어서 매우 어렵기 때문에 과세의 불공평을 야기하며 나아가서 통관절차의 번잡을 초래하고 있다.

(3) 특관세는 수입물품의 통관단계의 국내도매가격을 기준으로 부과되기 때문에 업자들이 물품의 구매 당시에 특관세가 얼마나 부과될 것인가 하는 것을 예측하기 어렵다. 따라서 업자가 세액을 사전에 예측해 안정된 상태에서 상거래를 할 수 있는 환경을 저해하고 있다.

(4) 특관세는 기본세율에 의해 의도된 정책효과를 무의미하게 만들고 있다. 예컨대 국민경제상 긴요물품이라 하여 기본관세를 저율로 책정했다 할지라도 특관세가 부과되는 한 저율의 기본관세는 그 의미가 상실되는 것이다.

(5) 특관세법은 정상이윤을 CIF 가격의 30%만 인정하고 있기 때문에 업자의 총투자액에 비해 그 이윤율이 불공평하게 되어 있다. 예컨대 CIF가 100달러이고 관세율이 5%, 비용이 5%인 경우 업자의 총투자액은 110달러가 되어 총투자액에 대한 이윤율(30달러÷110달러)은 27.2%가 되지만 여타의 여건은 동일하고 관세율이 100%라면 업자의 총투자액은 205달러가 되어 총투자액에 대한 이윤율(30달러÷205달러)은 14.6%밖에 되지 않는다.

둘째, 국제통화의 조정 및 주요 수입물품의 국제가격 상승에 따라 수입규제에 상당한 효과가 있을 것으로 기대되기 때문에 특관세를 존속시킬 의미가 감소되었기 때문이다.

셋째, 정부는 8·3조치 이후 물가의 안정화정책을 강력히 추진하고 있다. 그런데 앞에서 본 바와 같이 특관세는 통관단계에서 그 물품의 판매 이전에 사전적으로 부과되기 때문에 수입물품의 원가를 구성하게 되어 물가의 하향적 안정을 저해하고 있다. 따라서 이러한 물가안정의 저해요인을 없애기 위해 특관세를 폐지했다.

넷째의 이유는 그동안 내국세의 징수기능이 강화되었기 때문에 초과이윤은 내국세로서 흡수가 가능하게 되었기 때문이다.

2. 임시수입부가세법의 제정

우리는 이상에서 특관세법의 폐지 이유를 살펴보았다. 그런데 특관세는 앞에서 언급한 바와 같이 수입규제에는 한계가 있었다. 이러한 수입규제의 효과가 있는 특관세를 폐지하고 보니 수입을 규제할 필요가 있을 때에 대처하기 위한 새로운 무기의 필요가 발생했다.

물론 수입의 규제는 환율로써 가능한 것이지만 환율은 국민경제에 미치는 영향이 크기 때문에 환율 이외의 별도의 대응책이 필요하게 된 것이다. 즉 수입부가세는 수입수요의 급격한 증가 또는 주요 교역국의 경제사정의 변동으로 인해 야기되는 국제수지의 악화를 초래할 우려가 있어 이를 시정할 필요가 있을 때에 환율의 변동 없이 탄력적으로 이에 대처하기 위해 제정된 것이다. 그런데 이 수입부가세법은 공포와 동시에 부가세를 부과하는 것이 아니라 과세권을 보유하고 있다가 필요시에 발동할 수 있도록 했다.

이 법의 주요 내용을 살펴보면 다음과 같다.

(1) 발동 요건

다음의 경우에 대통령령으로 정하는 바에 따라 부과토록 함

(가) 국제수지의 개선을 위해 수입수요를 억제할 필요가 있을 때

(나) 주요 교역국의 경제사정의 변동 등으로 국제수지의 악화를

초래할 우려가 있을 때

(2) 부과 대상

관세율표상의 무세물품 이외의 모든 수입물품

(3) 과세표준 및 세율

(가) 과세표준은 관세의 과세가격(정상도착가격)과 같이 함

(나) 세율은 동일한 율로 하되 100분의 30의 범위 내에서 대통령령으로 정함

(4) 면세 대상

관세법 및 기타 법령·조약·협정에 의해 관세가 감면되는 물품 중 대통령령으로 정하는 물품

(5) 관세법의 적용

수입부가세의 과세징수절차 및 벌칙 적용은 관세법을 준용토록 함

또한 외국의 부가세 과세의 예를 보면 〈표 6·1〉과 같다.

〈표 6·1〉 외국의 부가세의 예

국별 \ 내용	부과 목적	세율	실시 기간
미국	국제수지의 회복	10%	1971.8.16~1971.12.20
덴마크	〃	10%	1971.10.21~1972.6.30
이스라엘	국제수지의 악화 제거 및 소비 억제	20%	1970.9~1972.3
캐나다	〃	15%	1962
영국	〃	15%	1964

끝으로 부가세와 탄력관세와의 차이점을 살펴보면 탄력관세는 국내산업보호 등을 목적으로 해 특정물품을 대상으로 해 차등세율로 부과하는 데 반해 수입부가세는 수입수요의 규제를 통한 국제수지의 옹호를 위해 모든 과세대상 물품에 동일세율로 부과하는 점에서 다르다.

Ⅳ. 관세정책체계의 개편에 따른 정책효과

이상에서 우리는 관세율 조정, 특관세법의 폐지 및 수입부가세법의 제도 내용을 살펴보았다. 그러면 이하에서 이러한 관세정책체계의 개편에 따라 어떠한 정책적 효과가 기대되는가를 고찰해보자.

1. 관세율 조정에 따른 효과

(1) 산업구조의 합리화를 촉진할 것으로 기대된다. 즉 금번 관세율 조정에 있어서는 소비재 및 완성가공재의 과당보호세율은 인하하고 원자재 및 자본재의 세율은 인상 내지 거치하고 농어촌·중화학공업 건설용 물품에 대해서는 저율로 책정했다. 이에 따라 국내생산구조에 있어서는 가공단계에서 제조단계로의 심화가 촉진될 것이며 생산재와 소비재산업의 균형적 발전이 유도될 것이다. 그리고 과당 보호된 완성 가공재산업은 능률화가 촉진될 것이며 농어촌의 개발 및 중화학공업의 건설이 촉진될 것이다.

(2) 물가의 안정에 기여할 것이다. 금번 관세율 조정에 있어서는 물가 안정에 기여도가 큰 물품에 대해서는 세율을 인하하거나 또는 잠정세율로서 현행 관세부담 이상의 세율인상을 회피했기 때문에 물가의 안정화에 실질적인 기여가 있을 것으로 본다.

(3) 정책집행의 능률화를 기할 수 있을 것이다. 즉 금번 관세율 조정에 있어서는 실효성 없는 고관세율을 현실화했기 때문에 관세감면제도의 정상화를 도모할 수 있을 것으로 기대된다. 또한 무역정책에 의해 보호되던 일부 산업에 대한 보호세율이 조정됨으로써 무역정책에 의한 보호를 관세율에 의한 보호로 전환이 가능케 되어 보호체제의 능률화를 기할 수 있게 되었다. 그리고 관세율표의 품목분류를 세분 명확화함으로써 관세의 능률화를 기했다.

2. 특관세법의 폐지 및 수입부가세법의 제정에 따른 효과

(1) 특관세의 폐지는 정부의 당면과제인 물가의 안정화에 기여하고 가격기구의 정상화를 도모하게 되었다. 지금까지 수입물품의 원가를 구성하던 특관세법이 폐지됨에 따라 수입물품의 가격의 인하를 통해 국내가격의 안정화에 기여하게 되었다.

(2) 특관세의 폐지로 행정의 능률화를 도모할 수 있게 되었다. 즉 특관세의 과세기준인 국내도매가격 조사의 불완전에서 야기되는 과세의 불공평과 통관절차의 번잡을 해소하게 되었고 관세율이 의도하는 정책효과의 저해요인이 제거됨으로써 관세율은 본래의 기능을 발휘할 수 있게 되었으며 수입업자들은 세액을 수입계약단계에서 미리 예측하기 곤란하던 특관세가 폐지됨에 따라 사전예측과 계획 하에 기업을 경영할 수 있도록 되었다.

(3) 임시수입부가세법이 제정됨에 따라 수입수요의 급격한 증가 또는 해외경제상황의 변동에 탄력적으로 대처해 국제수지를 옹호할 수 있는 체제가 확립되었다.

Ⅴ. 앞으로의 관세정책의 운영방향

이상에서 우리는 관세정책체계의 개편 내용과 이로부터 기대되는 효과를 살펴보았다. 그러면 이제 앞으로 관세정책은 어떤 방향으로 운영되어야 할 것인가를 고찰해보자.

(1) 앞으로는 탄력관세를 유효 적절히 활용함으로써 새로이 개발되는 산업에 대해 보호관세율을 수시로 조정토록 해야 할 것이다. 과거의 경험에서 보는 바와 같이 세율의 조정을 5년여의 기간을 두고 조정을 하게 되면 그동안 새로이 개발된 국내산업에 대해서는 무역계획에 의해 보

호하지 않으면 안 되게 되어 산업보호에 있어서 비효율화를 초래하게 될 것이다. 따라서 앞으로는 신규산업이 개발되는 경우에는 탄력관세로써 보호조치를 취하도록 해야 할 것이다. 이와 같은 국내산업의 탄력적인 보호조치에 대한 외국의 예를 살펴본다면 일본의 경우 그들은 관세잠정조치법을 산업구조의 변동에 따라 임시로 개정하고 있다는 것 등을 들 수 있겠다.

(2) 기존 보호산업에 대한 고율보호관세는 연차적으로 점진적으로 인하해야 할 것이다. 어떤 산업에 대해 고율의 보호관세를 장기간 계속한다면 산업의 능률화 의욕을 감퇴시킴으로써 산업의 생산성 제고를 저해하게 될 뿐만 아니라 투자가 이 부문에 집중됨으로써 자원의 배분에 있어서도 비합리성을 나타내게 된다. 따라서 고율보호관세는 인하되어야 하며 보호세율 인하에는 연차적으로 점진적으로 인하하는 방법으로 해야 한다. 왜냐하면 급진적인 세율의 변동은 기업에 너무 심한 충격을 주게 되므로 기업의 자기조절능력 내지는 전환능력을 상실케 할 가능성이 있기 때문이다. 브라질의 예를 든다면 이 나라에서는 보호세율을 10년간 연차별 인하계획에 따라 인하조정하고 있다.

(3) 앞으로 관세정책은 무역정책과 유기적인 관련 하에 운영되어야 할 것이다. 일반적인 국내산업보호는 우선 관세정책으로 대처해야 하며 무역계획은 급격한 사정변동에 따른 응급조치가 필요한 경우에 활용토록 해야 할 것이다.

(4) 앞으로 효율적인 관세정책의 수행을 위해서는 연도별 세율심사제도를 확립해야 할 것이다. 매년 계속적으로 또는 정기적으로 세율 구조와 국내산업 구조를 검토함으로써 세율 구조의 개선에 만전을 기해야 할 것이다.

제3장

국장 시절

(1973년 8월~1980년 5월)

제3장 국장 시절

(1973년 8월~1980년 5월)

나의 국장 시절 직책

나는 1973년 8월 부이사관으로 승진해 주제네바 대표부 재무관으로 발령을 받아 같은 해 12월에 부임했다. 1975년 2월에는 재무부 금융제도심의관으로 발령을 받아 6월에 재무부에 부임했다. 1976년 2월에는 청와대 경제제1수석비서관실 재경담당 비서관으로 전보되었다. 그리고 1978년 6월 재무부 국제금융국장으로 자리를 옮겨 1980년 5월까지 근무했다.

이 시절의 직책과 관련하여 쓴 글 중에서 내가 가지고 있는 글은 5편인데 이 가운데 3편을 이 장 말미에 싣는다.

제 1 절 시대적 배경

국내 정치 상황

1972년 10월 17일 유신이 선포된 사실은 이미 제2장에서 살펴보았다. 이 때는 내가 재무부 관세조정과장으로 있었다.

1973년 후반기 이후의 국내 정치 상황을 살펴보면 학원가와 재야 쪽에서는 1973년 12월 유신헌법개정청원 100만인 서명운동, 1974년 11월 민주회복국민회의 결성, 1976년 3월 민주구국선언 등 유신체제에 항거하는 투쟁을 지속했다.

유신체제 출범 이후 1974년 1월부터 1975년 5월까지 박정희 대통령은 긴급조치 1~9호를 공포해 대응했다. 1974년 1월 8일 일체의 헌법개정 논의를 금지하는 내용의 1·2호를 시발로 1974년 4월 민청학련사건을 계기로 4호를 선포한 데 이어 1975년 4월에는 가속화된 유신철폐운동에 대처해 고려대 휴교령 및 군대 투입을 내용으로 하는 7호 그리고 그해 5월에 9호를 잇따라 선포했다. 긴급조치 9호는 유신헌법을 부정·반대·왜곡·비방·개정 및 폐기의 주장이나 청원·선동 또는 이를 보도하는 행위를 일절 금지하고 위반자는 영장 없이 체포한다는 초헌법적인 내용이었다. 그야말로 경제발전을 위해 집권안정 내지 사회안정을 기하겠다는 물리적인 치안 차원의 대책이었다.

그러나 정국은 안정되지 않은 채 오히려 대립과 갈등이 이어졌다. 이런 가운데 1978년 12월 12일 실시된 제10대 국회의원 선거에서 야당인 신민당은 32.8%를 득표해 여당인 공화당의 31.7%를 1.1%포인트 앞섰다.

1979년 8월에는 가발수출업체인 YH무역의 여성근로자들이 폐업조치에 항의해 회사 정상화, 근로자 생존권 보장 등을 요구하며 신민당 당사에서 농성을 벌이는 사태가 일어났다. 경찰이 이를 강제해산했는데 이는 야당을 비롯한 민주화운동 세력의 유신정권에 대한 도전이 조직화되는 기폭제의 하나가 되었다.

국회는 김영삼(金泳三) 신민당 총재의 9월 16일자 「뉴욕타임스」와의 회견 내용이 국가를 모독했다는 이유로 그해 10월 4일 그의 국회의원직을 박탈했다. 이틀 뒤인 10월 16일 부산대에서 시작된 반정부 시위는 18일 마산으로 확산되었다. 정부는 이 부마(釜馬)항쟁에 대해 강경하게 진압해 나갔다. 18일 0시를 기해 부산 일원에 비상계엄이 선포된 데 이어 20일에는 마산 및 창원 일원에 위수령(衛戍令)이 발령되었다.

엿새 후인 10월 26일 밤 7시 40분경 서울 궁정동 중앙정보부 안가(安家)에서 중앙정보부장 김재규(金載圭)가 박정희 대통령을 시해(弑害)했다. 그날 삽교천 방조제 준공 기념행사에 참석하고 서울로 돌아온 뒤 열린 만찬 자리에서 벌어진 일이다.

10·26사태 직후 최규하 국무총리는 헌법이 정한 바에 따라 대통령 권한대행이 되었다. 그리고 바로 제주도를 제외한 전국에 비상계엄을 선

포했다. 10월 28일에는 중앙정보부장 김재규를 해임하고 전두환 국군보안사령관을 계엄사령부 합동수사본부장으로 임명해 박 대통령 시해사건을 수사토록 했다. 10·26사태로 1972년 10월 등장한 유신체제는 사실상 막을 내렸다. 1960년대 초부터 경제개발을 추진하면서 조국근대화와 민족중흥이라는 기치를 내건 박정희 시대가 종말을 고한 것이다.

최규하 대통령 권한대행은 그해 12월 6일 통일주체국민회의에서 제10대 대통령으로 선출되었다. 전두환 합동수사본부장을 중심으로 한 신군부는 12월 12일 밤 최규하 대통령의 재가 없이 당시 계엄사령관인 정승화(鄭昇和) 육군참모총장을 체포하는 하극상(下剋上)을 일으켰다. 전두환 합동수사본부장은 1980년 4월 14일 공석 중인 중앙정보부장까지 겸임했다.

최규하 정부의 초대 국무총리로 신현확(申鉉碻) 부총리 겸 경제기획원 장관이 12월 13일 임명되었다. 그는 1980년 5월 17일 비상계엄 전국 확대를 의결한 국무회의를 주재하고 그다음 날 사임했다. 이어 국무총리서리에 임명된 박충훈(朴忠勳)은 8월 16일 최 대통령의 사임으로 8월 27일까지 대통령 권한대행으로 재임했다. 짧은 기간 참으로 숨 가쁘게 국가 지도력이 바뀌고 움직인 시기였다.

『한국근현대사사전』에 의하면 1980년 3월 신학기가 시작되자 전국 각 대학에서는 학원민주화를 외치며 교내 시위를 벌였다. 4월 들어 신군부의 정치체제 개편 움직임이 노골화하자 학생들은 학원민주화투쟁에서 사회민주화투쟁으로 방향을 전환했다. 5월 2일 1만여 명의 학생이 참가한 서울대 민주화 대총회를 시발로 학생들의 가두시위는 5월 15일 전국의 대학생이 서울역 광장에 모인 시위에서 절정을 이루었다. 신군부는 이를 계기로 앞에 설명한 5월 17일 국무회의에서 비상계엄령을 전국으로 확대했다. 그리고 5월 18일 전남대 학생들과 비상계엄군 간의 충돌에서 비롯된 광주민주화운동은 5월 27일 계엄군의 무력 진압으로 일단락되었다. '서울의 봄'[1]은

---

1) 1979년 10·26사태 이후 1980년 5월 광주민주화운동까지의 정치적 과도기를 일컫는 말로 1968년 민주자유화를 제창한 체코슬로바키아의 '프라하의 봄'에 비유한 것이다.

그렇게 끝났다.

1960년대 말과 1970년대 초에 걸친 북한의 도발은 1970년대 중반에도 계속되었지만 그 대비 상황은 매우 불안하게 전개되었다. 1974년 8월 15일 서울 장충동 국립극장에서 열린 제29주년 광복절 행사에서 재일교포 2세인 문세광(文世光)이 박 대통령을 암살하기 위해 쏜 총탄을 맞은 영부인 육영수(陸英修) 여사가 서거했다. 나라 밖에서는 미국이 주도하고 우리도 1960년대에 파병한 바 있는 베트남전쟁은 끝나고 1975년 4월 공산체제로 통일되었다. 1976년 8월 18일에는 판문점 공동경비구역(JSA: Joint Security Area) 내에서 미루나무 가지치기 작업을 하던 유엔군사령부 경비병들이 북한군에 의해 도끼 등으로 구타당해 미군 두 명이 사망하고 한국군과 미군 9명이 부상하는 '도끼만행사건'이 발생했다.

이런 가운데 인권 외교를 표방한 미국의 카터(Jimmy Carter) 행정부는 1977년 출범 직후부터 주한 미 지상군 철수 카드로 한국의 인권 개선을 요구하며 압박했다. 유신 반대로 구속된 시국사범 석방과 긴급조치 9호 폐기 요구 등이었다. 박 대통령은 이에 대해 내정간섭이라며 강력 반발했다. 당시 한 고위 외교관은 이러한 양국 관계를 두고 '불편한(uneasy) 관계'라고 표현하기도 했다.

그러자 카터는 그해 7월 25일 제10차 한·미 안보회의 미국 측 수석대표로 방한한 해럴드 브라운(Harold Brown) 국방장관을 통해 박 대통령에게 친서(親書)를 전달했다. 카터는 이 서한에서 주한 미 지상군의 철수계획이 미국의 한국에 대한 안보 공약에 있어서의 어떠한 변화도 의미하는 것이 아니라고 다짐하고 대한민국이 피침(armed attack) 시에는 신속히 지원을 제공(provide prompt support)할 것이라는 결의는 확고부동하다고 강조했다.

국제 상황

이제 한국은 은둔의 나라가 아니었다. 한국은 1960년대부터 수출입국의 기치 아래 '세계 속의 한국'을 추진해 왔다. 이러한 정책기조는 1970년대에도 지속되었다. 말하자면 한국은 소규모 개방경제(small open economy)의 전제 아래 국제화를 계속 추구했다. 이에 따라 한국은 국제질서의 변화에 커다란 영향을 받게 되었다. 그야말로 미국이 기침을 하면 한국은 감기 드는 상황이 된 것이다.

그런데 1970년대에는 국제질서에 커다란 변화가 잇따랐다. 우선 세계경제는 1970년대 두 차례의 석유파동(oil shock)을 겪으면서 국제자원질서가 재편되었다. 1973년 10월 아랍권과 이스라엘 간의 중동전쟁을 계기로 발생한 제1차 석유파동은 때마침 식량부족 사태에다 광물자원의 부족난까지 겹쳤다. 이에 따라 세계는 심각한 불황과 물가상승에 빠지게 되었다. 석유파동의 경제적 배경에는 1960~1969년 기간 중 세계경제의 연평균 성장률 5.7%보다 훨씬 높은 연평균 7.5%의 소비증가율을 보여준 수요공급 상 불균형이 있었다. 식량부족 사태는 1972년 기후 불순에 따른 소련 곡창지대의 흉작으로 예견된 일이었다. 광물 등 일반적 자원난 역시 수요·공급의 구조상 불가피한 일이었다.

1차 석유파동 전에는 석유 에너지는 막대한 자본을 가진 엑슨(Exxon)·모빌(Mobil) 등 국제석유자본(oil major)인 서방 기업들이 독점하고 있었다. 그러나 1차 석유파동을 계기로 그 주도권이 자원보유국 위주로 바뀌었다. 그리하여 중동 산유국을 중심으로 한 석유수출국기구(OPEC: Organization of Petroleum Exporting Countries)가 원유가격을 결정하는 등 그 역할이 커졌다. 이른바 자원민족주의(resource nationalism)가 대두하게 된 것이다.

1차 석유파동에 따른 원유가격의 변동을 살펴보면 1973년 10월 16일 페르시아만(灣)의 6개 석유수출국은 원유고시가격을 배럴당 3달러2센트에서 3달러65센트로 인상한다고 발표했다. 이어 이스라엘이 아랍 점령지역에서 철수하고 팔레스타인의 권리가 회복될 때까지 매월 원유생산을 전월에 비해 5%씩 감산하기로 결정했다. OPCE의 페르시아만 산유국들은 다시 1974년 1월 1일을 기해 배럴당 5.119달러에서 11.651달러로 인상했다.

1차 석유파동의 여파로 세계경제는 1974년과 1975년 상반기에 걸쳐 스태그플레이션이 지속되었다. 세계은행(IBRD)의 *World Economic Indicators*와 경제협력개발기구(OECD)의 *Economic Outlook*에 의하면 1974년 주요 선진국의 실질GNP성장률은 −0.4%를, OECD 회원국 전체로는 평균 −0.2%를 기록했다. 특히 G7 국가 중 미국은 −1.8%, 일본은 −1.6%를 각각 기록했다. 이어 1975년에는 세계대공황(great depression) 이후 최악의 불황을 반영해 주요 선진국들은 −1.1%로, OECD 전체로는 평균 −1.7%로 부(負)의 성장 폭이 더욱 커졌다. 이에 따라 실업이 급증하고 높은 인플레이션으로 세계무역은 더욱 축소되었다. 이러한 세계적 불황은 1975년 하반기 이후에야 비로소 회복세로 돌아섰다.

한편 오일 달러(oil dollar)의 급증은 국제유동성(international liquidity)이 편재되는 결과를 낳았다. 산유국이 벌어들인 오일 달러의 환류(還流)가 원활히 이루어지도록 하는 것이 초미의 과제였다. 그런데 위기가 발생하면 국제수지 관리 면에서 가장 타격을 받는 나라는 가난한 개발도상국들이다. 이를 도와주기 위해 IMF는 산유국으로부터 차입한 자금을 유가 상승에 의해 국제수지의 압박을 받게 된 국가에 융자해주는 석유신용제도(oil facility)를 1974년 1월 로마에서 열린 20개국위원회(C20: Community of Twenty)[2]에서 설립키로 하고 그해 9월부터 대출업무를 개시했다.

2차 석유파동은 OPEC가 실질 달러가치가 하락되자 1978년 12월에 당시 배럴당 12.70달러였던 원유가격을 단계적으로 14.5% 인상하기로 하면서 촉발되었다. 이와 때를 같이해 이란이 국내의 정치 및 경제적 혼란을 이유로 원유생산을 대폭 감축하고 또 1980년 발발한 이란−이라크 전쟁으로 OPEC의 산유량이 급감하면서 2차 석유파동이 본격화되었다. OPEC의

---

2) 국제통화제도의 개혁과 관련된 문제를 토의하기 위해 IMF 가맹 20개국으로 구성된 위원회. 1972년 9월 IMF총회에서 정식으로 발족했으며 미국·영국·프랑스·독일·일본의 5개국 외에 IMF 가맹국을 15개 그룹으로 나누어 각 그룹에서 1개국씩 참여했다.

원유생산량은 1978년 하루 평균 780만 배럴에서 1980년에는 240만 배럴로 대폭 줄었다. 이제 세계적으로 부족한 원유의 물량 확보가 초미의 과제로 등장했다. 1980년 5월 한국은 최규하 대통령이 직접 중동을 방문해 원유 확보를 위한 외교를 펼쳤다.

국제유가는 1973년 배럴당 11.56달러에서 1978년 말 12.70달러, 1979년 3월 말 14.54달러로 완만한 상승을 이어가다 1979년 6월 말 18.0달러, 1979년 10월 26.27달러, 1979년 말 24.0달러, 1980년 말 32.0달러로 급격한 상승 곡선을 이어갔다.

또한 1970년대에는 교역질서의 몇 가지 측면에서 변화가 있었다. 첫째는 후진국 개발을 강화하기 위해 유엔무역개발회의(UNCTAD)를 중심으로 선진국들은 일반특혜관세(GSP: Generalized Scheme of Preferences)의 제공 등 후진국 지원조치를 실시하고 개도국들은 77그룹을 중심으로 개발과 관련된 문제의 해결을 위해 자구노력을 강화했다. 둘째로 GATT에서는 다자간무역협정(Multilateral Trade Negotiation)의 방식으로 관세와 비관세장벽을 낮추어 세계교역을 확대하고자 도쿄 라운드(Tokyo Round)의 협상을 1973년에 시작해 긴 협상 끝에 1979년에 타결되었다. 이는 GATT 중심의 일곱 번째 다자간무역협상이다. 한편 후진국의 섬유수출이 대폭 늘어나자 섬유수출국인 후진국과 섬유수입국인 선진국 사이에 섬유협정(MFA: Multi Fiber Arrangement)을 GATT의 틀 속에서 체결하였다. 이에 따라 수입국인 선진국의 수입규제가 강화되고 수출국인 후진국의 자율규제(voluntary restraints)까지 등장하게 되었다.

1970년대에는 국제통화체제의 대변혁도 있었다. 1971년 8월 닉슨 미국 대통령이 달러화의 금 태환 중지를 선언함으로써 브레튼우즈체제가 붕괴되었음은 앞에서 살펴본 바와 같다. 이에 그해 12월 10개 선진국 재무부장관들이 미국 워싱턴의 스미스소니언(Smithsonian) 박물관에서 모여 미국 달러를 기축통화로 하는 고정환율체제를 유지하되 미 달러화의 금에 대한 평가를 금 1온스 당 35달러에서 38달러로 절하키로 하고 환율변동 폭을 상하 2.25%로 확대키로 했다. 그러나 이미 몇 나라들은 변동환율제를 적용하고 있는 데다 미국 달러가치도 추가적으로 하락하고 있는 상황이었다. 1973년 2월 미국은 금 1온스 당 42.22달러로 10%의 제2차 평가절하를 했다. 이에 1975년 11월 프랑스 랑부이에(Rambouillet)에서 선진 6개국이 모여 회원국은 자국의 여건에 적절한 환율제도를 선택할 수 있다는 선언을 했다. 이어 1976년 1월 자메이카 킹스턴(Kingston)에서 열린 IMF잠정위원회(Interim Committee)에서는 금의 공정가격을 폐기해 금을 폐화(demonetization)하기로 하고 각국의 환율제도는 자국의 여건에 맞추어 자유변동환율제, 특정통화고정제(peg) 등을 자유로이 선택하도록 하는 킹스턴 체제가 탄생했다. 이에 따라 선진국들은 대부분 자유변동환율제로 이행하게 되었다. 한편 IMF의 잠정위원회는 1974년 10월 설립되었다.

1976년에는 국제해양질서에도 큰 변화가 있었다. 영해(領海)의 폭을 12해리(海里, nautical mile)로 하고 배타적 경제수역(EEZ: Exclusive Economic Zone)을 200해리로 설정하기로 했다.

1970년대 한국경제의 전개

1970년대의 문제의식

1970년대 전반의 문제의식은 앞에서 살펴본 바와 같이 제3차 경제개발계획의 이념인 '성장·안정·균형의 조화'에 잘 나타나 있다. 1960년대의 경공업 구축에서 중화학공업의 추진으로 산업구조를 고도화하고 수출을 지속적으로 확대해 공업·수출입국의 정책은 계속 추진하되 보다 물가가 안정된 기반 위에서 추진하며 주곡의 자급, 농어촌 소득의 증대와 생활환경을 개선하고 4대강 유역의 개발과 전국에 걸친 도로망을 대폭 확대해 지역개발의 균형을 도모하자는 것이었다. 즉 공업·수출입국 일변도의 중점(重點)만 추진하지 말고 농어촌을 비롯한 전국의 지역개발이 균형 있게 추진되어 중점과 균형의 조화를 이루자는 박정희 대통령의 의지가 담긴 것이었다.

또한 1970년대 후반의 문제의식은 제4차 경제개발계획의 이념인 '성장·형평·능률'에 잘 나타나 있다. 투자재원을 자력(自力)으로 조달하고 국제수지의 균형을 이루며 산업구조를 고도화해 자력성장구조를 실현하면서 이제는 국민복지시책에 눈을 돌려 경제의 양적 성장에다 생활의 환경을 개선하며 교육과 세제의 개선 등으로 소득분배의 형평성을 제고해 생활의 질을 개선하자는 것이다. 그리고 지속적 경쟁력을 확보하기 위해 기술의 혁신을 촉진하자는 것이다.

종합적으로 1970년대를 관통하는 문제의식을 요약하면 1960년대는 기술이 없는 상황에서 정부의 지원과 보호 아래 비교우위가 있는 저임금을 토대로 외국제품을 모방해 단순 조립·가공하던 수준이었으나 1970년대는 이를 탈피해 과학·기술의 발전을 기해 원료의 국산화를 도모하고 수출품의 품질개선과 제품의 고급화로 세계시장에서 선진국을 상대로 경쟁할 수 있는 실력을 갖추자는 것이었다. 말하자면 단순 모방·조립의 상태에서 소화·개량하는 모방으로 진화하자는 것이다.

1차 석유파동의 극복

그러나 이러한 문제의식의 실천은 순조로운 것이 아니라 많은 시련 속에서 추진되었다. 첫 번째 시련은 1차 석유파동이었다. 앞에서 기술한 바와 같이 당시 세계경제는 식량 공급부족까지 겹치는 자원파동으로 인해 대공황기인 1930년대 초 이후 가장 심각한 불황과 인플레이션을 겪었다.

해외 의존도가 높아진 우리 경제는 이러한 변화에 민감할 수밖에 없었다. 특히 미국과 일본의 침체는 우리의 수출 감소로 이어져 한국경제는 더욱 힘들어졌다.

【1차 석유파동의 영향】

1차 석유파동의 초기인 1974년은 우리가 제1차 경제개발 5개년계획을 시작한 1962년 이래 가장 큰 고통을 겪어야 했던 한 해였다. 40%를 웃도는 물가폭등, 국제수지의 심한 후퇴, 기업의 가동률 저하, 실업률 4%대 재진입이라는 악재가 동시다발로 터졌다. 이런 문제는 비단 우리만 겪어야 했던 시련은 아니고 범(汎)세계적으로 발생된 것이라 하더라도 그 고통은 매우 컸던 것이다. 산업기반이 성숙하지 못한 단계에서 해외 의존도가 높은 우리 경제가 이러한 세계경제의 충격을 극복하기는 어려운 일들이 많았다. 그럼에도 불구하고 우리의 경제성장은 한국은행의 『한국의 국민소득』에 의하면 1974년 8.0% 성장해 1973년 14.9%에서 많은 후퇴를 보였지만 선진 제국에서 보인 마이너스(−) 성장까지 추락하지는 않았다. 한국은행의 『1975년 연차보고서』에 의하면 우리 경제는 1975년 들어 상반기까지는 침체국면이 이어졌으나 하반기 이후 수출 회복에 힘입어 연말 기준으로는 7.1% 성장을 이루어 1차 석유파동의 어려움에서 벗어났다.

여기에서 당시 우리나라의 에너지 상황을 살펴보면 1966년에서 1974년 사이 에너지 소비는 거의 두 배로 확대되었을 뿐만 아니라 소비패턴도 석탄 위주(주탄종유: 主炭從油)에서 석유 위주(주유종탄: 主油從炭)로 바뀌었다. 「1975년 IMF의 한국경제에 대한 연례협의 보고서」에 의하면 우리나라의 1966년 에너지 소비의 자원별 구성은 석탄 47.7%, 식물성 연료 즉 땔나무 36.4%, 석유 14.0%의 순이었다. 1969년 이후에는 석유 우위로 전환되어 1971년에는 석유 47.0%, 석탄 30.8%로 그 격차가 커졌다. 그러나 1차 석유파동은 종래의 에너지 소비증가 추세를 둔화시키고 국내생산이 가능한 석탄의 사용 비중을 높게 했다.

【1차 석유파동에 대한 대응】

1차 석유파동에 대한 대책은 세 가지 방향에서 전개된다. 첫째는 에너지 절감을 위한 응급대응이다. 1973년 말부터 TV 방영 및 유흥업소 영업시간 단축, 겨울방학 기간 연장, 항공·선박·기차·택시의 운행 단축 및 속도제한 강화, 가로등 50% 축소 및 사무실 전기절약 등 행정관리조치를 취했다. 나아가 정부는 대체에너지 개발도 적극 추진했다. 「1975년 IMF의 한국경제에 대한 연례협의 보고서」에 의하면 석탄생산 증가율은 1973년 9.4%에서 1974년 12.5%로 확대되었고 수력발전에 의한 전기생산은 1974년

38.2% 급증했다. 또한 첫 번째 원자력발전소인 고리 1호기를 1971년 11월에 착공한 데 이어 두 번째 원전인 월성 1호기를 1976년 1월에 착공했다. 고리 1호기는 1978년 4월 상업운전을 시작했다.

둘째는 서민생활 안정을 위한 조치이다. 위기가 발생해 경제성장이 둔화되고 실업이 증가되면 서민층이 가장 타격을 받는다는 사실에 따른 대책이다. 이는 1974년 1월 14일 대통령의 긴급조치 형식으로 발표되었다.

경제기획원의 『1975 경제백서』에 의해 1·14 긴급조치의 주요 골자를 살펴보면 다음과 같다. 우선 저소득자의 부담 경감을 위한 조치로 사업소득세 및 근로소득세를 소득액에 따라 30~100%씩 1년간 감면하고 국민복지연금 및 교원연금제도의 실시를 1년간 연기했으며 생필품가격과 대중교통요금을 안정시켰다. 둘째로 사치성소비의 억제와 자원의 절약을 위해 고급 주류와 고급 승용차에 대해 관세 및 주세율·물품세율·자동차세율을 각각 인상하고 휘발유가격을 50% 인상했다. 셋째로 근로조건의 개선과 노사협조체제의 강화로 임금채권의 우선변제청구권을 신설하고 근로조건에 관한 처벌규정을 강화했으며 단체협약 및 주무관청의 결정을 준수하지 않을 때의 벌칙을 신설하고 부당노동행위 등에 대한 처벌규정을 강화해 근로자 권익보호에 주력했다. 넷째로 그동안 관세를 감면해오던 국민생활 안정을 위한 물가안정품목에 대해서는 탄력관세제도로 전환하고 소비절약과 국산화를 촉진하기 위해 업종 중심의 관세감면제도를 품목 중심으로 바꾸어 그 범위를 축소하는 등 장기적 관점에서 관세감면제도를 개선했다.

1·14 긴급조치로 1974년의 예산은 수정이 불가피했다. 저소득층의 조세감면에 따른 세수 결함, 사치성 물품 등에 대한 물품세율의 인상 조정, 통행세율의 인하, 석유류가격 상승과 휘발유세율의 인상 등에 따른 세입 면에서의 조정이 불가피했고 세출 면에서도 영세민 취로대책비의 100억 원 계상, 석탄산업 육성자금과 중소기업자금의 추가 지원 및 미곡 수매가격 인상 등에 따라 조정이 필요했다.

셋째는 국제수지 애로의 타개와 불황 국면의 대응이다. 한국은행 경제통계 홈페이지에 의하면 1974년 말의 경상수지는 20억2270만 달러 적자로 1973년 3억880만 달러에 비해 크게 나빠졌다. 결국 이는 해외로부터의 차입과 외환보유고로 보전할 수밖에 없었다. 그렇지 않으면 국가부도를 면하기 어려운 위기상황이었다. 이를 위해 1974년 중반 이후 재무부는 물론 정부 각 부처와 해외공관까지 외자차입을 위해 분투했다. 재무부는 IMF에서 대기성 차관과 우리가 출자한 골드 트란체의 인출은 물론 석유신용제도도 적극 활용했다. 그리고 은행차관도 적극적으로 추진했다. 김용환의 전게서 『재정금융정책 비사』에 의하면 당시 한국경제에 대해 냉담한 반응을 보였던 미국계 은행들을 설득해 1975년 2월 총 28개 은행으로부터 2억 달러를 유치하는 데 성공함으로써 비로소 한숨을 돌리게 되었다. 이렇게 외자도입에 열성이었지만 「1975년 IMF의 한국경제에 대한 연례협의 보고서」에 의하면 외환보유고도 1974년에 활용되어 1974년 중 3900만 달러가 감소되었다.

1974년 중의 국가부도 방지를 위한 대책을 실시하면서 보다 종합적인 대책이 필요하다는 인식 아래 12월 7일에 '국제수지 개선과 경기회복을 위한 특별조치'로서 대통령 긴급조치의 형식으로 이루어졌다.

그 내용을 살펴보면 먼저 국제수지 적자폭의 확대를 방지하기 위해 환율의 평가절하, 수출금융단가 조정 및 수출금리조정 등의 조치를 취했다. 환율은 달러 당 398원에서 484원으로 인상했다. 수출금융단가를 조정함에 있어 국산원자재의 사용을 촉진해 외화가득률을 제고시키기 위해 국산원자재의 경우는 종전의 400원에서 480원으로 대폭 인상한 데 비해 수입원자재에 대한 지원은 380원에서 420원으로의 인상에 그쳤다. 또한 수출금리에 차등을 두어 국산원자재와 연불(延拂)수출의 경우에는 종전대로 9%의 금리를 적용하는 데 비해 수입원자재의 경우에는 9%에서 12%로 인상했다.

둘째로 물가구조를 개편하고 물가상승압력을 최소화했다. 즉 수입물가의 폭등으로 연초 이래 상승압력이 있었음에도 국내물가에 미치는 영향을 고려해 인상을 미루어오던 석유류제품, 전기요금, 철도요금을 환율조정을 계기로 각각 평균 31.3%, 42.4%, 39%씩 인상했다.

셋째로 1975년 상반기에는 재정을 확대하고 금융을 긴축기조로 운영하며 하반기에는 재정긴축·금융확대를 하되 연간 총통화증가율은 35% 내외로 제한하기로 했다.

넷째로 재정의 유효수요 및 고용효과를 극대화하기 위해 1975년 정부투융자 사업비의 58%를 상반기에 조기 집행해 내수를 진작하는 한편 농촌·도시를 망라한 취로사업 즉 식량증산을 위한 농업용수, 경지정리, 농경지 확대, 치수 및 도로, 서민주택, 도시 상·하수도 등의 새마을사업에 재정자금을 집중투입했다.

다섯째로 중소기업에 대한 지원과 민간투자촉진을 위해 각 500억 원에 달하는 중소기업특별자금과 특별설비자금을 연리 12%, 3년 분할상환 또는 3년 거치 후 5년 분할상환 조건으로 지원했다.

【중동 건설시장 진출】

이러한 대책도 나름대로 큰 의미를 가지고 있지만 보다 근본적인 대책은 산유국에 축적된 오일 달러를 우리에게 환류시키는 것이다. 사실 우리나라의 중동 건설시장 진출은 1973년 말에 시작되었지만 이러한 절실함으로 인해 1975년 하반기부터 괄목할 만한 실적을 올렸다. 특히 사우디아라비아 진출이 두드러져 중동 건설수출 실적의 74.2%를 차지했으며 그다음은 이란이었다. 도로·항만 등 사회간접자본 부문에 대한 건설용역 수출이 주를 이루어 1975년의 경우 우리나라 전체 건설용역 수출의 중동 비중은 90.2%에 달했다. 경제기획원의 『1976 경제백서』에 의하면 중동에 대한 건설 및 용역 수출은 1973년 2506만 달러에서 1974년 8881만 달러, 1975년에는 7억5121만 달러로 급증했다. 인력 진출도 1974년 395 명에서 1975년에는 6466 명으로 늘어났다. 또한 상품수출도 1973년 4512만 달러에서 1974년 1억5581만 달러, 1975년에는 3억8531만 달러로 급증했다.

정부는 중동 경기가 상당기간 지속될 것으로 판단하고 1975년 12월 대중동 진출 촉진방안을 수립했다. 우선 행정지원체제를 확립하기 위해 각 부처와 현지공관에 업무전담반을 두었으며 국무총리와 관계부처 장관들을 멤버로 하는 중동경제협력위원회를 구성하고 그 밑에 경제기획원차관과 관계부처 차관보를 위원으로 하는 실무위원회를 가동했다.

관련제도도 정비했다. 해외건설 사업소득 및 근로소득에 대해서는 세금을 50% 감면해주고 해외건설촉진법을 제정해 수주질서를 확립하고 과당경쟁을 지양하도록 했다. 또한 발주처에서 우리나라 건설회사의 공사이행을 우리나라 금융기관이 보증하는 것에 대해 해외 유수은행의 복보증(複保證: counter guarantee)을 요구함에 따라 정부는 이를 주선해 주기도 했다. 남덕우(南悳祐: 국무총리 역임)의 회고록 『경제개발의 길목에서』(2009년)에 의하면 정부는 1976년 1월 중동문제연구소를 설립해 중동의 정치·경제·문화 등에 대해 종합적인 조사연구를 하도록 했다.

1977년에 대한민국 서울특별시와 이란의 수도 테헤란시는 자매결연을 맺었다. 이를 기념해 테헤란에는 서울로가 생겼으며 서울에는 테헤란로가 생겼다.

한편 1차 석유파동 이후 국내 에너지의 공급과 수요를 총괄하고 자원외교를 담당할 독립부처의 필요성이 대두됨에 따라 1977년 12월 16일 동력자원부가 신설되었다. 동자부는 상공부 동력개발국 및 광무국, 과학기술처 자원조사관, 공업진흥청 열관리과, 국립시험연구원 광업기술부 등의 업무를 이관 받았다.

1980년 4월에는 제2차 석유파동이 발발함에 따라 원유의 안정 확보 및 수급업무를 원활히 수행하기 위해 석유국을 자원정책실로 확대 개편함과 동시에 자원정책실장 밑에 석유조정관을 둠으로써 그 기능을 강화했다.

국방력 강화와 중화학공업의 추진

또 하나 우리에게 주어진 시련은 우리의 안보상황의 변화이다. 제2장에서 살펴본 바와 같이 북한의 도발은 계속되었고 동맹국인 미국과의 관계는 불편해졌다.

남북관계와 국방 측면에서 살펴보면 정부는 일면 대화, 일면 군사장비 현대화의 추진을 병행했다. 전자(前者)는 이후락 중앙정보부장이 1972년 평양을 방문해 김일성 주석을 만나 '7·4 공동성명'을 이끌어낸 일이다. 그러나 북한의 도발은 그치지 않았다. 오히려 안보상황은 더욱 엄중해졌다. 당시 남북의 경제력은 1973년까지 북한이 남한보다 우월했다. 더욱이 군사력의 경우 영국 국제전략연구소의 『The Military Balance』(1970년)에 의하면 북한군과 한국군의 군사력은 3 대 1 수준으로 평가되었다.

오원철(대통령비서실 경제제2수석비서관 역임)의 『한국형 경제건설』(1999년)에 의하면 이런 상황에서 미국 닉슨 행정부는 1971년 초 주한 미 7사단 철수와 동시에 6·25전쟁 휴전 후 17년간 계속해왔던 대한(對韓) 무상원조를 중단했다. 이에 따라 직전인 1970년에 재정의 5.1%, 국방비의 16.1%를 차지했던 대충자금이 마감되었다. 1961년의 경우 대충자금은 우리나라 재정의 39.2%, 국방비의 95.1%를 각각 차지했다.

군사장비의 현대화를 위해 경제기획원을 중심으로 추진하던 조선·중기계·특수강·주물선 등 4대 핵 공장 건설은 경제성이 없다는 결론이 내려져 1973년부터 방위산업 건설과 100억 달러 수출을 위한 중화학공업 건설 즉 병기를 생산하는 중화학공업, 수출을 하는 중화학공업을 중점사업으로 본격 추진했다는 사실은 앞에서 살펴본 바와 같다. 특히 전력증강(戰力增强)을 위해서는 전력증강 8개년계획(1974~1981년)인 율곡(栗谷)사업으로 군사장비의 현대화를 추진해나갔다. 아울러 정부는 1975년 7월 방위세를 신설해 국군 현대화를 재정적으로 뒷받침했다.

정부가 추진하는 중화학공업의 대상은 철강·비철금속·기계·조선·전자·화학공업이었다. 추진방식은 시장원리에 따른 민간 주도 방식이 아닌 정부 주도 방식을 택했다. 정부가 사업자를 선정(picking the winner)하고 금리·세제 지원을 하는 방식이었다. 처음 사업자 선정에는 업계에서 무리라고 회피하기도 했지만 점점 진전되어 감에 따라 업계의 태도가 적극적으로 달라졌다. 이는 재계의 판도와 서열에 큰 영향을 미쳤기 때문이다.

그리고 그 요체는 공단을 건설하고 원료·부품을 국산화하며 기술인을 양성하는 방식이었다. 정부는 1973년 12월 24일 산업기지개발촉진법을 제정 공포하고 1974년 2월 한국수자원개발공사를 산업기지개발공사로 개칭하면서 산업기지개발사업을 수행하도록 했다. 1974년 4월 1일부터 1979년 12월 14일까지 창원, 여천, 온산, 안정, 구미, 포항, 북평, 아산의 8개 산업기지가 만들어졌다.

특히 부가가치 제고를 통한 경쟁력 강화를 목표로 원료 국산화를 위해 우선 석유화학공업을 본격 육성하기로 하고 울산과 여천에 석유화학단지(petrochemical complex)를 건설했다. 또한 1975년 7월에 그동안 수출용 원자재에 대해 사전 면세해 오던 관세를 수출 후 환급하는 제도로 전환했다.

중화학공업을 건설하고 운영하는 데에는 숙련된 기술자들이 필요했다. 이를 위해 공업고등학교를 확대하고 대학을 특성화했다. 1972년 말 금오공고를 설립한 데 이어 1973년부터 전국 주요 공단 안에 있는 각 기업체들에 기능공 양성과 훈련에 힘쓰도록 독려했다. 1976년에는 대전·성남·청주·전주·순천 등 5개 지역에 직업훈련소를 신설해 9만 명의 기능공을 양성하도록 했다. 이와 병행해 1974년 특성화대학제도를 도입했다. 전국에 산재해 있는 대학의 전공들 중에서 소재지역의 특수성과 각 대학의 특성과 능력에 따라 특정 전공계열을 중점적으로 육성하는 제도였다. 정부는 특성화학과의 육성책으로 학과 및 정원의 증원과 조정, 시설의 우선 지원, 외국 원조 및 차관의 우선 배정, 장학금 지급의 확충 등에 힘썼다. 1977년부터는 실업계 고등학교 졸업생들이 같은 계열의 대학에 진학할 경우 입학특전을 주었다.

이러한 민·관(民·官)의 노력은 국제기능올림픽(International Youth Skill Olympics)에서 눈부신 결과로 나타났다. 이 대회 참가 10년째인 1977년 제23회 대회에 28명의 선수가 출전해 금메달 12명 등 21명이 입상함으로써 세계 정상을 차지했다. 이후 2016년 제44회 대회까지 내리 19회를 종합우승했으나 2017년에는 중국에 종합 1위 자리를 내주고 2위로 물러났다.

정부는 단지 이러한 단기적 수요에 만족하지 않고 국가의 긴 장래를 위해 과학기술이 새로운 경제사회적 가치를 창출하는 비가격경쟁력을 강화한다는 장기목표도 가졌다.

사실 1960년대 경공업의 공업화 과정을 거치면서 외국의 원자재를 턴키(turn key) 또는 반(半)제품(SKD: semi-knockdown) 형태로 수입해 단순히 외국제품을 복사·조립하는 모방 단계에 있었다. 이제는 중화학공업을 건설하고 원자재를 국산화하고 제품의 개발을 모색해나갈 기술 중진국이 되지 않으면 안 되었다. 말하자면 기술의 외국 모방 의존형에서 외국기술의 소화개량과 독자개발역량을 강화해나가는 데 노력해야 한다는 것이다. 이미 1960년대에 설립된 KIST와 과학기술처 그리고 1970년대에 들어 1971년에 세워진 교육기관인 한국과학원(KAIS: Korea Advanced Institute of Science)과 1973년에 문을 연 대덕연구단지가 그 중심이 되었다. 정부부처로 본다면 기초과학연구는 과학기술처, 응용개발은 상공부가 주관하는 셈이었다.

중화학공업에 대한 집중투자를 한 결과 산업구조는 급속히 고도화되었다. 농림어업의 비중은 1970년 28.0%에서 1980년 16.3%로 작아졌다. 반면 광공업은 같은 기간 22.8%에서 30.2%로 커졌다. 이 중 중화학공업의 비율은 1977년에는 48.3%를, 1979년에는 52.3%를 차지했다. 호프만(Hoffmann)의 공업화 3단계에 진입한 것이다.

수출 증대와 국제수지 균형

1960년대에 이어 1970년대에도 수출 증대 노력을 지속했다. 1971년에 수출 10억 달러를 달성하고 1975년에는 종합무역상사제도를 도입해 수출시장을 개척·확대하고 중소기업의 수출도 대행해 주도록 했다.

환율은 국내 물가안정과 기업의 외채 원리금 상환부담을 고려해 1974년 12월 조정한 이래 1980년 1월 12일 인상 시까지 고정되어 있었다. 반면에 수출촉진을 위해 저리의 수출금융 지원과 조세의 감면이 지속 강화되고 전기·철도 요금의 할인도 계속되었다. 「1980년 IMF의 한국경제에 대한 연례협의 보고서」에 의하면 1980년 현재 수출금융금리는 12%로 평균 우량대출금리 22.25%에 비해 매우 낮게 적용되었다. 즉 저환율(低換率)

및 저금리를 통한 고지원(高支援)이 수출정책의 근간이었다.

한편 중화학공업이 건설되어 이의 수출지원이 필요하게 됨에 따라 수출입은행을 1976년 7월 외환은행에서 독립 발족해 중장기 수출금융을 전담토록 했다. 수출입은행은 설립 초기에는 주로 선박의 연불수출을 지원했다.

드디어 1977년 12월 22일 대망의 수출 100억 달러를 달성했다. 이는 당초 목표 연도인 1980년을 3년 앞당긴 것이었다. 참고로 서독은 1961년에, 일본과 프랑스는 1967년에, 네덜란드는 1970년에 각각 수출 100억 달러를 돌파했다. 수출액이 10억 달러에서 100억 달러가 되는 데 서독은 11년, 일본은 16년이 걸렸다. 이에 비해 우리나라는 불과 6년이 걸렸다.

국제수지를 살펴보면 경상수지는 1970년 6억2250만 달러 적자, 1974년 20억2270만 달러 적자에서 1977년에는 1230만 달러의 작은 흑자를 기록했다. 체계적으로 경제개발을 시작한 이래 처음으로 경상수지는 흑자를 이루었다. 그러나 이 흑자는 단지 국제수지의 균형에 가까운 흑자였을 뿐이다.

하지만 경상수지는 1년 만인 1978년 10억8520만 달러의 적자로 전환한 데 이어 1979년에는 41억5110만 달러로 그 규모가 커졌다. 2차 석유파동의 여파였다. 이런 가운데 외환보유액은 연말 기준으로 1970년 5억8350만 달러에서 1973년 10억3420만 달러로 증가한 데 이어 1979년에는 56억2810만 달러를 기록했다.

국제수지의 균형을 이루어 투자재원의 자립을 달성하는 것은 참으로 어려운 일이었다. 국제수지 문제는 우리 경제가 항상 유념해야 할 과제였다. 이 때문에 1970년대에는 경상수지에 장기자본수지를 합한 기초수지의 균형에 초점을 맞추었다. 이렇게 하면 수출입의 차이에서 발생하는 경상수지 적자를 장기자본 도입으로 충당하게 되어 대외결제 면에서의 불안정은 막을 수 있다는 것이다.

수입자유화의 확대

1977년 경상수지 균형을 이루자 정부는 1978년에 수입자유화를 추진했다. 이는 수입의 직접 및 간접규제의 이중적인 과잉보호를 시정하자는 것이다. 정부의 직접적인 행정규제를 환율과 관세에 의한 간접규제로 이행해 보다 시장친화적인 정책으로 전환해나가겠다는 것이다. 그래서 1978년 중 여러 차례에 걸쳐 수출입 기별공고상의 자동승인품목 수를 크게 확대했다.

수입자유화의 대상품목은 기초소재 또는 원자재의 국내공급이 독과점 상태에 있는 품목, 국제경쟁력이 구비된 품목, 물가안정에 기여할 수 있는 품목 등을 중심으로 선정되었다. 자유화조치는 연중 2회에 걸쳐 실시되어 관세협력이사회 관세품목분류표(CCCN: Customs Cooperation Council Nomenclature)[3] 4단위를 기준으로 해 총 121개 품목이 자유화되었으며 수입금지품목은 4월 15일의 자유화조치에 의해 모두 수입제한 또는 자동승인품목으로 전환되었다. 그 결과 품목 기준으로 수입자유화율은 전년의 51.1%에서 64.9%로 높아졌다. 수입자유화의 추진에 따른 충격의 완화를 위해 수입자유화 사전예시제도, 수입감시품목제도 등의 보완시책이 병행해 추진되었다.

수입자유화조치는 1979년에도 계속되었다. 1월부터 물가안정에 기여할 수 있는 품목, 국제경쟁력을 갖춘 수출품목, 특별법상에 묶여 있는 제한품목을 대상으로 취해졌다. 정부는 이 조치에서 당초 1982년까지 단계적으로 자유화하기로 예시했던 품목을 앞당겨 개방했으며 불가피한 경우를 제외하고는 새로운 수입제한을 하지 않기로 기본원칙을 세웠다. 이에 따라 1978년 4월 54.0%였던 자동승인품목대상 품목의 비중은 1979년 65.3%로,

---

3) 1955년 7월 관세협력이사회가 채택한 BTN(브뤼셀관세품목분류표)을 1976년 CCCN으로 개칭했다. 이는 1988년 HS(Harmonized System: 국제통일상품분류제도)가 채택되기 전까지 세계 132개국이 관세율표로 사용했다. HS는 SITC(표준국제무역분류), CCCN, TSUSA(미국관세율표) 등을 국제적으로 통일해 관세·무역·통계·운송·보험 등 전 분야에 사용될 수 있도록 CCCN을 보완한 상품분류이다.

1980년 1월에는 68.5%로 제고되었다.

참고로 우리와는 달리 산업구조가 중소기업 위주여서 국내 산업을 보호할 필요가 상대적으로 적은 대만은 수입자유화를 적극 추진함으로써 1970년대 중반에 수입자유화율이 이미 90%를 넘어섰다.

이러한 수입자유화조치와 함께 수입담보금 적립률은 기업의 자금부담 경감과 수입자유화정책에 부응하기 위해 크게 인하되었다. 또한 보유외환에 의한 일람불(一覽拂)수입을 촉진하고 연지급수입을 가능한 한 억제하기 위해 연지급수입 한도관리제를 실시했다.

주곡의 완전자급과 새마을운동의 확대

다수확 품종인 통일벼가 1971년 개발된 이후 다양한 신품종이 개발되어 전국적으로 보급·재배되었다. 영농기술까지 향상되어 1977년에 국내 쌀 생산량은 4171만 석(石, 1석=144kg)에 달해 주곡의 완전자급을 달성했다. 마침내 숙명의 보릿고개에서 탈피한 것이다. 이에 따라 1967년 6월부터 실시해 오던 접객업소의 혼분식은 폐지되었다.

정부는 1978년부터 쌀만을 원료로 한 막걸리를 생산·공급할 수 있도록 했다. 1963년 찹쌀막걸리 생산이 중지된 이후 밀가루(80%)와 옥수수(20%)를 원료로 한 막걸리를 마셔온 애주가들에게는 14년 만에 질 좋은 막걸리를 마실 수 있는 희소식이었다. 그러나 오래 지속되지는 못했다. 이듬해인 1979년까지 딱 2년간이었다. 1980년 여름철 냉해(冷害)에 따른 대흉작으로 쌀 생산량이 2465만 석에 불과해 1981년 1559만2000석의 쌀을 수입해야 했기 때문이다.

1973년까지 기반조성단계를 거친 새마을운동은 1974~1976년에는 발전단계에 접어들었다. 즉 경제 난국을 극복하는 데 중점을 두었으며 도시새마을운동으로까지 확대되어 10대 사업을 중심으로 전개되었다. 법질서 준수, 건전소비풍토 조성, 도시녹화, 뒷골목과 가로 정비, 시민의식의 계발, 새마을청소, 생활오물 분리수거, 시장새마을운동 전개, 도시환경개선, 낙후지역개발 등이 그것이다. 또한 1977~1980년은 새마을운동의 자립단계로 국력 신장의 기층 확대, 농어촌 복지기반사업 확대 등을 추진했다.

1960년대에는 대부분의 농어촌에서 호롱불로 어둠을 밝히고 있었다. 이러한 상태는 1970년대에도 이어졌다. 전기가 공급되지 않는 농어촌의 전화를 촉진함으로써 농어업의 생산력을 증강하고 농어민의 생활을 향상시키기 위해 1965년 12월 농어촌전화촉진법이 제정되었지만 1970년 말 기준 농어촌전화율은 23.8%에 불과했다. 전력 부족과 농어촌의 넉넉잖은 경제사정 때문이었다. 참고로 1970년 당시 미국·일본은 거의 100% 전화되었고 대만도 전국 주택의 84%가 전기의 혜택을 누리고 있었다.

이에 정부는 1979년까지 농어촌을 완전 전화한다는 목표를 세우고 3차 경제개발 5개년계획이 끝나는 1976년 말까지 전화율을 52.4%로 높이겠다는 계획을 1970년에 수립했다. 이를 위해 상공부에 전담과를 설치하고 각 시·도에도 전담기구를 설치했다. 농어촌전화율은 당초 목표를 상회해 1974년에 59%에 도달했다. 농어촌전화사업에 드는 자금의 조달은 내자는 등유세 및 한전의 자체자금으로, 외자는 아시아개발은행(ADB)의 차관도입 등으로 충당했다. 농어촌전화사업은 1971~1973년을 1단계, 1974~1976년을 2단계, 1977~1979년을 3단계로 해 순차적으로 실시되었다. 외딴집 앞까지 전봇대가 세워진 것은 3단계에 이르러서였다.

한편 제1차 국토종합개발계획(1972~1981년) 기간 중 1973년 11월 왕복 2차로의 호남고속도로가 개통되었으며 영동고속도로 건설사업이 본격화되었다. 이와 함께 중앙선·태백선·영동선의 전철화도 구간별로 진행되었다. 『두산백과』에 의하면 제1차 국토개발계획으로 공업용지 231㎢가 새로 조성되었으며 2324㎢의 경지정리가 이루어졌다. 교통시설로는 도로 8750㎞, 고속도로 590㎞를 새로 건설했으며 항만 하역능력은 6864만2000톤으로 확대되었다. 상수도시설 438만7000톤/일이 증설되었고 수자원 81억 2000만 톤을 추가 공급하게 되었다.

경기과열 양상과 인플레이션의 가속화

경기 측면에서 우리나라는 1975년에 1차 석유파동을 완전히 극복했다. 그리고 이후 높은 경제성장이 계속되다가 1978년에 이르러서는 과열(overheating) 양상이 나타났다. 한국은행의 『한국의 국민소득』(1982년)에 의하면 경제성장률은 1976년 15.1%에 이어 1977년 10.3%, 1978년 11.6%로 3년 연속 두 자릿수 성장을 기록했다.

이와 더불어 물가도 폭등하였을 뿐만 아니라 여러 가지 불안요소가 동시다발(同時多發)로 작동했다. 중화학공업에 대규모 투자가 계속되었고 농어촌 지붕개량 등 새마을사업에까지 투자가 확대되었다. 나아가 농촌으로부터 대량으로 공급되던 노동인력이 줄어들어 이른바 루이스전환점(Lewis turning point)을 겪고 있다고 판단되는 데다 전문기술자의 부족현상이 심화되는 가운데 임금상승이 두드러졌다. 당시 상황은 물건을 살 때 웃돈을 주어야 하는 이른바 '프리미엄(premium) 경제'였다. 이를 두고 일부에서는 '한국경제는 불타고 있다'라고 표현할 정도였다.

전국도매물가상승률을 한국은행의 『경제통계연보』(각호)에 의해 살펴보면 연말 기준으로 1976년 9.4%, 1977년 10.1%, 1978년 12.2%, 1979년 23.8%를 기록했다. 특히 1979년의 전국도매물가상승률은 1차 석유파동의 직격탄을 맞은 1974년의 44.6% 상승 이래 최고치를 나타냈다.

이에 대한 정부의 대응은 행정력에 의한 물가안정의 도모라는 범주에서 크게 벗어나지 못했다. 1978년 중반에 시행된 은행 예대금리의 인상, 부동산투기 억제에 이어 수입자유화의 대폭 확대와 가격통제 해제를 통해 국내 공급을 개선하자는 행정적 조치를 취했으며 그해 8월 부동산투기 억제 및 지가 안정을 위한 종합대책을 내놓은 데 이어 국토관리법을 개정해 토지거래허가제 도입으로 대응했다.

경제안정화 종합시책

이제 경제의 성장과 안정을 조화 있게 추구해 지속적 성장잠재력을 배양하기 위해 근본적인 대책이 필요했다. 그리하여 탄생된 것이 1979년 4월

17일 경제기획원이 발표한 경제안정화 종합시책이었다. 경제기획원의 『1979 경제백서』에 의하면 이 시책의 기조는 30년 인플레이션 해결의 전기(轉機)를 마련하는 데 두었다. 그리고 안정 기반 구축을 위한 당면대책과 함께 제도와 경제운용방식에 대한 구조적 개선과 근원적 대책을 수립하기로 했다. 예컨대 정부 주도의 금융운용을 민간 주도의 자율적 운용으로 바꾸어 금융억압(financial repression)으로부터 오는 비능률을 제거하자는 것이다.

시책의 중점은 ① 일시적 물가불안을 감수하고라도 그동안 누적된 압박요인을 현실화해 물가구조를 개편하고 ② 유동성 규제를 통해 초과수요를 억제하고 ③ 최근 급격히 증가하고 있는 중화학공업부문의 과잉투자를 조정해 생필품 등 공급애로부문에 자금을 공급함으로써 자금배분의 효율성을 높이며 ④ 시장 기능을 활성화해 유통부문을 활성화하고 ⑤ 투기억제와 소비건전화로 안정 기반을 구축하고 ⑥ 인력개발과 기술혁신을 통해 산업의 경쟁력을 배양하는 데 두었다.

이렇게 정책의 운용기조를 공급 확대를 통한 성장에서 수요 조정을 통한 안정으로 전환하다 보니 그동안의 성장위주정책과 충돌이 발생했다. 그뿐만 아니라 경제기획원과 관계부처 간에도 당시의 상황인식과 해법에 대해 격차가 있었다. 그리하여 경제기획원에서 이미 정한 정책과 다른 결정이 이루어지는 일도 발생했다. 당시 경제기획원 차관보이던 강경식(姜慶植, 부총리 겸 재정경제원장관 역임)의 회고록 『국가가 해야 할 일, 하지 말아야 할 일』(2010년)에 의하면 경제기획원은 4·17 시책을 통해 종합상사들이 연불수출금융을 악용하지 못하도록 지원액을 점차 줄여나가고 있었는데 그해 6월 신현확 경제기획원장관의 해외출장 중 경제기획원의 견해와 달리 연불수출금융제도를 원래대로 환원시키는 일이 발생했다는 것이다.

어떻든 경제안정화종합시책의 근간은 박 대통령 서거 후 제5공화국의 경제정책 기본방향으로 자리 잡게 된다.

【제2차 석유파동 및 박 대통령의 서거와 1·12대책】

박정희 대통령이 서거하자 국내외에서는 경악과 함께 혼돈 속으로 빠져들었다. 이때 정부가 취할 조치는 위기관리대책이다. 국내외적으로 팽배해진 불안심리를 진정시키는 일이 최우선 과제였다. 이에 정부가 맨 처음 취한 조치는 우리 정책 자세(policy stance)에는 아무런 변동이 없다는 점을 강조하는 것이었다. 특히 재무부는 국내에 투자하고 있는 외국인들의 심리적 동요를 막기 위해 관계당국은 국내은행 해외망과 해외주재 재무관 등을 통해 이 같은 정부 방침을 적극 홍보했다.

우리 경제는 1979년부터 재연된 2차 석유파동과 정치·사회 불안이 겹쳐 높은 물가상승, 경상수지의 악화, 성장 둔화 및 실업의 증대 등 어려운 상황에 직면했다. 이에 더해 국제금리는 1970년대 말~1980년대 초 고금리를 나타냈다. 국제금리를 선도하는 미국의 프라임레이트(prime rate)는 1977년 7.75%에서 1978년 11.75%, 1979년 15.25%로 인상되고 1980년에는 21.50%까지 치솟았다.

이렇게 사태가 전개되자 정부는 1980년 1월 12일 금리와 환율을 동시에 인상하는 대책을 발표했다. 한국은행의 『경제통계연보』(1981년)에 의하면 금리의 경우 정기예금(1년)은 연 18.6%에서 24.0%로 인상하고 일반대출은 연 18.5%에서 24.5%로 6.0%포인트 인상했다. 수출지원금융은 현행 연 9.0%에서 그해 6월 말까지 12.0%로 인상한 뒤 그 이후에는 15.0%로 인상하기로 했다. 환율은 1974년에 조정된 달러 당 484원에서 580원으로 19.8% 평가절하했다.

이와 아울러 물가안정을 위해 총통화증가율을 20% 이내로 관리하고 사치품에 대한 세율을 인상하는 한편 일부 생필품에 대한 관세율을 인하하기로 했다. 국민 기본생활을 안정시키기 위해 정부미를 무제한 방출하고 혼합곡·보리쌀의 가격은 현재 가격을 유지하기로 했다.

또한 국제수지를 방어하기 위해 개방·자율화를 추진하고 외국인 합작투자를 촉진하며 해외건설 용역을 확대하기로 했다. 고용안정을 위해 중소기업 외화대출을 지원하고 주택건설을 확대하며 중소기업으로부터의 정부물자 구매를 확대하기로 했다.

1970년대의 재정·금융정책

1970년대의 재정·금융정책은 경제성장과 자주국방을 목표로 하는 성장통화의 공급과 물가안정을 목표로 하는 안정통화의 공급 사이에서 어떻게 조화를 이루고 강조점을 변동시켜 나가느냐의 커다란 문제를 안고 있었다. 여기에 더해 국제수지의 관리도 핵심과제였다.

【투자 재원의 자립도 제고】

사실 국내저축이 절대적으로 부족했던 1960년대에는 해외저축에 크게 의존했지만 국내저축의 증대를 위해 여러 가지 노력을 아끼지 않았음은 앞에서 살펴본 바와 같다. 그런 가운데 1970년대에는 산업구조의 고도화와 자주국방을 위해 중화학공업을 건설하기로 함으로써 막대한 장기투자재원이 필요했다.

정부는 우선 중화학공업 추진에 소요되는 내자의 효율적인 동원을 위해 1973년 12월 국민투자기금법을 제정해 1974년 1월부터 시행했다. 국민투자기금은 그 자금조달을 국민투자채권의 발행, 정부자금의 이전 및 예탁 등으로 했다. 국민투자기금 중 대종(大宗)을 차지하는 국민투자채권은 기본적으로 저축을 늘려 투자재원을 마련하는 것이 아니라 은행, 보험, 우편 등 금융기관으로 이미 들어온 저축 가운데 일부를 조달해 이를 중화학공업에 장기저리로 융자해주는 것 즉 기존의 자금을 채널링(channeling) 해주는 역할을 수행했다. 한국조세연구원의 『광복 이후 우리나라의 금융정책에 대한 평가 및 앞으로의 정책과제』(1995년)에 의하면 국민투자기금의 운용규모는 1974년 698억 원에서 1978년에는 8283억 원으로 확대되었다. 1975~1980년 기간 중 국민투자기금은 중화학공업을 지원하는 장기투자재원의 60% 이상을 제공해 중화학 투자재원 조달에서 핵심적인 역할을 하게 된다. 이후 국민투자기금법은 2002년 12월 폐지되었다.

한편 1974년 7월 4일자 「매일경제」가 재무부 자료를 인용한 바에 의하면 당시 국내 총금융저축 규모는 1972년 3월 사상 처음으로 1조 원을 넘어섰다. 이 중 8916억 원이었던 은행저축은 그해 말 1조 원을 돌파했다. 우리나라 예금은행 전체 저축의 합계가 그 정도였다는 것이다. 단일 은행이 총수신 1조 원을 달성한 것은 이로부터 6년이 지난 1978년 9월로 국민은행이 최초였다.

이런 상황에서 가장 필요한 것은 금융저축의 증대였다. 따라서 정부는 금융저축을 늘리는 데 다양한 정책 수단을 동원했다. 금융저축을 늘리는 길은 물가상승을 고려한 실질금리를 높이는 것이어야 한다. 이에 정부는 근로자의 저축에 연 10%의 기본금리에 정부와 회사에서 주는 장려금을 더한 연 14.0~16.5%의 고금리를 보장하고 저축금액의 15%를 세액공제해 주며 이자소득세도 면제해 주는 근로자재산형성저축제도를 마련했다. 이는 「저축증대와 근로자 재산형성지원에 관한 법률」이라는 이름으로 법제화되어 1976년 4월부터 실시되었다.

직접금융을 확대하기 위한 노력도 강화되었다. 앞서 살펴본 바와 같이 기업공개는 1972년 12월 제정된 기업공개촉진법이 시발점이다. 그러나 기업공개제도에 대해 특히 대기업들이 소극적 반응을 보였다. 1973년 중 기업공개를 통한 자금조달 실적은 법인기업 전체의 외부 조달자금 규모의 2.4%에 불과했다. 이에 박정희 대통령은 1974년 5월 29일 '기업공개와 건전한 기업풍토 조성을 위한 5개 항의 특별지시' 즉 5·29조치를 내각에 지시했다. 8·3조치에서 기업들에 혜택을 주었다면 특히 재벌기업들을 대상으로 기업공개에 나서도록 '채찍'을 들어 강한 톤으로 압박한 것이다.

『한국증권금융 60년사』(2015년)에 의하면 재무부는 5·29조치를 구체적으로 실현하기 위한 방안으로 총액인수체제의 확립, 증권저축 및 증권투자신탁의 확대, 종업원지주제도의 개선, 기관투자자의 자본시장 참여 촉진 등을 주요내용으로 하는 자본시장 수용태세 확립대책을 6월 7일 발표했다. 이어 8월 8일에는 기업공개 보완시책을 내놓았다. 이 같은 조치로 주식발행시장의 외형이 눈에 띄게 커졌으며 증시의 자본조달 기능이 크게 활성화되었다. 상장회사 수는 1977년 말 323개로 늘어났으며 기업들이 증시에서 조달한 자금규모는 1975년 1000억 원을 넘어섰고 1976년에 2662억 원으로 급증했다.

다른 한편으로 금융저축을 늘리고 나아가 금융발전을 도모하기 위해 금융의 심화와 중층화(financial deepening and layering)도 추진했다. 즉 이미 설립된 금융기관을 대형화하고 나아가 제2금융권을 확대·발전시켜나갔다. 1976년에는 보험과 일반예금을 제외하고 모든 금융업무를 취급하는 합작회사인 한국종합금융 등 6개의 종합금융회사(merchant bank)가 설립되었다.

아울러 금융의 국제화도 적극적으로 추진했다. 국내 금융기관의 해외진출지역을 다변화하고 진출 형태의 다양화와 함께 외국 금융기관의 국내 진입을 전향적으로 받아들였다. 그리하여 금융기법의 선진화를 도모하면서 금융의 지평을 넓혀가자는 것이다. 재무부의 「주요 국제금융지표」(1978년)에 의하면 국내 금융기관의 해외점포는 1977년 말 지점 23개, 사무소 48개, 현지법인 3개 등 74개에서 1978년 9월 말 지점 26개, 사무소 56개, 현지법인 4개 등 모두 86개로 늘어났다. 그리고 외국은행 지점은 1967년 처음으로 5개가 개설된 이후 1977년 지점 20개, 사무소 11개 등 31개에서 1978년 9월 말 지점 28개, 사무소 14개 등 모두 42개로 늘어났다. 한편 「1978년 IMF의 한국경제에 대한 연례협의 보고서」에 의하면 외국은행 지점의 대출규모는 1971년 3800만 달러에서 1977년 8억4500만 달러로 연평균 65%씩 증가했다.

이러한 다양한 정책의 추진 결과를 한국은행의 『경제통계연보』(각호)에 의해 살펴보면 1964년 국내총투자율 14.6% 중 7.1%, 1969년 국내총투자율 29.8% 중 11.0%를 각각 차지했던 해외저축률은 1973년에 국내총투자율 25.6% 중 3.8%로, 1978년에는 국내총투자율 31.1% 중 3.3%로 그 비중이 크게 축소되었다.

【해외자금 유입과 국제수지의 관리】

1970년대 들어 국제금융시장이 커지고 그와 동시에 그 역할이 증대되었다. 1차 석유파동으로 OPEC국가들이 오일 달러를 유로금융시장을 통해 경상수지 적자국으로 환류시키고 있었다. 이렇게 국제금융에 있어서 시장의 역할이 커진 것이다. 각국이 금융을 완화하고 국제금융시장이 규모가 커지고 발전함에 따라 1970년대 후반에 이르러 유동성이 풍부해져 이른바 구매자시장(buyer's market)이 형성되었다.

이런 상황에서 1976년과 1977년에 한국경제가 각각 15.1%와 10.3%의 고도성장궤도에 재진입하자 국제금융시장에서 한국의 신용도가 크게 개선되었다. 이에 따라 외국은행들의 한국에 대한 대출경쟁이 치열해져 가산금리(spread)가 좁아지고 만기가 장기화되는 동시에 건당 대출액도 거액화되었다. 민간기업들은 일부 고금리 차입의 차환(借換, refunding)을 시작했다. 이런 유리한 조건에 힘입어 1978~1979년 우리 은행과 기업들은 미리 장기자본의 도입에 관한 약정(commitment)을 체결했다. 그리고 이를 1979~1980년 초에 집중 인출함으로써 경상수지 적자를 메워나갈 수 있었다.

한편 1·12 대책과 관련해 환율 인상이 국제수지 개선 효과보다는 국내 인플레이션 악화를 초래해 이것이 다시 환율 인상을 유발하는 악순환을 하게 될 가능성이 크다는 견해가 다시 고개를 들기 시작했다. 이러한 견해는 1964년부터 단일변동환율제 하에서 환율의 장기 고정화로 원화가 실세를 제대로 반영하지 못함으로써 환율의 국제수지 조정 기능을 약화시키는 오래된 관념이었다. 저환율을 유지하면서 수출은 높은 수출보조로 증진시키고 수입은 높은 보호로 억제해나가자는 견해이다.

이에 재무부는 환율의 실세화를 실현할 수 있는 환율제도를 마련하기 위해 1980년 2월에 복수통화바스켓(basket)환율제도로 변경했다. 원화환율은 'β · SDR바스켓 + (1 − β)독자바스켓 + α'의 공식을 이용해 산출토록 했다. 여기서 β는 가중치, α는 정책조정변수인 실세반영장치이다. 그리고 독자바스켓은 우리나라의 주요 교역상대국 통화인 달러화, 엔화, 마르크화, 프랑화로 구성했다. 환율실세장치인 α를 두고 환율을 정책당국이 조작한다는 국제사회의 비판이 제기되기도 했다. 제도는 이렇게 변경했지만 실제 운영에 있어서 환율이 국내 물가에 미치는 영향 때문에 실세화는 미흡한 실정이었다.

【물가안정과 재정·금융】

물가안정을 위해서는 적정통화량이 공급되어야 한다. 그런데 현실적으로 안정보다는 성장을 선호하는 박정희 대통령의 '보이지 않는 압력' 때문에 재정안정계획을 통해 안정통화를 공급하는 일이 결코 쉽지 않았다. 그러다 보니 통화증가율은 높은 수준을 나타냈다. 한국은행의 『경제통계연보』에 의하면 1970년대 들어 1978년까지 9년간 통화량(M_1) 및 총통화(M_2)는 연평균 30.8% 증가했으며 1976~1978년은 통화증가가 더욱 가속화되어 통화량이 32.1%, 총통화 36.1%의 증가율을 나타냈다.

한편 금리 추이를 한국은행의 『경제통계연보』에 의해 살펴보면 대출의 경우 상업어음할인금리는 1974년 15.5%에서 1976년 17.0(우량기업)~18.0%(일반기업)로 인상되었다가 1977년 7월 우량기업에 대해서는 15.0~18.0%로, 일반기업에 대해서는 16.0~19.0%로 유동화했다. 이는 1978년 18.5(우량기업)~19.0%(일반기업)로 재조정된 후 앞서 살펴본 대로 1980년 1월 12일 24.5~25.0%로 대폭 인상되었다. 예금금리는 1974년 15.0%에서 1976년 16.2%로 인상되었다가 1977년 14.4%로 인하된 후 1978년 18.6%, 1980년 1월 24.0%로 재인상되었다.

【재정 지출과 세제 개선】

또한 재정 지출은 물가안정에 중요한 역할을 한다. 재정 지출이 총수요를 자극하는 정도로 팽창된다면 이 역시 물가상승의 요인으로 작용한다.

1974년의 재정규모는 1조383억 원으로 사상 처음 1조 원을 넘어섰다. 전년(6594억 원)보다 57.5%가 늘어난 것이다. 재정은 1975년에는 1조5502억 원으로 늘어났으며 1976년에는 2조1705억 원으로 1974년보다 두 배가 넘는 규모가 되었다. 국방과 경제건설을 위한 투융자 비율이 커졌기 때문이다.

앞서 살펴본 바와 같이 제3차 5개년계획(1972~1976년) 기간 중 중화학공업 건설에는 방대한 자금이 소요되어 재정·금융의 부담이 필연적으로 증가할 수밖에 없었다. 이와 같이 날로 늘어나는 재정수요를 충당하기 위해서는 그동안 단편적으로 다루어왔던 세제를 근본적으로 개혁해 세입을 늘려야 했다.

정부는 1974년 12월 소득세법을 개정해 1975년부터 소득세제를 종합소득세제로 일원화하고 재산소득에 대한 과세를 강화했다. 이와 함께 종전 부과고지제도를 신고납부제도로 전환했다. 이어 1976년 말 부가가치세법과 특별소비세법을 제정하고 소득세법·법인세법·관세법·조세감면규제법 등을 개정하는 등 18개 세법을 제정 또는 개정하는 정부 수립 후 가장 대폭적인 세법 개혁을 단행했다.

부가가치세(VAT: value-added tax)제도를 재무부의 『한국 부가가치세제사』(1990년)에 의해 살펴보면 기존의 13개 간접세 항목 즉 국세로는 영업세, 물품세, 직물류세, 석유류세, 전기가스세, 통행세, 입장세, 주세, 전화세, 인지세 및 증권거래세 등 11개 세목과 지방세로는 유흥음식세 및 마권세 등 2개 세목으로 복잡다기화 되어 있는 간접세 체계를 부가가치세제로 단일화·간소화하는 데 그 목적이 있었다.

한편 VAT세제의 도입을 앞두고 논쟁이 많았다. 찬성론자들은 조세 및 세정의 간소화, 수출 및 투자의 촉진, 근거과세의 구현, 세수의 안정적 확보 등을 내세웠고 반대론자들은 영수증 주고받기 등 근거과세 기반의 취약, 물가의 편승 상승, 세 부담의 역진성 등을 주요 이유로 들었다. 그럼에도 이 세제를 도입하게 된 것은 세정의 투명성·효율성을 제고하고 과세기반을 확대하는 한편 투자·수출을 촉진함으로써 제4차 5개년계획의 성공적 수행을 뒷받침하기 위해서였다. 제4차 계획에 의하면 투자계획액은 GNP의 26.2%인 18조81억 원이고 이 중 정부에 의한 투자는 4조572억 원에 달했다. 이러한 투자소요액을 조세수입으로 충당해야 했던 것이다.

1977년 7월 1일부터 부가가치세제가 시행되었다. 이 세제가 정착되기 위해서는 외형과세액을 포착할 수 있도록 거래 과정이 투명해야 했다. 하지만 시행 초기에는 어려움이 많았다. 현금거래가 많고 영수증 주고받기가 안 되어 있는 상황이었기 때문이다. 이에 따라 금전등록기(cash register)를 음식점, 소매점 등에 보급·사용토록 하는 노력을 경주하는 한편 국세청의 과세자료전산시스템인 EDPS(Electronic Data Processing System)를 심혈을 기울여 개발했다. 이에 따라 1970년 14.4%였던 명목 GDP 대비 조세부담률은 1980년 17.0%로 상승했다.

다른 한편으로 부가가치세 도입으로 인해 1978년 12월 제10대 국회의원 선거에서 여당이 야당보다 득표율이 적게 나왔다는 설도 나돌았다. 이는 조세개혁이 얼마나 국민적 동의를 얻기 어려운지를 표현하는 것이라 할 수 있다.

1970년대 말의 실상

어떤 학자는 1960~1970년대에 걸쳐 우리가 발전할 수 있었던 요인을 사회적 측면에서 보면 '한(恨, anger spirit)'의 발로라고 한다. 동생들 학업을 뒷바라지하기 위해 버스 안내원이나 공단 근로자가 된 '누나의 한', 일자리를 찾아 무작정 도시로 떠난 농촌청년들의 '이촌향도의 한' 등이 그것이다. 그리고 어떤 학자는 이 같은 '한'을 '하면 된다'는 정신(can do spirit)으로 승화시킨 것이 박정희 대통령의 지도력이라고 하기도 한다. 말하자면 1960년대 초 우리 사회에 팽배해 있던 자조적(自嘲的) 패배의식을 '하면 된다'는 의식으로 점화(點化)했다는 것이다.

다른 한편으로 일각에서는 한국의 공업화가 정부주도로 이룩된 것이라고 볼 때 박정희 대통령을 중심으로 한 청와대와 상공부가 주도하고 이를 경제기획원과 재무부가 내·외자를 뒷받침하는 공조(共助)를 통한 합작품이었다는 이야기도 회자된다.

복지시책의 여명기

앞에서 살펴본 대로 제4차 경제개발계획을 추진하는 1970년대 후반에는 성장에 따른 소득분배의 형평성을 제고해 삶의 질(quality of life)을 개선해야 했다. 국민복지시책의 여명기(黎明期)를 맞은 것이다.

돌이켜 보면 제1~3차 경제개발계획 기간에는 농촌의 위장실업자가 주된 노동공급원이어서 저임금에도 불구하고 일자리만 있으면 되었다. 그래서 일자리를 하나라도 더 만드는 고성장정책이야말로 제1의 복지정책이었다. 하지만 1970년대 후반에 농촌 인력은 더 이상 저임금으로 고용이 가능한 노동력이 아니었다.

그전에도 복지시책이 전혀 없었던 것은 아니었다. 하지만 거의 사문화(死文化) 되거나 제대로 된 것이 아니었다. 예를 들어 교육부문에서는 1971년에 전국적으로 중학교 무시험진학제를 실시해 중학교 진학률을 획기적으로 향상시키고 1975년부터 국가기술자격제도를 시행해 실업계학교 학생들의 사기를 진작시키는 정도였다. 그러다가 실제적인 시책으로 1977년에 초급대학, 실업고등전문학교, 전문학교를 전문대학으로 개편해 기술집약적 산업을 육성하기 위한 제도적 장치를 마련했다.

아울러 노동부문에서는 근로자의 직업능력을 개발하고 근로감독행정의 강화 등을 통해 근로자를 보호하는 데 중점을 둔 시책을 펴나가기 시작했다.

사회복지 분야에서는 인구 증가의 억제가 큰 과제였다. 이를 위해 출산 억제와 임산부 및 출산아 대상 서비스 강화를 목적으로 1973년 모자(母子)보건법을 제정했다. 또한 점증하는 의료서비스 수요와 그 부담을 합리화하기 위해 1977년에 직장의료보험을 도입했다. 이는 1963년 법 제정 이후 유명무실했던 의료보험법을 1976년에 전면 개정해 1977년 7월 1일 상시 500인 이상의 근로자를 고용하는 사업장부터 적용했으며 1979년 300인 이상의 사업장으로 확대되었다. 공무원 및 사립학교 교직원 의료보험법은 1977년 12월 제정되었고 사립학교 교직원을 위한 연금제도가

1975년에 도입되었다.

한편 1970년대 주택 문제는 사회개발의 차원에서 다루어졌다. KDI(한국개발연구원)에 의하면 주택보급률은 1970년 78.2%, 1975년 74.4%, 1980년 73.2%로 계속해 낮아졌다. 그런데 소득이 늘면서 주택소유에 대한 욕구는 늘어났다. 이에 정부는 1977년 8월 국민주택 우선공급에 관한 규칙(주택공급규칙)을 신설해 주택청약제도를 도입했다. 처음에는 국민주택기금을 지원받아 건설되는 공공주택에 적용되었으나 1978년부터는 민영주택에도 청약제도를 적용했다.

숫자로 본 1970년대 말의 발전상

1960년대부터 1970년대 초가 경제발전의 기초적 조건 정비와 수출입국을 통한 발전을 도모했다면 1970년대 중·후반은 기술입국을 통한 생산구조의 고도화를 도모했다.

경제기획원의 『1979 경제백서』에 의하면 우리나라는 1978년부터 홍콩·싱가포르·대만·멕시코·브라질과 함께 NICs(Newly Industrializing Countries: 신흥공업국)의 일원으로 부각되었다. NICs는 1977년 기준 공산품 수출 10억달러 이상, GNP 중 공산품 비중이 25% 이상을 차지하는 국가를 일컬었다. 『위키백과』에 의하면 이 중 중남미 두 나라를 제외한 네 나라는 '아시아의 네 마리 호랑이/용(Four Asian Tigers/Dragons)'으로 불렸다. NICs는 나라가 아닌 지역이 포함되어 있어 후에 NIEs(Newly Industrializing Economies: 신흥경제지역)로 고쳐 부르게 되었다. 우리가 이제 당당히 NIEs가 된 것이다.

한국은행의 『경제통계연보』에 의하면 우리나라의 성장률은 1970년 7.9%, 1973년 14.9%, 1974년 8.0%, 1978년 11.6%, 1979년 6.4%로 1970년대 전체 평균으로는 10.1% 성장을 기록했다.

1인당 GNP는 1970년 242달러에서 1974년 523달러로 늘어나 북한을 추월했으며 1978년에 처음 1000달러를 넘어서 1330달러를 기록하고 1979년에는 1546달러가 되었다.

1977년 100억 달러를 넘어선 수출은 1979년에는 150억5600만 달러를 달성했다. 주요 수출품목에도 큰 변화가 있었다. 10대 수출품목의 경우 앞에서 살펴본 바와 같이 1970년에는 섬유류－합판－가발－철광석－전자제품－과자제품－신발－연초 및 제품－철강제품－금속제품 순이었던 것이 1980년에는 의류(15.9%)－철강판(5.4%)－신발－선박－음향기기－인조 장섬유직물－고무제품－목재류－영상기기－반도체로 바뀌었다. 수출품 중에는 컬러 TV도 포함되어 있었다. 컬러 TV는 1974년 국내에서 생산하기 시작했으며 1977년부터는 수출길에 나섰다. 1980년 8월부터 국내 시판이 허용되었으며 국내 컬러 방송은 그해 12월 1일 수출의 날 기념식 생방송을 시작으로 시험방송을 거쳐 1981년 1월 1일부터 본격 방송되었다.

실업률은 급속한 경제성장에 따라 1970년 4.4%에서 1973년에는 사상 최초로 4% 아래인 3.9%로 떨어졌다. 그러나 1차 석유파동의 후유증으로 1974~1975년 다시 4%대로 재진입한 뒤 1978년 3.2%까지 떨어졌다가 2차 석유파동의 여파로 1979년에는 3.8%로 상승했다.

노동시장구조의 질적 변화도 있었다. 농촌 잉여노동력으로 인해 무한탄력적이던 노동공급시장에 1975년부터 부분적인 노동력 부족현상 나타났다. 해외건설 진출로 건설 기능인력에서 시작된 이 같은 현상은 차츰 각 산업으로 파급되었다. 이에 따라 농촌에 대규모 실업군(群)이 상존(尙存)해 전반적으로 낮은 수준을 유지했던 임금이 특히 경상계·이공계 출신의 고급인력을 중심으로 상승하는 현상이 나타나기 시작했다. 1970년 1.7%, 1975년 3.4%에 머물던 실질임금 상승률은 1976년 17.5%, 1977년에는 20.0%, 1978년 18.0%로 치솟았다. 농촌노동력의 도시노동력화 즉 노동력의 이촌향도가 더 이상 진행되지 않는 루이스 전환점을 1977~1979년 맞이하지 않았나 하는 의견이 제시되기도 했다.

이러한 추세를 반영해 1970년 50.1%였던 도시화율은 1980년 68.7%로 상승했다. 서울시 주민등록인구 자료에 의하면 서울 인구는 1976년 700만 명을 넘어선 이후 1980년에는 836만4400명으로 늘어났다. 한편 인구증가율은 1970년 2.21%에서 1980년에는 1.57%로 낮아졌다.

한국은행의 『한국의 국민소득』(1982년)에 의하면 국민총처분가능소득(GNDI: Gross National Disposable Income) 대비 총저축률은 1970년 16.3%에서 1980년 25.4%로 상승했다. 같은 기간 국내총투자율도 27.2%에서 34.6%로 높아졌다.

한국은행 홈페이지(경제통계) 자료를 바탕으로 연간 명목 가계 최종소비지출에서 식료품비가 차지하는 비율을 계산한 엥겔계수(Engel's coefficient)는 1970년 39.7%에서 이후 소폭 등락을 거듭하다 1980년에는 35.0%로 낮아졌다. 참고로 엥겔계수를 기준으로 생활수준을 비교할 경우 최상위층은 식료품비가 25% 이하, 상위층은 25~30%, 중위층은 30~50%, 하위층은 50~70%, 극빈층은 70% 이상으로 구분하기도 한다. 전반적인 소득수준 향상으로 먹고살 만해지니 육류·생선류는 물론 채소류의 소비까지 증가했다. 종전에는 분식·혼식이 강요되다시피 했으나 주곡인 쌀의 자급기반이 구축되어 쌀밥 식사와 함께 반찬도 다양해진 것이다. 특히 채소류에 대한 수요는 계절성 없이 크게 늘어났다. 이에 따라 고추·마늘 등을 긴급수입 해야 하는 상황이 1978년에 처음 발생했다. 남덕우의 전게서 『경제개발의 길목에서』에 의하면 1979년에도 고추의 흉작으로 고추파동이 일어나자 조달청은 급히 멕시코와 인도의 고추(hot pepper)를 수입해 서울 시민에게 공급했는데 이 고추는 맛이 없고 맵기만 하다 하여 국산 고추 값은 계속 올랐다. 이에 조달청은 미수교국인 중국으로부터 우리나라 고추와 같은 종류의 달콤하면서도 매운 맛이 나는 고추(sweet pepper)를 수입했다.

반면에 제3차 경제개발 5개년계획 기간 중 경제력 집중도가 높아지고 소득의 불평등이 심화되었다. 중화학공업을 추진하는 과정에서 금융이 주로 재벌에 편중됨으로써 경제력 집중이 나타났고 도시와 농촌 간에 개발격차가 벌어졌다. 『공정거래위원회 20년사』에 의하면 1970년 126개였던 30대 재벌의 계열기업 수는 1979년에는 429개로 증가했다.

그동안의 급속한 경제성장에 힘입어 실업문제는 어느 정도 해결되었다. 배고픔과 못 배움을 극복하고자 분투(奮鬪)한 노력의 대가였다. 앞서 이야기한 '한'과 '하면 된다'는 정신이 결합되어 1970년대 대한민국 발전의 동인(動因)이 되었다. 하지만 취업자 중에서도 저임금 빈곤층이 나타나기 시작했다. 이 같은 소득불평등은 종전의 절대적인 '가난의 한'이 상대적인 '박탈의 한'으로 바뀌는 단초가 되었다. 다시 말하면 '배고픈 한'에서 '배 아픈 한'으로 바뀐 것이다.

제 2 절 나의 경력

주제네바 대표부 재무관(1973년 8월~1975년 2월)

나는 1973년 8월에 외화자금과장에서 주제네바 대표부 재무관으로 승진 발령을 받았다. 마침 제네바 소재 GATT에서는 도쿄 라운드(Tokyo Round)의 다자간 무역협상(MTN)이 태동 단계에 있어 이 시작을 선언하는 각료회의가 그해 9월 일본 도쿄에서 열렸다. 나는 남덕우(南悳祐) 재무부장관을 수석대표로 한 한국대표단의 일원으로 참석했다.

그 후 나는 중앙정보부(현 국가정보원)에서 실시하는 해외근무 외교관 교육과 외무부의 영어를 중심으로 한 외국어시험 판정을 거쳐 1973년 12월 10일에 외무 부이사관 겸임발령을 받아 제네바 대표부에 근무할 수 있었다.

나는 서기관 승진을 재무부 법무담당관으로, 부이사관 승진을 제네바 주재 재무관으로 함으로써 부이사관까지 승진하는 데 시험을 거쳐야 하는 셈이었다.

제네바에서 나의 첫째 임무는 GATT 주관의 도쿄 라운드 추진을 위한 무역협상 본회의(TNC: Trade Negotiations Committee)와 전문가로 구성된 실무위원회(working party) 회의에 참석해서 주요 각국의 동향을 파악하고 우리의 입장을 정리해 본국에 보고하는 일이었다. 이에 더해 본국에서 출장을 오면 훈령(訓令)과 현지 분위기를 감안한 상세한 내용을 담은 포지션 페이퍼(position paper)를 작성해 출장자들에게 제공했다.

그동안 GATT에서는 1967년에 마무리된 케네디 라운드(Kennedy Round) 협상을 포함해 여섯 차례에 걸친 국제 라운드의 성공으로 관세장벽이 크게 완화되었으나 비관세장벽은 다양하게 운용되고 있어 국제통상의 확대에 장애가 되고 있었다. 이에 도쿄 라운드는 장기간의 협상을 거쳐 1979년에 마무리되었는데 관세인하뿐만 아니라 비관세장벽의 완화에도 중점을 두었다. 그 결과 도쿄 라운드에서는 덤핑방지, 보조금 및 상계관세, 관세평가, 정부조달, 기술규격, 수입허가절차, 개도국 대우에 관한 조치, 민간항공기 등에 관한 8개 국제협정과 식육과 낙농품에 관한 2개의 협정 조인 등 10개의 통일적인 국제무역규범이 탄생하게 되었다. 그리고 향후 8년 동안 광공업제품 관세를 평균 33% 인하하고 농산물은 41% 인하하기로 합의했다.

제네바에는 유엔 유럽본부(UNOG: United Nations Office at Geneva)를 비롯해 CICR(국제적십자위원회), WHO(세계보건기구), ITU(국제전기통신연합), ILO(국제노동기구), WIPO(세계지적재산권기구) 등 여러 경제·사회관련 국제기구가 자리잡고 있었다.

나는 이 중 UNCTAD회의를 포함해 여러 경제관계 국제회의에 참석하기 위해 UNOG가 들어있는 팔레데나시옹(Palais des Nations)에 드나들었다. GATT 주관 회의는 GATT 사무국의 사무실이 협소해 팔레데나시옹을 사용하기도 했다. 그러나 당시에는 우리의 의견 발표가 그다지 주목 받지 못했는데 이는 우리나라의 무역규모나 수출상품이 모두 미미해 우리의 국력이 너무 약했기 때문이다. 그러다가 GATT 주관 하에 1974년 체결된 다자간 섬유협정(MFA: Multi Fiber Arrangement)에서는 우리나라의 섬유 수출이 늘면서 발언권이 생기고 영향력도 커졌다. MFA의 전신(前身)은 1961년 체결된 단기면직물협정(STA: Short-term Arrangement)과 1965년 체결된 장기면직물협정(LTA: Long-term Arrangement)이었다.

한편 내가 제네바에 근무하는 동안 1차 석유파동이 발생했는데 이후 우리나라를 비롯한 후진국들은 외환부족으로 외화 차입에 모든 해외공관에서도 노력을 기울였다. 나는 재무관으로서 더욱 책임감을 가지고 국내에서 출장 나온 금융관계자와 업무 협의를 하고 이들이 출장 목적을 달성할 수 있도록 편의를 제공했다.

제네바에서의 생활을 돌이켜보면 1차 석유파동 이후 현지통화인 스위스 프랑화가 봉급으로 받는 미국 달러화에 대해 평가 절상되어 사실상 감봉이 된 셈이어서 생활에 큰 어려움을 겪었다. 당시 환율을 보면 1974년 1월 1달러당 3.3630프랑이던 것이 1년 후인 1975년 2월에는 1달러당 2.4792프랑으로 스위스 프랑화가 26.3%나 절상되었다. 그러나 당시에는 환차를 보전해주는 제도가 없었으며 이후 1978년부터 현지통화 개념 즉 주재국 통화 기준으로 현지 공관 직원들의 봉급을 계산함으로써 환차를 보전해주는 제도 개선이 있었다.

스위스는 직접민주주의 국가로 큰 교량 건설 등의 주요 사항은 국민투표로 결정하고 국민개병(皆兵)주의에 입각한 민병제를 채택하고 있으나 총기사고가 거의 없다시피 한 나라이다. 또한 청결하고 열차 등의 지연이 거의 없는 등 정확성을 기하는 나라이다. 또한 소득이 높고 관세 체제는 종량세 체제로 고급품과 저급품 구분 없이 관세가 동일한 나라이다.

내가 MTN을 종합적으로 검토해 1974년 12월에 보고한 내용을 재무부 관세국에서 『GATT 다자간 무역협상(Tokyo Round)의 현황과 대책』이라는 제목의 책자로 펴냈다. 1장 다자간 무역협상의 추진 현황, 2장 다자간 무역협상 대책과 별첨으로 구성된 이 책자는 내가 관세청에 자료로 기증했다.

구체적으로 1장은 다자간 무역협상의 배경, 다자간 무역협상의 추진 경위, 다자간 무역협상의 목적 및 협상의 기본지침, 무역협상위원회의 진행 현황, 관세관계 작업단회의, 비관세관계 작업단회의, Sector Approach 관계 작업단회의, Safeguard관계 작업단회의, 농산품관계 작업단회의, 열대산품관계 작업단회의의 10개 분야로 구성되었다. 2장은 우리나라 다자간 무역협상 참가 의의, 다자간 무역협상에 있어서의 우리나라의 기본대책, 관세관계 협상에서의 대책, 비관세관계 협상에서의 대책, Safeguard 관계 협상에서의 대책, 농산품·열대산품관계 협상에서의 대책, 기타 준비사항의 7개 항목으로 구성되었다. 또한 별첨은 공산품의 관세 및 교역량에 관한 일반분석자료의 통계내용, 공산품에 대한 GSP 공여 선진 10개국의 GSP 실시 현황, NTB(Non-Tariff Barriers to trade, 비관세장벽)의 예시표, 후진국의 주요 수출품목표, GATT 사무국의 수량제한에 있어서 후진국에 대한 차별취급방법에 대한 검토내용, 열대산품 품목표, GSP와 MTN과의 관계, Safeguard의 현황 및 문제점, 기타 준비사항 등의 11개 항목으로 구성되었다. 이 보고서는 매우 분량이 많은 종합보고서이고 관세청에서 보관 중이므로 여기에 싣는 것은 생략하고 대신 내가 1975년 2월 EC 주재 대사회의에 보고한 도쿄 라운드의 향후 추진 일정을 담은 「MTN의 현황」을 〈별첨 3-1〉로 싣는다.

또한 나중의 일이지만 내가 KAIST 테크노경영대학원 교수로 재임하던 2000년 12월 15일 발간된 『관세청 30년사-경제국경에서 한국경제와 함께한 30년』에 게재된 나의 기고문 「1973년 관세율 조정과 Tokyo Round협상」의 전문을 〈별첨 3-2〉으로 싣는다.

재무부 금융제도심의관(1975년 2월~1976년 2월)

나는 1975년 2월에 재무부 금융제도심의관으로 발령을 받았으나 후임 권태원(權泰元, 신용보증기금 이사장 역임) 재무관의 제네바 부임 절차 관계로 그 해 6월에서야 제네바를 떠나 재무부에 부임했다. 일반적인 근무 관례에 비추어 보아 1년 반은 매우 짧은 해외근무였다.

재무부 금융제도심의관으로는 1년이 채 안 되게 근무했다. 이 기간 중 추진했던 주요 업무는 중장기 금융발전방향에 관하여 전문가들과의 토론을 거쳐 의견을 집약하고 이를 토대로 제도를 마련하는 일이었다. 이와 관련해 금융제도심의위원회를 운영했는데 위원장으로 홍승희(洪升憙) 전 재무부장관이 수고를 해주시고 학계와 금융계의 전문가들이 위원으로 활약해 주셨다. 한편 금융정책 및 관리 등 일상적인 금융운영은 이재국에서 담당했다.

당시 금융제도심의관의 주요 과제는 설비금융의 효율화 방안 및 금융의 국제화 방안을 추진하고 근로자 재산형성 저축제도를 마련하는 일이었다.

설비금융의 효율화 방안은 앞에서 설명한 대로 설비금융은 한국산업은행(KDB)에서 담당하고 있었고 또 1974년부터 국민투자기금법이 시행되고 있었기 때문에 금융제도심의관의 임무는 국민저축을 획기적으로 늘리는 방안에 대해 연구·검토하는 것이었다. 그러다 보니 설비금융 효율화에 관해서는 뾰족한 수가 나오지 못했다. 다만 이때 상업은행(commercial bank)에서 텀론(term loan)을 발전시키는 방안을 거론하기도 했다. 그러나 결국 장기설비금융의 조달창구를 목표로 영국 머천트뱅크(merchant bank)를 모델로 한 종합금융회사를 영국과 합작으로 1976년 설립하는 것으로 귀결되고 말았다.

금융의 국제화 방안과 관련해서는 국내에 설치된 외국은행의 국내지점과 국내은행의 해외점포에 대한 효율화 방안을 연구·검토하였다. 이미 오래전부터 전자(前者)는 선진금융기법을 도입해 경영 노하우를 습득하고 외자를 조달하는 창구로 활용하기 위해서 설치되었다. 그리고 후자는 국내 금융기관들이 해외점포를 설치해 외국 금융기관과의 네트워크를 형성하여 우리나라 기업의 해외진출을 돕기 위해 설치되었다. 그렇지만 실제적으로는 현지에 진출한 국내 무역상사와 한국인 교포의 사업 지원에 치중하는 결과를 낳았다. 아울러 정부는 런던·뉴욕 등 주요 국제금융 중심지에 재무관을 상주시켜 국제금융시장에서의 해외차입을 지휘했다.

또한 1976년 3월 시행된 근로자 재산형성 저축제도는 '일정 소득 이하의 근로소득자들에게 인센티브를 주어 저축의 중장기화를 유도하자'는 배경에서 출발했다. 처음 시작은 독일의 제도를 참고했지만 당시 김용환(金龍煥) 장관이 저축을 늘려야겠다는 집념을 가지고 우리 현실에 맞는 방식으로 재설계하도록 독려했다. 그리하여 월 소득 25만 원 이하의 소득자들이 은행에 목돈마련저축을 하거나 신탁회사에 증권투자저축을 하면 금리 이외에 저축장려금을 지급하는 방안을 마련했다.

대통령비서실 재경담당 비서관(1976년 2월~1978년 6월)

나는 1976년 2월에 대통령비서실 경제제1수석비서관실 재경담당 비서관으로 전보되었다. 청와대 근무는 재무부 공무원인 나에게 보다 넓은 시야에서 국정을 볼 수 있도록 해주었다. 그리고 대통령과 대통령비서실 및 관계부처 간 의사소통으로 원활한 업무 추진을 도모하는 데 주력하고 비서관이 호가호위(狐假虎威)해서는 절대로 안 된다는 근무수칙을 경험하고 실천했다.

재경비서관의 담당업무는 경제기획원과 외청인 조달청 그리고 재무부와 그 외청인 전매청·국세청·관세청에서 진행되고 있는 일을 수석비서관에게 보고하고 수석비서관을 통해 지시받은 청와대의 의견을 관계부처에 전달했다. 이는 국정 운영의 기본방향에 대해 청와대와 행정 각 부처가 인식을 같이하는 데 그 목적이 있었다. 따라서 소관부처에서 행해지는 여러 가지 행정조치들은 비서관이 주관하지 않고 당해부처 책임자의 권한과 책임 하에 이루어졌다.

경제기획원은 1961년에 창설된 조직이지만 그 관장업무는 매우 넓었다. 경제발전을 설계하는 기획업무에서부터 경제의 실상을 파악하는 통계업무, 물가안정을 담당하는 업무, 정부부문 자원의 배분을 담당하는 예산부문과 공공 및 민간의 외국차관을 담당하는 외자도입부문을 관장했다. 경제기획원은 부총리 부처로서 대통령을 모시고 하는 월례경제보고회의를 비롯해 경제장관회의, 물가대책회의, 외자도입심의회의 등 많은 회의를 주관했다.

특히 1977년 카터 미국 대통령의 주한미군 철수 카드가 대두되자 박정희 대통령은 미군이 철수할 경우 미국의 군사장비 구입(FMS: Foreign Military Sales) 지원 축소에 따른 국군의 장비 현대화 문제에 초미의 관심을 두어 이와 관련된 예산 문제 등 대응방안을 면밀히 검토했다.

재무부는 은행·증권·보험 산업을 관장하는 국내금융과 외환을 관장하는 국제금융업무, 재정지출을 담당하는 국고부문, 국세제도를 담당하는 세제 및 수출입 관련 관세부문을 관장했다. 재무부는 우리가 처한 경제현실에 바탕을 둔 주요 대안을 제시하는 주요 부처인 데다 많은 정책수단을 가지고 있어 정부부처의 각종 회의에 참석하지 않은 경우가 거의 없었으며 관계회의에서 발언권이 센 편이었다.

청와대 근무 기간 중 특히 기억에 남는 일 몇 가지를 소개하자면 제일 먼저 생각나는 것이 부가가치세 도입에 대해 청와대에서 지대한 관심을 가지고 챙겼다는 점이다. 우선 부가가치세 도입을 위한 1976년 세제 개편을 앞두고 김정렴 비서실장의 지시에 의해 영수증 주고받기에 필수적인 금전등록기의 보급 확대방안을 추진했다. 부가가치세 시행이 결정된 후에는 국세청에서 이루어지는 진행사항을 면밀히 점검하고 준비해 1977년 7월 1일 시행에 착오가 없도록 했다.

또한 은행들의 중소기업 의무대출비율 30%가 잘 지켜지지 않아 이의 달성을 점진적으로 추진해 매년 신규대출의 30%로 하자고 건의했으며 조달청 및 감사원과 협의해 시중에서 일정 가격에 거래되는 연필까지 원가계산을 하는 조달청의 까다롭고 불편한 물자구매방식을 시중거래가격 구매방식으로 개선토록 제안했다.

이와 더불어 상공부가 주관하는 수출진흥확대회의(추후 무역진흥회의로 개칭)까지도 참석해 대통령의 지시사항을 챙겼다. 또한 수입자유화조치 추진에 따른 1977~1978년 무역자유화 관련회의에서 상공부는 국내산업을 보호해야 한다며 보수적인 입장을 보였다. 이에 대해 일단 자유화를 해놓고 일정 기간 수입동향을 살펴보면서 국내산업에 피해가 클 경우 다시 규제하는 방식을 취하자는 수입감시제도를 제안해 무역자유화의 원만한 추진을 이끌어냈다.

재경담당 비서관 재임 중 수행한 박정희 대통령의 특명사항으로는 공항에서 근무하는 직원들의 처우 개선 지원, 서울대병원 신축과 관련한 지원 등이 있다. 박 대통령은 우리나라를 방문하는 외국인들이 거치게 되는 첫 관문인 공항은 '한국의 얼굴'로 비쳐진다며 공항 세관·출입국관리·검역(CIQ) 직원들의 용모 단정과 품위 유지를 강조했다. 나는 이를 위한 특별수당을 지급하는 방안을 마련했는데 예산당국이 난색을 표해 난항 끝에 이를 추진했다.

서울대병원 신축과 관련해서는 당초 건설 자금을 차관으로 충당하기로 했으나 차관 도입이 순조롭지 않아 예산으로 전환했는데 사업계획과 공사금액이 단계적으로 크게 늘어나 골조 구축 후 건설사업의 진행이 지지부진했다. 박 대통령은 이에 대한 진단을 건설부에 지시하는 한편 김용한(金容瀚, 과학기술처 차관 재임 중 아웅산 사건으로 순직) 경제기획원 예산심의관 주관 하에 건설 진척사항을 점검하도록 했는데 나는 이를 관리하는 일을 담당했다. 나는 또한 병원이 건설된 후 운영주체를 확립하기 위한 방안을 검토하게 되었는데 별도의 법인 설립이 필요하다고 결론이 났다. 이를 추진하기 위해 문교부 기획관리실장 등이 참여한 태스크포스(task force) 성격의 기획관리반을 구성해 운영하는 일을 맡았다.

박 대통령은 버스 안내양에 대한 겨울철 방한복 제공과 원양어업·중동건설 근로자에 김치통조림 제공 등 산업 현장 종사자 지원, 근로자장학재단 설립 등에 관심이 많았다. 이 중 나는 근로자장학재단 설립에 관한 업무를 담당했다.

한편 중화학공업이 건설되어 수출입은행의 중장기수출자금 지원의 필요성이 증대되었다. 특히 선박 수출의 중장기 지원이 절실했다. 그러나 수출입은행이 자체 조달한 자금만으로는 이를 지원하기에 부족했다. 그래서 선박수출의 중도금으로 받은 약속어음(promissory note)을 국제금융시장에서 할인해야 하는 일이 생기기 시작했다. 이 일과 관련해 1977년 6월 15~16일 스톡홀름~헬싱키 간 발트해를 운항하는 유람선에서 수출입은행 주최로 열린 무역포럼(Trade Forum)에 참석해 「The Current Economic Situation of the Republic of Korea and Its Task」라는 제목의 연설을 통해 나는 한국경제의 전망이 밝다는 점을 강조했다. 이 연설문은 〈별첨 3-3〉로 싣는다.

재무부 국제금융국장(1978년 6월~1980년 5월)

청와대 재경비서관을 마친 나는 1978년 6월 7일 재무부 국제금융국장으로 자리를 옮겼다. 청와대 비서관은 별정직이었기 때문에 총무처의 심의를 거쳐 동일자로 일반직 이사관이 되었다. 일반직으로 공무원을 시작했던 나는 잠시 청와대에 별정직으로 나갔던 것인데 별정직에서 일반직으로 환직하려면 다시 총무처 심의를 받는 게 그때까지의 절차적인 관행이라고 하지만 불필요하다고 생각되어 이의를 제기했는바 이를 계기로 이 같은 심의제도는 폐지되었다.

국제금융국은 국제금융과·해외투자과·국제기구과의 3개 과로 구성되었다. 이 중 국제금융과의 주된 업무는 외자 차입, 연불수출의 지원, 해외건설자금관리였다. 우선 외자 차입의 경우 1978년에는 여건이 매우 순조로워서 외자 조달에 별다른 어려움 없이 1979년을 넘길 수 있었다.

10·26사태 후 국제금융시장에 대한 조치

그런데 1979년 10월 26일 박정희 대통령 시해사건이 벌어지고 제2차 석유파동이 일어나면서 1980년 이후에는 외자 확보가 매우 중요한 과제가 되었다. 10·26 사태 직후 국제금융시장에서 우리나라 경제에 대한 불안

심리가 고조되자 이를 진정시키는 일이 시급했다. 그래서 구체적으로 '불행하게도 우리나라 대통령에게 유고가 생겼지만 민주주의라는 국가 기본에는 변화가 없을 뿐만 아니라 자본주의 경제운용시스템도 변화가 없다'는 점을 홍보해야 했다. 이에 따라 국제금융기구와 우리나라와 거래하는 주요 은행에 일일이 설명해나갔다. 또 상업은행들로 하여금 외국 코레스은행(correspondent bank, 환거래은행)에 이러한 내용을 설명토록 했다. 그리고 각국 주재 재무관과 한국은행 해외사무소, 외환은행과 상업은행 등의 해외지점을 통해 현지의 반응을 보고토록 해 이에 대응하는 조치를 취했다.

10·26 사태 후 당분간은 국제금융시장에서 자금차입을 시도하는 것이 현명하다고 생각되지 않아 우선 관망(wait and see)하기로 했다. 그런 가운데 1980년 상반기까지는 앞에서 설명한 대로 1978~1979년에 약정을 체결한 장기자본을 집중 인출해 경상수지 적자를 보전할 수 있었다. 한편 유동적인 국제금융시장의 분위기를 감안해 우리 정부는 1980년 3월 IMF와 약정금액 6억4000만 SDR(Special Drawing Right, 특별인출권) 규모의 제13차 스탠드바이협약(SBA: Stand-by Arrangement)을 예정대로 체결했다. 그리하여 앞으로의 외화소요에 대비하고 우리나라에 대한 약화된 공신력을 보강해 나갔다.

내가 국제금융국을 떠난 후 1981년에는 우리나라의 외환 사정이 어려워진 데다 외환차입시장이 경색되어 외환 확보에 어려움을 겪게 되었다.

한편 1970년대 말은 중화학공업의 추진으로 선박을 중심으로 연불수출이 증가하면서 수출입은행의 역할이 커졌다. 국내자금 조달만으로는 한계가 있던 수출입은행으로서는 중장기 연불수출자금을 확보하는 일이 중요한 과제였다. 수출입은행은 국제금융과의 지원을 받아 선박수출대금으로 받은 어음의 국제금융시장에서의 할인을 적극적으로 추진해나갔다.

이와 더불어 해외건설은 1970년대 초 중동 진출로 제1차 석유파동에 의한 외환 부족을 해결하는 데 큰 역할을 담당했다. 그러나 1970년대 후반에는 사우디아라비아를 중심으로 대형공사의 수주가 이루어져 이들 선수금이 국내로 유입되어 부동산투기 열풍을 초래하고 공사 수주에 있어 과당경쟁이 벌어지는 등 해외건설의 부정적 효과가 나타났다. 따라서 이를 억제하기 위한 조치로 각 주거래은행으로 하여금 중동 건설현장에 관리인을 파견해 외화자금을 종합관리 하도록 했다.

해외투자과의 주된 업무는 해외투자(outbound investment)보장협정의 체결이었다. 이는 세제국의 이중과세방지협정과 쌍벽을 이루는 일이었다. 사실 그동안 경제개발계획의 성공적 추진으로 국력이 신장된 데다 장기적인 수출기반의 확보와 해외자원의 장기 안정적 확보면에서 해외투자를 시작해야 할 단계에 이르게 되었다. 여기에는 해외투자가 소망스러운 방향으로 이루어질 수 있도록 제도적 장치를 마련해야 하는바 이것의 출발점이 바로 투자보장협정의 체결이다.

이와 아울러 해외투자가 소망스러운 방향으로 안착하기 위해서는 투자를 가장한 재산도피(capital flight)가 일어나지 않도록 해야 하는바 이를 위해 부동산의 해외투자 등 투자대상을 제한했다.

국제기구과에서는 IMF 및 IBRD 등 세계금융기구와 ADB(아시아개발은행) 등 지역개발금융기구를 중심으로 한 국제기구와의 협력 강화 및 각종 회의 참석 관련 업무를 담당했다. 국제금융국장은 IMF/IBRD 연차총회와 ADB총회에 재무부장관을 수행해 주요 국제 금융계 인사들과의 면담 내용을 준비하고 총회 연설문을 작성하는 일이 주요 임무 중 하나다. 연설문 내용은 국제경제의 동향과 우리 경제의 사정 및 대책과 전망 등 경제 전반을 망라한다. 또한 IMF/IBRD의 잠정위원회·개발위원회에 수석대표인 한국은행 총재를 모시고 교체수석(alternative governor)으로 참석했다.

특히 생각나는 것은 유고슬라비아 베오그라드(현재는 세르비아의 수도)에서 개최된 1979 IMF/IBRD 연차총회에 김원기(金元基: 부총리 겸 경제기획원 장관 역임) 장관을 수행해 참석했는데 티토(Josip Broz Tito) 유고슬라비아 대통령의 연설을 들었던 점이다. 총회가 끝나고 IBRD의 IDA자금 보충회의가 두브로브니크(1991년 유고연방에서 독립한 크로아티아의 남부 아드리아해 연안 도시)에서 열렸는데 여기에 대표로 참석했다.

또한 이때 아프리카개발은행(AfDB)의 개발기금(AfDF)에 가입해 AfDB 가입의 토대를 마련했다. 미주개발은행(IDB)에도 가입을 추진했으나 재임 중에 이루지는 못했다. IDB 가입은 오랜 노력 끝에 2005년에 이루어졌다.

한편 내가 국제금융국장으로 재임 중 국제기구에서 발주되는 여러 프로젝트의 조달(procurement)에 우리 기업들이 참여할 수 있는 자격을 갖추기 위한 토대로 종합기술용역회사를 설립하는 방안을 김원기 한국산업은행(KDB) 총재에게 건의했다. 말하자면 '한국판 벡텔'을 설립하자는 것이었다. 그후 한국산업은행에서 어떻게 처리되었는지 궁금할 뿐이다.

나는 국제금융국장으로 재직하던 1978년 12월에 홍조근정훈장을 받았다. 이는 재무공무원으로 시작한 내 공직 경력에서 첫 번째로 받은 표창이다.

내가 국제금융국장을 맡고 있던 시절에는 주로 담당 정책에 대해 업계에 설명해 주는 것이 주조를 이루었기 때문에 별첨으로 싣지 않고 위의 설명으로 대신한다. 그 예로서 1979년 2월 26일에는 연세대학교 산업경영연구소와 경영대학원이 주최한 국제비즈니스세미나에서 우리나라의 「해외투자정책」을 설명했다.

별첨 자료

- 별첨 3-1 MTN의 현황
- 별첨 3-2 1973년 관세율조정과 Tokyo Round협상
- 별첨 3-3 The Current Economic Situation of the Republic of Korea and Its task

〈별첨 3-1〉
1975.2.17
EC주재 대사회의
주 제네바 재무관

MTN의 현황

1. 협상의 목적
2. 협상의 배경
3. 협상의 기본방침(도쿄선언)
4. 우리나라의 협상 참여 의의
5. 주요 문제점에 대한 우리나라 및 주요 국가의 입장
6. 협상의 추진 일정 및 조직

1. 협상의 목적

가. 관세 및 비관세 등 통상장벽의 완화와 GATT 규정의 개선을 통한 무역의 자유화와 확대를 기함

나. 후진국의 특성을 고려하여 후진국에 대하여 특별취급을 함으로써 후진국에 대한 추가적 이익의 보장

2. 협상의 배경

가. 1970년대 이후 미국·일본·EC 등 경제강국 간의 통상구조의 변화

(1) EC의 확대 및 자유무역협정 체결의 증대에 따른 통상 상의

지위 향상과 이에 따른 각종 특혜무역제도의 등장
(2) 일본의 수출 급속 성장에 따른 통상 상의 지위 강화
(3) 미국의 계속적인 국제수지 적자에 따른 통상 상 지위의 상대적인 약화

나. 경제강국 간 통상구조의 변동에 따른 보호주의적 정책의 대두 가능성 증대

다. 국제통화제도의 불안정화에 따른 무역질서상의 혼란이 야기되고 있으며 가능성 증대

라. 후진국과 선진국 간의 무역격차 미해소와 이에 따른 후진국의 수출시장 확대 요구

마. 2차 대전 후 6차에 걸친 관세 인하(6차에 걸친 일반 인하와 각국의 GATT 가입 시 양허 등)의 결과 비관세 문제의 중요성의 증대와 이의 다자간 해결의 필요성 증대 및 이에 대처하기 위한 GATT체제의 미비점 보완이 필요

바. 석유·식량 등 기초원자재 보유국의 임의적인 수출 규제에 따른 물자부족 및 가격폭등 현상의 대두와 이에 대한 다자적 해결의 필요성 증대(이 문제는 MTN 발상단계에서는 고려되지 않았으나 그 후의 경제여건 변동에 따라 금번 협상에 있어서 중요과제의 하나로 대두됨)

3. 협상의 기본방침(도쿄선언)

가. 협상 대상
(1) 모든 교역대상물품과 모든 무역장벽 즉 농수산품 및 공산품 전체를 대상으로 하여 관세 및 비관세장벽 전체를 포괄

(2) 세계무역활동에 관한 국제적 규범의 개선을 위한 GATT 규정의 개선 검토

나. 분야별 협상 지침

(1) 관세

가능한 한 일반적 방식에 의하여 세율을 인하하는 방법으로 협상을 진행함

(2) 비관세

비관세조치 자체의 철폐 내지 완화를 기하고 이 방법이 부적당한 경우에는 비관세조치의 교역 제한 또는 왜곡요인을 철폐 내지 완화하거나 이에 대한 국제적인 규제체제의 확립

(3) Sector Approach

특정산업 분야에 대한 관세·비관세장벽을 통합적으로 제거 또는 완화하는 방법으로서 검토하되 이를 보조적인 협상방법으로 활용

(4) Safeguard

GATT 19조를 중심으로 한 다자간 Safeguard체제의 적정성 검토

(5) 농산품

무역협상의 일반적 목적에 따라 협상을 진행하되 이 부문의 특수성 및 문제점을 고려하여야 함

(6) 열대산품

우선순위 부문으로 특별 취급함

다. 협상의 원칙

(1) 상호주의에 입각한 최혜국 대우

참가 각국의 양허는 가능한 한 균형을 이루도록 하자는 것이며 협상의 결과는 최혜국 대우의 원칙에 의하여 실시함으로써 모든 참가국이 혜택을 받도록 하자는 것임

(2) 후진국 양허의 비상호주의
후진국의 대선진국 양허는 상호주의에 의하지 아니하고 후진국의 경제발전, 재정 및 무역상의 필요성에 비추어 보아 합당한 정도의 양허 인정

(3) 후진국에 대한 특별 고려와 GSP(Generalized Scheme of Preference, 일반특혜관세제도) 개선
금번 협상을 후진국의 경제개발과 수출증대를 지원하기 위한 특별조치와 후진국 관심품목에 대한 특별 고려가 필요하고 GSP제도의 유지 및 개선이 필요하다는 전제하에 진행하자는 것임

(4) 최후진국에 대한 특별 고려의 필요성 인정

4. 우리나라의 협상 참여 의의

가. 관세 및 비관세장벽의 제거 내지 완화를 통한 우리나라 수출품의 경쟁력 강화 및 수출의 확대
* 금번 MTN(Multilateral Trade Negotiation, 다자간무역협상)에 참여하는 국가의 교역량이 전 세계 교역량의 80% 이상을 점하고 있음

나. 수출시장의 다변화를 이룩하기 위한 기저를 마련
* 도쿄 각료회의에 참가한 국가 수가 102개국임

다. 세계경제 여건의 변화에 적응될 수 있도록 GATT 규정을 개정함으로써 수출의 안정적 확대를 기하고 Short Supply 물품(부족 물자)의 수출 규제 문제를 해결함으로써 주요 원자재의 안정적 확보 체제의 마련
* Safeguard 제도의 무역자유화 방향으로의 개선 및 부족 물자의 수출

규제에 대한 국제적 해결 방안의 확립이 기대됨

라. 기반이 확립된 국내산업의 생산품에 대한 양허를 통한 국내산업의 능률화 촉진

5. 주요 문제점에 대한 우리나라 및 주요 국가의 입장

가. 우리나라의 기본입장

(1) 도쿄선언에 명기된 기본방향에 따라 참여(무역자유화와 후진국에 대한 추가적 이익의 추구)

(2) 무역장벽(관세 및 비관세)에 대한 양허 요구는 현재의 후진국 입장에서 최대한으로 관철

(3) 국제 통상관계 규범의 제정 또는 개정에 있어서는 현재의 후진국으로서의 입장과 머지않은 장래의 중진국으로서의 입장을 종합 고려하여 참가

(4) 우리의 양허 범위는 우리나라의 양허 요구의 관철 정도, 수입보호정책의 탄력성 유지, 재정상의 필요, 교역 상대국의 양허 요구, 비등한 경제력을 가진 국가의 양허 내용을 고려하여 결정

나. 주요 문제점에 대한 우리나라 및 주요 국가의 입장

(1) 관세 분야

* 주요 문제점

- 미국·일본의 세율구조는 Peak and Valley(고율과 저율의 격차)가 심하며 평균 세율 수준이 높음
- EC의 세율구조는 비교적 격차가 작으나(Flat) 아직도 실효보호(Effective Protection)는 큰 편이며 평균 세율 수준은

미국·일본에 비하여 낮음
- 과거 6차에 걸친 관세 일괄 인하 결과 선진국 세율의 80% 이상이 Binding 되어 있으나 일부 후진국 관심품목은 협상에서 제외됨으로써 아직도 높은 수준에 있음
- MTN에 의한 관세의 인하는 GSP제도의 효과를 감소시킴

* 우리나라의 입장
  - 선진국은 일반적 공식(General Formula)에 의하여 양허를 실시하되 후진국 관심품목을 Exception List에 포함해서는 아니 되며 또한 이들 품목에 대하여는 Deeper Cut 하거나 연차별로 실시할 경우는 조기 실시하여야 함
  - MTN 기간 동안 MTN에 의한 관세 인하가 GSP에 미치는 효과를 분석하여 GSP 개선책을 마련하여야 함
  - 우리는 경제개발, 재정 수요, 국제수지 등을 고려하여 Item-by-Item 방식으로 양허
* 미국의 입장
  - 모든 물품에 대해 Linear Cut(일정률 인하방식)을 선호
  - 관세인하방식, 기준일 및 기준세율, 후진국에 적용하여야 할 협상절차 등 Tariff Negotiation Plan을 6월 이전에 마련
  - 후진국 관심품목에 대하여는 수권 범위 내에서 최대한 양허
  - Trade Act of 1974에 포함된 GSP제도는 조속히 실시. 그러나 GSP는 일방적 조치이므로 언제든지 철회 가능하며 협상의 대상이 될 수 없음
* EC의 입장
  - Harmonization 방식을 선호
  - 특정 분야에 대하여는 예외적으로 Specific Agreement

에 의하여 무세로의 인하도 가능

－ GSP가 제공되고 있는 후진국 관심품목에 대하여는 GSP 특혜 폭의 유지를 위하여 관세 인하를 하지 않거나 또는 인하 실시 시기를 달리 할 수 있음

* 일본의 입장

－ Linear Cut 방식을 선호

－ 7월 이전에 관세인하방식의 결정 희망

－ GSP는 앞으로 계속 개선

(2) 비관세 분야

* 주요 문제점

－ 수차에 걸친 관세 일괄 인하 결과 비관세장벽의 비중이 커졌음

－ 비관세장벽은 그 종류가 다양할 뿐만 아니라 그 내용이 복잡함(현재 GATT 사무국에서는 약 850개의 NTB(Non-Tariff Barriers to Trade, 비관세장벽) Inventory를 작성하고 있음)

* 우리의 입장

－ 금번 협상에서 모든 NTB 문제를 다루도록 하되 우선 과거에 준비작업이 이루어졌고 또한 다자간에 이해관계가 있는 것부터 다루도록 함

－ 그중에서도 수량제한, 상계관세, 통상관계 기술적 기준(Standard) 관계, 보건 및 위생규정, 세관 평가 문제를 우선적으로 다루어야 함

* 미국의 입장

－ 다자간에 이해관계가 있는 분야부터 우선적으로 다루되 그중 Standard 관계, 수출보조금, 정부 구매문제를 먼저 다루기를 희망

* EC의 입장

－ 일반적인 해결이 불가능하므로 Case-by-Case로 해결

- 교역의 장해 효과가 큰 NTB부터 선별적으로 해결
- 다자간 해결이 필요한 부문은 가능한 한 많은 국가가 참여하여 해결하고 앞으로 많은 국가에 의하여 적용되기를 희망
- 특정 분야에 있어서는 협상 참여국에만 협상의 이익을 부여
- 필요한 경우에는 NTB를 허가하는 국제적 Mechanism을 마련
- 새로운 입법에 의하여 앞으로 야기될 것이 예견되는 NTB를 해결하기 위한 협의절차의 마련
- 현재 진행 중인 특정 분야에 대한 연구를 더욱 발전시키고 앞으로 각국은 우선적으로 다루어야 할 NTB List를 제출하여 이를 기초로 협상 진행

* 일본의 입장
  - 이미 준비작업이 이루어졌고 다자간 이해관계가 있는 분야부터 협상을 진행하되 상계관세, 부당염매방지관세, 원신지 표시, 세관 평가, 차별적 수량제한 문제를 먼저 다루기를 희망

(3) Sector Approach

* 주요 문제점
  - 특정 산업분야에 대한 관세 및 비관세 등 장벽에 대하여 동시적인 인하협상을 하는 방법으로써 관세 및 비관세 분야 협상의 보완이 필요한 경우에 사용
* 우리의 입장
  - 보완적인 협상방법이므로 일반협상의 진행 결과를 보아가며 이 방법에 의한 협상을 추진
  - 이 방법에 의한 협상의 추진에는 Sector의 정의, 협상 절차 등 사전 검토가 필요하므로 이에 대한 연구를 계속

* 미국, EC, 일본의 입장도 우리와 동일함

(4) Safeguard

* 주요 문제점
  - 현행 Safeguard에는 국내산업에 대한 저해 등 발동 요건에 대한 정의가 명확하지 않음
  - Safeguard 발동 시 세율 인상에 의할 것인지, 비관세조치에 의할 것인지 발동 형태에 대한 규정이 명확하지 않음
  - 적용 대상에 있어서 최혜국대우(MFN: most-favoured-nation treatment) 원칙에 의한 무차별 적용이므로 문제를 야기한 특정국에만 적용할 수 없기 때문에 수출자율규제 등 Outside of GATT의 편법을 쓰고 있음
  - 적용 기간에 대한 명시가 없음
  - 산업 조정 지원에 대한 규정이 없음
  - 사전 협의 절차가 제대로 이행되지 않고 있음
  - 감독기구의 결여와 협의를 통한 미해결 시 보복을 하게 됨으로써 대결의 위험성이 있음
* 우리의 입장
  - Safeguard 발동은 엄격한 국제적인 규제 하에 두어야 하며 국제감독기구의 설치 문제도 아울러 검토하여야 함
  - Safeguard는 선별적으로 적용되어서는 안 되며 무차별적으로 적용하되 후진국에 대하여는 보다 우대조치를 취하여야 함
* 미국의 입장
  - 현행 GATT의 Safeguard 관계조문의 문제점과 각국이 취한 Safeguard 조치 내용을 먼저 파악함이 필요
  - Safeguard는 무역자유화의 기본방향을 저해시키지 않는 동시에 수입경쟁을 완화시키기에 적합하도록 개선되어

야 함

* EC의 입장
  - Safeguard는 무역자유화를 더욱 발전시키는 동시에 Safeguard 규정의 기능을 개선하는 방향으로 개선되어야 함
  - 활동 요건 및 감독체제의 개선과 더불어 Safeguard 적용상 탄력성을 부여하여야 함
  - 선별적인 적용의 가능성도 아울러 검토되어야 함
* 일본의 입장
  - Safeguard는 무역자유화를 추구하는 방향으로서만 개정되어야 함
  - Safeguard는 무차별적으로 적용되어야 하며 국제적 감독기구의 설치 문제도 검토하여야 함

(5) 농산품

* 주요 문제점
  - 농산품은 그 시장의 불확실성과 불안정성이 심하므로 각국이 추구하고 있는 정책도 공산품과 그 특성이 다름
* 우리의 입장
  - 곡물 등 주요 농산품은 수입국의 입장에서 가격의 안정과 공급을 확보하여야 한다는 점과 국내생산에 있어서의 특수성을 동시에 고려하여 이를 종합적으로 검토하여 협상에 임하여야 할 것임
  - 수산물은 BTN 1－24류의 농산물에 분류되어 있으나 그 특성이나 각국의 정책이 고유의 농업정책과는 다르므로 공산품의 협상에 준하여 해결하여야 함
* 미국의 입장
  - 공산품에 준한 관세 및 비관세의 협상 희망

* EC의 입장
  － 기존 농업정책의 바탕에서 협상을 진행
  － 주요 농산품에 대한 정보교환체제의 확립
  － 식량 등에 대한 국제협정을 통한 보충적 재고(Stockpiling)의 실시
  － 국제협정이 곤란한 주요 상품에 대하여는 국제적 규율(International Discipline)을 제정하여 국제교역의 정상화 추진
  － 관세에 의하여 보호되고 있는 부문은 상호 관세 인하
* 일본의 입장
  － EC와 비슷하되 EC보다는 유연한 입장임

(6) 열대산품
* 주요 문제점
  － 열대산품은 후진국에 이해관계가 큰 분야이므로 우선적으로 취급하여야 함
* 우리의 입장
  － 열대산품 중 주요 원자재는 농산품에 준하여 해결하여야 함
* 미국의 입장
  － 우선적으로 이 부문의 협상이 진행되기를 희망하며 수출국의 요청서 제출을 요구
* EC의 입장
  － 미국의 입장과 동일하되 다만 수출국은 대후진국 요청도 하기를 희망
* 일본의 입장
  － 미국과 동일함

(7) 공급 관리(Supply Management)
* 주요 문제점
  － 최근 임의적인 수출 규제로 인하여 국제통상질서는 새

로운 위협에 직면하고 있음

* 우리의 입장

– 이 문제는 부존자원이 부족한 우리로서도 절실한 문제이나 이에 관하여 미국, 일본, EC 등이 적극적으로 거론하지 않더라도 해결의 실마리가 금번 다자간 협상을 통하여 마련될 것으로 예측되고 또한 우리가 원자재 보유국을 능동적으로 자극시킬 필요가 없으므로 소극적인 방향에서 이 문제의 해결을 지지하는 방향으로 협상에 임하여야 할 것임

* 미국, EC, 일본의 입장

– 이 문제가 금번 협상에서 해결되기를 강력히 희망

6. 협상의 추진 일정 및 조직

가. 협상의 구상 단계

1972.2.9.	미국과 일본의 다자간 무역협상에 관한 공동성명 발표
1972.2.11.	미국과 EC의 다자간 무역협상에 관한 공동성명 발표
1972.2.18.	EC와 일본의 다자간 무역협상에 관한 공동성명 발표
1972.3.7.	GATT 이사회에서 다자간 무역협상에 대한 토의
1972.11.	제28차 GATT 총회에서 다자간 무역협상 준비위원회 설치 합의
1973.1.	제1차 준비위원회 개최
1973.1.~6.	GATT의 각 상설위원회별로 준비위원회에서 제출할 내용 검토
1973.4.	Nixon, Trade Act 의회에 제출
1973.5.	제2차 준비위원회 개최

1973.7. 제3차 준비위원회 개최하고 도쿄선언 초안 작성 완료

1973.9.14. 도쿄각료회의에서 무역협상 개시 선언(102개국 참가)

나. 협상 준비 단계

1973.11. 제1차 TNC 개최하고 TNC 조직 완료

1974.2. 제2차 TNC 개최하고 각 분야별 작업단회의 설치

1974.2.~11. 각 작업단회의의 협상 준비작업 진행

(1) 관세 관계 작업단회의

- 공산품에 대한 관세 및 교역량 통계의 최신화와 분석자료의 완성
- 협상에 사용될 관세율(Base Data 및 Base Rate)의 결정
- 협상에서 사용될 통계 수집의 기준연도 결정
- 협상에 사용될 계산단위 결정

(2) 비관세 관계 작업단회의

- NTB 자료의 최신화
- 수량제한 문제에 관한 연구의 계속
- 공산품에 대한 수출 보조 및 상계관세에 관한 작업의 계속
- 포장 및 상표 부착에 관한 작업의 개시
- 수입서류에 관한 연구의 계속

(3) Sector Approach 관계 작업단회의

- Sector Approach 방법에 관련된 기술적인 문제의 검토

(4) Safeguard 관계 작업단회의

- Safeguard 제도에 대한 기술적, 분석적인 업무의 수행

(5) 농산품 관계 작업단회의

- 산품 관계 자료의 최신화
- 주요 농산품에 대한 생산, 소비, 공급에 대한 최근의 자료를 수집, 분석하여 세계 농산품시장의 문제점을 파악하고 이의 농산품 협상방식에 있어서의 의미를 파악

- 위생 및 식물위생관계 규정에 관한 연구의 계속
- 기타 타 작업단회의와 공동으로 진행하여야 할 사항의 추진

(6) 열대산품 관계 작업단회의

- 열대산품에 관한 통상개발회의 및 기타 국제기구에서 행한 연구의 계속

1974.7. 제3차 TNC 개최하고 각 작업단회의의 보고서를 채택하여 협상의 본격화를 위하여 각국이 준비하여야 할 사항에 대한 예시표 채택

1974.12. 미국의 Trade Act of 1974 의회 통과

다. 실질적인 협상 단계

1975.2. 제4차 TNC 개최하고 각국의 Initial Position을 청취하고 본격적인 협상의 Time Table과 조직을 마련하였으며 TNC를 상설위원회(Standing Committee)로 하기로 함

1975.3.~7. 협상의 기본계획 수립 단계

*1975.3.3. 비관세그룹회의를 개최하고 하위그룹(Sub-Group)을 창설하거나 또는 그룹 자체에서 다루는 방법을 통하여 비관세분야 협상의 시작

*1975.3.10. 열대산품그룹회의를 개최하고 협상을 시작

*1975.3.17. 관세그룹회의를 개최하고 관세협상 계획을 마련

*1975.3.24. 농산품그룹회의를 개최하고 하위그룹 창설 여부를 결정. 농산품그룹은 농산품 전 품목 및 농산품에 관한 모든 무역장벽 문제를 다루며 다른 그룹에서 농산품에 관한 문제를 다루는 경우에는 농산품그룹에서도 이 문제를 관여

*1975.4.7. Safeguard 그룹회의를 개최하고 Safeguard 체제 특

히 GATT 19조의 적정성을 검토

*1975.4.7. Sector Approach 그룹회의를 개최하고 이 방법의 사용 가능성 검토

*1975.6. 혹은 7. TNC를 속개하고 각 그룹회의에 대한 검토 (Review)

1975.9~1977. 본격적인 협상의 진행

〈별첨 3-2〉
2000.12
『관세청 30년사』
카이스트 초빙교수

1973년 관세율 조정과 Tokyo Round협상

누구나 고향을 그리워하듯 지금도 관세이야기를 들으면 각별한 관심과 흥미를 갖게 된다. 나는 공직생활을 부산세관에서 수습사무관으로 시작하였고 그 후 재무부 관세조정과장과 제네바 재무관 등을 역임하면서 젊은 시절을 관세행정과 함께했다. 관세행정에 봉직하면서 특히 기억에 남는 것은 1973년 3월의 관세율 조정과 1973년 8월에 시작된 Tokyo Round협상이다.

당시는 제1차(1962~1966) 및 제2차(1967~1971) 경제개발계획이 끝남에 따라 섬유 등 경공업이 수입대체단계를 넘어 수출산업으로 전환되었고 제3차(1972~1976) 경제개발계획에서는 산업구조를 고도화하기 위하여 중화학공업·방위산업 등을 본격적으로 추진하던 시기였다. 또한 대외적으로는 1967년 Kennedy Round협상이 끝나고 Tokyo Round협상(1973~1979)이 시작되려는 시기로서 세계통상의 확대를 위한 국제협력이 강화되던 시기이다.

이 시기에 우리는 대내적으로 산업구조의 고도화를 추진하여 국민경제의 기본골격을 마련하고 대외적으로는 국제적 통상협상에 적극 참여하여 수출입국의 기반을 확고히 해야 했다.

그런데 이때의 경제정책은 '보호와 지원정책'이 다양하게 운영되던 시기이다. '국산이 된다'고 하면 신규산업을 보호하기 위하여 높은 관세와 다양한 직접규제로 중복·과잉보호하는가 하면, '수출을 한다'고 조세감면, 저리융자, 철도 및 전기요금의 할인에 이르기까지 온갖 수출지원정책을 총동원하여 지원하였다. 또한 환율을 안정시키면서 수입을 억제하기 위하여 수입에서 발생하는 초과이윤에 대하여는 임시특별관세를 부과하였다. 이러한 저환율과 높은 보호 및 적극적인 지원정책은 목표달성에 효과적인 면도 있었지만 정책의 과잉으로 인한 부작용과 비능률도 매우 컸다.

이러한 문제의식 아래 추진된 관세율 조정의 기본방향은 수출입기별공고나 특별법과 같은 직접규제를 관세에 의한 보호로 전환하여 정책의 과잉을 시정하고 임시특별관세를 폐지하여 관세정책의 효율화를 도모하며, 「저환율＋고관세」의 비능률적 조합을 「적정환율＋적정관세」의 정책조합으로 전환하는 것이었다.

또한 고율보호관세는 산업구조의 고도화를 위하여 꼭 필요한 보호대상품목(protective list)에 한정하여 적용토록 하고 여타 품목은 20%의 중심세율을 기준으로 부과하되 생활필수품과 기초원자재는 보다 저율을 적용토록 하였다. 그리고 연차적으로 보호대상품목을 축소하고 보호세율을 인하함으로써 궁극적으로는 관세율을 중심세율로 수렴해 나갈 계획이었다. 중심세율은 세율규모에 있어서 관세수입규모 등을 고려하여 책정되었다.

보호관세는 주로 신규의 중화학공업을 대상으로 '실효보호이론(Theory of effective rate)'의 개념에 따라 조정작업을 착수하였다. 이는 제품과 투입원료 간의 투입계수와 부가가치를 조사하여야 하는 등 방대한 작업이었다. 지금이야 투입산출표(I.O. Table)도 잘 발달되어 있고 각종 컴퓨터 프로그램도 개발되어 있지만 당시로서는 일일이 통계를 수집하여 수작업으로 표를 만들고 가공하던 시절이다. 기껏해야 목침만한 계산기가 유일한 사무기기였다.

이러한 방대한 작업을 수작업으로 하다 보니 과 직원 전원이 일요일도 쉬지 못하고 밤늦게까지 근무하였다. 지금도 열심히 일하던 동료들의 모습이 눈에 선하다. 이 자리를 빌려 밤낮없이 일에 몰두하였던 동료들에게 감사를 드리는 바이다.

제네바 재무관으로 근무할 당시에는 마침 GATT 성립 이래 7차 협상인 Tokyo Round협상이 시작되고 있던 시기이다. 그동안 Kennedy Round를 포함하는 국제라운드의 성공으로 관세장벽은 크게 완화되었으나 비관세장벽이 다양하게 운용되고 있어 국제통상의 확대에 장애가 되었다.

이에 Tokyo Round에서는 관세뿐만 아니라 비관세장벽의 완화에 중점을 두고 협상이 시작되었다. 이의 결과로 Tokyo Round에서는 '덤핑방지협정', '보조금 및 상계관세협정', '관세평가협정', '정부조달협정' 등 10개의 통일적인 국제무역규범이 탄생하여 GATT의 새로운 장을 열었다. Tokyo Round협상 당시 나는 관세협상뿐만 아니라 비관세협상에도 적극 참여하였으며 국제무역규범 탄생에 기여할 수 있었다는 사실에 대하여 지금도 보람을 느끼고 있다.

그 이후 Uruguay Round협상(1986~1994)에서는 한걸음 더 나아가 서비스, 투자, 농산물에 이르기까지 세계경제의 주요 관심사항에 대한 협상이 진행되어 1994년에 마무리되었다. 이로써 GATT체제는 발전적으로 개편되어 '세계무역기구(WTO) 시대'가 열렸다.

지금은 국경 없는 경제의 시대이며 지식·정보화 시대이다. 이 과정에서 범세계적인 관세협력은 더욱 증진될 것이다. 우리의 경우 앞으로 동아시아협력이 강화됨에 따라 지역 내의 관세협력도 더욱 활발히 이루어질 것이다. 세관행정면에서도 앞으로는 관세선을 넘나드는 눈에 보이는 물건뿐만 아니라 기술, 정보, 지적소유권을 감시하고 e-Business를 관리하는 폭넓은 모습으로 발전되어 나갈 것이다. 관세청 개청 30주년을 맞이하여 앞으로 또 다른 30년 동안 관세행정이 더욱 더 발전하기를 기대해 마지않는다.

〈별첨 3-3〉
1977.6.15
한국-스칸디나비아 무역포럼
대통령비서실 재경비서관

The Current Economic Situation of the Republic of Korea and Its Task

Honourable Chairman Gadd, distinguished business representatives, ladies and gentlemen,

It is my honour and privilege to speak before you today aboard a ship on this beautiful Stockholm harbour. Taking this opportunity, I would like to express my gratitude for friendly supports you have rendered for the economic development of Korea.

As you are well aware, Korea is a country with a long history and a great cultural heritage. Our ancestors left behind splendid cultural legacies with their unequaled creativeness and progressive vision, while enjoying prosperity as a single nation-state over the long period of time.

In the late 19th century, however, Korea failed to respond to the changing world and fell under the prolonged disintegration of national strength and the social stagnation. As a result, Korea had to suffer a forced occupation of its territory by the then newly emerging neighbouring power, until it finally attained independence after the World War Ⅱ. Again after the independence, the northern half of our land was taken away from us and the whole land was devastated by war in the early 1950's.

In terms of land area, Korea is a small country where about 70% of its total area consists of rugged mountains with meager natural resources, but in terms of population, it is a big country with nearly 35 million people. In addition to such unfavorable geographical conditions, these recent historical developments deprived our people of the will to better themselves, and plunged them into a vicious cycle of chaos and privation.

These dark clouds of confusion and poverty, however, finally began to be lifted by the May Revolution of 1961. An able and efficient government was immediately established and undertook consecutively three 5-year Economic Development Plans over the period of 1962 to 1976, which were a great success each surpassing projected goals.

Let me take just a few examples of what we have achieved over the past 15 years. The annual average rate of economic growth recorded 9.7% in real terms and the gross national products, which stood at $2.1 billion in 1961 at current prices, increased to $25 billion in 1976. In industrial structure, the mining-manufacturing industry which share no more than 15% of the total industrial products in 1961 expanded farther to 31% in 1976.

Especially during the world economic depression in the wake of oil crisis, Korea, deficient in natural resources, was faced with serious difficulties caused by the aggravating terms of trade and increasing deficits in balance of payment. Under such harsh circumstances, our government, entrepreneurs and workers, hand in hand, could wisely overcome these hardships and maintain an exceptionally high rate of growth among developing countries, while withstanding the world-wide economic strain by taking the period to further strengthen our economic viability.

Several factors might have worked for such an economic performance. First of all, one would rightly point out the general world economic growth based on the free trade system in the 1960's and the facilitated inflow of foreign capital and technology form advanced countries. Undoubtedly, these had contributed enormously to Korea's economic development, but equally important factors can be found in the fact that our people, having shaken off their dejection and dispair of the past, devotedly took the active role for the development of our economy with both confidence and determination.

Such a change of attitude of our people has not been formed in one or two days. The self-confidence and forward-looking attitude would have not revived in the minds of our people, if not ceaselessly inspired and encouraged by wise and foresighted leadership.

One may imagine that, in the course of such an active fulfillment of the past three economic development plans, the entrepreneurship has been fostered to some extent, but it has to go a long way further to be prevailed and consummated in the every segment of our economic activities. This is not true, since what we call the "New Community Movement" started actively in the countryside about five years ago. With the spread of this movement, self-sufficiency has been attained in the supply of major food grains, and farmers' income has also improved greatly. Through this movement, the will to develop and the vitality have ever since spread widely to the industrial as well as to the agricultural sector, and have provided a vital force for the economic development of the country.

Now with the gains of our economic development so far achieved, we have launched the fourth Economic Development Plan for the period of 1977 through 1981. Considering the reality of our country which holds a vast but intellectual population, our immediate task is to fully utilize our human resources through sustained economic growth.

The high rate of economic growth, of course, will require enormous financial resources. The major portion of these will be met with domestic savings, and to this end we are now undertaking a program to increase domestic savings through a nation-wide movement stressing frugality and reduction of lavish expenditures. Yet still considerable amount of foreign capital will also be in need, and that is why we are actively seeking overseas economic cooperation. However, there is no reason why we should not be optimistic about our future. We are quite confident that by 1981 when the fourth 5-year plan is to be completed, we will be able to self-support the investment capitals by ourselves.

In the meantime, our difficult security situation will necessitate us to further strengthen our self-reliant defense ability. This may be somewhat burdensome, but we will be able to bear it with our people's high morale and awareness that defense is a bulwark for the nation's survival, as well as a price for the peace which we are now enjoying.

Looking back over the course of our past economic development, we feel, along with the numerical growth of the economy, greater emphasis shall be placed on the improvement of economic efficiency. Quite opportunely, our government has already worked on this under the strong leadership while actively pursuing what we call "October Revitalization" since 1972. This policy aims, on the economic side, at establishing self-reliant economy, attaining economic efficiency and renovation, and reinforcing social discipline and morality. We will further make unsparing efforts for the elimination of inefficiency and pursue the specialization and rationalization of the industrial structure, aiming at enabling our domestic production cost to keep parallel with the international standard.

At the same time, we will be actively pursuing the development of technology and man-power. Our rich and superior man-power will be transformed into a trained industrial force. While advanced technology will be readily introduced from foreign countries, we will also lay a groundwork for developing domestic technology through encouraging and assisting creative research and development activities by domestic institutions and enterprises. Thus, we are confident that we will make a great deal of progress in technology.

Furthermore, we will continue to actively expand our foreign trade. The recent international trade is under strain in the wake of the increasing protectionism. We are well aware that such protectionism will be a disservice to world economy. We will try to expand two-way trade toward mutual benefit rather than relying on the excessive export policies for our own interest. For this, we are willing to promote trades with any country regardless of ideology and political system.

In the above, I have briefed to you on our current economic situation and policies. In view of the capability, scale and potential of our economy, Korea, I am confident, can be respectable partner to the highly advanced Nordic countries for economic cooperation.

Finally, I sincerely hope that this gathering will provide a momentum in promoting mutual understanding and cooperation between the Nordic countries and Korea, and look forward to seeing you sometime in Seoul.

Thank you.

제4장

재무부차관보~
국무총리행정조정실장 시절

(1980년 5월~1988년 12월)

제4장 재무부차관보~국무총리행정조정실장 시절
(1980년 5월~1988년 12월)

나의 재무부차관보~국무총리행정조정실장 직책

나는 1980년 5월에 재무부 재정차관보로 승진 발령을 받았다. 차관급으로 승진해 경제과학심의회의로 전출한 이용만(李龍萬) 차관보(후에 재무부장관 역임)의 후임이다. 나는 1981년 11월 재무부 직제 개편에 따라 제1차관보로 전보되었다. 1982년 6월에는 차관급으로 승진해 전매청장으로 발령을 받았다. 나는 1983년 10월에 차관급인 국무총리행정조정실장으로 자리를 옮겨 1988년 12월까지 5년여 동안 재임했다.

나는 이 시절의 글 39편을 가지고 있는데 특히 전매청장 시절에 했던 대내외 훈시가 23편으로 가장 많다. 이 가운데서 9편을 뽑아 이 장 말미에 싣는다.

제 1 절 시대적 상황에 대한 인식

국내 정치·사회 상황

국가보위비상대책위원회의 설치

앞에서 설명한 바와 같이 신군부 세력은 12·12 하극상을 계기로 군 내부의 실권을 장악했다. 군을 평정한 것이다. 이런 가운데 1980년 봄 대학가를 중심으로 점화된 민주화운동은 치안 차원에서 경찰에 의해 진압되었고 그 정점인 5·18 광주민주화운동이 계엄군에 의해 진압되었다. 민주화를 염원하는 '서울의 봄'이 막을 내린 것이다.

1980년 5월 17일 비상계엄이 전국으로 확대된 다음 날 신현확 총리가 사임하고 박충훈 총리서리가 임명되었다.

신군부는 5월 31일 임시행정기구인 국가보위비상대책위원회(국보위, 國保委)를 설치했다. 국보위는 국가를 보위하기 위한 국책사항을 심의·의결해 대통령의 자문에 응하거나 대통령을 보좌한다는 명분으로 설치·운영되었다. 하지만 실질적으로는 신군부의 정권 인수 수단으로 활용되었다.

국보위는 최규하 대통령을 의장으로 하고 국무총리와 주요 행정각료 및 청와대 고위관료 등 10명과 군 장성 14명 등 모두 24명으로 구성되었다. 그러나 13개의 분과위원회를 둔 상임위원회가 실세 기구였다. 상임위원회 위원장은 전두환 국군보안사령관 겸 중앙정보부장 서리가 맡았고 상임위원 30명 가운데 18명이 신군부 계열이었다. 이로써 정권은 명실공히 이들의 손에 들어갔다.

국보위는 안보 태세의 강화, 경제난국의 타개, 정치 발전, 사회악 일소를 통한 정의사회의 구현을 기본목표로 정하고 유신체제하의 핵심세력을 포함한 공직자 숙정, 중화학공업 투자 재조정, 대학 졸업정원제와 과외금지, 출판 및 인쇄물 제한, 삼청교육 실시 등 사회정화운동의 정책들을 일거에 도입하고 실행했다.

정치권에서는 8월 13일 가택연금 상태에 있던 김영삼 신민당 총재가 정계 은퇴를 선언하고 8월 16일 최규하 대통령이 재임 8개월 만에 사임함으로써 국보위의 정치적 조정작업이 마무리되었다. 다음 대통령이 선임되는 대통령 궐위기간 박충훈 총리서리가 대통령 권한대행으로 재임했다.

통일주체국민회의는 8월 27일 서울 장충체육관에서 대의원들이 대통령을 선출하는 간접선거 방식을 통해 단독 후보로 출마한 전두환 국보위 상임위원장을 제11대 대통령으로 선출했다. 전 대통령은 9월 1일 취임했다.

제5공화국의 출범

국보위가 개정을 주도한 새 헌법은 1980년 10월 27일 공포되었다. 개정헌법은 대통령 임기를 7년 단임제로 하며 통일주체국민회의를 폐지하고 대통령선거인단을 설치해 간접선거로 대통령을 선출토록 했다.

제10대 국회는 1980년 5·17 조치에 따른 정치활동 중지 후 새 헌법의 발효와 동시에 해산되었다. 1979년 3월에 개원된 제10대 국회는 1년 7개월간 존속했다. 국회가 해산되자 1980년 10월 28일 국가보위입법회의가 설치되어 제반 법과 제도를 정비하며 신군부의 제5공화국 출범을 위한 기반을 마련했다.

개정된 헌법에 따라 전두환 대통령이 1981년 2월 제12대 대통령으로 재선출 되어 3월 3일 취임함으로써 제5공화국이 출범했다. 이어 3월 25일 중선거구와 전국구로 구분해 총선거가 실시되어 4월 11일 5공화국의 첫 국회인 제11대 국회가 개원했다.

5공화국의 정책 기조는 정의사회 구현을 기본목표로 하고 있으나 능률과 안정의 추구로 집약되는 일사불란(一絲不亂)으로 개개인의 기본인권은 압도되었다.

'386세대'의 태동

5·18 광주민주화운동이 무력 진압되었지만 민주화운동세력의 투쟁정신은 내연(內燃)하고 있었다. 1982년 3월 부산 고신대 학생들이 부산미국문화원을 방화한 데 이어 1985년 5월에는 서울 5개 대학 학생들이 서울미국문화원을 점거한 사건이 발생했다. 이 사건으로 경찰은 서울대·연세대·고려대 등 9개 대학에 경찰 병력을 다시 투입해 관련자들을 연행함으로써 치안 차원의 사회 안정 우선방침으로 대응했다. 학원소요와 관련된 학생들을 대상으로 6개월 이내의 선도교육을 실시하는 등을 주요 내용으로 하는 학원안정법 제정이 시도된 것도 이때다.

앞서 정부는 학원자율화방침에 따라 1984년 2월 대학에 상주하던 경찰병력을 모두 철수시켰으며 데모로 제적당한 학생들의 복교조치를 단행했다. 정부의 대응이 이와 같이 대학 자율 확대의 방향으로 다소 느슨해지자 대학 간 연합시위와 사회운동단체들과의 연대투쟁이 확대되면서 후일 운동권 학생들을 일컫는 '386세대'가 본격 대두되었다. 여기서 '386세대'란 1960년대에 출생하여 1980년대에 대학생활을 했고 1990년대에 30대였던 사람들을 말한다.

한편 1985년 2월 12일 실시된 제12대 총선 결과 민주정의당 대 신한민주당의 양대 정당 구도가 형성되었다. 이 같은 정치 판도의 재편에 따라 야당과 재야세력은 대통령직선제 개헌을 주장하고 나섰다. 1986년 7월 30일 여야 만장일치로 헌법개정특별위원회가 발족했으나 여당은 의원내각제를, 야당은 대통령 직선제를 주장함에 따라 개헌 논의는 처음부터 난관에 부닥쳤다.

이런 가운데 강온(强穩) 양면 정책을 펴온 정부가 학원에 강경 대응하면서 예기치 않은 사고가 발생했다. 1987년 1월 서울대학생 박종철(朴鐘哲) 씨가 치안본부 남영동 대공분실에서 조사를 받던 중 경찰의 물고문으로 사망한 사건이 일어났다. 이로 인해 국민들의 민주화 요구는 한층 거세지고 대통령직선제 개헌 논의가 활발하게 이루어졌다. 이에 전두환 대통령은 4월 13일 모든 개헌 논의를 중단시키고 현행 헌법에 따라 간접선거로 선출된 차기 대통령에게 1988년 2월 정부를 평화적으로 이양하겠다는 이른바 4·13 호헌(護憲) 조치를 발표했다.

박종철 씨와 관련된 추모집회와 규탄대회는 대통령 직선제 개헌 논의와 맞물려 6월 민주항쟁으로 이어졌다. 그런 가운데 6월 9일에 연세대학생 이한열(李韓烈) 씨가 시위 도중 경찰이 쏜 최루탄에 맞아 쓰러지는 사건이 발생했다. 6월 10일 서울을 비롯한 전국 22개 주요 도시에서 민주헌법쟁취국민운동본부가 주도한 대규모 가두집회가 동시다발적으로 진행되었다. 이후 학생과 시민들의 시위가 연일 계속되어 6월 26일에는 전국 37개 도시에서 사상 최대 인원인 100만 명 이상이 밤늦게까지 격렬한 시위를 벌였다. 직선제 개헌 요구세력과 5공 정권의 갈등은 극에 달했다. 평화적 정권교체로 가는 길에 암운(暗雲)이 드리운 것이다.

6·29선언과 평화적 정권 교체

이처럼 시국이 극도로 혼란한 가운데 여당인 민정당은 6월 10일 전당대회를 개최해 노태우(盧泰愚) 대표위원을 제13대 대통령 후보로 선출했다. 당초 노 후보는 당시 헌법에 따라 간접선거를 실시할 예정이었으나 국민들의 강력한 민주화 요구를 수용해 6월 29일 민주화선언을 발표했다. 6·29선언의 요지는 ① 대통령 직선제 개헌을 통한 1988년 2월 평화적 정권이양 ② 대통령선거법 개정을 통한 공정한 경쟁 보장 ③ 김대중의 사면복권과 시국 관련사범들의 석방 ④ 인간 존엄성 존중 및 기본인권 신장 ⑤ 자유언론의 창달 ⑥ 지방자치 및 교육자치 실시 ⑦ 정당의 건전한 활동 보장 ⑧ 과감한 사회정화조치의 단행 등이다.

6·29선언으로 대통령을 국민의 손으로 뽑는 평화적 정권교체를 매듭지었다. 대통령 직선제 및 5년 단임제를 골자로 하는 헌법 개정안이 10월 27일 국민투표로 확정되었다.

제6공화국의 출범과 여소야대 국회의 등장

1987년 12월 16일 실시된 제13대 대통령 선거에서 민정당 노태우 후보가 36.6%의 지지를 얻어 당선되었다. 김영삼·김대중·김종필 등 '3김'이 모두 입후보한 이 선거는 그해 11월 17일 제정된 대통령선거법에 따라 16년 만에 직접선거로 실시되었다.

노태우 대통령이 1988년 2월 25일 취임함으로써 제6공화국이 출범했다. 노 대통령은 취임사에서 국제적 탈냉전 흐름에 능동적으로 대처하겠다는 북방정책(北方政策, Diplomacy toward North) 구상을 밝혔고 7월에는 한반도 정책을 획기적으로 전환하는 민족자존과 통일번영을 위한 특별선언(7·7선언)을 발표했다.

그해 4월 26일에는 제13대 총선거가 실시되어 여당인 민정당이 제1당이 되었으나 과반수 의석 확보에는 실패해 여소야대(與小野大) 국회가 등장했다. 여당이 승리할 것이라는 예상을 깨고 야당의 득표가 61.3%(무소속 4.8%)로 여당의 33.9%보다 많았다. 국회의원 수 분포를 보면 여당계 의원이 125명이었다. 비록 집권 여당이 가장 많이 당선되어 제1당이 되었지만 야당계 전체 의원 수보다는 적었다.

6공 초기는 권위주의적 시대에서 '보통사람들'의 민주화 시대로 이행하는 시기였다. 과거 일사불란(一絲不亂)의 시대에서 벗어나 백화제방(百花齊放)의 시대를 맞았다. 특히 노사분규가 끊이지 않았으며 집단이기주의가 팽배해 님비(NIMBY: Not In My Back Yard) 현상이 극심했다. 그럼에도 정부의 대응은 공권력 개입을 자제하고 설득에 주력했다.

5공화국 정부의 남북관계

전두환 대통령은 집권 초기 대북 화해 제스처를 취했다. 1981년 1월 12일 남북 최고책임자의 상호방문을 제의한 데 이어 1년 후인 1982년 1월 22일에는 북한에 민족화합민주통일방안을 제의했다.

그러나 1983년 10월 9일 버마(현 미얀마)의 수도 랑군(현 양곤)에 있는 아웅산 묘소에서 북한 공작원에 의한 폭파암살사건이 일어났다. 이 사건으로 전 대통령을 수행한 서석준(徐錫俊) 부총리를 포함한 우리 정부요인과 취재기자 등 17 명이 순직하고 14 명이 중경상을 입었다. 이 사건으로 남북관계는 극도로 경색되었다.

한편 1984년 9월 남한에 큰 수재가 발생했다. 북한의 수해복구 지원 제의와 우리 측의 수락과정에서 해빙무드가 조성되면서 남북 적십자회담이 개최되었다. 이 회담에서 이산가족 고향방문단과 예술공연단의 교환방문이 합의되어 분단 이후 처음으로 남북 이산가족들이 서울과 평양을 교환방문했다. 이와 함께 남북한 경제협력을 위한 남북 경제회담이 그해 11월 개최되었다.

이듬해 5월 전 대통령은 최초로 북측에 남북 정상회담을 제의했고 북한은 그해 9월 비밀특사를 서울에 보내 정상회담과 관련한 논의를 했다.

국제 상황

1980년대 초 국제고금리

앞에서 살펴본 바와 같이 국제금리를 선도하는 미국의 프라임레이트(prime rate)는 1977년 7.75%에서 1979년 15.25%로 배 가까이 인상되고 1980년에는 다시 21.50%까지 치솟았다. 이는 폴 볼커(Paul Volcker) 미 연방준비제도이사회(FRB: Federal Reserve Board) 의장이 주도한 것이었다. 볼커는 베트남전에 투입한 막대한 재정과 대폭 늘어난 복지예산으로 인해 1970년대 말 미국의 인플레이션이 극심해지자 이를 수습하기 위해 공격적으로 금리를 인상했다.

미국의 높은 이자율 정책은 저성장을 불러왔다. 물가가 진정세를 보이자 미 연방준비제도이사회는 1981년에 프라임레이트를 15.70%로 인하한 데 이어 1982년 11.50%로, 1983년 11.00%로, 1984년에 10.75%로 인하했다. 그럼에도 이 같은 두 자릿수의 고금리정책으로 인해 레이건 1기 행정부 내내 달러는 강세를 유지하다 플라자합의 이후 미국이 고금리정책을 수정하면서 금리는 1986년에 7.50%로 인하되었다.

미국 레이거노믹스 추진

1981년 1월 미국 제40대 대통령으로 취임한 레이건(Ronald Wilson Reagan)은 경제의 재활성화를 통해 '힘에 의한 위대한 미국'의 재건을 표방했다. 이를 위해 레이건은 취임 초 '미국의 새로운 시작: 경제회복을 위한 프로그램(America's New Beginning: A Program for Economic Recovery)'이라는 경제개혁 프로그램을 내놓았다. 레이거노믹스(Reaganomics)로 불린 이 정책은 세출의 삭감, 소득세의 대폭 감세, 기업에 대한 정부 규제의 완화, 안정적인 금융정책으로 요약된다.

레이거노믹스는 미국 경제가 당면했던 경기침체 속에서의 인플레이션의 진행 즉 스태그플레이션을 치유하는 데는 수요관리만으로는 미흡해 적극적으로 공급 측면을 관리하는 공급의 경제학(supply-side economics)에 바탕을 두었다.

레이건 집권기(1981~1989년) 미국의 경제성장률은 연평균 3.8%에 달했다. 이는 여러 면에서 개인과 기업이 마음껏 자유롭게 경제활동을 한 결과였다. 레이건 행정부 임기 말 미국은 경기후퇴나 경기침체가 없는 사상 최장의 호황을 기록했다.

플라자합의

미국은 1980년대 초 쌍둥이 적자(twin deficit)가 커지는 상황을 겪고 있었다. 달러 강세로 수출이 부진해 무역수지 적자 폭이 커진 데다 개인소득세의 대폭 삭감으로 대규모 재정적자가 발생했기 때문이다.

자유경제의 맹주(盟主)를 자처하던 미국은 이를 개선하기 위해 1985년 9월 22일 미국 뉴욕 플라자호텔에서 미국·영국·독일·프랑스·일본 등 G5 재무장관 긴급회의를 열고 외환시장에 개입해 미 달러화를 일본 엔화와 독일 마르크화에 대해 대폭 절하시키기로 합의했다. 이른바 플라자합의(Plaza Accord)다.

플라자합의 체결 1주일 만에 일본의 엔화는 약 8%, 독일의 마르크화는 약 7% 평가절상 되는 즉각적 효과가 나타났다. 또 플라자합의 직전 달러당 240엔대였던 엔화는 1985년 말 200엔, 1988년에는 120엔대까지 평가절상되어 3년 만에 100% 절상되었다.

이후 미국은 불황에서 탈출해 세계시장에서의 경쟁력을 회복했고 1990년대에 들어 신경제 현상으로 불리는 고성장을 지속했다. 하지만 일본과 독일은 이로부터 오랫동안 경제 불황을 겪었다.

특히 1980년대 중반까지 4~5%의 안정적 성장을 지속했던 일본은 플라자합의 이후 엔고 현상으로 인해 가격경쟁력이 떨어져 수출이 급격히 감소하고 내수부양과 수출경쟁력 향상을 위해 정부가 시행한 저금리 정책이 부동산 투자로 이어져 거품경제가 양산되고 이후 이를 막기 위해 정부가 금리를 인상하자 부동산 가격이 급락하고 기업과 지방은행, 신협 등 중소금융기관이 무더기로 도산하는 어려움을 겪었다.

한편 5공화국 때인 1985년 시작된 소련의 개혁(페레스트로이카: perestroika)·개방(글라스노스트: glasnost) 정책에 대해서는 제5장 재무부장관 시절에서 살펴보기로 한다.

국내 경제 상황

5공화국 정부의 정책기조

【안정화정책의 추진】

5공화국 출범 이전의 경제정책 기조는 제3장에서 언급한 물가안정과 금융자율화를 바탕으로 하는 4·17 경제안정화종합시책의 지속적 추진에 역점을 두었다. 하지만 당시 완공된 중화학이 세계적 경기침체와 맞물려 수출도 안 되고 고금리에 따른 이자부담 가중으로 국내산업 전반에 걸쳐 부실화가 가속화되었다. 특히 기업의 재무구조가 취약한 것이 문제였다. 한국 제조업의 부채비율은 1974~1979년 300%를 초과한 후 1980년 488%에 달했다. 참고로 1978년 기준으로 미국은 93%, 서독은 209%였다.

국내 경제상황이 이런데도 경제 안정을 주도하는 정부는 제2차 석유파동에 대한 대책으로 1980년 1월 12일 금리를 18.5~19.0%에서 24.5~25.0%로 6%포인트 인상했다. 그리고 이와 동시에 대미 달러환율을 1974년에 조정된 484원에서 580원으로 약 20% 절하해 수출경쟁력을 강화했다. 환율은 제1차 석유파동 이후 한 번도 조정 없이 미 달러에 고정되어 운영되었다. 이어 1월 29일에는 석유값을 단번에 59.4% 인상하는 등 물가 현실화 정책을 펴나갔다.

이처럼 정부가 금리 인상을 통한 총수요억제정책을 추진하고 물가를 현실화한 데는 물가안정을 그 어느 것보다도 정책의 최우선에 두어야 한다는 김재익(金在益) 기획국장의 경제기획원 논리가 그대로 반영된 것이다. 즉 물가안정이 유지되면 경쟁력이 향상되어 수출과 성장 호조로 이어져 국제수지가 개선된다는 논리였다.

반면 1980년 5월에 취임한 재무부의 이승윤(李承潤) 장관과 박봉환(朴鳳煥) 차관의 생각은 달랐다. 물가안정을 이룩하는 것이 중요하다는 것을 이들이 인식하지 못하는 것이 아니었다. 박 차관은 '인플레는 히틀러(Hitler)의 양아들'이라는 말을 종종 하면서 독일이 겪은 초인플레이션(hyperinflation)의 폐해를 말하기도 했다. 그러나 이들은 아무리 이 일이 중요하다 하더라도 기업들이 감당할 수 있는 방향에서 추진되어야 한다고 생각했다. 석유파동과 같은 외부충격에 금리의 대폭 인상과 같은 국내 총수요관리정책에 매달려야 하는지에 대해 회의적 시각을 가졌다. 그리고 어느 날 갑자기 금리를 6%포인트 올린다 해 총수요가 줄어든다고 생각하기에는 우리 기업들이 짊어진 부채가 너무 많은 점을 고려할 때 부작용이 매우 큰 정책이 될 것이라는 입장을 가졌다.

이 같은 기업들의 현실에서 재무부는 그해 6월 5일에는 총통화(M_2) 증가율을 목표치인 20%에서 25%로 확대했다. 이와 함께 대출금리를 1.0%포인트 인하한 데 이어 9월 16일에 2.0%포인트, 11월 8일에 각각 2.0%포인트씩 추가 인하하는 등 그해에만 세 차례에 걸쳐 금리를 5.0%포인트 인하하는 조치를 취했다. 이로써 24.5%였던 우량기업 대출금리는 1·12 대책 시행 전보다 1.0%포인트 높은 수준인 19.5%로 낮아졌다. 어떻든 1980년의 한국경제는 마이너스 성장을 기록했다. 그리고 경상수지 적자도 전년의 41억5100만 달러에서 53억2100만 달러로 확대되었다. 이러한 성장 저조는 대내적으로 농산물의 흉작과 대외적으로 해외에서의 긴축에 따른 수요감소에 기인하기도 한다.

그러나 우리가 알만한 나라 중 유독 한국만 마이너스성장을 기록했다. 이런 관점에서 보면 박정희 대통령의 시해, 제2차 석유파동 등의 어려움을 금리인상 등 총수요관리에 중점을 둔 물가안정시책의 돌격적 시행으로 돌파하고자 했던 것이 경제를 오버킬(overkill)하지 않았나 하는 의구심이 든다.

하지만 안정화시책은 5공 정부의 정책기조가 되었다. 정부는 물가안정을 위해 총력을 기울였다. 국민들에 대한 물가안정의 중요성을 교육을 통해 물가오름세 심리의 차단에 노력했다. 정부부문에서는 1981년에 경제기획원은 그해 추곡수매가를 10%만 인상하자는 안을 제시했다. 반면 야당은 45.6%, 농수산부는 최소 24% 인상을 주장했는데 결국 14%에서 인상률이 결정되었다. 비록 당초 정부가 예상했던 것보다 4%포인트가 높아지긴 했지만 그해 전국도매물가상승률을 11.3%로 대폭 떨어뜨려 정부의 물가정책에 관한 한 중요한 분수령이 되었다. 이어서 정부는 1982년에 영점기준예산편성방식(zero-based budgeting)을 도입해 1983년에는 전무후무한 세출예산의 동결정책을 펴는가 하면 임금인상률을 한 자릿수로 묶는 명령적 행정조치를 이어갔다. 아울러 은행으로 하여금 기업들의 임금인상 억제를 독려토록 했다.

정인용(鄭寅用, 재무부 장관 및 부총리 겸 경제기획원 장관 역임)이 회고록『각하, 사인하지 마십시오』에서 김재익 경제수석이 추진한 여러 정책과 관련해 '설익은 이상론'이라고 지적한 것은 그가 현실을 무시한 즉 현실로 소화하는 데 무리가 따르는 이론을 개혁정책이라는 이름으로 자신의 영향력을 최대한 활용해 밀어붙였기 때문이다.

제5차 경제사회발전 5개년계획(1982~1986년) 추진

경제개발 5개년계획은 제5차 이후 경제사회발전 5개년계획으로 명칭이 변경되었다. 제5차 5개년계획은 '안정·능률·균형'을 기조로 ① 경제안정 기반 정착과 국민생활의 안정에 의한 경쟁력 강화 ② 고용기회의 확대에 의한 소득증대 ③ 소득계층 간·지역 간 균형발전에 의한 국민복지 증진에 목표를 두어 경제를 한 단계 더 끌어올리자는 것이었다.

구체적 발전전략으로 ① 10% 이내의 물가안정을 위한 구조적 인플레 요인 대폭 정비 ② 7~8%의 지속적 성장을 위한 투자효율 극대화 및 저축증대 ③ 경쟁 촉진을 통한 시장기능 활성화 ④ 수출 주도전략 지속 및 대외개방정책 적극화 ⑤ 비교우위산업 육성 ⑥ 국토의 균형개발 및 환경보전 ⑦ 국민의 기본수요 충족 및 사회개발 적극 추진 등이었다.

5공화국 정부의 주요 경제정책의 흐름

【부실기업 정리】

정부는 주력하던 물가안정이 소기의 목표대로 수속되자 부실기업 정리에 눈을 돌렸다. 정부 주도로 추진해 1970년대 말 완공된 중화학공업이 전반적으로 부실화했다. 중화학공업의 건설 과정에서 과다차입이 있었을 뿐만 아니라 이의 준공시기가 세계경제가 침체되어 수요가 부족한 시기와 맞물려서 구조적 어려움을 겪고 있었다. 그뿐만 아니라 해외건설, 해운, 종합상사, 합판, 섬유 등 경공업에 이르기까지 부실화가 만연되어 있었다.

물론 이러한 구조조정에 대해 정부가 전혀 무관심한 것은 아니었다. 예컨대 국보위 시절 중화학 투자조정이 이루어졌지만 이 문제는 관련 업체 간 투자조정으로 해결될 수 있는 범주를 벗어나 있었다. 정부의 중화학공업 투자조정 내용을『한국경제 60년사』에 의해 살펴보면 1979년 5월부터 1980년 10월까지 세 차례에 걸쳐 투자조정을 단행해 1983년에 마무리했다. 그럼에도 중화학공업 부문의 생산활동은 1980년대 중반까지 계속 부진했다.

그러나 이러한 부실기업을 체계적으로 정리하지 않고서는 한국경제가 지속적으로 발전하기가 어려웠다. 그리고 은행 등이 자체 능력으로 이를 감당해 처리하는 것은 어려웠다. 그리하여 정부가 개입해 처리하게 되었다.

이에 정부는 체계적인 산업합리화를 지원하기 위해 김만제(金滿堤) 재무부장관의 진두지휘 아래 1985년 조세감면규제법을 개정했다. 다른 한편으로 정부는 종래의 개별 공업육성법을 폐지하는 대신 공업발전법을 제정했다. 이에 의하면 산업합리화 업종·기업으로 지정되면 기업 통폐합에 따른 양도세·취득세·등록세 등 조세감면 혜택을 지원하는 한편 합리화 기간 중 신규사업자의 시장 진입을 제한하고 기존 업체가 설비를 개체하는 경우 금융지원을 제공했다.

재무부의「부실기업 정리 내용」(1988년 7월)에 의하면 1986년에 네 차례, 1988년에 한 차례 등 모두 다섯 차례에 걸쳐 총 78개의 부실기업을 정리했다. 김만제 장관을 뒤이은 정인용 장관 때까지 주요한 정리가 이루어졌다. 부실기업 정리는 개별 부실기업 정리와 업종별 합리화 조치로 나누어 실시되었다. 개별 부실기업 정리는 조세감면규제법에 따라 49개 기업을 합리화 기업으로 지정해 정리하고 8개 기업을 합리화 지정 없이 정리했다. 업종별 합리화는 기존 해운·해외건설업 합리화의 보완책으로 실시되어 21개 기업이 별도로 정리되었다. 공업발전법에 의한 산업합리화를 구체적으로 살펴보면 자동차·건설중장비·디젤엔진·중전기기·합금철·직물·염색가공의 7개 업종(1986년 7월) 및 비료산업(1987년 12월)을 합리화 대상으로 지정했다.

정인용의 전게서 『각하, 사인하지 마십시오』에 의하면 부실기업의 정리는 기준·절차·개황 등만 공개하고 구체적인 내용은 비공개 입장을 고수했다. 내용을 공개할 경우 기업·금융기관의 취약성이 드러나 신규 해외차입에 애로를 겪게 되는 것은 물론 기존 외채의 조기상환 요구가 쇄도해 자칫 외채 위기가 도래할 수도 있기 때문이었다.

【'외채망국론'의 부각과 뒤이은 3저호황】

경제기획원의 1986년판 『경제백서』에 의하면 당시 우리나라의 외채 규모는 1984년 말 현재 431억 달러였다. 1980년 말의 271억 달러에서 4년 동안 163억 달러가 늘어 그 증가율이 59.0%에 달했다.

1980년대 전반 외채가 이렇게 급증한 요인은 무엇보다도 경상수지가 그 기간 중 거액의 적자를 지속한 데 있었다. 추세적으로는 적자폭이 줄어들고 있었지만 1980년과 1981년 중 각각 53억 달러와 46억 달러의 적자를 기록한 데 이어 1982년 26억 달러, 1983년 16억 달러 그리고 1984년에는 14억 달러의 적자가 이어졌다. 이와 같이 누적된 거액의 경상수지 적자는 외채를 들여다가 메꿀 수밖에 없기 때문에 외채증가의 주된 요인이 된다. 1981~84년 기간 중 연도별 총외채 증가에서 경상수지(오차 및 누락 포함) 적자 보전이 차지하는 비율은 단순평균으로도 85.0%를 기록했다.

이런 상황 하에서 국제금융시장에서는 1970년대 말부터 지속된 인플레 억제를 위한 금융긴축 기조로 유례없는 고금리가 초래되어 차입시장이 크게 얼어붙었다. 이에 따라 주요 선진국 경제도 자연스레 침체를 면치 못했다. 국제금융시장과 국제경제 여건이 이처럼 악화되면서 우리나라는 1981년부터 해외차입을 추진하는 것이 절실히 필요한 형편이나 해외차입이 어려워진 가운데 수출증가율도 하반기부터 꺾이기 시작했다. 1982년의 수출증가율은 전년의 21.4%에서 2.8%로 크게 떨어졌다. 이에 대응하여 정부는 점진적인 원화의 평가절하 즉 환율인상을 유도했다. 연말기준 대미달러 환율을 보면 1979년 484.00원에서 1980년 659.90원(36.3%), 1981년 700.50원(6.2%), 1982년 748.80원(6.9%)으로 올랐고 1984년에는 827.40원(4.0%)을 기록했다.

그러나 이 같은 점진적인 환율인상은 경상수지 개선에 도움이 되겠지만 이것만으로는 적자를 역전시킬 수 있는 전망이 없었다. 결국 1985년 초(2월 12일) 제12대 총선을 앞두고 외채망국론으로 번지게 되었다. 특히 야당 후보들은 저마다 외채망국론을 들고 나와 제5공화국의 정책실패를 부각시키고자 했다. 흔히 경제위기가 반복되는 남미제국과 비교되기도 했다.

그런데 『경제백서』 자료를 이용하여 우리나라의 외채규모를 여타 주요 개도국과 비교하면 1984년 말 현재 브라질 999억 달러, 멕시코 967억 달러, 아르헨티나 478억 달러로 우리나라(431억 달러)가 훨씬 낮은 수준이다. 또한 경상외환수입(受入)에서 중장기 원리금상환액이 차지하는 비율을 나타내는 채무상환비율(DSR: debt service ratio)도 1984년 기준 우리나라가 16.5%인데 비해서 브라질 54.0%, 멕시코 52.5%, 아르헨티나 63.8%였다.

이와 같은 외채망국론은 1986년 이후 3저호황에 힘입어 우리나라의 경상수지가 대폭적인 흑자로 돌아서자 바로 사그라들었다. 참고로 1985년까지 적자였던 경상수지는 1986년 단번에 46억 달러의 흑자로 바뀌었고, 1988년에는 그 규모가 무려 142억 달러에 달했다.

【3저 현상의 대두에 따른 호황과 국제수지 흑자 관리대책의 추진】

1986년부터 전 세계적으로 저달러·저금리·저유가의 '3저 현상'이 나타났다. 이는 수출과 외자·원유 도입으로 성장해온 우리 경제에 결정적인 호재로 작용했다. 1986~1988년 3년 동안 연 12% 이상의 고도성장이 지속되었고 큰 폭의 무역수지 흑자를 달성하게 되었다. 특히 수출의 경우 앞서 설명한 1985년 플라자합의로 일본 엔화와 독일 마르크화가 70% 이상 절상된 반면 한국의 원화의 절상은 11.2%에 그쳐 수출의 가격경쟁력을 상대적으로 강화시켜 1986년 이후 연평균 30% 이상의 급격한 신장률을 보였다.

또한 국제금리의 기준이 되는 미국의 프라임레이트는 1980년 21.50%를 고점으로 1984년까지 10.75%의 두 자릿수를 기록했지만 플라자합의 이후 미국이 고금리정책을 포기하면서 7.50%로 낮아졌고 1987년에도 8.75%의 비교적 낮은 수준을 유지했다.

국제유가는 1985~1986년 사이 배럴당 28달러에서 14달러로 폭락했다. 이는 당시 미국 경제를 제외하고 주요국들의 경제가 전반적으로 좋지 않아 원유 수요가 줄어든 데다 앞서 두 차례의 석유파동을 겪은 여러 나라가 중동산 석유 의존도를 낮추기 위한 대책으로 세계 곳곳에서 유전개발을 진행하자 중동 산유국들이 석유 생산량을 크게 늘렸기 때문이다. 이와 아울러 1차 원자재의 국제가격 역시 평균 12% 이상 하락했다. 이에 따라 1985년 8억8700만 달러 적자였던 경상수지는 1986년 46억1700만 달러의 흑자로 돌아선 이후 1987년 98억5400만 달러, 1988년 141억6000만 달러의 대폭 흑자를 기록했다. 그야말로 '단군 이래의 최대 호황'을 구가한 것이다.

이에 정부는 1987년 4월 20일 「국제수지 흑자관리 대책」을 발표했다. 대내적인 측면에서는 국제수지 흑자에 따른 해외부문 통화팽창을 억제하고 총수요를 관리하기 위해 ① 대기업에 대한 무역금융의 달러당 융자비율 70원씩 인하(645원 → 575원), ② 30대 재벌 소속기업에 대한 수출산업설비금융 지원 중단, ③ 관세징수 유예기간 1개월 단축, ④ 해외에서의 1만 불 이상 송금시 취급은행은 이를 국세청에 통보하도록 했다. ⑤ 이뿐만 아니라 연중 여섯 차례(5월 4일, 6월 1일, 7월 1일, 7월 10일, 9월 1일, 12월 1일)에 걸쳐 해외여행경비 지급에 대한 규제를 완화했다.

대외적인 측면에서는 12월 2일 자본시장 국제화 촉진을 목적으로 하는 「자본시장 국제화방안」을 발표했다. 그 주요 내용은 ① 해외전환사채의 주식전환 허용 및 신규발행 확대, ② 내년 중 해외증권투자기금 1억 불 설치 등이다. 또한 재무부는 12월 28일 「외국환관리규정」을 개정하고 ① 1백만 불 이하 해외투자에 대한 신고제(종전 50만 불 이하에 대해 요건확인제) 도입, ② 해외투자사업심의위원회의 사전심의대상 축소(3백만 불 이상 → 5백만 불 초과), ③ 유보이익금에 의한 증액투자시 신고대상 상향조정(50만 불 이하 → 1백만 불 이하) 등으로 해외투자 활성화를 위해 해외투자에 대한 제한을 완화하는 것이다.

1988년 3월에는 외환관리 자유화 방안을 마련했다. 그해 12월에는 미 1달러당 729.3원이던 환율은 684.1원으로 6.2% 인하되었다.

86아시안게임 및 88서울올림픽의 성공적 개최

1986년 9월 20일부터 10월 5일까지 서울에서 제10회 아시아경기대회가 열렸다. '영원한 전진(Ever Onward)'이라는 표어 아래 27개국 4800여 명의 아시아인이 참가한 이 대회는 우리나라가 1970년대 이후 급속한 경제성장으로 격상된 지위를 아시아권 내에 한층 공고히 하자는 데 기본 취지가 있었다. 따라서 대한올림픽위원회(KOC)는 제10회 대회를 서울에서 개최해 아시아올림픽평의회(OCA)에서의 발언권을 강화하는 한편 1970년 제6회 아시아경기대회를 유치했다가 반납한 불명예를 씻고 아랍 여러 나라 및 중국·동남아시아 국가와의 국제친선 및 우의를 증진하려는 데 역점을 두었다.

1981년 9월 30일 서독의 바덴바덴에서 열린 제84차 국제올림픽위원회

(IOC) 총회에서 제24회 올림픽대회를 유치한 지 두 달 만에 또다시 아시아경기대회를 유치하게 된 것이다. 이는 세계 규모의 국제스포츠행사를 서울에서 개최함으로써 한반도의 긴장을 완화하고 나아가서 동북아시아는 물론 세계평화에 이바지하겠다는 우리의 강력한 의지를 표명한 것이다.

또 서울올림픽대회를 2년 앞두고 열린 서울아시아경기대회는 이 대회의 성패가 곧바로 1988년 서울올림픽대회의 성패로 연결되는 중요한 의미가 있었다. 우리는 아시아경기대회를 성공리에 치름으로써 대회 운영기술 및 경험을 축적할 수 있었으며 이는 서울올림픽대회의 성공적 개최를 굳게 다지는 디딤돌이 되었다.

2년 후인 1988년 9월 17일부터 10월 2일까지 서울에서 제24회 올림픽대회가 열렸다. 이 대회는 '화합과 전진'의 기치 아래 전 세계 160개국 1만 3304명의 선수단이 참가해 올림픽 사상 최대 규모로 진행되었다. 88 서울올림픽을 준비·기획한 것은 5공이었지만 그 열매는 6공 정부가 성공적으로 거두었다.

서울올림픽을 평가하면 첫째 스포츠행사로서 완벽에 가까운 성공을 거두었고 둘째 동서의 이념분쟁 및 인종차별로 인한 갈등과 불화를 해소시키면서 세계평화의 새로운 계기를 마련했으며 셋째 한국의 문화를 세계에 알리는 장(場)이 되었다.

서울올림픽에 출전한 160개국 중 한국과 수교 없이 북한과 단독수교를 맺고 있던 국가가 25개국이나 되었으며 한국은 물론 북한과도 미수교 상태에 있던 국가가 2개국이 포함되어 있었다. 대부분이 공산국가인 이들 미수교국이 대거 서울올림픽에 참가해 한국과 상호교환의 기회를 가짐으로써 한국의 국제적 지위 향상은 물론 세계평화의 새로운 전기가 마련되었다.

다시 말하자면 당시 서울올림픽은 국제 냉전질서가 해소되는 역사적 전환기에 동서 진영 간 화해를 선도하고 한·중, 한·소 수교 등 우리와 적대하던 공산국가들과 관계개선의 물꼬를 트는 중대한 계기가 되었다.

서울올림픽이 끝난 직후인 10월 18일 노태우 대통령이 대한민국 정부 수립 이후 국가원수로서는 최초로 유엔총회에서 연설을 한 사실 하나만으로도 서울올림픽이 가져다 준 정치적·외교적 성과의 크기를 짐작할 수 있다.

한편 정부는 1983년 말 양대 대회 준비를 위한 종합시행계획을 마련하고 범정부적으로 추진했다. 두 대회 특히 올림픽을 준비하는 과정은 단순한 운동장이나 선수촌의 건설에 그친 게 아니었다. 교통·통신·관광 인프라를 개선하고 불량환경은 물론 공중화장실을 수세식으로 개체하는 등 보건·위생시설을 획기적으로 개선했다. 또한 음식점에 영문이 병기된 식단을 비치토록 했다. 올림픽을 계기로 우리 생활의 질(quality of life)을 한 단계 도약시켰다. 다시 말해 한국 사회 전반을 국제적 기준(글로벌 스탠더드: global standard)에 맞추는 선진화의 계기가 되었다.

숫자로 본 1980년~1988년의 한국경제

1980년~1985년

한국은행의 『경제통계연보』(1994년)에 의하면 1980년 우리나라는 −6.2%, 당시 기준으로는 −5.7% 부(負)의 성장률을 기록했다. 박정희 대통령의 서거와 제2차 석유파동에 따른 경기침체를 안정화시책으로 대응한 것이 주된 원인이었다. 이에 겹쳐 그해 여름 냉해(冷害)로 쌀 흉작 등 심각한 농업피해를 입은 것도 마이너스 성장의 한 원인이 되었다. 1981년에 6.4% 성장으로 회복된 이래 1982년 7.2%, 1983년 12.6%, 1984년 9.3%, 1985년 7.0%를 기록했다. 1980년 1인당 GNP는 전년(1546달러)보다 줄어들어 1481달러에 그쳤다. 이후 경제가 회복되면서 1985년에는 2456달러로 상승했다.

물가는 전국도매물가 상승률을 기준으로 1980년 44.2%까지 치솟았던 것이 원유 등 원자재가격의 하락과 정부의 강력한 안정시책에 힘입어 1985년에는 1.0%로 진정되었다. 서울소비자물가 상승률은 1980년 34.6%

에서 3.2%로 안정되었다. 엥겔계수는 같은 기간 35.0%에서 27.9%로 낮아졌으며 이는 소득의 증가와 물가안정에 따른 것이다.

경상수지는 1980년 53억2100만 달러 적자에서 1985년 8억8700만 달러 적자로 그 적자규모가 크게 줄었다. 이와 같은 경상수지 적자의 대폭적인 개선은 같은 기간 중 수출 증가율이 53.6%로 수입 증가율 22.5%를 2배 이상 상회하여 무역수지 적자가 1980년 43억8400만 달러에서 1985년에는 불과 1900만 달러로 대폭 축소된 데 힘입었다. 반면에 무역외수지 적자는 13억8600만 달러에서 14억4600만 달러로 오히려 약간 커졌는데 이는 국제고금리에 따른 이자지급액이 증대한 반면 해외건설 수입은 감소했기 때문이다.

1980년 15.9%를 차지했던 농림·어업은 1985년 13.0%로, 광공업은 35.6%에서 27.8%로 비중이 작아진 반면 같은 기간 서비스업은 48.5%에서 59.2%로 커졌다.

국내총투자율은 국내저축률이 1980년 19.9%에서 1985년 32.8%로 급상승한 데 힘입어 같은 기간 31.5%에서 33.0%로 높아졌다.

금리는 1980년 19.5%에서 1985년 10.0~11.5%로 대폭 인하되었다. 환율은 1980년 말 기준 달러당 659.90원에서 1985년 말에는 890.20원으로 인상되었다.

인구증가율은 1980년 1.57%에서 1985년에는 0.93%로 떨어졌으며 실업률은 경기불황을 반영해 1980년 5.2%로 전년(3.8%)보다 크게 높아졌다가 1985년에는 4.0%로 다시 낮아졌다.

1986년~1988년

3저 현상에 힘입어 우리 경제는 1986년 12.9%, 1987년 13.0%, 1988년 12.4%의 3년 연속 두 자릿수 성장률을 기록하는 초호황을 구가했다. 한국은행의 『경제통계연보』에 의하면 1인당 GNP는 1986년 2804달러에서 1988년 4692달러로 뛰어올라 5000달러를 눈앞에 두었다.

1986년 마이너스 3.7%를 기록했던 전국도매물가 상승률은 1988년에는 2.3%로 높아졌다. 서울소비자물가 상승률 역시 1986년 1.3%에서 7.2%로 뛰어올랐다. 한편 엥겔계수는 1986년 26.7%에서 1988년에는 통상 생활수준 최상위층으로 구분되는 25%선 아래인 24.9%로 낮아졌다.

국제수지 면에서는 무역수지 흑자 규모가 1986년 42억600만 달러에서 1987년에 76억5900만 달러로, 1988년에는 114억4500만 달러로 대폭 증가했다. 수출은 1986년 14.6%, 1987년 36.2%, 1988년 28.4% 증가했다. 이에 따라 경상수지 흑자는 1986년 46억1700만 달러에서 1987년 98억5400만 달러로, 1988년에는 141억6100만 달러로 급증했다.

농림·어업의 1차산업 비중은 1986년 11.5%로 낮아진 데 이어 1988년에는 10.2%로 더욱 낮아졌다. 이에 비해 제조업 비중은 27.8%에서 30.1%로 커졌다.

국내총투자율은 이 기간 32.8%에서 34.6%로 높아졌다. 특히 국내저축률이 36.2%에서 1988년에는 41.7%로 늘어나 투자재원의 자립을 달성하게 되었다.

금리는 1986년 10.0%에서 1988년 12월 5일자로 자유화되었다. 환율은 1986년 말 기준 달러당 861.40원에서 1988년 말에는 684.10원으로 인하되었다.

이 기간 호황을 반영해 실업률은 1986년 3.8%에서 1988년에는 2.5%까지 낮아졌다.

제 2 절　나의 경력

재무부 재정차관보·제1차관보(1980년 5월~1982년 6월)

나는 1980년 5월 29일 재무부 국제금융국장에서 재정차관보로 승진 발령을 받았다. 그리고 1981년 11월 2일 재무부 직제 개편에 따라 제1차관보로 전보되었다.

재정차관보의 역할은 은행·증권·보험 등 금융업무 및 국고의 재정 업무에 관한 일과 재무부가 국민에게 정책을 알리는 일에 대해 장·차관을 보좌하는 총책임자이다. 내가 차관보로 재임 중 이승윤(李承潤: −1980년 5월 22일~1982년 1월 4일)·나웅배(羅雄培: 1982년 1월 4일~1982년 6월 24일) 장관과 박봉환(朴鳳煥: 1980년 5월 30일~1980년 9월 2일)·정인용(鄭寅用: 1980년 9월 9일~1982년 1월 5일)·강경식(姜慶植: 1982년 1월 5일~1982년 6월 26일) 차관이 있었다.

내가 재정차관보로 취임할 당시 상황은 박정희 대통령 시해 사건 이후 5공화국이 탄생하는 과도기로 정국이 매우 유동적이었다. 또한 제2차 석유파동의 수습기였다. 그런데 이때 국보위가 진행한 숙정의 결과 나는 재무부의 살림살이까지 도맡아야 하는 처지에 놓이게 되었다.

당시 경제기획원과 재무부 정책결정권자들의 우리 경제에 대한 진단과 처방은 크게 달랐다. 우선 거시정책과 관련해 경제기획원은 물가안정이 성장·국제수지의 근원이라고 생각했다. 다시 말해 물가가 안정되어야 경쟁력이 생겨 성장을 이루고 국제수지를 개선시킬 수 있다는 것이었다.

반면 재무부는 물가안정이라는 정책과 이론에는 수긍하지만 현실경제의 사정을 감안해 물가·성장·국제수지를 균형 있게 살펴야 한다는 생각이었다. 특히 긴축을 통한 물가안정도 중요하지만 과다한 부채로 재무구조가 취약한 기업들의 현실을 인정하고 그 바탕 위에서 정책을 입안해야 한다는 것이었다.

산업정책에 있어서도 경제기획원은 자율화 및 비교우위(comparative advantage)에 입각해 산업구조를 재편해야 한다고 주장했다. 다시 말해 개방과 자율화로 경쟁을 유도하고 투자가 많이 들어가는 중화학공업은 비교우위에 맞지 않다며 우리 경제는 경공업 중심으로 발전시켜야 한다는 것이었다.

반면 재무부는 경제기획원이 내세우는 비교우위와 관련해 영농에서는 주곡의 자급자족을 이루어야 하고 나라 경제의 골격을 갖추기(nation building) 위해서는 경제의 능률적 운용 측면과 아울러 장래를 내다보는 발전사적 역사의식에서 중화학공업의 육성을 통한 산업구조의 고도화를 이루어야 한다고 생각했다. 농림부나 상공부 정책결정권자들의 생각도 마찬가지였다.

이처럼 양 부처 간의 인식이 다르다 보니 정책 방향에 있어서도 생각이 달랐다. 경제기획원은 금리 인상을 통한 총수요억제정책을 주장하고 추진했다. 앞에서 설명한 바와 같이 일반은행의 대출금리를 19.0%에서 25.0%로 단번에 6.0%포인트 인상한 1·12 대책이 바로 그것이다. 이는 재무구조가 취약한 기업들에게는 치명타나 마찬가지였다.

반면 이승윤 장관의 재무부는 금리 인상과 통화 긴축에 찬성하는 입장이 아니었다. 다시 말해 제2차 석유파동 등 외부충격에 의한 물가상승 대책으로서의 국내 총수요관리정책이 지닌 한계를 감안하고 또한 부채가 과다한 기업의 재무구조를 감안해 오버킬(overkill) 하지 말자는 것이었다. 시간이 지날수록 경제의 침체는 심화되었다. 그래서 1980년에만 세 차례에 걸쳐 금리를 5.0%포인트 인하해 20.0%까지 끌어내렸다. 그럼에도 1980년 우리 경제는 한국은행의 『1980년도 연차보고서』(1981년)에 의하면 마이너스 5.7% 성장을 기록하는 결과로 나타났다. 우리가 알 만한 나라 중 1980년에 마이너스 성장을 기록한 나라는 우리나라 이외에 없었다고 기억된다.

이후에도 내가 재정차관보로 있는 동안 1981년에는 금리를 11월 9일 19.0%로 1%포인트 낮춘 데 이어 11월 30일 18.0%로, 12월 29일 17.0%로 역시 세 차례 인하했다. 그리고 1982년 들어 나웅배 장관이 취임한 이후에도 1월 14일 16.0%로, 3월 29일 14.0%로 각각 인하했다. 이로써 1980년 1·12 조치로 19.0%에서 25.0%로 인상된 금리는 단계적으로 11.0%포인트가 인하되었다.

외환 부족사태를 막기 위한 대책도 마련해야 했다. 외환 부족을 해결하는 첩경은 국제금융기구와의 협력을 강화하고 해외자본이 쉽게 국내시장에 들어오도록 하는 것이다. 앞에서 설명한 바와 같이 내가 국제금융국장으로 있던 1980년 3월 우리 정부는 IMF와 약정금액 6억4000만 SDR 규모의 제13차 스탠드바이협약(SBA)을 체결했다. 이어 외화자금 확보를 위한 대책의 하나로서 국내 자본시장의 개방정책을 천명했다. 1981년 1월 마련한 자본시장 국제화 장기계획이 그것이다. 계획은 1단계(1981~1984년) 수용태세 정비, 2단계(1985년 이후) 외국인 직접 증권투자의 제한적 허용, 3단계(1980년대 후반) 외국인의 본격적인 투자 허용 및 국내 증권의 해외발행 추진, 4단계(1990년대 전반) 완전 자유화에 의한 자본 유출입으로 이루어졌다. 이 계획에 의해 내가 재정차관보로 있던 1981년 3월에 일본 노무라(野村) 증권 서울사무소가 설치되고 그해 11월에는 한국투자신탁과 대한투자신탁이 각각 1500만 달러 규모의 외국인전용수익증권(KIT: Korea International Trust)을 발행했다.

한편 1979년 들어 중화학공업의 구조조정 필요성과 아울러 해운·종합상사 등의 부실화가 현안(懸案)으로 등장했다.

중화학공업은 당초 방위산업 건설과 수출을 위해 정부 주도로 추진했는데 참여기업에 금리·세제상의 지원이 주어지자 대기업들이 경쟁적으로 뛰어들어 중복투자가 빚어졌다. 또한 투자 규모가 매우 큰 분야이다 보니 은행으로부터의 차입이 과다할 수밖에 없었다. 여기에 겹쳐 중화학공업이 완공되는 시점에 제2차 석유파동이 발생해 세계경제가 침체되는 바람에 해외 수요가 급감했다.

이 같은 삼중고(三重苦)를 기업들이 버텨내기는 힘들었다. 특히 과다한 부채와 수요 부족은 기업의 부실화를 가속화해 당해 기업은 물론 나라 전체로 볼 때 부실을 정리하는 구조조정이 불가피해졌다. 하지만 이런 일은 채권자인 은행이 하기에는 너무 버거운 과제였다. 이에 정부가 나서 4·17 경제안정화 시책의 일환으로 1979년 5월 25일 발전설비와 디젤엔진 부문에 대한 중화학 투자조정 1차 조치를 취했다. 그러나 그 작업이 소기의 성과를 거두지 못하자 1980년 8월 20일 국보위가 후속조치를 취했다. 이어 그해 9월 13일에는 국보위 주관으로 중전기기·디젤엔진·전자교환기·동제련 등 4개 부문 17개 기업에 대한 2차 조정방침을 확정했다. 그러면서 관련업계에서 자율적으로 협의해서 처리하도록 했다. 그러나 관련업체의 자율조정이 실패하자 10월 7일 국보위가 직권 조정했다. 그런데 이러한 정부의 직접조정 성과는 제한적이었다. 그 후 1997년 외환위기 이후에도 전국경제인연합회가 중심이 되어 업계가 논의에 참여해 중화학공업 투자조정이 다시 이루어졌다.

재무부는 시설재나 내구 소비재 등의 수요 진작책으로 수요자금융을 확대해 나갔다. 한편 기업들의 재무구조 개선을 위해 자구 노력을 전제로 한 출자지원을 적극 검토했으나 결과적으로는 일부 은행에서 자율적으로 출자하는 등 미미한 성과에 그쳤다.

나는 1982년 4월에는 물가안정시책보다는 구조조정정책의 시행에 중점을 둔 경제정책운용의 틀에 관해 「제2의 도약을 위한 기본 구상」으로 종합 정리했는바 〈별첨 4－1〉로 싣는다.

부채의 누적과 판로의 애로를 겪는 기업들이 불황에다가 자금 구하기가 힘들어지자 결국 이철희(李哲熙)·장영자(張玲子) 사건으로 연결되었다. 장영자 여인이 금융을 미끼로 자금이 시급한 국내 몇 개 기업으로부터 어음을 받아 사기 치는 일을 벌인 것이 이 사건이다.

1982년 5월 터진 이철희·장영자 어음사기사건으로 이·장 부부와 전두환 대통령의 처삼촌 이규광(李圭光) 광업진흥공사 사장과 몇몇 은행장 등 32명이 무더기로 구속되고 유창순(劉彰順) 총리와 관계장관이 인책 사임했다.

한편 이 사건의 충격파가 얼마나 컸던지 이 사건과 관련해 내 이름이 북한 신문에 거명되기도 했다. 북한의 내각 기관지 「민주조선」은 1982년 5월 28일자 '최대 최악의 권력형 부정사건－리철희, 장령자 부부 어음사기사건의 진상공개장' 제하의 기사에서 "(전략)…이번 사건의 막후에서 움직인 권력실무진으로 등장한 중심인물은 금융계를 한손에 틀어쥐고 좌지우지하는 재무부 차관보 리규성이었다"며 "리규성은 작년 2월부터 12월까지 11개월 동안에 2차례에 걸쳐 전 조흥은행장 림재수, 전 상업은행장 공덕종 등 은행간부 6명을 차례로 재무부에 불러들여 전두환과 인척관계에 있는 장령자에게 최선의 편의를 제공하도록 지시하고 그들을 움직여 장 녀인과 관련된 업체들에 수천억원의 자금을 담보없이 대출하도록 하였다…(후략)"고 통일혁명당 중앙위원회 조직선전부를 인용해 보도했다. 물론 이런 보도는 사실과 다르다.

나웅배 재무부장관은 이·장 사건의 후속대책으로 비실명 금융자산의 이자소득에 대해 10%포인트 중과(重課)하는 차등과세 방침을 포함한 세제개편안을 6월 23일 발표했다. 다시 말해 이자소득세의 차등화 등 점진적 방법으로 사채시장을 양성화하는 방안을 내놓았다. 하지만 다음 날인 6월 24일 개각으로 나 장관과 차관보인 내가 재무부를 떠난 직후 6·28조치에 이어 발표된 7·3조치로 이 안은 폐기되었다.

나 장관은 1980년대 초 재무부가 검토한 금융실명제를 토대로 이러한 방안을 마련했다. 오래전부터 재무부의 재정부문에서는 사금융의 실태 파악과 함께 양성화 방안을 모색해 왔고 세정부문에서는 금융소득 종합과세 방안도 검토해왔다. 1981년 3월에는 우리나라의 사채 규모 추정 및 이용실태 등을 분석하고 해외 각국의 예금비밀보장제도를 들여다 본 후 예금·주식 등 금융거래에 있어서 실명의제(實名義制) 확립 방안을 검토했다. 특히 일본이 1980년 추진한 소액저축 등 이용자 카드 즉 그린카드(Green Card)제 도입 추진 경위를 면밀히 들여다보았다. 참고로 그린카드 제도는 1984년 1월 1일부터 시행하기로 의회 의결까지 거쳤으나 자금이 해외로 유출되고 실물투기가 재연되어 금융기관 간 자금이 이동되는 등 경제에 충격이 커짐에 따라 1983년 3월에 일단 그 시행을 연기하기로 결정했다가 1985년 3월에는 아예 종합과세 방침을 포기하고 그 대신 비과세저축을 대폭 축소했다.

당시 재무부가 금융거래에 있어서 실명의제 확립 방안을 검토한 결과 부정한 자금·소득의 은폐수단 봉쇄와 신용질서의 기반 구축, 정확한 정책자료의 확보 등이 이 제도 실시의 필요성으로 제시되었다. 반면 실시 초기에 국민경제 전반에 걸쳐 큰 혼란이 야기될 가능성, 제도권 금융기관에서 자금이 대량 유출될 가능성, 새로운 탈법행위 발생 가능성, 증권시장이 붕괴될 가능성, 실시 초기 금융기관과 거래자 간 마찰과 분쟁 가능성, 전반적으로 사치성 소비의 조장과 골동품 등 기타 불건전한 투자 조장 우려 등이 문제점으로 지적되었다.

재무부는 이 같은 점을 고려해 제도 실시에 따른 부작용을 최소화하기 위해서는 충분한 준비기간을 거쳐 실시해야 한다는 생각이었다. 그래서 금융실명제로 가는 길은 우선 비실명 금융자산에 대한 차등과세에서부터 시작하자는 것이다.

경제기획원 출신인 김재익 청와대 경제수석이 주도하고 강경식 재무부장관이 보조한 6·28조치의 주요 골자는 14.0%였던 일반은행의 대출금리를 10.0%로 4%포인트 인하하고 법인세율을 33~38%에서 20%로 낮추는 내용이었다. 물가안정을 최우선으로 삼고 그간의 경기침체를 도외시해 재무부가 주도한 금리 인하에 주저하던 경제기획원 출신의 경제정책 주도자들의 그간 행태를 감안하면 금리를 대폭 인하한 6·28조치는 가히 파격적이라 할 수 있다. 이 조치와 관련해서 이들은 6월 25일 기준 물가상승률이 소비자물가 4.6%·도매물가 2.7%로 안정되고 국제수지도 개선되는 추세가 이어지고 있다는 점을 들어 대폭 인하의 배경을 설명했다.

그러나 사전에 이를 준비하는 과정은 주무장관인 나웅배 재무부장관조차 모르게 극비리에 진행되었다. 이장규(李璋圭)의 『경제는 당신이 대통령이야』(1991년)에 의하면 이 일은 전두환 대통령을 설득시켜 결심을 얻어낸 김재익 경제수석의 금리 인하 구상에 강경식 재무부 차관이 동조했고 실무작업의 책임은 기획원에서 온 이형구(李炯九) 이재국장에게 맡겨졌다. 결과적으로 담당차관보와 장관 모르게 일이 진행되는, 공무원 사회에서 결코 있을 수 없는 일이 발생한 것이다.

강경식 재무부장관은 1982년 7월 3일 금융거래의 실명화와 종합소득세제

개편 방향을 발표했다. 강 장관이 주도하고 김 수석이 지원한 7·3조치의 주요 골자는 금융실명제의 실시와 금융자산소득의 종합과세 방침이었다.

먼저 금융실명제와 관련해서는 1983년 7월 1일 이후에는 금융기관과의 모든 금융거래에 대해 개인의 경우는 주민등록증, 법인의 경우는 사업자등록증에 의해 전면적으로 실명거래제를 실시하도록 하며 아울러 비실명 금융자산의 실명으로의 전환에 있어 정당한 자금은 아무런 불이익이 없이 실명으로 전환하고 출처가 불분명한 금융자산이라고 할지라도 일정 조건 하에서 조세상 책임을 묻지 않겠다는 것이었다.

출처가 불분명한 자금에 대해서는 3단계로 구분해 조치키로 했다. 1단계로 1983년 6월 30일까지 실명화하는 경우 다음과 같은 때에는 자금출처에 대해 일체 불문에 부치고 기타의 경우에는 5%의 특별과징금 즉 '도강세(渡江稅)'를 부과하기로 했다. 첫째, 1인당 3000만 원 이하의 자금, 다만 20세 미만은 700만 원 이하 둘째, 자기회사 및 계열회사의 재무구조 개선에 쓰일 경우 셋째, 장기주택채권 또는 은행주식을 매입하거나 은행에서 처분하는 부실기업을 인수하는 경우 넷째, 단자회사나 상호신용금고의 설립을 위한 출자 및 증자의 경우가 자금출처 불문 대상이었다. 그리고 2단계로 1983년 7월 1일부터 1986년 6월 30일까지 실명화하는 경우 예외 없이 5%의 특별과징금을 납부하는 조건으로, 3단계로 1986년 7월 1일 이후 실명화하는 경우에는 3년간 이자의 50%를 포기하는 것을 조건으로 자금출처를 불문에 부치기로 했다.

다른 한편으로 금융자산소득의 종합과세 방침과 관련해서는 현행 76.5%(방위세·주민세 포함)인 종합소득세율을 50% 수준으로 대폭 인하하고 금융자산소득을 종합과세하기로 했다.

정부는 금융실명제의 실시를 통해 다음과 같은 효과를 기대한다고 발표했다. 첫째, 떳떳하지 못한 자금을 양성화해 불문에 부침으로써 새 출발하는 계기를 마련하면서 앞으로 이러한 현상의 재발 방지를 위한 제도적 장치를 동시에 마련하고 둘째, 기업주의 기업자산 부당유출의 소지를 제거함으로써 '기업은 망해도 기업주는 산다'는 행태를 바로 잡을 수 있을 것이며 셋째, 은닉자산을 기업에 환류시킴으로써 기업의 재무구조를 개선할 수 있을 것이다. 넷째, 금융거래가 양성화되고 종합소득세율이 현실화됨에 따라 사금융의 은닉처를 없앰으로써 사금융을 양성화할 수 있을 것이며 특히 이·장 사건과 같은 거액어음사건과 같은 사례의 재발을 방지할 수 있는 장치도 마련하고 다섯째, 금융거래가 양성화되어 탈세의 소지가 봉쇄되고 근거과세가 확립됨으로써 조세행정의 획기적인 발전계기를 마련할 수 있게 되고 조세마찰도 최소화시킬 수 있을 것이며 여섯째, 완전한 종합소득세제로 전환해 사업에 투자하는 것보다 돈놀이가 유리한 바람직하지 못한 현상을 시정할 수 있는 계기가 되고 조세부담의 형평을 실현할 수 있다.

이어 정부는 발표문을 통해 실명거래제 실시에 필요한 조치사항으로 ① 금융자산 실명화에 따른 관련사항을 규정하기 위해 특별조치법을 마련 ② 종합소득세율을 76.5%에서 50% 수준으로 대폭 인하하고 은행 이자소득이나 공개법인의 배당소득을 종합과세하기 위해 소득세법과 상속세법 등을 개정 ③ 금융거래의 정보를 전산화하고 이를 국세청의 전산처리장치와 연결해 활용할 수 있는 정보체계를 마련 ④ 현행 예·적금 비밀보장법을 폐지하되 예금주의 비밀이 일반에게 공개되지 않도록 보장하는 규정을 은행법 등의 개정 시 반영 ⑤ 재산의 해외도피를 방지하기 위해 외환관리를 강화 ⑥ 부동산투기를 방지하기 위해 부동산투기가 재연될 조짐을 보일 때에는 5·18 경기활성화조치에서 발표한 양도소득세 완화 방침을 재검토하고 1982년 7월부터 1983년 6월까지의 투기성이 있다고 인정되는 부동산거래에 대해서는 자금출처를 집중적으로 조사하고 부동산 양도소득을 종합과세하는 방안을 검토하고 필요시에는 부동산거래 허가제를 발동할 것을 검토 ⑦ 1982년 7월 3일 이후 특별조치법 시행일까지 상당한 규모의 거액 금융자산의 변동이 있는 경우에는 자금출처조사 ⑧ 특별조치법이 시행된 이후에는 사채거래에 대해 강력한 세무조사도 실시하겠다고 밝혔다.

여기에서 금융실명제와 관련한 검토 및 논의 과정을 살펴보면 재무부 내에서의 검토는 1980년 세법개정을 준비하던 때부터라고 사료된다. 재무부는 당시 5%의 저율로 분리과세 되던 이자소득세의 과세 강화를 검토했다. 또한 국정의 기본지표로 설정한 '정의사회 구현'을 위해 실무적으로 이자소득의 종합과세 문제가 거론되었다. 그러나 이는 큰 규모의 사채시장의 존재, 계속적인 저축증대의 필요성 등에 비추어 거론에 그치고 대신 이자소득에 대한 세율이 5%에서 10%로 인상되는 소득세법 개정으로 마무리되었다.

그리고 7·3조치 발표 이후 실명거래제 추진실무협의회(TF)를 범정부적으로 구성해 조치사항에 대한 준비를 해나갔다. 그러나 이러한 노력에도 불구하고 은행에서는 뭉칫돈이 빠져나가는가 하면 주식을 팔아 부동산으로 옮겨가는 현상이 시간이 갈수록 두드러졌다.

한편 정치권 특히 여당인 민정당 내에서 실명제 실시 반대 분위기가 확산되었다. 정부의 금융실명제 내용이 기득권을 보호하는 데 소홀하고 기존 관행의 급격한 변화로 인해 경제에 대한 충격이 너무 크다며 강하게 반대했다. 당만이 아니었다. 대통령의 최측근인 허화평(許和平) 정무수석과 허삼수(許三守) 사정수석 등 이른바 '허씨(許氏)'들이 극력 반대하고 나섰다. 시간이 지나면서 반대의 목소리가 세력을 규합해 나갔다. 그러면서 처음에는 단계적 실시를 주장하던 당이 정작 법률제정 작업에 들어가면서 전면연기 또는 백지화로 입장을 선회해 버렸다. 이에 야당까지 가세했다.

결국 정부 방침은 무산되고 형해화(形骸化)된 금융실명거래에 관한 법률이 제정되어 1982년 12월 31일에 공포되었다. 그리고 이의 시행을 전산화 등 행정준비 상황과 경제여건을 감안해 1986년 1월 1일 이후 대통령령이 정하는 날부터 시행키로 함으로써 그 시행 자체가 유보되었다.

한편 금융실명제는 후일 내가 재무부장관으로 재임 중인 1989년 4월 이를 재추진하게 되었다. 그와 관련한 상세한 내용은 제5장에서 다루기로 한다.

금융자율화

금융자율화와 관련해서도 경제기획원과 재무부 양 부처 정책결정권자들의 의견은 달랐다. 기획원은 내부 경영자율화와 시중은행의 일괄 민영화, 금융기관 대량 신설을 통한 경쟁체제의 확립을 유도하는 '과감한 금융자율화'를 주장했다. 이에 반해 재무부는 '점진적 개선론'을 주장했다. 아니 정밀하게 이야기한다면 재무부가 금융개혁에 주저했다기보다는 금융의 문제점 소재와 이의 실현방법에 있어서 초점이 달랐다고 할 수 있다.

재무부는 금융기관의 문턱이 높고 대형화와 국제화에 뒤떨어져 있다는 문제의식을 가지고 있었으며 어떻게 이를 실효성 있게 대응해 나가느냐에 중점을 두고 있었다. 내부경영 자율화 문제는 양 부처 간에 힘겹게 합의가 이루어져 시행에 들어갔지만 시중은행의 민영화, 금융기관의 대량 신설 문제에 대해서는 의견이 팽팽하게 맞섰다. 모든 제도의 개혁은 그 성공을 위해서는 전제조건이 성숙되고 인프라의 구축이 필요하다. 이를 위해서는 우선 정책금융을 축소하고 대규모로 존재하는 은행 부실채권의 정리부터 시작해야 한다. 시중은행에 대한 정부 보유주식만 불하하는 형식적 민영화가 아닌 실질적 민영화를 해야 한다. 그래서 은행의 민영화는 한일은행을 먼저 시범적으로 운용해 보고 성과를 보고 문제가 있으면 시정해 가면서 대책을 강구하자는 것이었다.

특히 시중은행의 민영화와 관련하여 재무부는 우선 금융기관의 상업화 즉 상업금융기관으로 재탄생시키는 금융기관의 역할이 재정립(reengineering)되어야 하며 은행이 안고 있는 부실채권이 정리되어야 하며, 나아가 기업의 재무구조가 건실화되기 위해서는 차입을 위주로 하는 은행중심체제(bank based system)에서 자본증대를 위주로 하는 시장중심체제(market based system)로 옮기는 사업구조조정(restructuring) 그리고 과거 하던 대로 즉 도제(徒弟: apprenticeship) 중심의 전문가 양성에서 새로운 방식으로 금융을 경영(managing)할 수 있는 능력을 갖춘 전문가(officer)를 양성하는 역량 증진(empowerment)이 전제되고 병행되어야 한다는 것이었다.

국보위 시절 김재익 경과위원장이 주도한 금융자율화 작업이 속도를 내면서 한은법을 개정해 재무부로부터 한국은행을 독립시켜야 한다는 주장이 제기되었다. 이를 두고 재무부와 국보위 재무위가 한국은행과 국보위 경과위가 각각 연합전선을 펴는 상황이 되었다. 사정이 이렇다 보니 양측의 주장은 평행선을 그었다. 경과위와 재무위가 팽팽히 맞서자 운영위 주관으로 토론회까지 개최했다. 한국은행 총재 출신인 신병현(申秉鉉) 상공부장관과 김진형(金鎭炯) 장기신용은행장이 경과위 추천으로, 이만기(李滿基) 한양대 교수와 재무부 차관보인 내가 재무위 추천으로 참석해 열띤 토론을 벌였다.

우여곡절 끝에 국보위가 만든 금융자율화 계획은 전두환 대통령에게 보고되었다. 이 자리에서 이승윤 재무부장관은 '시기상조'라는 반대의사를 표시했고 전 대통령은 '금융자율화처럼 중요한 문제를 서둘러서는 안 된다. 이 장관 말대로 시간을 가지고 추진해 나가라'고 결론지었다. 한국은행 독립 문제를 개정헌법에 법제화하는 문제가 백지화된 것은 전 대통령의 경제가정교사였던 박봉환 재무부차관이 대통령을 설득해 이를 막고 이 과정에서 박철언(朴哲彦) 법률보좌관이 한은법 개정의 방향을 다시 돌려놓는 데 결정적 역할을 했기 때문이다. 결국 금융자율화 문제는 누가 금융운영의 주도권을 갖느냐의 문제가 아니라 금융이 어떤 역할을 하고 어떤 책임(role and responsibility)을 질 것인가의 문제로 판단되어야 한다고 본다.

금융기관 신설과 관련해 재무부는 은행 2~3개의 신설을 구상하고 있었다. 그러나 결과적으로는 제2금융권의 무더기 신설이 이루어졌다. 『한국은행 50년사』에 의하면 강경식 재무부장관이 취임한 이후 금융기관의 경쟁체제를 강화한다며 단기금융회사 12개, 상호신용금고 58개를 신설했다.

은행 민영화의 경우 1973년에 이미 민영화된 상업은행을 제외하고 한일은행은 1981년 6월에 민영화되었으며 강 장관이 취임한 후인 1982년 9월 제일은행과 서울신탁은행이, 1983년 3월 조흥은행이 거의 일시에 민영화되었다.

한편 금융자율화의 근간인 금리자유화는 매우 더디게 진행되었다. 1984년과 1986년, 1988년 부분적인 금리자유화를 추진했으나 기업의 높은 부채비율과 그에 따른 금융비용 부담 과다 등으로 인해 본격적인 금리자유화를 이루지 못한 것이다. 그리고 이는 한참 후일인 1990년대 4단계 자유화로 매우 장기간에 걸쳐 완성되었다.

한편 국보위 재무분과위원회가 주축이 되어 기업의 비업무용 부동산 처분을 중심으로 한 기업의 체질을 강화하는 이른바 1980년 9·27조치가 취해졌다.

경제기획원의 재무부 점령

금융자율화를 일거에 추진하려는 김재익 경제수석은 재무부 쪽에서 이를 반대하자 이를 관철하기 위해 재무부에 대한 대대적인 물갈이를 단행했다. 말하자면 재무부 사람으로서는 금융자율화 추진이 안 되겠다는 판단을 한 것이다.

1982년 1월 이승윤 재무부장관이 나웅배 장관으로 교체되는 것을 계기로 강경식 경제기획원 차관보를 재무부 차관으로, 이진설(李鎭卨) 공정거래실장을 재무부 제2차관보로, 이형구 기획국장을 재무부 이재국장으로 이동시켰다.

반면 정인용 재무부차관은 경제기획원 차관으로, 하동선(河東善) 재무부 제2차관보는 경제기획원 차관보로, 정영의(鄭永儀) 기획관리실장은 공정거래실 상임위원으로, 이수휴(李秀烋) 이재국장은 재무협력관으로 각각 전보되었다. 형식은 기획원－재무부 간 고위인사의 교류였지만 사실상 기획원의 '재무부 점령 사건'이었다. 결국 재무부의 같은 자리에 계속 남은 사람은 나뿐이었다. 나중에 우연히 들은 바에 의하면 김 수석은 제1차관보인 나를 신용보증기금 이사장으로, 이수휴 이재국장을 한국개발연구원(KDI) 연구위원으로 각각 내보내는 것이 어떠냐는 의견이었다고 한다. 그러나 이는 결국 받아들여지지 않은 셈이었다.

정인용의 전게서 『각하, 사인하지 마십시오』에 의하면 김재익 수석이 주도한 이 같은 일련의 인사는 경제기획원이 추진하려는 안정화·개방화 정책 등 '설익은 이상론'에 대해 재무부가 시기상조라며 반대하자 이를 관철시키기 위해 경제기획원 사람들로 하여금 재무부를 점령한 사건이라고 규정했다.

그해 6월 나웅배 장관이 앞에서 설명한 이철희·장영자 사건으로 물러나면서 강경식 차관이 장관으로 승진했다. 강 장관은 기획원 출신 김흥기(金興起) 전매청장을 재무부 차관으로 앉히고 금융담당 라인의 차관보, 국장은 물론 금융정책과장까지 기획원 사람으로 충원했다. 이때 금융을 담당하는 제1차관보였던 나는 전매청장으로 발령을 받았다. 이로써 재무부는 기획원 출신들에 의해 완전히 장악되었다.

대국민 정책홍보

나는 차관보로서 재무부장관을 수행해 외국인 금융투자자에 대한 우리나라의 재정금융정책에 관한 설명을 하는 자리에 참석했다. 아울러 대국민 정책홍보를 위해 특강과 세미나에 수시로 나서는 한편 대담을 통해서도 재정금융정책을 알렸다. 이때 쓴 글 중 내가 보관하고 있는 것이 12편이다. 이 가운데 은행과 기업과의 바람직한 관계를 다룬 「현대경제사회에 있어서의 은행과 기업」(1981.4.24, 전경련 국제경영원 제3기 최고경영자과정 특강), 중소기업의 중요성과 금융지원대책을 다룬 「중소기업정책」(1981.7.25, 신용보증기금 최고경영자 세미나), 재정금융정책의 방향을 다룬 「우리나라 재정금융정책의 방향」(1981.8, 한국산업은행 제18기 최고경영자 세미나)의 내용을 〈별첨 4-2, 4-3, 4-4〉로 싣는다.

'통렬한 고민'과 '소규모 개방경제'

나는 차관보 시절 이후부터 직원들에게 정책을 개발할 때는 늘 다음 두 가지를 요구했다. 그 하나는 '통렬한 고민'이다. 정책을 만들 때는 정책이 추구하는 목표 또는 문제의식을 우선적으로 생각하는 것은 당연하다. 다시 말해 문제의식을 올바로 인식하자는 것이다. 그리고 그 정책이 가져올

역기능 또는 도덕적 해이(moral harzard)와 같은 부작용도 세심하게 따져봐야 하고 더 나아가 다른 정책이나 미래의 정책에 미치게 될 영향까지도 고려할 필요가 있다. 통렬한 고민이 없다면 슬로건(slogan, 구호)이나 목표 지상주의에 빠질 가능성이 매우 높다.

다음으로 우리나라가 소규모 개방경제(small open economy) 체제임을 잊지 말아야 한다는 점이다. 이 말은 관세조정과장 시절부터 강조해 왔지만 우리나라가 대외적으로는 개방되어 있음에도 경제규모가 작아 국제적 의사결정에 참여하지 못하고 그저 결정된 바를 우리가 따를 수밖에 없다는 뜻이다. 따라서 우리 경제가 잘 되기 위해서는 정책을 개발할 때 국제 정세, 대내외 경제상황 등을 잘 살펴 실수 없이 대응해야 한다.

전매청장(1982년 6월~1983년 10월)

나는 1982년 6월 26일 차관급인 전매청장으로 발령을 받았다. 금융·세정 정책 분야를 떠난 것이지만 어떻든 승진이었다.

1948년 11월 4일 재무부 전매국으로 출발한 전매청은 1951년 전매청과 지방전매관서 설치법이 제정됨으로써 1952년 4월 3일 재무부 산하 청으로 신설되었다. 그 후 1968년 전매의 날이 제정되어 이듬해 7월 1일부터 시행되었다. 전매청은 1987년 4월 한국전매공사로 개편된 후 1989년 4월 한국담배인삼공사가 설립되면서 폐지되었다. 이후 2002년 12월 정부의 민영화 조치에 따라 KT&G로 사명을 변경하고 민영기업으로 전환했다.

전매사업의 특징은 잎담배(연초)·수삼의 수납에서 담배·인삼제품의 제조 및 판매에 이르는 1차산업부터 3차산업까지 아우르는 관업(官業)사업이자 독점사업이다. 1982년을 기준으로 재정수입의 9%를 담당하는 재정의 주요 수입원이었다. 참고로 홍삼의 전매권은 1995년에, 담배의 전매제도는 2001년에 각각 해제되었다.

정부가 관업사업으로 전매사업을 추진하는 1차적 목표는 전매익금을 늘려 재정수입을 확보하는 데 있다. 1983년의 전매세입예산을 보면 전매익금 8300억 원과 교육세 1126억 원 합계 9426억 원을 조달하도록 되어 있다. 우리나라 전체 세입에서 전매청이 기여하는 부분인 국가재정기여도는 9% 정도가 된다.

내가 전매청장으로 재임할 당시 전매공무원 수는 약 1만4000 명에 달했다. 당시는 안정을 최우선으로 하는 각종 정책을 추진하는 시기였으며 이를 위해 공무원과 국민들을 대상으로 경제교육을 강화했다. 나는 직원들에 대한 정신훈화도 해야 했다.

시장개방 압력을 받는 전환기를 맞아 나는 청장으로서 전매사업의 주요과제를 소비자를 위한 전매행정, 민간기업과 같은 수익증대활동, 내부 경영의 능률화에 두었다. 경영능률화를 위해서는 전부터 추진해오던 경영정보시스템(MIS: Management Information System)을 운영하기 시작했다. 또한 원활한 전매행정을 추진하기 위해서는 간부와 전 직원이 합심해 일치단결하는 것이 중요해 노조사무실로 김동진(金東鎭) 노조위원장을 방문해 협조를 요청했다.

다른 한편으로 관(官)기업의 특성상 관리 위주의 경영에 익숙한 전매청에 민간기업의 경영마인드를 고취하기 위해 경영전략회의를 운영했다. 전매사업환경과 경영 내부 요소의 변화 속에서 1983년 1월 처음 개최한 1차 경영전략회의는 몇 사람의 참모에 의한 결정보다는 간부들의 중지(衆智)를 모아 문제의 소재를 파악하고 경영방향에 대한 인식을 같이하자는 데 주안을 두고 장·단기 대책을 마련했다. 이런 점을 감안해 회의에는 노조위원장과 산하기관장까지 참여토록 했다. 그리고 지방제조창 등 산하기관 순시 시에는 노조위원장과 동행해 노조지부와의 협력도 강화했다.

이때 담배시장의 국제화와 담배사업의 민영화 문제가 대두했다. 당시 전매청은 강력한 양담배 단속권을 가지고 있었지만 86아시안게임과 88서울올림픽을 앞두고 있는 시점에 미국의 시장개방 압력이 거세져 더는 양담배 판매와 흡연을 사회악으로 금기시할 수 없는 분위기가 조성되어갔다. 나는 이러한 국내외 여건으로 보아 앞으로 2~3년 내에 전매사업에 상당한 어려움이 있을 것이므로 이에 슬기롭게 대처할 것을 주문하고 구성원들로 하여금 이러한 인식의 공감대를 넓혀나가는 계기로 경영전략회의를 적극 활용했다. 사실 얼마 후인 1986년 9월 1일 정부는 담배시장을 개방하고 양담배의 시판을 허용했다.

판매상황을 기록하는 수준에 머물고 있던 판매부문의 경우 판매기획 등으로 영역을 확대하기 위해 민간기업에 판매전략 관련 위탁교육을 실시하는 한편 엽연초·인삼 수납의 합리화를 위한 객관적 기준을 마련하도록 했다. 에너지 절감을 위해 연초제조창별로 열 소요량을 측정토록 했으며 담배 제조의 생산성 향상을 위해 2부제 작업이 가능한 생산성능이 좋은 설비를 갖춘 신설 연초제조창 소재 지역으로 직원 이주를 권유하기도 했다. 또한 소비자들의 기호를 감안해 '순한 담배 태양', '풍미가 있는 담배 거북선' 등 국산담배의 제품별 특성을 소개하는 광고를 하도록 했다.

한편 나의 공무원 생활 중 처음으로 기관장인 전매청장으로 발령이 나자 주요 언론들은 나에 대한 인물평을 실었다. 「한국일보」(1982년 6월 27일자)는 "재무관료 인맥의 중심적 인물로 지난 2년간 재정금융정책을 이끈 숨은 일꾼이며 엘리트 관료로서 현실감각이 뛰어나고 대인관계가 원만하다"고 소개했다.

6월 28일자 「한국경제」는 "깔끔한 성격에 이론이 정연한 실력파로 업무 추진에 빈틈이 없기로 소문나 있다"고 했으며 「경향신문」은 "소신이 뚜렷하고 판단이 빨라 업무 추진과정에서 마찰을 빚는 경우도 없지 않았으나 1980년대의 전환기에 필요한 재무관료의 이상형이라는 평가를 받고 있다"고 평가했다. 같은 날 「동아일보」는 "재치 있고 날카로운 재무부의 간판격 관료"라고 소개했다.

나는 전매청장으로 있는 동안 각종 기념일에는 기념사를, 잎담배 및 인삼 관리와 관련해서는 담화문을 발표했다. 또한 각 지역의 인삼 및 담배 경작자 대표들이 모인 각종 조합장회의에 참석도 했다. 그뿐만 아니라 직원

월례조회 등을 통해 훈시도 했다. 아울러 앞서 이야기한 경영전략회의에서도 경영방침을 밝혔다. 이와 관련한 나의 글이 23편 있다. 이 중 『주간전매』(1983년 2월 11일자)에 실린 「제1차 경영전략회의 훈시」를 〈별첨 4-5〉로, 직원 이념교육을 위한 특강 내용인 「바람직한 직장」을 〈별첨 4-6〉으로 각각 싣는다.

국무총리행정조정실장(1983년 10월~1988년 12월)

나는 1983년 10월 18일 전매청장에서 국무총리행정조정실장으로 자리를 옮겨 1988년 12월 4일까지 5년여 동안 근무했다. 행정조정실장으로 재임하는 동안 모두 다섯 분의 총리 즉 진의종(陳懿鍾: 1983년 10월 15일~ 1985년 2월 18일)·노신영(盧信永: 1985년 2월 19일~1987년 5월 25일)·이한기(李漢基: 1987년 5월 26일~7월 13일)·김정렬(金貞烈: 1987년 7월 14일~1988년 2월 24일)·이현재(李賢宰: 1988년 2월 25일~12월 4일) 총리를 보좌했다. 이는 내가 지근거리에서 경륜 높은 분들로부터 국정운영 방식을 많이 배우는 기회가 되었다. 그리고 나를 행정조정실장에 기용한 진의종 총리가 발병(發病)으로 사임하게 되어 안타까움을 느꼈다.

내가 행정조정실장으로 가게 된 데는 앞에서 설명한 전두환 대통령의 버마 순방 중 북한의 소행으로 발생한 아웅산 묘소 테러사건과 관련이 있다. 이 사건 이후 10월 14일 김상협(金相浹) 총리가 사임하고 후임으로 10월 15일 진의종 총리가 취임했다. 진 총리는 사위이자 재무부에서 실무자 시절 나와 함께 근무했던 이헌재(李憲宰: 부총리 겸 재정경제부장관 역임) 당시 대우그룹 상무의 추천으로 나를 행정조정실장으로 기용했다. 국무총리 비서실장에는 강창희(姜昌熙: 과학기술부장관·국회의장 역임) 의원이 임명되고 내 후임 전매청장으로는 조영길(趙英吉) 당시 국무총리 비서실장이 임명되었다.

1973년 1월에 신설된 행정조정실의 임무는 국무총리의 원활한 국정 수행을 위한 직무 보좌와 각 중앙행정기관과 서울특별시의 행정에 대한 지휘 조정 및 감독 등에 관한 사무를 관장하는 일이다.

내가 재직 시 행정조정실은 행정조정관(1급)이 지휘하는 3개 행정조정관실을 두었다. 그중 제1행정조정관실은 일반행정과 아시안게임 및 올림픽 준비상황을, 제2행정조정관실은 경제 문제와 청소년대책을, 제3행정조정관실은 서울시와 지방자치제 실시 연구를 각각 담당했다.

행정조정실장 재직 시 있었던 주요한 일은 크게 아시안게임 및 서울올림픽 관련 종합시행계획 수립, 청소년 문제 관련 대책 마련, 지자제 실시 연구, 북한적십자사 제공 수해물자 인수, 박종철 씨 고문치사사건 이후 인권보호대책 마련, 대전 엑스포 입지 선정 등이다. 이 밖에 산출량을 기준으로 부과하는 농가소득세인 수득세(收得稅)를 폐지하는 방침이 결정된 것은 농촌에 대한 애정이 남다른 진의종 총리 재임 시절이었다.

올림픽과 관련해서는 1970년대 말 박정희 대통령 시절에도 유치 논의가 있었다. 막상 올림픽을 유치하려 하자 우리 경제력으로 과연 올림픽을 성공적으로 치러낼 수 있는가 하는 문제가 제기되었다. 결론은 흑자 올림픽을 할 수 있다는 쪽이었다. 교통·통신 등 사회간접자본 투자는 올림픽과 관계없이 어차피 해야 할 일이고, 각종 운동장 시설 등은 TV 중계권료 등 수익사업으로 조달이 가능하며, 선수촌은 아파트로 활용할 수 있다는 것이다. 그러나 올림픽 유치 쪽으로 쉽게 결론에 이른 것은 아니다. 여기에는 전두환 대통령의 결단이 있었다. 제24회 올림픽대회의 서울 개최는 1981년 9월 30일 서독의 바덴바덴에서 열린 제84차 국제올림픽위원회(IOC) 총회에서 확정되었다. 올림픽 추진기구로는 서울올림픽조직위원회(SLOOC: Seoul Olympic Organizing Committee)가 있었다. 그리고 이와는 별도로 국무총리를 위원장으로 하는 정부지원위원회가 구성되었다. 정부지원위원회는 경기장·선수촌 등 시설뿐만 아니라 불량환경 개선, 식단·공중화장실 등 보건위생, 교통·관광·통신 인프라 설치 및 확충, 문화 홍보,

국민의식, 안전 등 10개 분야를 520개 단위사업으로 세분해 계획을 작성했다. 이러한 올림픽 관련 사업 지원에 드는 재원은 국고·지방비·SLOOC 기금·민간투자를 포함해 총 2조4488억 원 규모로 책정했다.

한편 1984년 9월 서울 등 중부지방에 내린 집중호우로 사상자 400여 명, 재산피해 1655억 원 정도가 발생하자 북한은 쌀 5만 석, 직물 50만m, 시멘트 10만 톤과 의약품을 제공하겠다고 우리 측에 제안했다. 북한의 체제선전 악용을 우려해 반대 의견이 우세했으나 당시 노신영 안기부장이 올림픽을 앞두고 북한의 호의를 수용하면서 그들의 실상을 파악하는 계기가 되도록 '수용하자'고 해 이를 받아들이게 되었다. 북한 구호물자를 받는 주체는 대한적십자사였다. 그러나 적십자사 혼자의 힘으로 모든 문제를 해결해 나가기는 힘든 일이었다. 따라서 정부의 지원이 불가피했는데 정부 측 지원창구는 제1행정조정관실이었다. 이때 수해물자 중 쌀 인수는 판문점 인근 대성동에서 하기로 했는데 이 인수기지를 마련하기 위해 텐트와 깔판을 설치하고 공군으로부터 PSP판을 지원받는 한편 한강자갈 500여 톤을 서울시로부터 지원받았다.

경찰의 물고문으로 서울대학생 박종철 씨가 사망한 사건이 발생한 직후인 1987년 2월에는 이영섭(李英燮) 전 대법원장을 위원장으로 하는 인권보호특별위원회를 설치해 운영했다. 특별위원회는 특히 경찰과 검찰의 수사과정에서 피의자의 인권이 침해되지 않도록 하는 인권보호대책을 마련하는 데 주력했다.

앞에서 살펴본 바와 같이 국회 헌법개정특별위원회가 가동되어 여야간 개헌 논의가 이루어졌으나 난관에 부닥치고 국민들의 민주화 요구가 한층 거세지자 전두환 대통령은 4·13호헌조치를 발표했고 이후 민주화운동은 더욱 가열되었다. 그런 가운데 이한기 총리 시절인 6월 9일 연세대학생 이한열 씨 사건까지 겹쳐 6월 10일에는 대규모 가두집회가 전국적으로 확산되었다. 국민들의 민주화 요구를 대폭 수용한 6·29선언으로 학생들과 시민들의 시위는 일단락되었다. 그러나 6·29선언으로 사회질서가 안정된 것은 아니었다. 특히 노사분규가 끊이지 않았으며 심지어 노동자들이 농성 중 포클레인에 사장을 태우는 일까지 발생하는 등 그 양상이 극도로 치달았다. 이에 김정렬 총리가 노동자들의 극렬 시위 자제를 요구하는 대국민담화를 발표하기도 했다.

청소년 문제는 당초 문교부 담당이었으나 제대로 추진되지 않았다. 이에 청와대에서 이를 총리실에서 담당하도록 했다. 청소년문제개선종합대책은 대통령의 지시사항으로 청소년의 건전 육성 여건 조성, 가정의 교육기능 강화, 청소년 유해환경 개선, 비행청소년 선도방안 등 총 109개 사업을 대상으로 대책을 마련해 『청소년 백서』를 발간했다. 또한 청소년육성법안을 마련했는데 법안에는 청소년 이용시설 확충, 상담제도 강화, 교도소 출소 청소년 사회적응훈련을 위한 시설의 개설, 청소년 유해업소 단속 강화 등의 내용을 담았다. 청소년 관련 업무는 후에 체육청소년부로 이관되었다.

노태우 대통령 시절 청와대는 올림픽 후 경제올림픽 또는 문화올림픽 성격의 세계박람회(엑스포)를 개최하는 방안을 구상했다. 이에 따라 청와대는 박람회장의 입지 물색을 총리실에 요청했는데 당시 김대영(金大泳: 건설부차관·해외건설협회장 역임) 제2행정조정관이 전국을 순회해 검토한 후 대전을 추천해 청와대에서 이를 결정했다. 대전 엑스포는 1993년 8~11월 개최되었다.

1985년 3월 29일에 지방자치제 실시연구위원회가 설치되었다. 위원회는 고재필(高在珌) 전 보사부장관을 위원장으로 하고 민간위원과 관계부처 차관들이 정부위원으로 참여했다. 제1분과는 지방의회와 행정구조, 제2분과는 행정체제, 제3분과는 지방재정을 담당했다. 행정조정실장인 나는 간사로 참여했고 제3행정조정관이 관련 실무를 총괄했다. 여기에서는 문제점별로 토론도 하고 지방공청회도 했다. 또한 실무진에서는 외국의 지방자치제 현황을 시찰하기도 했다. 이러한 연구결과는 방대한 책자로 발간되었으며 1988년 지방자치법의 전문개정으로 부활되어 1991년부터 단계적으로 실시된 지방자치제의 초석이 되었다고 생각한다.

여담이지만 아시아선수촌아파트의 건설 내용을 서울특별시 담당인 제3조정관으로부터 우연히 알게 되었으며 여기에 방공호 용도로 지하층을 건설하는 것도 알게 되었다. 지하층을 방공호로만 건설해 놓고 관리를 제대로 안 하면 불량학생들의 모임장소로 사용되거나 모기만 득실거리는 장소가 될 우려도 있었다. 따라서 이곳을 지하주차장으로 개발해 유사시 방공호로도 사용하면 평소 제대로 관리될 게 아닌가 하는 생각이 들어 아시아선수촌아파트에 최초의 지하주차장을 건설하도록 의견을 제시했고 그대로 시행되었다. 이후 서울 목동아파트 개발부터 지하주차장 건설이 본격 도입되는 계기를 마련한 것으로 알고 있다.

나는 행정조정실장으로 재직하면서 1988년 2월에 황조근정훈장을 받았다.

내가 행정조정실장으로 재직하던 때 쓴 글이 3편 있다. 그 중 2편은 과거 대통령비서실 재경담당비서관으로 근무했던(1976년 2월~1978년 6월) 경험을 토대로 「대통령비서실의 기능과 구성」, 「대통령비서실과 내각과의 관계 정립」 제목의 보고서를 1987년 12월 작성해 노태우 대통령당선자의 대통령직 인수위원회에 보고했다. 그 내용은 각각 〈별첨 4-7, 4-8〉로 게재한다. 나머지 1편은 경제 관련 강연에 관한 것이다.

한편 나는 2000년 9월 30일 열린 국무총리실 연찬회에 참석해 「국정관리와 정책조정」이라는 제목으로 총리실의 역할에 대해 강연을 했는바 그 내용을 후에 『국무조정실 30년사』에 실었다. 이를 〈별첨 4-9〉로 게재한다.

별첨 자료

- 별첨 4-1 제2의 도약을 위한 기본구상
- 별첨 4-2 현대 경제사회에 있어서의 은행과 기업
- 별첨 4-3 중소기업정책
- 별첨 4-4 우리나라 재정금융정책의 방향
- 별첨 4-5 제1차 경영전략회의 청장 훈시(訓示)
- 별첨 4-6 바람직한 직장
- 별첨 4-7 대통령비서실의 기능과 구성
- 별첨 4-8 대통령비서실과 내각과의 관계 정립
- 별첨 4-9 국정관리와 정책 조정

〈별첨 4-1〉
1982.4
재무부 내부용
제1차관보

제2의 도약을 위한 기본구상

Ⅰ. 세계경제의 현황 및 전망
Ⅱ. 우리 경제의 현황
Ⅲ. 국내외 경제 동향과 우리의 문제의식
Ⅳ. 대응방안

Ⅰ. 세계경제의 현황 및 전망

1. 세계경제의 최근 동향

- 경기침체의 장기화와 실업률의 급증
  - ○ OECD는 1982년 중 선진권 경제의 성장률이 1981년보다 크게 저조할 것으로 전망(81년: 1.1% → 82년 0.3%)
  - ○ 미국의 실업률(81. 2월: 7.4% → 82. 4월: 9.4%)
  - ○ EC의 실업률(82. 1월: 9.7%)
- 물가상승의 둔화
  - ○ 원유가 등 국제원자재가격의 안정 내지는 하락
  - ○ 경기침체와 실업증대로 임금인상의 둔화
  - ○ 재정금융 긴축기조의 지속

– 무역규제와 경기침체로 세계무역은 크게 둔화
  ○ 미국의 상호무역주의 입법 움직임
  ○ 무역규제의 강화로 세계무역 증가율은 최근 30년 이내 처음으로 마이너스 성장을 기록(81년: –1%)

– 세계경기를 좌우할 미국의 금리와 OPEC 원유가 움직임
  ○ 미국의 고금리 추세 지속(81. 12월: 15.75% → 82. 4월: 16.5%)
  ○ 미국의 고금리로 인하여 미 달러화는 주요 선진국 통화에 대해 계속 강세 유지
  ○ 1982. 3월 OPEC 임시총회에서 유가 동결(배럴당 34달러)과 공동생산 감축을 합의: 최근 OPEC 석유생산량은 합의된 수준보다 200만 배럴이나 낮은 1600만 배럴
  ○ 1981. 11월 이래 하락세를 보여 오던 현물시장에서의 원유가격이 최근(82. 4월) 반등세 내지는 보합세

2. 단기 전망

– 1982년 하반기부터 다소의 경기회복이 예상됨
  ○ 경기순환 과정에서 재고감소 등에 대한 반작용으로 재고보충을 위해 생산활동이 활발해질 전망
  ○ 1982년 하반기 이후 미국·유럽 등에서 경기운용을 인플레 중시에서 고용·경기 중시의 방향으로 전환할 전망

– 세계 상품, 무역 및 금융환경의 불안요인 상존
  ○ 최근의 국제원자재가격이 최저 수준이라는 인식과 함께 반등세 가능성 농후
  ○ 실업대책을 위한 무역규제 심화 등으로 세계 생산증가율에 비해 세계 무역증가율의 둔화 예상

○ 오일 머니의 대폭 감소로 국제금융시장에서 금리 등 차입조건 악화 예상

－ 1983년 중 본격적인 경기회복 전망은 불투명

○ 세계경기 회복을 크게 좌우할 미국의 금리와 OPEC의 원유가 하락 전망이 불확실

○ 1979년에 있은 미국 통화관리방식의 변경과 최근의 대폭적인 재정적자를 둘러싼 의회와 행정부의 대립 등으로 금리의 안정적 하락 기대 곤란

○ 1982년 하반기 이후 그동안의 원유공급 과잉상태는 해소될 것이며 따라서 82. 5월의 OPEC 총회에서 유가인하 조치는 없을 것이고 오히려 경기회복과 함께 원유 소비가 증가할 경우 유가인상의 가능성을 배제하기 곤란

○ 당분간 지속될 고금리 추세와 장기간의 경기침체로 인한 구매력 위축 등으로 투자 및 소비의 급속한 회복은 기대 곤란

○ 소비 및 투자 증대에 의한 본격적인 경기회복은 기대 곤란

3. 1980년대 상반기 중의 세계경제 전망

(1) 성장

－ 세계경제의 양대 지주인 소련과 미국 경제의 침체 장기화 예상

－ 선진국 경제 간의 국제 분업을 위한 산업구조조정 지연으로 미·일·유럽 경제 간의 구조적 불균형 심화

－ 미·소 대립 심화와 군비경쟁 지속으로 경제성장능력 저해

－ 국제정치정세의 불안 가중으로 국제무역, 금융, 외환시장에서의 불안정 및 불확실성이 증대되고 세계경제 성장 및 무역 둔화 예상

(2) 산업구조와 인력구조

- 주요 선진국 산업구조 중 2차 산업의 비중이 계속 하락세
- 주요 선진국의 고령화 사회 내도
- 경제구조의 다극화 현상으로 생산성은 저하되고 인플레는 체질화 될 염려

(3) 기술, 에너지 및 식량

- 현재 전반적인 기술혁신의 규모와 속도는 기술혁신의 장기파동 중 정체국면에 해당
- 대량생산 및 대량소비를 위한 기술혁신은 당분간 기대 곤란
- 에너지 가격 및 수급상의 불확실성 상존
- 세계의 식량수급은 일시적으로는 완화될 수 있으나 경지면적의 제약과 생산성의 둔화로 장기적으로는 불안정

(4) 무역

- 자원 및 에너지 제약뿐만 아니라 실업대책 등을 이유로 자유무역주의 퇴조
- EC 내부 및 미·일·유럽 간의 무역마찰 증대
- 국제정치정세의 긴장 증대로 동서무역의 위축
- 세계경제의 블럭화 현상 재현 우려

(5) 결론

- 국제정치 및 경제정세의 불확실성 증대와 미국·일본·유럽 경제 간의 구조적 불균형으로 인하여 조화 있는 세계경제 및 무역의 활성화는 기대 곤란
- 1980년대 상반기 중의 세계경제는 그동안의 1, 2차 석유파동의 여파로 인한 후유증에 산업구조, 인력구조. 기술개발 등의 구조적인 정체요인이 겹쳐서 60~70년대와는 달리 저성장이 불가피할 것임

Ⅱ. 우리 경제의 현황

1. 우리 경제의 최근 동향

– 최근 생산·출하가 증가하고 있으나 수요부진으로 재고 누적

(단위: %, 전년동기 대비)

	1981. Ⅰ	Ⅱ	Ⅲ	Ⅳ	82.(1~3)
생산	3.1	4.5	4.6	–0.9	5.8
출하	–0.1	6.6	2.8	–1.8	2.8
재고	–2.6	–2.4	5.6	3.8	12.1

– 소비저조 및 수출의 대폭 둔화로 최종수요의 부진

- ○ 내구소비재에 대한 지출감소 등 민간소비의 둔화
- ○ 주택건설은 계속 감소 추세
- ○ 전력투자에 힘입어 고정투자는 81. 4분기 이래 증가세
- ○ 상품수출의 현저한 둔화
- ○ 곡물, 원유 등 상품수입의 감소

(단위: %, 전년동기 대비)

	1981년		1982년
	연간	1/4	1/4
민간소비	4.5	2.5	2.5
고정투자	–4.9	–14.2	13.1
(주택건설)	(–18.7)	(–28.8)	(–1.5)
상품수출	18.3	20.6	3.8
상품수입	6.2	1.9	–0.9

– 최종수요부진과 유가 등 수입물가의 안정으로 물가는 81년 하반기 이후 안정세 지속

(단위: %, 전년동월 대비)

	1980.12	1981.12	1982.4	최근 4개월 (82.1~4)
도매물가	44.2	11.8	7.4	4.5
(수입물가)	(16.7)	(-0.6)	(-5.0)	(-5.7)
소매물가	34.6	12.6	9.1	6.6

– 수출이 부진한 가운데 수입이 전년보다 감소함으로써 국제수지 적자폭이 전년에 비해 감소

○ 무역수지적자: 1,435백만 달러(81.1~4월) → 852백만 달러(82.1~4월)

○ 수출실적은 1981년 11월 이후 계속 부진

(단위: %, 전년동기 대비)

	1981. I	II	III	IV	1982(1~4)
L/C 내도액	24.8	30.0	2.0	-0.9	-10.8
수출	22.9	30.9	23.5	10.5	4.2

○ 1981년 하반기 이후 수출채산성의 악화와 무역환경의 악화

• 해외수요부진 등으로 수출단가 하락 및 수출물량 감소, 달러와 강세에 따른 원화의 고평가(81년 중 환율상승요인 이월분: 2~3%) 등으로 수출채산성 악화

• 우리와 수출경쟁국인 대만, 홍콩, 싱가포르는 물론 일본도 81. 1/4분기 이후 수출실적이 크게 둔화하는 등 무역환경의 악화

– 1982. 2/4분기 이후의 소비, 투자 및 수출입 전망

○ 소비수요의 회복 부진

(단위: %, 전년동월 대비)

	1981.3	1982.3
도매판매액	14.8	-13.2
소매판매액	2.0	-6.4

○ 수출은 계속 부진하고, 수입은 전년보다 감소할 전망

(단위: %, 전년동기 대비)

	1981년(1~4)	1982년(1~4)
L/C 내도액	32.7	−10.8
수출	25.6	4.2
수입허가서발급	15.9	−4.4
수입	15.8	−3.4

○ 상업용 및 공업용 건축은 다소 활발해질 것이나 주택건설은 여전히 회복세 미흡

○ 국산기계에 대한 수요증대로 국내기계 수주는 증가하고 있으나 자본재 수입이 감소하는 등 전반적으로 설비투자는 회복 지연 전망

(단위: %, 전년동기 대비)

	1981년(1~3)	1982년(1~3)
국내기계 수주	−8.3	8.0
자본재 수입	19.7	−0.8
건축허가면적	−42.0	12.9
(주거용)	−48.2	2.2
(상업용)	−40.4	17.5
(공업용)	−21.8	14.4

– 본격적인 경기회복은 기대 곤란

○ 국내 구매력의 둔화와 무역환경의 악화로 인하여 수요 면에서 큰 비중을 차지하는 소비와 수출이 부진할 전망이며

○ 최근 설비투자가 1980~81 기간 중의 급격한 감소에 대한 반작용으로 다소 늘고는 있으나 현재의 낮은 가동률과 소비 및 수출부진 전망들을 감안할 때 경기회복을 주도할 정도로 크게 늘지는 못할 것임

○ 따라서 생산이나 투자가 다소 늘더라도 재고증가가 나타나며 본격적인 경기회복은 어려울 전망임

– 경기침체의 장기화

○ 1979. 4/4분기 이래 약 2년 반에 걸친 경기침체의 지속(1차 석유파동 시의 경기침체 기간은 16개월)

○ 1981. 2/4분기 이후 다소 회복되던 경기는 81. 4/4분기를 고비로 다시 하락세로 반전

	1981. I	II	III	IV	1982.3
W.I.	0.5	0.9	1.0	0.9	0.8
경기종합지수(동행)	141.4	145.0	147.0	146.5	144.0
경기종합지수(선행)	145.0	149.5	150.9	150.3	151.1

– 고용의 대폭 둔화

○ 경기침체의 장기화로 최근 취업증가율 둔화

	1975~78년(평균)	1979~81년(평균)
취업인구증가율	3.9%	1.4%

○ 전 산업의 취업인구는 늘었으나 광업 및 제조업 부문은 1979. 2/4분기(3,325천 명)이후 취업 감소

– 기업 재무구조의 악화

○ 경기침체의 장기화로 최근 기업의 재무구조는 우리나라 기업의 재무구조가 가장 나빴던 1972~73 수준보다도 악화

(단위: %)

	1972년	1973년	1977년	1978년	1981년
자기자본비율	24.2	26.8	22.2	21.4	17.0
부채비율	313.4	272.7	350.7	366.8	487.8

○ 1980, 81 기간 중 제조업의 경우 각각 5,583억 원과 4,247억 원의 당기손실액 발생

○ 기업 재무구조의 악화로 시중은행의 불건전여신 증대(81.12 말 현재 23,820억 원: 총여신 중의 비중은 10.3%)

- 화폐경제동향
  - ○ 총통화 증가율이 1974~78 평균 32.1%에서 긴축정책이 실시된 79년 이래 25% 선으로 안정화
  - ○ 장기간 경기침체의 여파로 화폐가 확대재생산을 위한 실물적 순환(M-G-M′)을 거쳐서 유통되기보다는 재고누적과 금융기관 부채상환 등 때문에 금융적 순환(M-M′)을 거쳐서 유통(81년 중 제조업의 금융기관 부채원리금 상환액: 3조2000억 원 추정)
  - ○ 세수 부진으로 예산 대비 세입 결함이 예상되며 이로 인한 정부부문 여신확대로 민간여신공급에 압박 예상
  - ○ 계속된 금리인하조치에도 불구하고 물가안정으로 금리는 정(正)의 실질금리 수준을 유지하고 있으며 국내 저금리로 1982년 중 내외 금리차는 2~2.5% 지속 전망
  - ○ 1981년 중 환율상승요인 이월분은 약 25~33원이며 1982.4.15 현재 전년 말 대비 환율이 2.9% 상승하였으나 미국 달러화 강세가 지속될 경우 환율인상요인은 증대될 전망

2. 당면한 경제난국의 원인과 전망

- 대외 경제환경과 성장전략 간의 마찰 증대
  - ○ 제1차 석유파동에도 불구하고 석유화학공업 등 에너지 다소비형 중화학공업의 집중건설 추진
  - ○ 1970년대 하반기 이후 계속 심화되고 있는 보호무역주의로 인하여 수출주도형 경제성장에 타격

- 그동안의 성장과정에서 경제부문 간 불균형의 심화로 경제체질 약화
  - ○ 중화학공업, 수출산업 및 대기업 위주의 정책운용으로 인하여 이들과 농업, 내수산업 및 중소기업 간의 불균형 확대

- ○ 소득분배의 악화와 농촌 및 지방경제의 낙후
- ○ 부문 간 불균형의 심화로 외부 환경변화에 대한 적응력이 저하되고 인플레는 전체로 확산되나 생산성 증가는 잘 확산되지 않는 등 경제체질 악화

– 대외의존도의 심화로 자생적 경기대응능력 저하

- ○ GNP의 수출의존도 급증(1971년: 16.4% → 81년: 43.4%)
- ○ 대외채무의 누적과 GNP의 수입의존도(1981년: 46%)가 높아서 경기 대응을 위한 독자적인 정책운용에 한계

– 이상과 같은 구조적 취약요인에 1, 2차 석유파동으로 인한 국내외 경기침체가 가중되어 오늘날의 경제난국 초래

– 그러나 문제해결을 위한 정책대응 미흡으로 경제난국은 가중되고 있음

- ○ 안정기조에 치우친 나머지 급격히 긴축정책으로 전환함에 따른 부작용
- ○ 그동안 제한된 범위 내에서 금리, 환율 등 거시경제적 정책수단의 활용을 통하여 침체된 경제를 활성화해 보려 하였으나 그 효과는 미흡
- ○ 그 이유는 난국 극복을 위한 경제주체의 확고한 의식구조가 미흡할 뿐만 아니라 부채구조의 누적 등 기업체질이 허약하고 전통적인 은행관행으로 인하여 부실기업이 도산되지 않고 존재하는 등 미시경제 차원에서의 병적 증상이 치유되지 못한 채 오히려 악화됨으로써 거시적 경제정책의 효과가 크게 제약된 데 있음

– 불투명한 해외경기 동향과 자생적 경기대응능력이 약화되어 있다는 점 등을 감안할 때 만일 현행 정책기조를 그대로 유지할 경우 경기침체의 장기화가 예상됨

○ 장기적인 불황심리가 만연할 경우 경제주체의 의식구조가 나태해지고 제2의 도약에 대한 자신감마저 상실할 염려

Ⅲ. 국내외 경제 동향과 우리의 문제의식

1. 경제주체의 의식

가. 대기업

－ 과거 차입에 의존하여 고도성장에 편승함에 따라 기업의 내실이 허약

－ 따라서 불황기의 저성장에 적응능력이 부족

－ 그러나 이들의 사고방식은 이를 전력투구하여 뚫고 나가려는 도전의식보다는 오히려 현상보존 내지는 자기개인보존의 의식이 강한 인상임

나. 농민

－ 1979, 80년의 흉작 여파와 학자금, 비료 값의 인상 등으로 어려움을 겪고 있는 데다

－ 농산물 수입정책 등에 따라 심리적으로 사기가 위축되는 현상을 보이고 있음

다. 근로자, 중소기업 등

－ 근로자들은 과거정권이 장밋빛 약속 속에 살아오다가 현실적 어려움에 부딪치자 실망감을 가지고 있으며

－ 중소기업은 대기업에 의한 경제력집중 그리고 자신들의 무력감에 따라 현실에 대한 불만을 가지고 있음

라. 적극 대응 필요

- 현실적인 이러한 어려움은 세계경제의 여건과 과거정권의 경제정책의 유산임에도 불구하고 자칫하면 제5공화국의 정책실패로 간주될 염려가 있음
- 따라서 지수에 의한 경제정책 이상의 심기일전하여 뚫고 나간다는 의식을 불러일으킬 정책이 필요함

2. 당면과제

가. 경기·고용

- 세계경기가 금년 하반기부터 다소 나아질 것으로 보이나 본격적인 경기회복 전망은 불투명하며 따라서 우리의 수출에 어려움이 예상됨
- 또한 국내 소비와 투자에 있어서도 전반적으로 부진한 모습을 면치 못하고 있으며 이러한 추세는 크게 개선될 것으로 보이지 않음
- 만일 이로 인하여 국내 경기침체가 장기화할 경우 고용의 어려움이 증대될 뿐만 아니라 기업의 존립 자체에도 많은 위협이 증대될 것으로 판단됨
- 이러한 여건 하에서 볼 때 우리만 성급한 부양책을 쓰는 것은 그 효과를 기대하기 어렵기 때문에 소망스럽지 않지만 최소한 생산기반을 침하시키고 고용을 감소시키는 over-killing이 되지 않도록 다소간의 부양조치는 필요하다고 봄

나. 물가

- 물가는 그동안 정부의 꾸준한 안정화시책의 추구와 국제 원자재 가격의 안정 그리고 농산물의 풍작이라는 환경적 요인에 힘입어 당초 예상보다 훨씬 안정된 추세를 보이고 있음

– 물가는 모든 경제활동의 종합적 결과이며 물가의 안정화시책은 사회의 안정화시책과 병행한 종합적 안정화시책이 되어야 한다는 인식이 무엇보다 중요하다 하겠음
– 따라서 물가의 안정은 노동생산성, 기술수준 및 관리경영능력의 향상과 생산의 확충 및 투기의 억제, 근검절약의 생활화를 통하여 이루어지도록 노력해야 할 것이며 물가가 안정되었더라도 고용과 기업경영이 불안정하면 그 의미가 반감됨
– 또한 물가는 심리적 요인이 크므로 국민의 물가에 대한 안정심리를 구축하고 신뢰도를 제고하기 위해서는 연차적으로 체감(遞減) 되는 안정화가 필요함
– 이러한 점을 종합하여 볼 때 **금년 물가상승을 5~6%로 억제가 가능하다 할지라도 9% 수준으로 안정을 목표로 하고 그 여유분은 생산기반 침하방지 방향으로 활용하는 것이 좋을 것임**

다. 투자

– 투자의 대부분은 에너지 절약, 노후시설 대체 등 합리화투자로 이루어지고 있으며 시설확장투자는 전력투자가 대종을 이루고 있음
– 이러한 투자의 부진은 경기침체에 따른 가동률의 저하에도 있지만 기업이 장기적 투자를 하는 데 있어서 국내외 경제성장의 전망이 불투명하고 무역환경, 국제통화 및 기술개발 등 많은 분야가 불확실하기 때문에 사업전망에 대한 위험부담이 커서 투자를 주저하는 면도 있음
– 따라서 경제활동을 활성화하기 위해서는 기업의 이러한 위험부담을 완화해 줄 수 있는 방안의 강구가 필요함
– 최근 건축에 있어서도 상업용은 증가하고 있으나 주택은 미증(微增)에 그치고 있음. 이는 그동안 규제대상이던 상업용에 대한 규제완화에 의한 반작용의 결과로 볼 수 있으며 주택건설의 부진은 그동안의 경기부진과 소득의 증가가 없었기 때문임

- 그런데 이러한 **건축은 시멘트, 철강제품 등 건축자재의 수요와 고용확대에 효과가 크다는 점을 감안하고 무주택자 해결이라는 복지적 차원에서 좀 더 확대하는 것이 필요하다고 보며** 이 경우 소득수준 등을 고려하여 적절한 유인책을 아울러 실시하여야 할 것임

라. 국제수지

- 금년 1/4분기 중 경상수지는 당초 예상보다 대폭 개선되었으나 이는 수출과 수입이 축소 균형적으로 부진함으로써 이루어졌음
- 이러한 축소 균형 하의 경상수지 개선은 구조적인 개선이 아니라 일시적인 개선이라 볼 수 있음. 따라서 우리는 수출의 확대와 수입구조의 합리화를 통한 구조적 대책을 꾸준히 추진해 나가야 할 것임
- 이와 관련하여 **우리의 환율을 보면 주요 교역국과 비교하여 볼 때 실세보다 강세를 유지하고 있는바 우리의 수출의 가격경쟁력을 필요 이상으로 약화시켜야 하는가를 재검토할 필요가 있음**
- 산유국의 국제수지가 악화됨에 따라 **국제금융시장에 있어서 차입조건이 악화될 가능성이 있으며 또한 국내적으로 환율의 절하와 금리의 국제금리 이하의 인하로 인하여 해외금융이 국내금융으로 전환이 촉진되어 적정 외자도입에 애로를 주고 있는바 이에 대한 대책이 필요함**

마. 통화신용

- 총통화 증가율이 1974~78년 평균 32.1%이던 것이 긴축정책의 실시로 1979년 이후 25% 선으로 안정화 pattern을 이룩하였음
- 금년도 총통화 증가율 20~22%는 물가상승률(9%), 성장률(6%) 및 통화의 소득유통속도(Income Velocity, 3%포인트 저하) 등을 고려할 때 작은 수치는 아님

－ 그러나 간접규제방식으로 전환함에 따라 **약 3000억 원의 전년이월 편타*를 감안할 필요가 있으며 또한 말일관리로부터 평잔관리에로의 전환에 따른 추가축소 가능성**(81년 말 M_2 증가율 25.2%, 평잔 27.1%)**을 감안할 때 지나친 축소가 아닌가 검토할 필요가 있음.** 즉 1982년의 22% 증가는 81년 기준으로는 18% 증가에 해당한다고 볼 수 있음

* 편타(便他)란 타점권 교환결제전 지급을 약칭한 것으로서 타금융기관을 지급은행으로 한 수표를 받은 금융기관이 어음의 교환결제기구를 통하여 그 대금이 추심되기 이전에 거래선의 지급요구에 응해주는 금융행위를 말한다.

－ 또한 금년에는 나아질 것이라는 전망 하의 기업의 경제행위 결과 재고가 높고 수출과 내수가 부진한 상황에서 기업들이 조정을 할 기간 동안 자금수요는 추가적으로 증가하고 있음

－ 재정에 있어서도 물가안정과 **경기침체로 세수입이 부진할 것으로 예상되므로 적자폭이 커질 것인바 만약 이러한 적자폭의 확대를 억제하기 위하여 재정지출 특히 공공사업비를 대폭 축소하면 경기대책적 측면에서 어려운 점이 있고 반면에 재정적자를 확대하고 민간신용을 줄일 경우에는 crowding out effect가 커질 것임**

－ 저축에 있어서는 기업의 수익력 감소 등 대체투자기회의 희박과 실질금리의 보장으로 그동안 계속적 금리 인하에도 불구하고 꾸준히 증가하고 있음

－ 따라서 **통화공급 규모는 실물경제의 흐름에 맞추어 목표치에 너무 구애됨이 없이 신축적으로 운영해야 할 것임**

3. 중·장기과제

가. 경제체질

－ 우리나라 기업은 자산의 축적을 부채구조의 누적으로 이루어 왔

기 때문에 경기적응력이 약하고 이에 따라 1980~81년에 누적된 결손은 다시 원가상승 압박으로 작용할 가능성이 있음. 따라서 **재무구조의 개선대책이 필요함**

- 또한 그동안 양적 성장과정에서 무리하게 설립된 **사업성이 없는 업체는 정리하여야 국민경제의 부담을 줄여가면서 신규 경쟁산업을 키워 나갈 수 있음**
- 금융산업에 있어서도 **각 금융권 간의 상호 유기적 연계성이 미흡하여 market fragmentation이 심하여 균형적 발전이 어렵고 은행에 있어서는 부실채권 과다와 수익력 저하로 경영상 애로를 겪고 있을 뿐만 아니라 금융운용이 관료화되어 담보 위주의 대출이 성행하는 등 많은 문제점을 내포하고 있어 금융체질의 개선이 필요함**
- 우리나라 산업의 경영, 조직 면에서 볼 때 **선단식 경영으로 경영성과의 평가가 곤란하며 전문경영인의 활용이 미흡하고 주식회사의 미공개경영으로 국민의 신뢰도가 저하되어 있으며 그동안 inflation 과정과 정부의 특혜적 보호육성으로 몇몇 개별group에로의 경제력의 과도한 집중으로 국민들과 융화력이 적음**(1980.12 말 현재: 전체 법인기업의 1%인 소수의 재벌급 기업이 부가가치 생산의 44.5%를 점유). 따라서 이러한 경영, 조직 면에서의 재검토가 필요함

나. 무역환경과 기술개발

- 국제무역 면에서 보호주의와 상호주의가 커져가고 있을 뿐만 아니라 후발 후진국의 추격 속에서 우리의 무역환경은 악화되고 있음
- 따라서 이를 헤쳐 나가는 길은 **세계의 기술개발체계에 맞추어 나가면서 스스로의 기술을 개발·발전시키는 것뿐임**
- 그런데 세계적으로 기술혁신이 정체되고 선진국의 기술수출규제로 도입이 어려울 뿐만 아니라 최첨단기술(통신, 컴퓨터 등)은 타산업과의 부조화로 소화하고 응용하기 어려움
- 이러한 기술개발환경이 어렵다 할지라도 우리가 이를 뚫고 나가

지 못하면 우리의 생존기반이 어려움에 부닥치게 될 것임

다. 산업구조

- **식량사정은 주기적으로 변동하고 또한 장기적으로는 부족 가능성이 있다는 전문기관의 경고에 대비할 필요가 있으며** 또한 농촌은 모든 도시인의 고향으로서 농촌이 어려워지면 사회안정에도 큰 어려움이 있을 것임
- 따라서 **최소한 주곡만은 비교우위론에도 불구하고 자립기반을 강화해 나가야 할 것임**
- 또한 공업에 있어서 앞으로도 **에너지가격 및 수급상의 불확실성이 내재해 있다는 점을 감안하여 성(省)에너지 구조로 나가야 하겠음.** 특히 중·장기적으로 볼 때 유가의 상승이 예견되는바 일시적으로 하락된 유가에 따라 상대가격체계를 조정하게 되면 차후 큰 폭의 유가상승이 있을 경우 이를 다시 조정하는 데에 어려움이 있을 것임(최근 미국에서는 국내원유가격이 하락할 경우 대체에너지 개발이 지연됨을 이유로 원유 수입에 대한 import surcharge를 신중히 고려중임)
- 우리나라와 같은 후진국의 경우에는 **선진경제와는 달리 낙후된 경제구조를 선진화 내지 고도화하여야 하기 때문에 현재의 경제의 능률적 운용 측면과 아울러 장래의 상(像)을 내다보는 발전사적 역사의식 하에서 산업구조를 구축해 나가야 함.** 따라서 중화학공업은 이러한 측면에서 이해하여야 할 필요가 있음

Ⅳ. 대응방안

1. 정책기조

– 당면 경제운용의 기본 방향은 안정기조를 저해하지 않는 범위 내에서 고용을 안정시키고 생산기반 등 성장잠재력의 잠식을 방지
  - ○ 경기침체의 장기화로 제조업 부문의 취업인구 감소, 기업 재무구조의 악화 등 경제체질과 성장잠재력의 약화
  - ○ 성장잠재력의 약화는 제2의 도약을 어렵게 할 뿐만 아니라 장기적으로는 구조적인 물가불안 및 국제수지 악화 요인으로 작용할 염려
  - ○ 그러므로 당면과제는 생산기반과 성장잠재력의 침하를 방지하기 위해 수출, 주택건설 및 투자촉진 등 유효수요 진작이 필요함

– 불확실성 및 저성장시대에의 대비
  - ○ 국제 정치·경제 상황이 다극화됨에 따라 국제 정치·무역·통화 등에 불확실성이 증대하고 1980년대 중반까지는 1960~70년대와는 달리 세계경제와 무역은 성장이 둔화되거나 정체될 가능성
  - ○ 따라서 이러한 환경변화에 대처하여 탄력적으로 대처해 나갈 수 있는 체제를 구축토록 함

– 그러나 금리, 환율 등 거시경제적 정책변수의 조작을 통한 수요 진작만으로는 물가안정을 저해하지 않으면서 성장잠재력과 고용의 안정을 달성하기 어려움
  - ○ 구조적인 경제불균형과 경제체질 및 경제주체의 의식구조 상의 문제점 등으로 정책변수의 효과에 한계

– 오늘날의 경제난국을 해결하고 제2의 도약이 가능하기 위해서는 경제주체의 의식구조 개혁 등 경제주체의 사기를 진작시키고 심기일전할 수 있도록 **경제적 측면뿐만 아니라 사회 정치적인**(socio-political) **면에서의 종합대책이 필요함**
  ○ **경제주체의 의식구조 개혁, 기업 재무구조의 개선과 기업체질의 강화, 부실기업의 정리 등에 의한 경제구조의 체질개선대책을 강구토록 함**
  ○ 불확실성 및 저성장의 시대에 대비하고 경제부문 간 불균형을 시정하기 위한 **장기적이며 구조적인 대책을 강구토록 함**

2. 단기대책

(1) 투자의 촉진

가. 설비투자의 촉진

1) 국산기계 구입자금 지원의 확대 및 개선
  ○ 신규 공급능력의 확대보다는 기존 공급과잉시설의 활용을 통한 생산기반의 침하현상 방지 및 성장잠재력의 확충을 기하고
  ○ 기업의 사업의욕 및 투자의 분위기 조성에 기여하고
  ○ 업종별 구분 없이 투자를 촉진하되 중소기업 부문을 우선 지원하기 위해 국산기계 구입자금의 지원 규모를 확대하고 그 지원조건을 개선

– 지원 규모의 확대: 3,350억 원 → 4,350억 원
  ○ 재원 조달: 1981년도 국민투자기금의 이월자금 1,614억 원 중 1,000억 원 활용

– 융자기간의 연장: 8년(3년 거치) → 10년(3년 거치)

– 동일인 융자한도 폐지: 20억 원 → 철폐

– 금리 인하: 13.5%~14.5% → 11.0%~12.0%(1982년도 융자분에 한해

시한부 적용)

2) 국산기계의 품질보장 대책 강구

3) 산업정책적 차원에서 수입구조의 재점검 작업

나. 주택 건설의 촉진

: 무주택 서민의 내 집 마련과 주택 건축경기의 활성화를 동시에 기하기 위해 사원용 임대주택 건설 지원 규모의 확대 및 지원 조건 개선

1) **무주택 공장근로자 및 사원용 임대주택 건설수요를 환기**하기 위해

○ 임대주택 건설비의 융자비율 인상(현행 50% 수준 → 75% 수준)

○ 토지개발공사 보유택지의 우선 염가 공급

○ 지원 규모 및 조건 개선

• 지원 금액: 438억 원 → 1,500억 원

• 지원 규모: 6,000호 → 20,000호

• 자금 조달: 국민주택채권 발행 확대 1,000억 원
주택은행 여유자금 활용 500억 원

2) 융자조건, 임대료 및 이차(利差) 보전 소요액

	융자조건	임대료(천 원)	연간 이차보전 소요액(억 원)		
			기금	주은	합계
주택공사	기금(5%), 주공(0%)	41.3			
제1안	기금(11%), 주은(14%)	95.5	55		55
제2안	기금(5%), 주은(5%)	51.8	115	45	160
제3안	기금(2%), 주은(2%)	33.0	145	60	205

㈜ 공용 13평형 기준

〈참고〉 사원용 임대주택 건설 지원체계

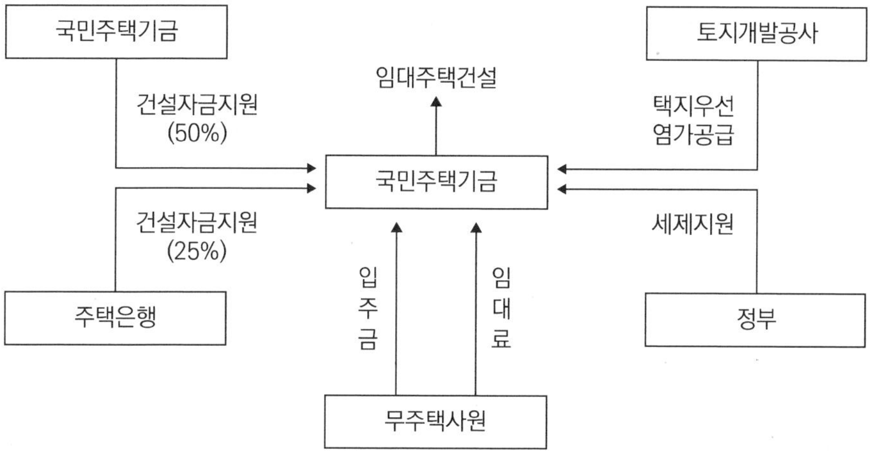

(2) 수요자금융체제의 확립

가. 대상

- 가동률 70% 이상이거나 L/C 내도가 급격히 하락되고 있는 내구소비재
- **국민생활에 파급효과가 큰 자동차 등**

나. 실시방안

- 단자회사의 회사채 발행에 의하여 **일반 내구재에 대한 팩토링금융 적극 확대**
  - ○ 1982년 실적: 647억 원
  - ○ 1982년 계획: 770억 원 → 1,000억 원
- 리스**회사의 회사채 발행에 의한** 자동차, 중기(重機), 선박 등에 대한 할부금융 신규 개시
  - ○ 1982년 신규 계획: 250억 원(발행 가능액 765억 원: 자기자본 5배) (1981년 일반 Lease 실적 1,425억 원)
- 1983년 상반기 할부금융회사 설립 추진(금년 정기국회 입법 추진)

(3) 수출 지원의 강화

가. **환율의 유동화 폭 확대로 조속히 실세 반영**

나. 수출금융 제재의 완화

- 1981년 10월 이래 수출 및 L/C 내도 저조로 인해 수출금융 수혜업체의 대응수출 의무 불이행으로 인한 수출금융 제재 증가
- 수출 및 L/C 내도가 현저히 감소세를 시현하고 있는 품목을 수출하고 있는 업체에 대해 일정 기간 동안 수출금융 수혜 기간 연장 등을 허용하는 한은 총재 특인(特認)제도를 탄력적으로 운용하여 수출금융 제재를 완화

다. 연불수출금융의 확대

- 국민투자기금에서 600억 원을 수출입은행의 연불수출자금으로 추가 지원

라. 해외건설에 대한 대책 강구

- 해외건설 관리의 철저(단기 대책)
  - ○ 시공능력을 초과하는 무리한 수주 방지로 부실시공 예방을 위해 업체별 수주 내시(內示)한도제 실시
  - ○ 해외건설공사에 대한 사업성 검토를 철저히 하고 사업성 검토 결과는 각 금융기관이 최종 판단
  - ○ 공동지급보증제도의 폐지
  - ○ 현지금융관리 개선
    - • 프로젝트별, 공정별 현지금융심사 강화 및 현지금융의 기성비율 상환제도 실시
- 중·장기대책의 강구
  - ○ 건설신용보증기금 설치
    - • 조성 기금: 83년에 1,000억 원
      해외건설진흥기금을 흡수(해외건설업계 출연)

정부 출연

은행 출연

• 기능

대외지급보증(대외지급보증은 은행이 담당)

지보(支保)에 따른 건설 수주의 수익성 검토

• 구성

건설관계 전문가를 위주로 하여 실질적으로 각 수주 건별 수익성을 검토할 수 있는 체제 마련

○ 부실 해외건설회사의 합병 유도

• 건실한 건설회사에서 흡수 합병

• 은행의 부채는 일정 기간 유예 동결

• 정부 발주 공사에서 우선권 부여 검토

(4) 통화신용정책의 신축적 운용

－ 최근의 통화 동향

○ M_2는 기업의 총체적 자금수요를 나타내는 지표로서 전체경기와 밀접한 관계

• 최근 기업의 수출(L/C) 및 내수 부진으로 인한 재고증대로 재고금융 수요 증대

• 1980년, 81년의 기업수지 악화와 가동률 저조로 인한 은행 차입의존 심화

• 국제고금리로 인한 해외금융의 원화금융으로의 이전현상 등으로 M_2는 상향편의(upward bias)현상 노정

○ M_1은 물가에 직접 영향을 주는 지표로서 구매력(거래수요)과 큰 상관관계

• 최근 소비자 구매력의 저조

• 대체투자기회(부동산 및 증권시장 침체)의 상실 등으로 수익성과 안정성이 큰 저축성예금의 대폭 증가 등으로 M_1은 하향

편의(downward bias)현상 노정

- 따라서 요구불예금의 저축성예금으로의 Shift가 계속되고 소비가 저조하고 L/C 내도가 부진하여 재고가 누적되는 현 경기국면에서는 광의의 통화(M_2)를 높게, 협의의 통화(M_1)를 낮게 책정하여 기업의 산업활동과 가계의 소비지출 및 저축활동을 원활히 하는 신축적인 통화정책이 필요함

- 경기침체 등으로 세수가 감소됨에 따라 재정적자폭 확대로 통화증발요인이 증대되고 있으므로
  ○ 불요불급한 경비는 근검절약 차원에서 최대한 절감되어야 할 것이나
  ○ 사업의 축소나 이월집행의 문제는 경기동향을 보아 조정되어야 하며
  ○ 경기추이로 보아 사업의 축소나 이월집행이 바람직하지 않을 경우에는 재정증권의 발행 등 추가세입 조달정책이 강구되어야 할 것임

- 이러한 관점에서 금년도 통화도 M_2를 24~25% 수준으로 운용하여 실물경제의 흐름으로 무리 없이 대처토록 함

3. 구조적 대책

(1) 기업의 재무구조의 획기적 개선

가. 기업의 자구노력 촉진

- **9·27조치에 따라 신고된 비업무용 부동산 중 토개공 매입 부적격지에 대하여는 토개공이 매입할 수 있도록 토개공법 개정**(6월 임시국회)
- 9·27 신고대상이 아닌 기업으로서 금융부채상환을 위한 토지의

매매를 원할 경우 토개공이 추가 매입
  ○ 1982년 토지채권발행 동의액: 2,500억 원
  ○ 1982. 9·27조치에 따른 토지매입(매입부적격 추가 매입 포함) 예상액: 1,300억 원
- 기업이 보유하고 있는 비경영참여 목적 수익자산의 처분 유도
- 기업인의 증자 유도
  ○ 증자소득공제 연장과 증자주주 세액공제 제도 신설로 금융자산으로 운영하는 것보다 자기회사에 투자할 수 있도록 세법 개정(6월 국회)
  ○ 증자 시 자금출처조사 면제

나. 자기자본 지도비율의 운용 강화
- **업종별 자기자본 지도비율의 설정을 과학화**
- 자기자본 지도비율 미달업체의 대출관리 강화로 금융윤리를 확립하고 기업의 공개를 촉진하며 방만한 계열기업의 정리를 유도
- 계열기업군의 연결재무제표의 채택으로 상호출자에 의한 자본가식(假飾)을 불식
- 계열기업 간 상호주식보유의 제한

다. 기간산업에 대한 투자
- 필요성
  ○ 기간중공업은 무엇보다 재무구조가 견실하여야 하는데 우리는 중화학을 차관과 은행차입에 과다 의존하여 시작함으로써 사업성은 있으나 금융비용이 과다한 업체가 많음
  ○ 이를 해결하는 방법은 금융기관의 이자를 감면해 주는 방법도 생각할 수 있으나 보다 근원적 해결방법은 **금융기관의 투자에 의해 자기자본을 충실화해 주는 방안임**
  ○ 투자지원 후 기업경영이 정상화된 기간중화학공업을 자본시

장을 통하여 분산 매각함으로써 국민적 기업으로 육성함(종업원지주제 활용)

– 구체적 방안

1) 투자주체: 산은의 투자기능을 강화하여 산은이 투자대상기업체 선정과 관리를 담당함

2) 투자규모: 5,000억 원

3) 투자재원 확보

산은: 2,000억 원(정부의 산은에 대한 출자)

금융단: 3,000억 원(금융단의 현금 또는 현물출자)

(산은이 선정한 투자대상기업체에 공동투자형태로 참여)

4) 투자대상 기업체 선정기준

○ 건설 중이거나 가동초기단계에 있는 중화학공업체(대규모의 소재 및 조립업체뿐만 아니라 중소형의 부품생산업체 포함)

○ 일정 수준의 금융비용 경감 시 채산성 및 국제경쟁력이 있는 기업체로 3~4년 내 기업정상화가 가능하다고 판단되는 기업체

○ 기업주의 자구노력의 의지가 확고한 기업체

○ 전문경영체제가 확립되었거나 확립하기로 확약한 기업체

5) 출자기업에 대한 사후관리

○ 경영의 자율성 보장 및 책임경영체제 확립

○ 기업정상화 후 투자주식의 조속 처분

– 처분 시기: 정상화 후 조속 처분하되 원매가 있을 경우 수시 처분하여 투자금 회수

– 처분 방법: 자본시장을 통한 분산매각, 비공개기업의 경우 기업공개로 국민적 기업화(종업원지주제 활용)

(2) 부실기업의 정리

가. 정리대상: 사업성 및 전망이 없는 부실기업

○ 사양산업으로 기업의 기술개발노력 등 자구노력이 없는 부실

기업 → 폐기처분

○ 재무구조의 취약 또는 기업가의 경영능력의 부족으로 사업성 및 전망이 없는 부실기업 → 정리

나. 폐기처분

- 담보물 이외의 은행대출채권은 대손처리하고
- 시설은 잔존업계가 공동으로 매입 폐기처분토록 유도
- 양수(讓受)자금은 잔존업계가 공동으로 부담하되 은행에서 텀론(Term Loan) 등 장기자금으로 지원
- 종업원 대책
  - ○ 퇴직금은 기업정리 시 최우선 변제(퇴직금은 은행이 지원)
  - ○ 잔존기업에서 정리기업의 종업원 흡수 고용하되
  - ○ 잉여기능공 및 하위직 종사원 등에 대하여는 직업훈련 및 전직 알선(노동부 주관)
- 정부의 지원책 강구
  - ○ 잔존기업의 카르텔 형성 허용
  - ○ 부실기업의 폐기처분에 따른 세제 상 지원 강화

다. 정리

○ 감자(減資) 등의 조치로 경영책임 추궁한 후

○ 공매(公賣)의 방법으로 제3자 인수 또는 담보권실행을 통해 정리

(3) 농어촌경제에 대한 인식의 재검토

- 영농의욕 고취와 소득재분배 측면에서의 농산물가격 정책
- 적어도 주곡만은 자립한다는 확고한 정부의지의 표명
- 농어촌의 사회간접자본의 확충
- 영농기계화와 농외소득증대방안 강구

(4) 중소기업의 구조개선

- 중소기업에 대한 금융의 확대로 생산성 향상을 위한 중소기업시설 근대화 촉진
- 중소기업에 대한 기술 및 행정지도의 확충으로 중소기업의 체질 강화
  - ○ 기술 및 정보지원기능의 본격화
  - ○ 중소기업 지원을 위한 지방 상공행정기능의 대폭 강화
  - ○ 중소기업의 발전과 지역경제발전의 유기적 연관성 제고
- 대기업과 중소기업 간의 사업영역 조정
  - ○ 대기업의 문어발식 업종다양화 억제
  - ○ 내수산업에 대한 대기업 독점체제의 점진적 해소
  - ○ 대기업과 중소기업 간의 관계는 대립형보다는 상호협력형으로 발전 유도
  - ○ 전문, 분업화, 계열화의 적극 추진

(5) 기술개발

- 우리의 공업화 과정과 기술개발의 어려움
  - ○ 우리의 공업화 과정은 **현재 경공업의 생산기술은 이미 성숙해 버렸고 새로운 기술혁신이 한계에 와 있는 조선, 철강, 화학, 전기, 기계공업 등을 육성하는 단계에 와 있기 때문에 기술개발이 어려움**(단, 기계공업은 공정(工程)혁신 등에 의한 개량형 기술개발이 활발)
  - ○ 이들 중화학에 대한 기술도입 시 소프트웨어 이외에 자본재까지 도입해야 하므로 자금부담이 가중됨
- 우리의 공업수준이나 단계에 맞는 기술개발전략 채택
  - ○ 우리 공업의 수준은 기술혁신이 활발히 계속되고 있는 반도체, 통신, 정보기기, 생명공학, 신소재공업 분야 등 첨단 분야에는 못 미치고 있는 단계

  ○ 그러므로 우리의 공업화 과정과는 상당한 거리가 있는 이들 첨단 분야에 대한 기술개발 연구투자보다는 생산기반이 확실한 기계공업 등에의 투자가 바람직함
  ○ 생산기반이 확실한 기계공업 등에 대한 투자의 경우 **신기술개발을 위한 연구개발 투자보다는 공정혁신을 위한 투자가 더 효과적임**
– 기술개발이 활발히 이루어질 수 있도록 환경개선
  ○ 창의가 보장되는 경제질서의 확립
  ○ 특혜와 과보호를 시정하고 경쟁 촉진
– 제한적인 전략산업에 대한 개발연구 투자
  ○ 대형연구 프로젝트는 정부 주도로 시행
  ○ 기술혁신적 Venture Capital의 적극 육성(예: 일본의 소니, 혼다 등)
  ○ One-set주의를 지양하고 중점 개발 분야를 선정하여 투자
– 민간 주도에 의한 생산공정혁신의 집중 지원
  ○ 생산현장 중시의 경영 유도
  ○ 재벌그룹의 수평적 기업확장은 억제하고 기술적 특성을 갖는 기업결합으로 유도
  ○ 공정혁신을 위한 기업가, 근로자, 기술자 간의 공동노력 제고
  ○ 중소기업의 계열화 촉진으로 대기업과 중소기업 간의 생산공정의 합리화 유도
  ○ 공정혁신투자에 대한 금융 및 세제지원 강화

(6) 주식회사제도의 운용 개선 등

– 주식회사의 건전경영을 위한 정치, 사회, 문화적 및 경제적 환경 조성
  ○ 기업은 생산성 향상 및 이윤 극대화에 전념하며 극대화된 이윤을 달성할 때 존경받는 풍토 조성
  ○ 협동적인 노사관계 조성 및 인플레 소득에 의한 기업이윤 억제

  ○ 주식회사 경영의 공개념 확대
- 대주주의 불법적 또는 비효율적인 경영을 견제하기 위해 경영협의회의 설치, 전문경영인의 활용 확대 및 외부감사제도의 정착화 방안 등을 강구
- **선단식 기업경영과 재벌집중도 억제**
  ○ 동일인에 대한 편중여신 억제
  ○ 주거래은행에 의한 재벌기업의 기업확장 적극 감시 및 규제
- 주식회사의 구매, 생산, 판매 등과 관련된 부정사례 시정
- 기업경영 또는 경제활동 상의 비리와 비정상을 초래하는 모든 제도 및 행정관행의 개선
  ○ 명목적인 고세율과 낮은 실효세율 간의 괴리 시정, 탈세를 조장하는 높은 명목세율의 재검토 등
  ○ 전문사채업자에 대한 세무조사 실시
  ○ 사채시장의 제도금융으로의 유입
  ○ 부동산투기 등 비정성적 방법에 의한 소득 발생을 규제하고 규제가 불가능할 경우에는 중과세
  ○ 공평과세와 납세도덕의 앙양

〈별첨 4-2〉
1981.4.24
전경련 국제경영원 제3기 최고경영자과정
재정차관보

현대 경제사회에 있어서의 은행과 기업

Ⅰ. 문제의 제기

새 시대 경제운용의 기조는 민간주도경제요 개방경제이다. 이러한 경제운용의 기조 아래 금융부문에서도 자율화·국제화가 추진되고 있다. 금융자율화의 추진 과정에서 우리가 생각하여야 할 하나의 과제는 은행과 기업이 어떠한 관계를 가지고 있어야 하는 점이다. 만약 은행이 생각하는 기업관(企業觀)과 기업이 생각하는 은행관(銀行觀)이 서로 현격한 차이가 있을 때는 경제운용이 원활하게 이루어질 수 없다. 그렇게 되면 상당한 조정기간 동안 시행착오의 과정을 거치거나 조정자로서의 정부 개입을 요청하는 경우도 생길지 모른다. 그리하여 정책의 혼란은 물론 국민경제적 낭비를 초래할 가능성도 있다.

우리나라의 금융은 그동안 정부 주도하의 고도성장 과정에서 여러 가지 환경적 제약으로 기업과 은행과의 관계에 있어서 바람직한 금융관습을 제대로 형성해오지 못한 것도 사실이다. 이러한 현실적 상황 하에서 우리는 은행의 기업관과 기업의 은행관 간에 상호 조화점을 찾아 보다 원만한 경제운용을 생각해 볼 필요가 있다고 본다.

특히 현대 경제사회는 실물경제를 지배하는 기업과 이의 원활한 활동을 지원하는 은행이라는 두 개의 커다란 지주에 의하여 발전되고 있다는 점에서 이의 중요성은 더욱 크다 하겠다. 다시 말해서 이들 두 부문이 합리성과 능률·창의를 바탕으로 지속적 발전을 추구하느냐 그리고 나아가서 이들 간에 상호신뢰의 바탕 위에서 호혜적·협조적 노력이 이루어지느냐에 따라 그 사회는 발전할 수도 있고 그렇지 못할 수도 있다고 할 수 있다.

이하에서 현대 경제사회 특히 민간 주도 경제하에서 은행과 기업의 역할은 무엇이며, 이들 간의 관계는 어떻게 정립되는 것이 소망스러우며, 이러한 점에 비추어 오늘날 우리나라에 있어서 은행과 기업 간에 존재하는 문제점은 무엇이고, 그동안 은행과 기업 간의 관계 정립을 위한 노력은 무엇이며, 앞으로 이를 더욱 발전시켜나가기 위한 방안은 무엇인가를 고찰해 보고자 한다.

Ⅱ. 현대 경제사회에 있어서의 은행과 기업의 역할

가. 은행의 역할과 임무

은행이란 여신(與信)과 수신(受信)을 기본업무로 하는 영리기업인 동시에 재원의 중개 내지는 재배분 기능을 통하여 기업활동을 지원하고 나아가서 국민경제의 발전에 기여하는 조직체이다. 따라서 은행은 자금의 수요자인 기업과 자금의 공급자인 가계 사이에서 저축을 투자로 연결시키는 금융중개자로서 한편으로는 다양한 저축수단의 제공과 자금조달원의 다변화를 통해서 저축을 극대화하고 다른 한편으로는 동원된 자금의 효율적 배분 즉 사업의 수익성과 국민경제적인 우선순위에 입각하여 선별적으로 자금을 지원하여 한정된 자금의 생산효과를 극대화시킬 책임이 있다.

이와 같이 은행은 불특정 다수인으로부터 예수(預收)하여 이들에게 최대한 수익을 확보해 주어야 하며 여신에 있어서도 사업의 수익성이 크고 국민경제적 기여도가 큰 부분을 잘 판별하여 자금을 공급해야 하기 때문에 흔히 금융기관의 공공성이 강조되고 있다.

나. 기업의 역할과 임무

기업은 투자·생산·고용의 주체로서 현대사회에 있어 경제발전의 중추적 역할을 담당하고 있다. 그뿐만 아니라 기업은 기술혁신의 주체이며 또한 창조적 발전의 실천주체이기도 하다. 따라서 기업의 활동에 있어서는 모험심과 강렬한 추진력의 다이내미즘(dynamism)이 행동양식으로 되어 있다. 또한 기업은 본질적으로 공익성보다는 이윤추구가 행동의 원동력이기 때문에 기업의 이윤과 사회적 이익이 상충되는 경우에도 기업은 이윤을 추구하려는 성향이 있다.

Ⅲ. 현대 경제사회에 있어서의 은행과 기업의 이상적 관계

은행과 기업은 각자의 고유한 기능과 임무를 보다 효율적으로 수행할 수 있도록 정립되어야 할 것이다. 이를 위한 양자의 기본관계는 첫째, 상호보완적·호혜적·협력적이어야 하며 둘째, 상호신뢰의 바탕 위에 연결되어야 하고 셋째, 정책당국의 지시에 의하지 아니한 자발적이고 자생적인 금융관행으로 발전되어야 한다고 본다.

상호보완적·호혜적·협력적 관계를 유지하기 위해서는 창조와 혁신의 모험을 하는 동적 주체(動的主體)인 기업의 활동에 대해 은행은 긍정적 자세로 이해하여야 한다. 동시에 불특정 다수인의 예금을 관리·증식시키며 또한 보다 수익성 있는 사업으로의 자금의 흐름을 유도해주는 안정적 보수적 주체인 은행의 행동을 기업이 이해해 주는 풍토가 조성되어야 할 것이다. 이를 위하여 은행은 차주기업(借主企業)의 자금사용에 대한 권고 또는 상담기능을 발휘해야 할 것이며 나아가서 기업의 경영에 대한 지도 역할도 담당해야 할 것이다.

이렇게 될 때 기업의 박력 있는 추진력과 은행의 조심성 있는 세밀한 주의가 조화되어 '추진과 제동'의 적정한 균형이 이루어져 국민경제는 안정과 성장의 조화 속에 소망스럽게 운영되어 나갈 것이다. 물론 이러한 관계는 상호 간 전폭적인 신뢰와 협조정신이 없이는 이룩될 수 없는 것이다. 따라서 무엇보다도 기업과 은행 간의 신뢰확립이 중요하다 하겠다.

Ⅳ. 우리나라의 은행과 기업과의 관계에 있어서의 문제점

가. 은행차입에의 의존 심화

지난날의 급속한 경제발전과정에서 기업의 자기자본 축적이 미약했고 동시에 자본시장 및 단기금융시장의 발달이 상대적으로 지연됨으로써 은행차입에 크게 의존하지 않을 수 없었다. 물론 인플레 과정에서 상대적 저금리에 의한 차입 유인도 또한 작용하였다.

그리하여 기업은 금융비용 부담이 증대되고 재무구조가 취약하게 되어 경기대응능력이 약화되는 등의 문제점을 안게 되었다. 또한 만성적인 자금수요의 초과로 은행은 서비스 개선 등을 등한시하게 되었음은 물론 심지어 기업에 강제적으로 예·적금을 가입하도록 하는 사례가 허다하게 발생하고 있는 실정이다.

물론 은행차입에의 의존을 개선하기 위한 대책은 앞으로 꾸준히 추진해 나가야 할 과제이지만 단기간 내에 달성하기는 매우 어려운 과제이다. 따라서 이러한 개선대책의 진전과 더불어 은행의 국민경제적 입장에서의 기능이 강화되어야 할 것이며 기업도 은행의 이러한 기능을 받아들이고 이를 기초로 하여 사업계획을 추진해나가는 자세의 확립이 필요하다.

나. 금융기법의 미발달

만성적 자금의 초과수요, 정책자금의 과다 등으로 은행의 자율적 결정범위가 제약되어 은행들이 이상적인 대출관행을 확립하는 데 많은 어려움을 준 것도 사실이다. 그러나 오늘날 대출관행을 보면 기업체 전체의 사업을 포괄적이고 종합적으로 검토하여 결정한다기보다 대출신청 건별(件別)로 담보유무를 위주로 판단하여 결정하는 경향이 주류를 이루고 있다.

또한 대출 의사결정에 있어서 신용조사, 사업성 검토결과도 중요한 자료로 활용은 되고 있지만 아직도 전문대출심사제도가 미확립되어 이의 유용도가 낮은 실정이다. 이런 가운데 톱매니지먼트(top management)의 직관적 판단에도 상당히 의존하고 있는 실정이다.

또한 담보가 있기 때문에 대출 후의 사후관리나 기업의 경영분석과 금융적 대응책 수립에 있어서도 소홀한 실정이다. 그리하여 차주기업이 운전자금으로 빌려다가 시설투자를 하는 등 용도외 사용하는 경우가 발생하고 또한 대출신청 시 제출한 제반 경영목표가 동떨어지게 나타나더라도 대출은행은 이의 파악이 적기에 이루어지지 않고 있는 실정이다.

다. 상호신뢰의 미흡

앞에서 말한 바와 같이 이상적 양자관계가 확립되려면 상호신뢰가 확고히 이루어져야 한다. 그러나 기업인들은 은행이 필요한 때에 필요한 양의 자금을 공급해준다고 확신하지 않고 있는 것이 현실이다. 또한 은행은 기업이 융자관계 서류제출 시 정확한 자료를 제출하지 않는 것으로 생각하고 있다. 이러한 상호신뢰의 관계를 개선하지 않는 한 은행과 기업은 원만한 협조관계를 유지해 나가기는 많은 어려움이 있을 것이다.

Ⅴ. 은행과 기업관계의 정립을 위한 노력

이상에서 검토한 바와 같이 우리나라에 있어 은행과 기업의 관계는 아직도 많은 문제점을 가지고 있다. 그러나 그동안 은행과 기업과의 바람직한 관계 정립을 위하여 노력해 왔는바 그것이 바로 1974년부터 도입한 대기업을 대상으로 한 주거래은행제도이다.

가. 주거래은행제도의 도입 배경

주거래은행제도는 당초 우리 기업들이 고도성장 과정에서 무제한의 다수의 금융기관과 거래를 하면서 과도한 금융차입을 얻을 수 있었고 이 차입금으로 무분별한 시설투자, 무리한 계열기업의 확장 및 과다한 부동산 투자 등을 행함으로써 기업 내부적으로나 사회적으로나 많은 문제점을 야기함에 따라 은행공동의 노력에 의하여 업체별 또는 계열기업군별 여신을 종합적으로 관리·조정하기 위해서 도입되었다. 즉 이 제도는 은행과 기업 간의 자금수급 관계를 제도적으로 개선 조정하여 자금공급방식과 여신관리체제를 합리화하고 나아가서는 금융기관의 사회적·경제적

기능을 제도적으로 보장하기 위한 것이다.

나. 주거래은행제도의 주요 내용

주거래은행제도의 근간은 크게 세 가지로 구분되는바 1) 여신거래은행의 제한: 주거래은행의 지정과 부거래은행 및 거래점포수의 제한 2) 업체별 운전자금 및 지급보증한도 설정 관리 3) 주거래은행의 경영지도 및 기업재무구조 개선의 유도이다.

이 중 여신거래은행의 제한은 현재 사실상 철폐된 반면 주거래은행의 경영지도 및 재무구조 개선기능은 9·27 기업체질 강화대책의 실시와 더불어 상당히 강화되고 있다. 업체별 운전자금 및 지급보증한도 설정 관리는 금융의 자율화 추세와 기업활동 지원이라는 관점에서 상당히 신축적으로 운용되고 있다.

Ⅵ. 은행과 기업과의 관계의 발전방향

이상에서 대기업을 중심으로 실시하고 있는 주거래은행제도를 중심으로 지금까지 은행과 기업과의 관계 정립을 위한 노력을 고찰하였다. 이제 이 양자 관계의 발전방향을 고찰해 보고자 한다.

가. 주거래은행제도의 은행관행으로의 정착

지금 우리가 도입하고 있는 주거래은행제도는 대기업에 한해서 타율적인 제도에 의하여 실시되고 있기 때문에 기업의 이해와 협조가 부족하고 집행하는 은행에서도 경직적으로 운영하여 미흡한 점이 있었다. 따라서 이러한 주거래은행제도는 선진외국의 예와 같이 금융관습으로 형성해 나감으로써 거래기업일반에 대하여 선의의 컨설팅(consulting) 기능을 수행하고 기업의 투자계획 등 자금의 수급에 영향을 미치는 주요사업계획의 사전 협의, 기업의 종합자금계획의 협의 조정, 기업의 업황 추이의 분석 등의 사후관리와 경영지도업무를 발전시켜 나가야 할 것이다. 그러나 이러한 주거래은행제도의 금융관행으로의 정착에는 적지 않은 시간과 노력이 필요할 것으로 예상된다.

나. 정보교환체제의 확립

오늘날 은행과 기업은 수시 인포멀(informal)한 정보교환이 상당히 미흡한 상황에 있어 기업의 정확한 사정 파악은 곤란한 실정이다. 또한 관계기관 간 즉 은행, 단자, 증권기관, 세무서 등 기업유관기관에 집적(集積) 되어 있는 정보도 유기적으로 활용되지 못하고 있는 실정이다. 따라서 정보의 시대에 살면서 항상 빈약한 정보를 근거로 업무를 처리하는 현상을 타개하기 위해서는 정확한 정보의 수집교환체제 확립이 필요하다.

다. 금융기법의 개발

이와 아울러 금융기관은 기업신용평가능력과 대출심사능력을 대폭 강화하거나 또는 전문용역기관의 육성을 통하여 신용에 의한 여신공급 기반을 마련해야 할 것이다. 또한 사후관리기능의 강화를 통하여 건별 대출관리에서 종합적인 기업의 업황을 살펴나가면서 실효적으로 재무구조 개선과 기업경영을 지도할 수 있는 체제를 마련하여야 한다.

이를 위하여 은행이사회는 대출안건의 승인보다는 전반적 경영정책에 비중을 두고 대출결정에 있어서 심사역 등 전문인의 역할과 책임을 강화하는 방안의 강구가 필요하다. 이와 아울러 잠재력 있는 기업의 발전을 지원한다는 측면에서 신규거래자에 대한 각종 평가방법의 개발이 필요하다.

라. 협조 신뢰 풍토의 확립

기업과 은행 간의 관계가 원만히 유지·발전되려면 기업 측에서는 성실한 자료의 제공과 은행의 공익적 조정에 기업의 이익을 조화시키는 자세가 필요하다. 은행에서도 우위자적(優位者的) 입장에서의 예·적금 가입 강요 등을 지양하고 지득(知得)한 기업정보의 비밀을 엄수하며 적기에 자금을 공급하는 적극적 지원자세가 필요하다.

마. 금융산업의 개발 확충

은행차입의존의 심화와 만성적인 자금초과수요를 조정하기 위해서는 금융산업의 개발확충정책의 꾸준한 추진과 주요 금융정책수단의 현대적 운용이 필요하다. 이러한 노력과 아울러 재정정책·산업정책·무역정책 등 금융정책에 중대한 영향을 주는 관련정책도 보다 예측가능성을 높여주면서 서로 조화 있게 운영되어야 할 것이다.

〈별첨 4-3〉
1981.7.25
신용보증기금 최고경영자 세미나
재정차관보

중소기업정책

Ⅰ. 중소기업의 중요성과 특성

가. 국민경제 및 산업구조면에서 본 중소기업

중소기업은 국민경제의 세포단위(細胞單位)로서 지속적인 고도성장과 산업구조 고도화 및 수출기반 강화를 뒷받침하는 산업구조의 초석이다. 뿐만 아니라 중소기업은 소득분배의 균형유지를 위한 촉매기능 및 생산과 고용 면에서 국민경제의 안정대(安定帶)로서의 역할을 담당하고 있다. 이에 중소기업 육성의 필요성은 매우 절실하다 할 것이다.

즉 중소기업의 건실한 육성은 산업부문 간의 격차 해소와 생산성의 제고를 위한 경제정책적 목표에서 뿐만 아니라 사회안정 기반 조성에 불가결한 중산층의 확대 및 고용기회의 창출 등을 위한 사회정책적 견지에서도 그 의의가 매우 크다고 볼 수 있다. 뿐만 아니라 산업구조 내지는 산업정책적 측면에서 볼 때 중소기업은 중화학공업과 경공업 간, 내수산업과 수출산업 간 등의 산업 간 균형적 발전의 매개체이다.

특히 중화학공업화의 진전에 따른 산업의 재편성 과정에서 부품 및 중간재 전문생산업체로서 중요한 보완기능을 담당하고 있으며 아울러 각 지방에 광범위하게 분산 소재되어 있기 때문에 지역사회의 균형적 발전을 위해서도 매우 중요한 역할을 담당하고 있다. 따라서 중소기업의 건실한 육성은 산업 간 균형적 발전과 중화학공업정책의 성공적인 수행 및 지역사회의 균형적 발전 등을 위한 산업구조 내지는 산업정책적 측면에서도 그 의의가 크다고 볼 수 있다.

나. 중소기업의 특성과 우리나라 중소기업의 문제점

대기업이 주로 최종소비재 또는 최종자본재 등 완성재와 주요 소재(素材)를 생산하는 데 반해 중소기업은 최종 완성재보다는 부품이나 중간재 생산에 특화하는 경향이 있다. 중소기업이 부품이나 중간재 생산을 위해 전문화되어 있을 경우 품질향상 및 생산성 향상 면에서 볼 때 부품, 중간재 및 완성자본재 모두를 대기업이 일관 생산하는 경우에 비해서 훨씬 유리하다. 만일 중소기업과 대기업 간의 생산 분화(分化)가 잘 이루어져 중소기업은 부품과 중간재만을, 대기업은 최종 완성재만을 생산하게 될 경우 품질과 생산성 수준은 주로 중소기업에 의해서 결정된다. 그 이유는 대기업의 조립 및 가공단계에 있어서의 품질향상과 생산성 향상에는 그 스스로에 한계가 있기 때문이다.

또한 중소기업은 경제여건변화에 대한 적응능력 면에서 대기업에 비해 훨씬 유리하다고 볼 수 있다. 왜냐하면 중소기업은 소규모조직이며 시설투자가 중소규모이므로 불황이나 수요감퇴 시 타 사업으로의 전환 및 그 밖의 경제여건변화에 기민하게 대처할 수 있기 때문이다. 그런데 우리나라의 경우 이와 같은 중소기업의 특성은 십분 발굴되고 있지 못한 듯

한데, 이는 우리나라의 중소기업이 여러 가지 문제점을 안고 있기 때문이라고 볼 수 있다.

우리나라의 중소기업의 문제점으로서는 첫째, 규모가 영세하며 자금조달 면에서 취약성을 안고 있다는 점 둘째, 부품 및 중간재 전문생산을 위한 계열화 및 전문화 생산체제가 미확립되어 있다는 점 셋째, 생산설비 및 기술수준이 낙후되어 있다는 점 넷째, 경영관리조직의 미분화, 경영 및 관리기법의 낙후, 마케팅능력의 취약 등 효율적인 경영관리능력이 미흡하다는 점 등을 들 수 있다.

Ⅱ. 중소기업 금융정책의 현황

가. 중소기업 금융정책의 의의

중소기업은 대기업에 비해 자기자본 동원능력의 한계, 사내유보 및 감가상각의 불충분, 회계제도의 미비, 담보력의 불충분, 자본시장을 통한 직접금융 조달상의 애로 등으로 자금조달이 미약한 실정이다. 한편 자금공급자인 금융기관에서는 만성적인 자금 초과수요 상태 하에서 중소기업에 대한 자금공급보다는 담보력이 있고 자금계획과 전망이 확실한 대기업에 대출함으로써 대출원가를 절약하고 채권확보를 확실하게 하려는 경향 때문에 중소기업에 대한 대출이 소홀해질 수밖에 없다.

그리하여 중소기업은 항상 자금부족과 조달 면의 애로를 느껴왔던 것이다. 그러므로 중소기업 금융정책의 의의는 중소기업이 당면하고 있는 자금부족과 자금조달 면의 애로를 극복할 수 있도록 중소기업이 필요로 하는 금융서비스를 적기에 충분히 지원함으로써 국민경제 및 산업구조 면에서의 중소기업의 역할을 제고하는 데 있다.

나. 중소기업 금융정책의 개황

중소기업의 입장에서 본 중소기업 금융문제는 크게 다음과 같은 네 가지로 나누어 볼 수 있다. 첫째, 중소기업이 필요로 하는 금융서비스가 제도적으로 마련되어 있느냐(institution의 문제) 하는 것과 둘째, 금융제도가 마련되어 있는 경우에 정상적인 조건하에서 중소기업이 필요할 때 금융혜택을 받을 수 있을 만큼 충분한 자금여유가 있느냐(availabitity의 문제) 하는 것이다. 셋째, 필요한 시기에 필요한 자금의 혜택을 받을 수 있느냐(stability의 문제) 하는 것과 넷째, 관계기관으로부터 친절하고 간편하게 또 최소의 비용으로도 금융혜택을 받을 수 있느냐(service quality의 문제) 하는 것이다. 이제부터 그간의 중소기업 금융정책의 내용을 이상과 같은 4개의 문제와 관련하여 살펴보기로 한다.

1) institution의 문제

중소기업이 필요로 하는 금융서비스로는 공장 가동을 위한 자금·판매활동을 위한 자금 등 단기자금과 생산시설 및 R&D투자를 위한 장기자금 그리고 중소기업의 담보 보완을 위한 신용보증 및 중소기업의 기술과 경영에 관한 consulting service 등을 들 수 있다.

그간의 중소기업 금융정책 중에서 institution의 문제를 해결하기 위한 조치 중 중요한 것으로는

- 중소기업 금융전담기관으로서의 중소기업은행의 설립(1961.8)
- 영세기업에 대한 금융지원을 위한 국민은행의 설립(1963.2)
- 지방중소기업 지원을 위한 대구은행, 부산은행 등 지방은행의 설립(1967)
- 중소기업 시설투자 지원을 위한 정책자금으로서의 중소기업 특별저리자금의 신설(1976)
- 중소기업 진흥기금의 설치를 통한 자금지원(1979)

- 중소기업의 가장 큰 애로의 하나인 담보부족에 따른 신용부족문제를 해결하기 위한 중소기업 신용보증법의 제정(1967.3) 및 신용보증기금의 설립(1975)
- 중소기업에 대한 직접금융지원을 위한 중소기업은행과 신용보증기금에 의한 중소기업 주식 및 사채인수 업무개시(1980)등을 들 수 있다.

2) availability의 문제

중소기업이 필요로 하는 금융서비스가 제도적으로 마련되었다는 것과 중소기업이 필요로 하는 자금지원을 충분히 받았는가 하는 것은 물론 별개의 문제이다. 중소기업에 대한 자금지원을 확대하기 위한 정책 중에서 중요한 것으로는

- 일반은행에 의한 중소기업 금융에의 참여 확립: 일반은행의 총대출금 중 30% 이상을 중소기업에 융자토록 권고(1965)
- 중소기업에 대한 의무대출비율제 실시(1976.3): 시중은행(총대출 증가액의 30% 이상), 지방은행(총대출 증가액의 40% 이상), 단자회사(총어음할인액의 20% 이상)
- 중소기업에 대한 의무대출비율 인상(1980.10)
  - ○ 시중은행: 30% → 35%
  - ○ 지방은행: 40% → 55%
  - ○ 단자회사: 20% → 30%
- 중소기업은행의 수권자본금 확대 및 증자(1980)
  - ○ 수권자본금: 1000억 원 → 3000억 원
  - ○ 납입자본금(1979년 말): 207억 원 → (81년 말까지): 1071억 원 등을 들 수 있다.

3) stability의 문제

중소기업에 대한 자금공급의 확대는 availability의 문제를 해결하는

데 상당히 도움이 되었으나 필요한 자금을 적기에 지원받을 수 있는 stability의 문제는 아직 남아 있다고 하겠다. stability의 문제를 해결하는 데 도움을 주기 위한 중소기업 금융정책으로서는 금융긴축기에도 필요한 자금을 중소기업이 지원받을 수 있도록 하기 위해 적격 중소기업이 의뢰한 어음할인에 대해 국내은행 DC(domestic credit, 국내신용) 규제의 100% 한도외 운용 및 중소기업 특별자금에 대한 DC 한도외 운용조치가 있었다.

4) service quality의 문제

지난날의 급속한 경제발전과정에서 기업의 자기자본축적이 미약했고 동시에 자본시장 및 단기금융시장의 발달이 상대적으로 지연됨으로써 기업은 은행차입에 크게 의존할 수밖에 없었다. 그 결과 기업의 은행에 대한 만성적인 자금 수요초과로 은행은 서비스개선을 등한시하게 되었다.

5) 요약

그간의 중소기업 금융정책의 성과를 종합해 보면 institution의 측면이나 availability의 측면에서는 상당히 성과를 거두었다고 보겠다. 그러나 stability의 측면이나 service quality의 측면에서 볼 때는 만족할 만한 수준에 도달하지 못했음이 사실이다.

Ⅲ. 중소기업 금융정책의 앞으로의 방향

가. 기본방향

중소기업 금융정책의 기본방향은 앞으로 예상되는 경제여건 변화에 따라 중소기업이 새로이 필요로 하는 금융서비스를 금융기관이 제공할 수 있도록 제도적인 장치를 보강하고 중소기업자금의 availability를 계속적으로 확충해야 할 것이다. 중소기업 금융문제 중 이제까지 소홀히 해왔던 stability의 문제와 service quality의 문제해결에 관심과 노력을 집중하고 중소기업 자금배분의 효율성을 높임으로써 중소기업의 국민경제 및 산업구조에서 차지하는 역할을 제고시킬 수 있도록 하여야 할 것이다.

나. 앞으로의 방향

1980년대 중의 중소기업 경영여건 변화를 전망컨대 중화학공업화 진전에 따라 중소기업의 전문화·계열화가 요청되고 생산성향상·기술개발을 통한 품질의 다양화·고급화 및 국제경쟁력 강화의 필요성이 증대될 것이다. 또한 경영관리방식의 근대화(품질·생산·원가관리 등 과학적 관리체계 확립과 경영관리 및 작업조직의 근대화 등) 필요성이 증대될 것으로 예상된다.

이와 같은 여건 변화에 중소기업이 효율적으로 적응하며 건실하게 발전할 수 있도록 지원하기 위해서는 무엇보다도 중소기업 개발금융의 확충, 중소기업 금융의 양적확대, 중소기업 자금배분의 효율화 및 중소기업 금융서비스의 향상 등이 이루어져야 할 것이다.

1) 중소기업개발금융의 확충

이미 지적한 바와 같이 중화학공업화 진전에 따른 산업 재편성과정에 있어서 경쟁력 강화와 근대화를 위한 자금수요 등 중소기업은 구조개선을 위한 자금수요가 급증하고 있으므로 중소기업의 구조근대화 지원을 위한 장기설비 자금공급을 확대해 나가야 한다. 특히 그동안 소홀히 해왔던 중소기업의 경영근대화 지원을 위한 경영 및 기술에 관한 consulting service를 강화해 나가야 할 것이다.

2) 중소기업금융의 양적확대

중소기업금융의 양적확대를 위해서는 일반은행 등의 중소기업 의무대출비율을 점진적으로 상향조정하며 중소기업은행 및 국민은행 등 중소기업 및 영세기업 전담금융기관을 점차 대형화해 나가야 하겠다. 아울러 중소기업에 대한 신용대출을 계속 확대해 나가는 한편 신용보증도 확대해 나가야 할 것이다.

3) 중소기업자금 배분의 효율화

중소기업자금의 배분에 있어서는 중소기업의 특성을 살리고 자금배분의 효율성을 높이기 위해서 계열화 및 전문화 지원, 신제품 및 신기술기업화자금, 업종전환 및 기업합병 자금지원 등에 우선순위를 두어 지원해 나가야 할 것이다.

4) 중소기업금융서비스의 향상

그동안 중소기업 문제 중에서 소홀히 다루어져 왔던 stability와 service quality를 제고시키기 위해서는 무엇보다도 은행과 중소기업은 상호신뢰의 바탕 위에서 상호보완적 협조관계를 유지하도록 하는 것이 중요하다. 금융기관은 대출절차를 간소화하고 개선하며 담보 위주에서 사업성 위주로 신용평가제도를 개선하며 새로운 금융기법을 개발하는 등 노력을 아끼지 않아야 할 것이다.

5) 업계의 적응력 향상

그러나 금융지원에 의한 중소기업의 육성에는 한계가 있는 것이므로 중소기업 스스로 이익금의 상당부분을 사내에 유보함으로써 자본충실화를 기하는 등 자기금융재원을 조성토록 노력해야 한다. 아울러 생산과 경영관리 면에서 품질향상 및 생산성 향상을 위해서 끊임없이 노력하는 등 업계 스스로도 적응력을 향상시키도록 노력해야 할 것이다.

〈별첨 4-4〉
1981.8
KDB 제18기 최고경영자 세미나
재정차관보

우리나라 재정금융정책의 방향

Ⅰ. 1960~70년대의 한국경제
Ⅱ. 우리 경제의 어려움
Ⅲ. 경제정책의 목표와 선택
Ⅳ. 재정·금융시책의 방향

Ⅰ. 1960~70년대의 한국경제

1. 기본전략

해방 이후 1960년까지 우리 경제는 전후복구에 허덕이던 과도기경제였다. 우리 경제가 경제개발계획을 세우고 도약을 시작한 것은 1960년대 및 1970년대의 일이며, 이때의 기본전략은 한마디로 성장위주의 대외지향적 전략이었다. 만성적 실업, 절대빈곤, 국제경쟁력의 취약과 팽창하는 인구와 국가의 안녕수호(安寧守護)에 필요한 자원조달과 같은 기본적 문제를 해경하기 위해서는 오로지 성장만이 우리가 택할 수 있는 길이었다.

또한 1961년 이래 우리는 그 이전의 수입대체 전략을 버리고 적극적인 수출진흥정책을 통한 대외지향적 개발전략을 취하여 왔다. 이는 수입대체 기간 동안 대부분의 비내구소비재(非耐久消費財)의 수입대체가 어느 정도 완료되었을 뿐만 아니라 부존자원이 부족하며 국내시장이 협소하고 자본과 기술축적이 빈곤한 입장에서의 당연한 전략이었다고 본다.

2. 국가경제의 기본골격 형성

위와 같은 성장위주, 대외지향적인 정책을 정부주도 하에서 강력하게 추진함으로써 민간기업이 독자적으로 할 수 없는 산업생산활동의 기반이 되는 경부(京釜)고속도로의 건설, 각종 공업기지의 건설, 전력의 확충 등 사회간접자본시설을 획기적으로 확충하였다. 그리고 산업구조면에서도 개발초기에는 경공업 중심으로 발전되어 오다가 1973년 이후에는 제철, 조선업 등 중화학공업에도 집중투자를 실시하기 시작하여 산업구조의 고도화기반을 구축하기에 이르렀다.

3. 과도한 보호와 지원의 경제운용

한편 1960~70년대의 경제운용에 있어서는 개발초기단계의 공업화 추진과 새로운 산업의 기틀 구축으로 고도성장을 이룩하기 위하여 정부의 선별적인 지원과 보호가 불가피하였다. 그러나 현시점에 와서는 우리 경제의 규모가 커지고 구조도 복잡해져서 과거와 같은 지원과 보호는 불가능할 뿐만 아니라 지나친 지원과 보호는 민간부문의 창의성과 경쟁력을 약화시키는 등의 부작용이 있었으므로 이러한 과도한 지원과 보호의 지양이 앞으로의 중요한 정책과제로 등장되었다.

4. 평가

1960~70년대의 경제개발의 전략은 우리에게 경제개발에 대한 의지

를 고취시키고 자신감을 심어주었을 뿐만 아니라 단기간 내에 많은 성과를 거두었다는 점에서 볼 때 그 시대 배경 하에서는 타당성이 있는 전략이었다. 그러나 지속적인 고도성장 과정에서 여러 가지 부작용을 발생시켜 앞으로의 우리 경제 운용에 많은 반성점을 제기시키고 있는 것도 사실이다. 여하튼 지나간 20여년 간의 경제개발의 결과로 우리 경제는 50년대의 사회·경제적인 악순환을 타파하고 세계적으로 주목받는 신흥공업국으로 국제경제적 지위가 향상되었다.

Ⅱ. 우리 경제의 어려움

우리 경제는 단기적 어려움과 장기적인 구조조정의 어려움이 중첩되어 문제해결을 매우 까다롭게 하고 있으며 국제수지의 어려움까지 겹쳐져 있다고 진단할 수 있다.

1. 단기적 어려움

가. 경제활동의 부진

우리 경제의 단기적 어려움은 우선 경제활동의 부진을 들 수 있으며 그 첫째 요인으로는 세계적인 경제침체를 꼽을 수 있다. 해외경제는 경기회복이 지연되어 침체의 늪을 벗어나지 못하고 있는 실정이며 대외의존도가 높은 우리 경제는 이러한 세계경제의 침체에 많은 영향을 받고 있다.

(단위: %)

	1970년대	'81 당초 전망	'81 현재 전망	'82 전망
선진국 경제성장률	3.1	1.5	0.5	2.5
세계교역 증가율	6.0	3.0	2.5	5.0

우리 경제의 어려움을 가져다 준 또 하나의 원인은 석유가 등의 상승으로 인한 소득의 해외유출에 있다. 1980년 중 원유의 수입복합단가(輸入複合單價)의 상승률은 84.3%(1979년 평균 1B/L당 16.70달러 → 80년 평균 30.80달러)로서 유가상승으로 인한 추가소득 이전액만 보더라도 약 2,576백만 달러(184백만B/L×14달러)로 이는 1980년 우리 GNP의 약 4.5%에 해당된다.

국 제 원 유 가 추 이

(단위: 달러/B/L)

'73. 10 이전	'73. 10	'78 말	'79 말	'80 초	'80 말	'81. 7 말
3.01	10.95	12.70	24.00	28.00	32.00	32.00

또한 국제적 고금리현상은 우리에게 국제금리 1%포인트 상승시마다 1.5억 달러의 순이자 추가부담을 나타내어 1980년 중 GNP의 1.9%에 해당하는 11억 달러 상당의 소득을 추가유출 시켰다.

주요국의 금리추이

(단위: %)

	공 정 할 인 율			프라임레이트			유로 달러 (90 일)
	미 국	일 본	서 독	미 국	일 본	서 독	
'79.12	12.00	6.25	6.00	15.25	6.50	9.25	15.00
'80.12	13.00	7.25	7.50	21.00	7.25	11.50	18.13
'81.3	13.00	6.25	7.50	17.00	6.75	11.50	15.06
'81.7.10	14.00	6.25	7.50	20.50	6.75	11.50	18.75

세 번째의 원인은 미곡(米穀)의 흉작을 들 수 있겠다. 1979년의 노풍피해, 작년의 냉해로 인한 연이은 미곡 등 농산물의 흉작은 농촌의 구매력을 감소시켰다. 1980년의 1979년 대비 약 1,400만 석의 쌀 감산은 금액으로는 1조3천억 원(석당 92,500 원 기준)에 이르며 민간소비의 5.6%, GNP 성장률의 2.5% 감소효과를 가져온 것으로 계산된다.

쌀 생산량 추이

연 도	'77	'78	'79	'80
생 산 (만M/T)	600	580	556	355
증 가 율 (%)	15.2	−3.5	−4.0	−36.1

그러나 위와 같은 세계경기의 회복지연과 유가인상·국제고금리에 의한 소득유출 및 흉작으로 인한 소득감소와 수요감퇴(GNP의 총 12.8% 감소효과)에도 불구하고 우리 경제는 수출산업을 중심으로 서서히 회복하는 추세에 있으며 전반적인 경기활성화에는 미흡하나 국내 경제활동도 재고감소 등 회복국면을 시현하고 있는 것은 다행스러운 일이다.

나. 물가의 상승

1975년을 100으로 볼 때 1981년 6월 말의 물가총지수는 280.7이다. 이러한 물가상승도 석유 등 국제원자재가의 상승과 환율의 인상 등 주로 해외요인에 의한 것으로 여기에 물가안정 시책의 어려움이 있다.

※ 1980년 도매물가상승: 44.2%

해외요인 { 수입가격 상승: 19.0% / 환율인상 효과: 11.5% } : 30.5%

국내요인 : 13.7%

2. 구조적 어려움

가. 불확실성의 증대

우리 경제의 구조적인 어려움 중에는 산업정책 등을 펴나감에 있어 불확실성이 증대해가고 있다는 점이다. 특히 이러한 불확실성은 유가 등 상대가격체계(相對價格体系)의 반복적 급격한 변화와 국제적 고금리현상 등 국제금융 및 외환시장의 불안 등에서 연유된다 하겠다.

나. 생산성·경쟁력의 저위

구조적 어려움 중의 또 하나는 우리 기업의 생산성과 경쟁력이 저위에 있다는 점이다. 이러한 문제점의 요인은 여러 가지가 있겠으나 첫째로 재무구조의 취약성을 들 수 있다. 특히 우리나라 기업은 타국의 기업에 비해 금융비용부담을 수반하는 차입금의존도가 월등히 높아 국제경쟁력이 약화되고 있다.

둘째로 서두른 나머지 일부 중화학부문에 지나친 중복투자가 있었으며, 셋째로 아직도 에너지 다소비형 산업구조로 되어 있고, 넷째로 기술개발을 위한 투자가 미흡하며, 끝으로 경공업부문과 중소기업의 생산시설과 설비가 노후화되어 있는 점 등을 대표적으로 열거할 수 있다.

3. 국제수지관리의 어려움

우리나라의 국제수지는 1980년에 53억 달러, 금년에는 54억 달러의 적자가 예상되어 계속적인 적자를 발생시키고 있다. 그런데 이러한 국제수지의 관리에 있어서 어려운 점은 우리의 수입구조가 원유·원목 등 기초원자재 및 생필품과 경제개발에 필요한 자본재가 대종을 이루고 있어 단기간 내에 우리의 노력만으로 조정하기에는 매우 어려운 실정에 있다는 것이다.

이러한 국제수지 적자는 앞으로 성장의 제약요인이 될 가능성이 크고 대외채무 누증에 따른 차입이자 지급 등 소득누출(漏出)의 증대를 초래할 것이다. 따라서 우리는 국제수지 관리 면에서 어려움은 있지만 이에 대하여 보다 주의를 기울여 그 개선에 특단의 노력을 경주하여야겠다.

국 제 수 지 현 황

(단위: 억 달러)

	'77	'78	'79	'80	'81(P)
경 상 수 지	–	△11	△42	△53	△54
무 역 수 지	△ 5	△18	△44	△44	△42
수 출	100	127	147	172	210
수 입	105	145	191	216	252
무역외수지 및 이 전 거 래	5	7	2	△ 9	△12
장 기 자 본 수 지	13	22	27	19	30
기 초 수 지	13	11	△15	△35	△24
단 기 자 본 수 지	–	△12	8	19	8
종 합 수 지	13	△ 4	△10	△19	△16
금 융 차 입 (외 환 보 유 고)	4 (43)	9 (49)	18 (57)	27 (66)	21 (70)

Ⅲ. 경제정책의 목표와 선택

1. 경제정책의 목표

가. 일반적 목표

경제정책의 일반적 목표는 국민후생의 증대라고 한마디로 표현할 수 있고 이는 지속적 성장과 공정한 분배를 통하여야 만이 가능하다고 본다. 즉 고도성장의 지속을 통한 국부의 확대와 풍요한 사회건설은 경제발전의 기본목표이며 이러한 경제발전은 국가의 보위(保衛)와 국력신장을 뒷받침하는 필수적 요건이다.

그리고 지속적인 성장을 위해서는 모든 경제주체의 부단한 성장의욕이 필요하다. 그러기 위해서는 성장의 결과가 균형되게 배분되어 경제발전이 모든 국민에게 이롭다는 인식을 높임으로써 사회결속이 강화되어야 하겠다. 이러한 균형된 배분을 실현하는 길은 평등한 참여기회와 각자의 능력과 노력에 상응한 적정배분에 있다하겠다.

나. 개발도상국으로서의 특수목표

국민후생의 증대라는 보편적 목표 외에 우리에게는 개발도상국이라는 성격에서 연유되는 특수한 목표가 있다고 본다. 즉 전통적 사회구조에서 고도산업사회구조로의 발전이라는 것은 구각에서 탈피하여 마치 새로운 국가의 창설 같은 의미를 지니는 것으로 이를 위한 산업구조의 개편 등은 물론이고 새로운 산업사회에 적응할 수 있는 국민의 의식구조와 행태의 개혁까지도 유도해 나가는 목표가 필요하다 하겠다. 말하자면 우리는 경제전략을 추구해 나가는 데 있어서 발전사적(發展史的) 역사의식을 가지고 임하여야 하겠다.

2. 우리의 여건과 대외환경

가. 우리의 여건

경제정책의 목표를 세우고 정책을 선택함에 있어서는 먼저 우리의 여건과 대외환경을 염두에 두고 출발함이 타당하다. 우리나라는 타국에 비하여 우수한 인적자원이 풍부한 반면 부존자원은 빈약하여 식량·에너지·광물자원의 부족은 성장의 큰 제약요인이라 아니할 수 없다. 자원부족과 성장의 한계는 세계적으로도 이미 1972년에 로마클럽의 경종으로도 유명하며 UN환경회의('72), 인구식량회의('74), 자원특별총회('74) 등 일련의 국제회의가 이를 입증하고 있는 것이다.

또한 현대의 경제활동은 기계나 장비를 많이 사용하므로 자본의 축적이 없이는 경제의 공급력 증대나 발전은 곤란한데, 우리는 자본축적도 미약한 실정이다. 자본축적은 경제성장 초기에는 잉여노동력을 활용할 수 있게 하므로 경제의 공급력을 제고시키고 노동력 부족이 나타나는 경제성장 중기나 후기에는 노동력의 증가에 의하지 않고도 공급력을 증대시키며 신기술의 생산적 활용을 촉진시킬 수 있는 중요한 것이다. 우리나라의 자본스톡(stock) 규모도 국부조사에 의하면 1968년의 5.7조원에서 1977년에는 62.7조원으로 상당히 증가하였으나 구미 선진자본주의 국가에서처럼 직접생산자본이나, 사회간접자본이 다 같이 오래 축적된 곳과는 비교가 되지 아니한다.

나. 환경적 여건

우리 경제의 대외 환경적 여건을 보면 세계 각국이 보호무역주의정책을 광범위하게 활용하고 있다는 점을 들 수 있다. 또한 경제질서에 있어서도 이데올로기의 추구에서 실리추구로 변용된 다극화 현상을 나타내게 됨에 따라 자원민족주의와 지역적 Bloc경제의 장벽을 뚫어야 하는 어려움을 안고 있다. 또한 우리의 대외 환경을 더욱 압박하는 요인 중에는 중공(中共)을 위시한 후발개도국들의 개발노력이 강화되고 있다는 점을 들 수 있다. 따라서 선발개도국의 입장에 있는 우리는 선진국의 폐쇄와 후발개도국의 추격 속에서 이를 헤쳐 나가야 한다는 어려움이 있는 것이다.

3. 현시점에서의 경제정책의 선택

가. 창의에 바탕을 둔 의지

앞에서 살펴본 바와 같은 우리 경제가 안고 있는 여러 가지 어려움과 환경적 제약을 극복하고 꾸준히 발전해 나가기 위해서는 모든 경제주체가 창의에 바탕을 두고 뚫고 헤쳐 나가고자 하는 의지를 가지고 보다 능률적인 방법으로 대처해 나가는 길뿐이며, 이러한 노력은 경제 각 부문

내에서 자율적 능동적으로 이루어져야하며 또한 뚜렷한 역사의식을 가지고 부단히 지속적으로 추진되어야만 하겠다.

나. 안정·성장·국제수지

○ 안정은 성장의 기반

매년 늘어나는 인구를 수용하고 실업을 해소하며 보다 많은 투자를 위한 국부의 축적을 위해서는 성장이 지속되어야 한다. 그러나 안정에 바탕을 두지 못한 성장은 허구적 성장에 불과하다. 왜냐하면 단기적으로는 성장을 이룩할 수 있을지라도 장기적으로는 경쟁력이 약화되고 소득분배의 불균형이 심화되어 사회불안과 저축기반의 약화를 초래하여 성장이 지속될 수 없기 때문이다.

더욱이 물가의 불안정은 수입(輸入)을 촉진하고 이는 환율인상의 악순환을 유발하고 국제수지의 악화를 초래한다는 것이다. 그런데 국제수지의 악화는 후진국의 경우에는 외환의 가용성(可用性)을 제약하여 성장의 제약요인으로 등장하게 된다. 따라서 성장정책은 물가의 안정을 바탕으로 추진되어야 장기적으로 지속이 가능하다. 그러므로 단기적 실업확대 등의 문제와 장기적 성장기반의 구축이라는 두 가지 측면을 고려하여 성장과 안정의 조화가 필요하다.

일반적으로 개발초기단계에서는 실업문제 해결이 최대의 과제이며 소득분배 면에서도 성장정책이 최선의 재분배정책이고 강제저축에 의한 자본축적도 가능하나, 중진국 단계에 들어가면 물가안정에 역점을 둘 필요가 있다. 왜냐하면 이 단계에서는 근로소득계층이 확대됨에 따라 인플레에 의한 분배의 불공평에 불만을 가지는 사람이 늘어 성장에 대한 종합적 의지를 약화시키고 국제경쟁기반이 침식되어서 경제성장의 장기적 지속이 불가능하게 되기 때문이다. 따라서 우리의 현시점에서 볼 때에는 물가안정 노력이 최우선 과제라 아니할 수 없다.

○ **국제수지의 중요성과 수출주도정책**

국내부채는 국내채권과 상계가 되나 국제수지의 적자는 국민경제의 빚으로 남게 된다. 국제수지의 적자가 누증되면 외국으로부터의 신인도가 저하되고 차입이 부진하게 되며 외환 가용성(可用性)이 제약되어 성장을 제약하게 됨은 전술(前述)한 바와 같다. 또한 우리가 목표하고 있는 자립경제를 달성한다는 것은 산업구조면에서 자급자족경제를 이룩하는 것이 아니라 국제수지의 균형을 의미한다고 볼 때 국제수지문제는 더욱 중요한 과제이다.

그러나 후진국에서 선진국으로 경제의 전환을 모색하는 과정에서는 해외차입에 의하여 국제수지를 보전(補塡)해 나가는 것이 불가피하나 중·장기적으로는 국내산업의 경쟁력을 높여 근본적인 해결책을 강구해 나가야 할 것이다. 그런데 오늘날과 같이 석유파동과 같은 경제여건이 급격히 변화하는 초기단계에서는 경상수지의 적자를 단기차입 또는 금융차입까지 동원하여 보전함이 불가피하다 하겠다. 다만 우리는 이러한 단계를 빠른 시일 내에 단축시켜 나가야 하겠다.

그리고 다음 단계에서는 최소한 당해 연도에 소비되는 수입은 당해 연도의 외화수입으로 지변(支辨)하고 자본재수입 중 부족분만 장기차입으로 메꾸어 나간다는 목표아래 경상계정과 장기자본계정의 균형, 즉 기초수지의 균형을 이루도록 해야 하겠다. 다음으로 더 나아가 경제전반의 경쟁력을 강화시켜 나가고 대외지향적 수출주도정책을 꾸준히 추진하여 경상수지의 균형을 이루는 방향으로 노력해야겠다. 이러한 관점에서 볼 때 수출주도 전략이야말로 아무리 강조하여도 지나치지 않다고 하겠다.

○ **저축의 중요성**

우리가 지속적 성장을 통한 제2의 도약을 위해서는 위에서 말한 안정기조의 정착과 국제수지의 균형이 무엇보다 중요한 신결과제임은 췌인(贅言)을 요하지 않는다. 그런데 우리가 여기서 인식하여야 할 점은 물가나 국제수지 문제는 모든 경제활동의 결과이지 원인이 아니라는 사실이다.

따라서 이들을 해결하기 위해서는 그 원인을 찾아 대책을 수립하여야 하며 그 중 중요한 것의 하나가 저축이다. 저축에 있어서는 소득의 일부를 금융자산으로 보유하는 금융저축도 중요하지만 보다 원천적으로는 자원의 유한성 등을 고려할 때 소비를 절약하고 아껴 쓰는 근검(勤儉)이 무엇보다도 중요하다.

다. 경제운용측면에서의 선택

○ 민간주도 경제운용

한 경제가 정체에 빠지지 않고 계속 발전해 나가기 위해서는 창의력과 모험심, 그리고 추진력을 가진 집단이 꾸준히 혁신(innovation)을 해나가야 한다. 더욱이 오늘날과 같은 치열한 국제경쟁 속에서 이겨 나가기 위해서는 이러한 활동이 더욱 절실히 필요하다. 자본주의경제하에서 이러한 활동의 주체는 바로 기업이며 이러한 기업의 활동은 최대한 보장되어야하며 촉진되어야 한다.

개발초기단계에서 이러한 기업가군(企業家群)의 형성이 부족하고, 경제구조와 규모도 단순하고 작을 때에는 정부가 경제운용을 주도하는 것이 효율적일 수 있었다. 그러나 기업가와 전문경영인이 양성되고 경제규모와 구조가 커지고 복잡하게 되면 정부주도의 경제운용은 비능률적이고 경직화되어 발전의 저해요인이 된다.

오늘날처럼 급변하는 환경의 변화에 대한 정보의 수집과 이에 따른 대응에 있어 관리(官吏)들은 기업인보다 기민할 수 없기 때문이다. 따라서 오늘날 우리의 현실에 있어서는 기업이 창의력을 가지고 급변하는 산업경제환경에 기민하게 대처하며 혁신을 유지하도록 하기 위해서는 민간주도로의 전환이 불가피하다.

그런데 이러한 민간주도의 요체는 공정경쟁이라고 본다. 이러한 공정경쟁은 균등한 경제활동의 기회를 보장하며 또한 창의와 합리적 경영에 의한 싸고 질 좋은 상품의 생산을 촉진하는 반면 그렇지 못한 기업을 도태시킨다. 물론 후진국의 시장구조는 일종의 market fragmentation 상태이기 때문에 경쟁시장의 조건이 미숙한 점은 있다. 따라서 이러한 시장경제를 중심으로 한 경쟁원리의 도입은 실시 가능한 부분부터 점차 확대해 나가야 되리라고 본다.

또한 경쟁의 촉진이라는 관점에서 볼 때 수입자유화는 추진되어야 한다. 수입자유화가 일시적인 수급불균형의 해결이나, 통화관리의 대상으로 빈번히 활용되어서는 아니 되겠다. 따라서 수입자유화는 국내산업의 경쟁력 제고 정도와 기반 확립도에 따라 꾸준히 단계적 점진적으로 추진되어야겠다.

○ 산업구조의 개편

후진국에 있어서의 산업구조개편은 전통사회로부터 고도산업사회로 탈바꿈하는 새로운 국가의 건설이라는 측면과 경쟁력 있는 산업을 계속 발전시켜 나간다는 두 가지 측면이 있다. 만약 우리가 고전적인 정태적 비교우위론에 입각하여 경쟁력만을 고려하여 산업정책을 펴 나간다면 자본집약적이고 기술집약적인 중화학공업과 방위산업(防衛產業)의 추진은 우리나라에서는 어려울 것이다.

그러나 이들 산업은 장기적 동태적 비교우위의 안목에서, 국민경제구조의 고도화와 선진화라는 관점에서는 추진되어야 할 산업이다. 따라서 그동안 우리가 추진해 온 중화학공업의 건설은 타당성이 있다고 보겠으며, 다만 그 추진과정에서 동시에 너무 많은 사업을 성급히 추진하여 일부 중복투자가 되었던 점과 대부분의 추진사업의 완공기(完工期)에 불황이 닥쳐왔다는 문제점은 앞으로 우리가 경제운용을 함에 있어서 거울로 삼아야 할 것이다.

앞으로 우리는 고도산업사회로의 이행을 위한 기반구축의 추진과 더불어 산업이 경쟁력을 가질 수 있도록 노력하여야 한다. 다시 말하면 국가가 정책적으로 장기적 안목에서 보호 육성하는 기간산업 이외의 부문에서는 경쟁력이 있는 부문이 육성되고 경쟁력을 상실한 부문은 과감히 정리해 나가야 되겠다. 그래야만이 경제가 활력을 가지고 운영될 수 있으리라 본다.

다만 이러한 경쟁력의 유무를 업종별로 구분해서 판단하는 것은 곤란하다. 가령 섬유산업은 사양산업(斜陽産業)이라고 일률적으로 규정하고 이 산업을 도외시한다면 그 중에서도 새로운 기술과 디자인 개발 등을 통하여 충분히 경쟁력이 있는 것 까지도 도외시해 버리는 결과가 된다. 따라서 경쟁력 유무의 판단은 업종별로 일률적으로 할 것이 아니라 신제품의 개발, 생산성 향상, 경영합리화 등을 검토하여 경제환경의 변화에 따른 자생적 적응능력을 기준으로 판단하여야겠다.

○ 유인과 보호

민간주도 경제운용과 산업구조 개편을 위한 정부의 지원은 산업별로 하기보다는 기술개발, 생산성 향상, 투자의 확대 등 경제활동의 유형에 따라 해 나가야 하겠다. 물론, 국가기간산업에 대한 보호는 별도로 해 나가야 하나 이러한 중점보호부문은 우리의 실정에 맞게 능력을 고려하여 선정하여야 한다. 그리고 그 이외의 부문은 경제활동의 유형에 따라 해 나가는 것이 타당하다는 것이다.

이렇게 해야만 경제가 내실화를 기할 수 있게 되며 내실 있는 경제만이 경쟁력을 가지고 지속적으로 성장할 수 있는 것이다. 또한 이렇게 되면 산업구조도 소재산업과 최종 완성재 조립위주로 되어있던 것이 부품·중간재 부분까지의 생산으로 심화될 수 있다.

국가가 육성해 나가야 할 산업은 그 기반이 확립될 때까지 보호해 나가는 것이 필요하지만 그러나 이러한 보호정책을 광범위하게 활용하면 경제의 비능률을 증대시킬 우려가 있다. 또한 정부의 보호제도는 수입제한과 같은 비가격적인 직접적 보호조치를 점진적으로 폐지하여야 한다. 왜냐하면 시장가격기구의 활용이 불가능하기 때문이다. 그러므로 보호정책은 관세와 같은 가격메카니즘에 의한 간접방법으로 이행되어야 하며 이러한 간접적 보호도 연차적으로 산업기반의 확립에 맞추어 점진적 하향조정이 필요하다.

Ⅳ. 재정·금융시책의 방향

오늘날 범세계적으로 문제시되어있는 스태그플레이션(stagflation)에 대처함에 있어서 전통적인 재정금융의 총수요관리방식에는 시책의 한계가 있다. 즉 중첩된 단기적 어려움과 구조적 어려움은 종전의 방법으로는 효과적으로 대처할 수 없는 정책수단(政策手段)의 한계성을 노정(露呈)하고 있다. 예컨대 물가관리를 위한 긴축정책은 물가안정효과보다는 경제침체를 심화시킬 위험이 있고, 경기진작을 위한 확대정책은 생산 증가보다는 명목소득 증가로 인프레를 자극시킬 위험성을 내포하고 있다는 점이다.

따라서 재정금융시책은 여타의 정책으로 보완해 나가야만 실효성을 거둘 수 있다 하겠다. 그러나 재정금융시책은 경제 각 단위에 까지 영향을 미치는 중요한 정책수단이라는 점을 부인할 수 없다. 따라서 재정금융정책의 방향을 설정하는 데 있어서는 앞에서 고찰한 경제정책기조의 선택과 긴밀한 조화를 이루어 나가지 않으면 안 된다. 이하에서 주요 정책방향별로 간략히 논급코자 한다.

1. 통화신용의 견실한 운용

가. 통화가치의 안정

물가의 안정과 국제수지의 방어가 중요한 정책과제임은 이미 언급한 바 있으며 이를 위해서는 무엇보다도 통화가치의 안정이 중요하다. 과도한 통화공급은 물가를 자극하고 투기성을 조장함으로써 자원의 낭비를 초래하고 오히려 경제의 원활한 발전을 저해하게 되는 것이다. 제5차 5개년계획 기간 중에는 과거와는 달리 통화의 견실한 공급에 주안을 두게 될 것이다. 즉 1972~80년까지의 통화증가율은 30%였으나 1982~86년 기간 중에는 18%로 총통화증가율은 30.2%였으나 22%선으로 계획하고 있다.

통 화 계 획

(단위: %)

		'72~'80	'82~'86
통 화 증 가 율		30.0	18.0
총 통 화 증 가 율		30.2	22.0
전제	GNP 성 장 률	10.2	7.5
	GNP 디플레이터 상승률	19.7	10.2

나. 금융기능의 활성화

○ 통화관리방식의 개선

통화신용의 견실한 운용과 금융의 효율화를 위해서는 금융조절수단의 운용방식의 개선이 필요하며 이를 위해서는 종전의 직접규제방식에서 재할인정책, 공개시장조작 및 지불준비금정책 등 간접규제방식으로의 이행이 필요하다. 그러나 과도기적으로는 과도한 통화증발을 방지하기 위하여 필요시에는 국내신용(domestic credit) 가이드라인제의 병행 등이 필요하리라 본다.

○ **금리기능의 활용**

금리는 경제조정의 중요한 정책수단의 하나로서 자원의 합리적인 배분과 경기조절수단으로서 중요한 역할을 수행하고 있음은 주지의 사실이다. 금후의 금리운용은 경기, 물가, 저축 및 실물투기, 기업의 부채구조, 국제수지, 내외 금융시장 동향 등 경제여건을 종합적으로 감안하여 적시에 탄력적으로 운용하여 나아가야겠다.

이러한 금리운용의 탄력화와 더불어 금리결정의 자율화 폭도 확대해 나가야 하겠다. 현재 획일적으로 운용되고 있는 금리체제를 지양하고 각 금융기관이 제한된 범위 내에서 자율적으로 결정하는 방안을 모색하고 있다. 금리의 단계적 자율화를 위하여 우선 단기금융시장의 콜금리, 상업어음금리(C.P.)부터 자율화를 추진코자 한다. 또는, 금리의 합리적 운용을 위해서는 현재의 다기화된 금리체계를 담보유무, 신용도, 기간 등에 따른 차등금리제로 단순화를 추진할 필요가 있다고 생각한다.

2. 건전재정의 운용

과도한 통화증발의 억제를 위해서는 재정적자 요인의 축소 노력도 병행 추진되어야 한다. 국방력의 강화, 교육혁신, 기술 및 인력개발, 경제개발의 지속과 늘어나는 복지수요를 충족시키기 위해서는 재정의 확대와

우리나라 재정규모와 조세부담 (단위: 경상가격, 억 원, %)

구 분	'65	'70	'75	'79	'80	'81 P
G N P (A)	8,057	26,840	97,929	290,721	350,306	445,581
재 정 규 모 (B)	1,541	5,977	21,166	64,665	88,142	111,960
B / A	19.1	22.3	21.7	22.2	25.2	25.1
조 세	696	3,980	15,498	53,609	65,859	81,381
조 세 부 담 률	8.6	14.8	15.8	18.4	18.8	18.3

조세부담의 증가는 불가피하나 현 조세부담에 대해서 납세자의 부담의식이 큰 것도 사실로서 여기에 재정정책의 어려움이 있다.

재정적자의 요인은 재정기능의 확대와 물가상승 등에 있으나 “인플레는 재정에서부터”라는 말이 있듯이 재정적자는 인플레를 더욱 가속시키게 되므로 그 적자방지를 위한 최대한의 노력이 필요하며, 특히 고질적인 양특회계(糧特會計)와 비료계정(肥料計定)의 적자해소에 특단의 노력이 있어야겠다.

또한, 재정적자를 메우는 데 있어서도 앞으로는 1980년대 말 잔액이 1조천억 원을 넘고 있고 통화증발에 직결되는 한은차입(韓銀借入)보다는 사회간접자본의 시설투자재원 등은 후세대와 분담하는 국채발행으로 조달하는 방안도 신중히 검토해 보아야겠다.

또한 재정의 운용에 있어서도 재정의 경제활동에 대한 중립성을 높여 계절변동의 기복(起伏)을 가속화시켜서는 안 되겠으며 가급적 연중 평준화되는 계획성 있는 집행이 소망스럽다.

한 은 차 입 현 황

(단위: 억 원)

구　분	'80말 잔액	'81중 차입	'81.4말 잔액	'81중 차입한도
일반회계	1,000	1,000	2,000	2,900
양곡관리기금	9,720	0	9,720	900
조달기금	350	0	350	500
농어촌후계자육성기금	0	200	200	200
계	11,070	1,200	12,270	4,500

3. 저축의 증대

가. 투자재원의 자립도 제고

제5차 5개년계획기간 중에 연평균 7.6%의 성장을 뒷받침하기 위해서는 총투자율은 32.5%를 유지하여야 한다. 이를 위해서는 국제수지 방어에 따른 해외저축의 한계 등을 고려할 때 국내저축률이 4차계획기간 중의 23.9%에서 5차계획기간 중에는 27.4%로 높아져야 하는 획기적인 국내저축의 증대가 필요하다.

투자·저축률 현황

(단위: 경상가격, %)

	'80	'81	'86	'77~'81	'82~'86
총투자율	31.0	31.2	32.5	31.5	31.6
해외저축률	9.8	8.9	2.9	7.1	4.2
국내저축률	21.2	22.3	29.6	23.9	27.4
가계	6.8	7.9	11.5	8.8	10.6
기업	10.1	9.0	10.2	9.7	10.0
정부	4.3	5.4	7.9	5.4	6.8
투자재원자립도	68.4	71.4	91.0	75.8	86.7
한계저축성향	–	25.9	37.1	21.9	34.9

나. 가계저축의 증대와 금융이용관습의 제고

저축을 증대하기 위해서는 기업저축도 물론 필요하지만 가계부문의 저축을 좀 더 증대시킬 필요가 있다. 왜냐하면 가계만이 자금잉여가 있는 부문이며 또한 앞으로 가계부문은 기초생필품의 가격안정, 고용기회의 확대, 교육제도의 개선, 의료보험의 확대 실시 등으로 저축여력이 증대될 것이기 때문이다. 그러나 이러한 가계부문의 저축증대는 남아서 저축한다기보다는 물질문명의 발달에 따른 소비욕망의 증대에 뒤따를 현시적 소비(顯示的消費)를 억제하여 소비생활을 합리화하고 근검·절약하는 기풍을 유지 진작시켜 나가는 저축환경에서 이루어져야 한다.

그리고 정부도 물가안정을 통한 적정 실질금리의 보장, 부동산·사채(私債) 등 불건전한 투기요인의 근원적 봉쇄와 금융저축수단의 다양화 및 유통시장의 개발육성과 금융서비스의 확충 그리고 영세가계저축에 대한 세제·금리상의 우대 폭을 확대하여 저축유인을 강화해 나가야겠다.

가계부문의 저축증대와 관련하여 현재 우리나라는 금융기관 이용관습이 낮아 푼돈을 모아 산업자금화 하는데 제약요인이 되고 있다. 가계의 안전과 필요시 가계에 대한 금융혜택을 고려할 때 또한 더 나아가 근본적으로는 앞으로의 신용사회를 조성해 나가기 위해서는 금융기관 이용관습을 꾸준히 제고시켜 나가야 하겠다. 그러기 위해서는 은행경영도 앞으로 소매금융(retail banking)체제로 전환하여 가계에 대한 편의제공에 많은 노력을 경주해야 할 것이며 이의 실현을 위한 꾸준한 홍보시책도 펴 나가야 할 것이다.

다. 기업저축의 증대와 체질강화

우리나라 기업이 취약부분으로 안고 있는 점은 외부자본이 높아 금융비용 부담이 과다하고 경쟁력이 약화되었다는 점이다. 생산의 주체인 기업이 재무구조를 획기적으로 개선하여 경쟁력을 강화시키지 않으면 여러 가지 어려움이 예견되므로 기업저축증대와 체질강화는 급선무가 아닐 수 없다.

따라서 기업의 내부유보 증대를 위하여 소득공제제 확대, 감가상각제도의 개선, 각종 준비금제도의 확충 등 세제상의 정책지원을 강화하여야겠다. 그리고 기업은 경영의 합리화·기술개발을 통하여 생산성 제고 및 원가절감을 이룩해 나가야 하겠다. 또한 비업무용 부동산의 매각, 기업합병 등을 통한 규모의 적정화로 기업체질의 내실화를 도모해 나가야겠다.

4. 금융운용의 효율성 제고

금융은 공급선도적(供給先導的) 효과(supply leading effect)가 있어 더욱이 자본축적이 부족한 후진국에서는 금융이 얼마나 효율적으로 생산적인 방향으로 자원을 배분하느냐 하는 문제는 매우 중요하다. 그동안 우리 금융은 개발초기단계에 중점육성 분야에 대한 의도적 자금배분에 치중함으로써 국민경제의 성장을 뒷받침해 왔다.

그러나 실물경제가 커지고 그 구조가 복잡다기화함에 따라서 과거와 같은 방식으로는 이에 대처하기 힘들게 되었다. 따라서 실물경제에 보다 효율적으로 대처하기 위하여 금융자율화가 추진되고 있다. 이러한 자율화를 추진함에 있어 해결해야 할 점은 많지만 그 중에서도 특히 정책금융과 기업과 은행의 관계가 재조정되어야 할 점이다.

가. 정책금융의 재조정

자금은 생산적인 부문에서 배분되어야 하며 이러한 금융의 자원배분 기능을 강화하기 위해서는 정책금융은 필요 최소한으로 축소되어야 하는 것이 소망스럽다. 그러나 우리나라와 같은 개발도상국에서는 필요 불가피한 경우가 많으며 정책금융을 일시에 없애는 것은 현실여건에 비추어 경제운용에 마찰을 초래할 우려가 많으므로 여건변화에 맞추어 적극적으로 축소해 나가야겠다. 따라서 금후 정책금융의 지원은 저금리의 우대조건 등을 지양하고 자금의 가용성에 치중하는 한편, 장기적으로는 정책금융기관에 전담하도록 유도해 나가고자 한다.

앞으로도 경제정책의 기본방향과 관련하여 복지부문과 수출 및 산업성장 지원부문에 대하여는 금융의 적극적인 뒷받침이 있어야 하며, 이러한 금융수요는 주택 및 서민금융의 확대와 연불수출, 기술개발금융 및 수요자금융의 확대로 나타난다. 이는 새로운 정책금융의 신설 지양이란 정책목표와의 상반이 예상되므로 가능한 한 지원조건의 차등보다는 지원규모의 조정 등으로 대비해 나가야 할 것이라는 것을 의미한다.

○ 기업과 은행 간의 바람직한 기본관계 정립

자원의 효율적 활용과 그 생산성을 제고하고 기업의 안정적 성장을 지속하려면 기업과 은행 간에 바람직한 관계정립이 필요하다. 이러한 은행과 기업과의 이상적인 관계는 상호보완적·호혜적·협조적 이어야 하고 상호신뢰의 바탕위에서 연결되어야 하며 정책당국의 지시에 의하지 아니한 자생적인 금융관행으로 발전되어야 한다고 본다.

물론 그 동안의 우리 경제여건 아래서 기업의 은행차입 의존성이 심대하였고 은행의 금융기법도 발달되지 못하였으며 상호신뢰의 분위기가 미흡하여 양자의 건전한 관계구축이 어려웠다. 이러한 환경 속에서도 은행과 기업과의 소망스런 관계를 이룩하기 위하여 1974년부터 주거래은행제를 도입하는 등 부단한 노력을 기울여 온 것도 사실이다.

하루빨리 은행과 기업 간의 바람직스런 관계가 정립되어야 하겠으며 여기에 양자 관계의 발전방향을 제시해 보면 첫째 주거래은행제도를 금융관행으로 정착시켜 선진외국의 예와 같이 은행은 거래기업 일반에 대하여 자금의 수급에 영향을 미치는 주요사업계획의 사전협의 기업의 종합자금계획의 협의조정, 기업의 업황추이의 분석 등 사후관리와 경영지도 업무를 발전시켜 나가야 할 것이다.

둘째 금융기법을 개발하여 금융기관은 기업신용평가 및 대출심사능력을 대폭 강화하여 여신공급기반을 마련하여야 하며, 셋째, 정보교환체제를 확립하여 유관기관의 집적된 정보도 유기적으로 교환되도록 하며, 넷째, 은행은 기업정보의 비밀을 엄수하고 기업이 필요할 때 적기에 능동적으로 자금을 공급해 주는 자세가 필요하다 하겠다.

5. 금융시장의 심화

앞으로는 금융시장의 개발확충이 없이는 실물경제의 지속적인 성장은 불가능하다. 제5차 5개년계획에 의하면 1986년에는 총저축이 약 35조원이 필요한데 제도금융권(制度金融圈)에 의한 조달능력은 현행제도가 지속되는 것을 전제로 할 때 1981년의 89.5%에서 1986년에는 69.6%로 떨어진다. 따라서 금융시장의 심화와 제도적 개선이 필요한 것이다.

금융권별 자금공급

(단위: 순증, 조 원)

	'81		'86		'77~'81	'82~'86
	금 액	%	금 액	%	%	%
Ⅰ. 총 저 축	14.0	–	34.9	–	–	
Ⅱ. 자 금 공 급	12.5	100.0	24.3	100.0	100.0	100.0
(Ⅱ/Ⅰ, %)	89.5		69.6			
1. 통 화 기 관	5.0	40.3	9.0	37.1	39.7	37.7
(국내여신)	(5.9)	(47.3)	(10.1)	(41.7)	(45.1)	(43.2)
2. 개 발 기 관	1.4	11.1	2.9	12.1	10.6	12.1
소계 (1+2)	6.4	51.3	12.0	49.2	50.3	49.8
3. 제 2금융권	1.6	13.1	4.8	19.7	12.3	17.3
4. 증 권 시 장	2.6	20.6	6.1	25.0	23.4	23.9
5. 해 외 차 입	1.9	15.0	1.5	6.1	13.9	9.0
(전체해외차입)	4.1	32.8	3.6	14.8	30.7	19.2
(금융기관해외차입(△))	2.2	17.8	2.1	8.7	16.8	10.2

금융시장이 심화되기 위해서는 제1금융권의 대형화·국제화가 필요하며, 이에 못지않게 단기금융시장의 발전도 필요하다. 또한 앞으로 실물경제의 성장에 따라 발전의 여지가 많은 직접금융시장을 확충해 나가야 하겠다.

가. 단기금융시장의 육성

정부는 1972년 8월에 「단기금융업법」을 제정하여 사금융(私金融)을 제도금융권으로 유도 양성화하고 단기금융시장을 조직화하여 금융의 근대화를 촉진코자 하였다. 이러한 단기금융시장을 대변하는 단기금융회사들은 지난 10년 동안에 괄목할 만한 신장(伸張)을 이룩하였다. 그러나 초기단계에서는 사채시장(社債市場)과의 경쟁의 어려움 때문에 일부 자기발행어음으로 자금을 조달 운영하는 등의 문제점이 있었던 것도 사실이다.

그러므로 영업기반이 어느 정도 확립된 현단계에서는 단기금융회사들은 화폐시장에서 전문적인 딜러(dealer) 및 브로커(broker)로서의 기능을 충분히 발휘하여 선진국형 화폐시장의 주역으로서 국민경제 각 부문의 단기자금 수급을 원활이 조정·중개하고 통화신용정책면에서도 중앙은행 공개시장 조작의 주된 파트너로서 정책효율의 제고에 이바지해야 할 것이다.

나. 장기자본시장의 육성

그동안 실물경제의 성장에 따라 기업규모가 대형화되었을 뿐만 아니라 국제적으로도 신인을 얻고 있는 기업들도 많이 나타나기 시작했다. 상장되어 있는 기업만도 1970년의 48사(社)에서 1980년에는 352사로 늘어난 실정이다. 그리고 기업규모가 크고 신인도가 높은 유망한 기업들은 경제발전에 따라 앞으로도 계속 많이 나타날 것이다.

따라서 기업은 발전하는 경제환경에 맞추어 자금의 조달 등 운용방식을 개선해 나갈 필요가 있다고 본다. 그러나 지금까지의 증권시장은 발행시장이 활성화되지 못하였고 주식유통시장에 대한 일반의 인식도 미흡하였고 기업도 간접금융을 많이 이용한 것이 사실이다. 그러나 앞으로는 신용 있는 기업은 직접금융시장에서 자금을 조달하도록 유도해 나가야겠다.

이렇게 함으로써 상업금융기관과 증권시장이 그 고유한 기능에 따라 특화되어야 할 것이다. 앞으로 장기자본시장을 육성하기 위해서는 첫째,

증권의 발행조건의 완화와 상품의 다양화가 필요하다. 이를 위하여 증권발행의 요건 등을 점차 자율화시켜 기업이 자기의 여건에 적합한 형태로 자금을 조달할 수 있도록 하고 보증사채(保證社債) 일변도의 사채발행제도도 점차 자기신용에 바탕을 둔 사채발행방법으로 전환하고 사채의 다양화와 장기화도 추진해 나가야 할 것이다.

둘째로 증권인수 기능을 강화하기 위하여 증권인수기관의 대형화 등을 추진해야겠다. 셋째로 주식시장에 대한 저변인구의 확대가 필요하다. 이를 위해서는 증권회사의 공신력을 제고하고 자기책임 하에 선별투자하는 풍토를 조성하여 건전시장으로 육성되어 나가도록 계몽하며, 넷째로 증권투자에 대한 분석기법을 개발하여 과학적인 증권투자의 정보제공이 필요하다고 본다.

다. 은행의 대형화, 국제화 추구

○ 은행의 대형화

금융은 경제의 혈맥(血脈)과 같은 것으로 급속한 실물경제의 대형화와 고도화를 뒷받침하기 위해서는 금융산업, 특히 은행의 대형화가 필요하다. 은행의 대형화는 수지개선을 통한 자본축적 등 자기자본의 확대로서 가능하며 이를 위해서는 원가의식에 의한 책임경영여건의 조성이 필요하고 정책자금의 부담완화와 예·대마진의 정상화 등 정책면의 지원책도 강구되어야 한다.

○ 은행의 국제화

실물경제의 국제화의 진전과 자본거래의 자유화에 대비하여 단계적인 금융의 국제화 추진이 필요하다. 이를 위하여 국내 금융기관의 해외진출 확대, 외국은행과의 합작은행 설립, 외국 금융기관의 국내진출 등을 적정히 수용하고 있는 것이다. 금융의 국제화를 이룸으로써 선진금융기법을 도입하고 국제금융시장을 통한 해외차입능력을 확충하고 국내기업의 해외활동을 원활이 지원할 수 있는 것이다.

〈별첨 4-5〉
1983.2.5
전매청 내부행사
전매청장

제1차 경영전략회의 청장 훈시(訓示)

Ⅰ. 1982년도의 회고
Ⅱ. 경영전략회의 운영
Ⅲ. 분야별 지시사항
Ⅳ. 결어

Ⅰ. 1982년도의 회고

가. 지난해 우리 경제는

어려운 여건 속에서도 6%의 경제성장을 이룩하였고 물가(소비자)도 전년 말 대비 4.8%로 안정시켰습니다. 이와 같은 안정적 성장기반구축은 우리로 하여금 '하면 된다'는 긍정적 신념을 공고히 하였다는 점에서 높이 평가되어야 할 것으로 믿습니다.

나. 전매사업 분야에 있어서도

지난해에는 전 직원이 일치단결하여 혼신의 노력을 기울여 우리에게 부하(負荷)된 임무를 다하여 준 데 대하여 각급 관서장(官署長) 이하 전 전매공무원 여러분의 노고를 치하하는 바입니다.

잎담배 생산 분야에 있어서는 사상 유례가 없는 풍작을 가져왔고, 담배제조에 있어서도 여러 가지 제약요인 속에서도 소비자가 원하는 담배를 비교적 원활하게 공급하였으며 '장미'와 '순한 태양'을 새로이 발매하여 애연가들로부터 좋은 반응을 얻었습니다.

판매 분야에서는 소비추세의 둔화로 인하여 우리 모두가 고생은 하였습니다만 최선을 다하여 계획대로 전매익금(專賣益金)을 일반회계에 전출할 수 있었던 것은 판매관서 여러분들이 혼연일체가 되어 노력하여 준 결과라고 생각합니다.

또한 지난해는 노사관계가 원만한 한 해였습니다. 특히 노조위원장이 직접 일선을 돌면서 판매종사원을 독려하면서 세입의 걱정을 함께하여 준 것은 노사협조사상 길이 남을 만한 일이라 하겠습니다.

연구 분야에 있어서도 한국인삼연초연구소가 많은 노력을 기울여 각초팽화기(刻草膨化機)의 실험을 성공리에 마쳐 금년도에 실용화 할 수 있게 하는 등 좋은 업적을 거양하였습니다.

Ⅱ. 경영전략회의 운영

가. 회의의 설치 의도

오늘 아마도 전매역사상 처음일 것으로 생각되는 경영전략회의를 설치 운영하게 된 것은 전매사업 환경과 경영내부요소의 변화 속에서 우리가 어떻게 장기목표를 설정하고 단기적으로는 어떻게 대응해 나갈 것인가 하는 데 대한 방안을 마련하는 데 그 의의가 있습니다.

나. 회의의 운영방향

전매행정의 운영을 몇 사람의 참모가 결정하기보다는 주요 간부가 중지를 모아 문제의 소재를 스스로 발굴하고 그에 대한 장·단기적 대응책을 함께 생각하고자 하는 것입니다.

더욱이 국내외의 경제여건으로 미루어 볼 때 앞으로 2~3년 사이에 전매사업에 상당한 어려움이 있을 것으로 예상되고 있습니다. 이러한 상황을 슬기롭게 대처하기 위하여서는 적극적이고 능동적인 경영관리가 이루어지지 않으면 안 되겠습니다.

이 회의에 모이신 여러분은 전매사업의 계획과 집행 분야에서 상당한 경륜을 쌓았고 앞으로 계획을 수립하고 또한 이를 집행하여 나갈 분들입니다. 아무쪼록 전매행정 전체에 대한 문제점과 좋은 대안의 제시가 있기를 바랍니다.

그리고 이 전략회의는 당분간 매월 실시하여 인식의 공감대를 넓혀 나감으로써 문제점을 하나하나 해결해 나가는 계기가 되도록 하고자 합니다.

Ⅲ. 분야별 지시사항

가. 담배판매의 기본전략

먼저, 담배판매의 기본전략이 국민에 대한 ‘서비스의 제공’이냐 ‘세입의 확보’냐 하는 점에 대해서 약간의 혼란이 있는 것 같습니다. 그러나 이 문제는 흑백논리로 설명되어서는 안 될 것으로 보입니다. 다시 말해서 국민의 기호에 부응하면서도 재정수입을 확보하는 조화와 중용의 도를 찾는 슬기를 보여야 하겠다는 것입니다.

예를 들면 50원급 담배의 공급문제만 하더라도 농민의 편의를 위해서 적자담배를 계속 공급할 것인가 또는 재정수입의 확보를 위해서 공급을 중단할 것인가 하는 식으로 생각하지 말고 농민의 부담이 가중되는 농번기에는 이를 집중 공급하여 농민의 부담을 경감하여 주고 농민의 소득이 높아지는 추수기에는 농민의 협조를 얻어 수요의 고급화를 유도한다는 관점에서 접근한다면 문제의 해결이 가능할 것입니다.

이와 같이 담배판매의 기본전략은 국민이 원하는 담배를 공급하는 것을 중점으로 하되 재정수입도 고려하는 데에 두어야 되겠습니다.

또한 저수요(低需要)와 혐연(嫌煙), 금연(禁煙)의 추세로 인하여 전매사업의 여건은 극히 어렵습니다. 그러나 어렵다는 생각에만 그치고 이의 극복을 위한 노력을 게을리 한다면 우리도 모르는 사이에 패배의식에 젖고 말 것입니다.

어렵다는 것은 위기라는 것이며 위기라는 말을 잘 분석해 본다면, 위험하다는 것과 새로운 기회가 온다는 두 가지 요인으로 생각할 수 있습니다.

우리가 하면 된다는 긍정적인 신념과 문제의식을 가지고 위험요소를 관리하고 기회를 잘 포착해 나간다면 우리가 처한 위기를 충분히 극복해 나갈 수 있을 것으로 믿습니다.

나. 경영전략회의 토의사항의 시행

오늘의 회의는 논의를 위한 방향과 문제의 제시에 그 의의가 있었다고 봅니다. 따라서 각급 관서장은 앞으로 각 관서의 실정에 맞도록 이의 과학적 실천방안을 수립해서 강력히 추진해 나가주기 바라며, 추진과정에 있어서는 치밀한 현실 분석적 태도와 문제의식에서 출발한 사전계획의 수립이 있어야 할 것입니다.

이를 돕기 위해서 앞으로는 계통별 세미나를 강화해 나갈 계획입니다. 지난번 감시과장 회의를 2박 3일간 개최하여 특별한 결론을 얻지 못했으나 오늘 이 경영전략회의에 있어서와 마찬가지로 문제점을 허심탄회하게 이야기하고 이에 대한 해결책을 토의하는 자리로 발전시켜 나간다면 자발적인 참여에 의해서 스스로 개선하는 노력이 증대되지 않을까 하는 관점에서 제2차로 에너지절약을 위한 세미나를 개최하고 그 성과에 따라 계통별 세미나를 확대해 나갈 방침입니다.

다. 선도요원을 중심으로 한 교육실시

오늘 토의된 내용은 수많은 교육을 포함하고 있습니다. 어떻게 보면 하나에서 열까지 교육이라 해도 과언이 아닙니다. 그러나 각 분야에 종사하는 전 전매공무원을 단기간 내에 교육해 내기는 어려운 일이므로 각 분야의 교육은 선도요원을 중심으로 실시하고 그 선도요원으로 하여금 교육효과를 확산하도록 함으로써 교육의 효과를 높여 나가도록 하여야겠습니다.

라. 기구 및 정원조정의 문제

기구 및 정원의 조정이나 인사 때에 잡음이 일고 있는 것은 종업원의 현실인식이 부족한 때문이라고 봅니다.

각급 기관장 여러분은 종업원의 현실에 대한 이해와 인식을 높이는 데 노력하여 주기 바라며 우리의 경제적인 현실, 앞으로 우리가 나아가야 할 방향을 올바로 인식하도록 계속적인 정신·경제교육에 힘써 나가야 하겠습니다.

원주창 가동을 계기로 한 순환보직 실시에 있어서도 1년 6개월이면 틀림없이 순환보직이 이루어질 수 있도록 확고한 제도적 장치를 마련할 계획인 만큼 각급 기관장은 종업원을 설득하고 이해시키는 데 노력하고, 고충해소기능을 강화하여 종업원의 고충을 최소화함으로써 이를 내부에서 소화할 수 있도록 하여 주시기 바랍니다.

마. 예산절약

예산을 절약한다고 해서 필요한 것을 하지 않으면서 절약한다는 것은 무의미한 것입니다. 왜냐하면 다음 해에는 더 많은 예산이 소요될 것이기 때문입니다.

예산절약은 어디까지나 사전준비와 치밀한 계획에 의한 예산운용의 능률화와 효율화를 통하여 이루어져야 하겠습니다.

그리고 예산절약에 있어 무엇보다도 중요한 것은 활용도를 제고하는 것입니다. 가령 물자를 사장(死藏)하거나 재고를 과다하게 가진다면 이에 대한 이자나 감가상각비만 따진다 하더라도 상당한 문제가 있을 것이므로 이러한 관점에서 예산절약문제를 보아야 하겠습니다.

또한 예산절약은 사소한 것에서부터 시작하여야 하겠습니다. 예를 들면 전화의 경우만 하더라도 공과 사를 분명히 하여야 하겠으며 종업원이 많아 사용(私用)통화가 많은 관서에서는 공중전화를 설치하는 것도 고려해 볼 만한 일일 것입니다.

바. 환경변화에 적응한 계획의 수정

아무리 훌륭한 계획일지라도 완전한 계획은 없습니다. 그렇기 때문에 계획은 여건의 변화에 따라 수정·보완해 나가야 할 필요가 있는 것입니다.

이를 위하여서는 계획이 현실과 부합되는지 여부에 대한 확인, 점검, 분석과 그에 따른 시정의 연속적 활동이 필요하게 되는 것입니다.

그리고 이와 같은 활동은 한꺼번에 해낼 수 없기 때문에 취약 분야를 우선해서 실시해야 하겠습니다. 잎담배 경작 분야에서 예를 들면 계획생산체제의 확립과 버어리종(種)의 니코틴함량관리, MH30(식물생장억제제)관리, 적정재고의 유지와 같은 예가 되겠습니다.

이에 따라 앞으로의 감사활동은 정신교육 등 형식에 흐르기 쉬운 부문을 집중적으로 점검해 나가고 계획의 정상적 실시 여부에 대한 확인상태를 다시 확인하는 방향으로 추진해 나갈 방침입니다.

사. 전매사업의 선진화

대통령 각하께서 '선진조국의 창조'를 국정의 커다란 지표로 제시하여 주셨습니다만 전매사업의 선진화를 위해서는 무엇보다도 전매행정의 관리기법을 보다 과학화하여야 하겠습니다.

과거의 답습보다는 선진화로의 개혁의지를 항상 가지고 현실과 조화해 가면서 단계적으로 계몽을 통하여 자발적 참여를 유도하면서 전매행정의 과학화를 꾸준히 추진해 나가야 하겠습니다.

다시 말해서 개혁의 '과단성'과 현실과의 조화라는 '온화성'의 양면을 잘 조화해서 추진해 나가자는 것입니다.

각급 기관장께서도 이러한 면을 잘 생각해서 현실적으로 해결하여야 할 것은 미루지 말고 해결하여 나가되 한꺼번에 단기간 내에 다할 생각을 하지 말고 하나씩하나씩 벽돌을 쌓아 올라가는 자세로 추진해 주기 바랍니다.

또 한 가지 전매사업의 선진화를 위해서 무엇보다도 직업인으로서의 직업윤리가 확립되어야 된다고 봅니다.

이러한 직업윤리는 내가 이 직장의 주인이라는 주인의식, '하면 된다'는 긍정적인 사고방식, 내 직업에 대하여 보람을 갖는 직장에 대한 긍지를 바탕으로 해서 하나의 '관(觀)'을 세워나가야 할 것입니다.

특히 전매청은 물품을 생산해서 소비자에게 공급하는 기업이기 때문에 내가 책임지고 품질을 보증하면서도 원가는 가장 싸게 만든다는 원가절감 정신 그리고 관료주의 사고방식보다는 기업적인 사고방식으로의 전환이 무엇보다도 중요하다고 생각합니다.

Ⅳ. 결어

오늘의 회의는 현실 여건의 이해와 앞으로 전매사업이 나아갈 방향과 경영내부의 문제점에 대해서는 충분한 토의와 방향제시가 있었다고 하겠습니다.

오늘 토의된 사항들이 오늘의 토의에서 그치지 않고 앞으로 여러분이 기관을 운영해 나가는 데 있어 커다란 참고가 되고 지침이 되었으면 하는 바람입니다.

〈별첨 4-6〉
1983.4.20
전매청 공무원 이념교육
전매청장

바람직한 직장

Ⅰ. 바람직한 직장이란?
Ⅱ. 우리가 처한 여건
Ⅲ. 구체적 대응방안: 바람직한 직장의 구현
Ⅳ. 간부들에 대한 당부
Ⅴ. 결론

Ⅰ. 바람직한 직장이란?

제가 평소에 '바람직한 직장은 과연 어떤 것이겠느냐?' 하는 것에 대해서 생각을 조금 해봤고 또 거기에 대한 소견을 제가 부임한 초부터 몇 번 밝힐 기회가 있었습니다. 제 자신이 생각하고 있는 바람직한 직장이란 명랑하고 발전적이고 창조적인 직장이어야겠다고 생각을 했습니다.

1. 명랑한 직장

제가 취임 초부터 "우리 직장은 밝고 명랑하면서도 규율은 엄정한 직장이 되자"는 이야기를 많이 했습니다. 직장이라는 것은 어느 면에서 본다면 우리가 가정에서 생활하는 것보다도 더 많은 시간을 보내는 곳입니다. 그렇기 때문에 '직장의 분위기는 훈훈하고 또 밝은 직장이어야만 되겠고 그러면서도 질서를 유지해서 하나의 조화를 이룰 수 있는 그러한 직장이 바람직한 직장이 아니겠느냐'라고 생각해 봤습니다.

2. 발전적인 직장

그다음으로 우리의 직장은 발전적인 직장이어야겠다는 것입니다. 이를 이룩하기 위해서는 우리가 '하면 된다'는 긍정적인 사고방식을 갖는 것이 무엇보다 필요하지 않느냐는 생각을 해보았습니다. 사실 우리가 이러한 긍정적인 사고방식이 없이 그저 '이것 할 수 있겠는가' 또 '그것 너무 어렵지 않겠는가' 하고 생각한다면 발전이 있을 수 없지 않나 하고 생각합니다.

우리가 어떤 일에 부딪혔을 적에 '이것을 한 번 해 보겠다'는 도전의식 그리고 '우리가 이것을 좀 더 노력하면 할 수 있지 않겠느냐', '우리가 길을 찾으면 길이 있지 않겠느냐' 하는 그러한 긍정적인 사고방식이 발전적인 직장을 위해서 하나의 필요한 요소라고 생각합니다.

3. 창조적인 직장

그다음에 세 번째로 창조적인 직장이어야겠다는 것입니다. 이것을 위해서는 우리가 성과와 헌신에 대해서 적정한 보상을 해주고 거기에 알맞은 인사제도를 확립해 나가는 것이 필요하지 않겠느냐 하는 이야기를 해왔습니다. 사실 우리가 어떠한 일에 대한 성과 그리고 무엇을 해보겠다는 헌신, 이러한 것이 없다면 기술개발이라든가 또는 품질의 향상이라든가 또는 신제품의 개발이라든가 하는 이러한 것들은 기대하기 어렵기 때문에 성과와 헌신에 따르는 적정한 보상이 가장 중요하다고 생각을 해왔습니다.

그래서 우리가 평생 동안 직으로 삼고 가정보다도 더 오랜 시간을 보내는 직장이라면 저 자신 생각할 적에는 명랑하고 발전적이고 창조적인 직장이 되어야 되겠다. 그것을 위해서는 역시 우리가 모든 것은 부드러우면서도 규율은 엄정한 그러한 분위기를 갖고, 긍정적인 사고방식을 가지고, 성과와 헌신에 대해서 적정한 보상을 해줄 수 있는 이러한 제도를 발전시켜 나가는 것이 좋겠다하는 생각을 가져왔고 또 그것을 위해서 여러 가지 제도적인 개선도 그동안에 해왔습니다.

Ⅱ. 우리가 처한 여건

우리가 이러한 바람직한 직장, 명랑하고 발전적이고 창조적인 직장을 만들기 위해서 무엇부터 해야 되겠느냐? 거기에는 여러 가지 이야기가 있을 수가 있습니다. 그러면 무엇부터 해야 되겠느냐 하려하면 우선 우리가 처해 있는 여건이 어디에 어떻게 되어 있느냐 하는 것을 우리가 생각해 볼 필요가 있다고 생각합니다.

1. 자화상, 타화상

이번 교육과정에 전매사업의 자화상, 타화상을 한 번 그려보는 시간을 가져 보자 하여 교육원에서 그러한 시간을 넣어 본 것으로 알고 있습니다만 여러분들도 이번에 해보셨습니까? 여러분들이 자화상, 타화상을 그려보니까 어떻습니까? 미남으로 나왔던가요 아니면 추남으로 나왔던가요?

우리 전매청이 앞에 이야기한 '명랑하고 발전되고 창조적인 직장'이 되기 위해서는 어떻게 해야 되겠는가. 그 출발점은 역시 우리의 자화상과 타화상을 그려보는 데서부터 출발할 수 있다고 저는 생각합니다.

가. 자화상

사실 우리보고 우리 자신의 그림을 그리라면 상당히 미남을 그릴 수 있을 것 같습니다. 생산에서부터 제조·판매 분야에 이르기까지 쭉 본다면 사실은 상당히 미남의 요소가 많이 있다고 나는 생각합니다. 우선 생산에서 본다하더라도 여기에 연초경작조합 전무들과 인삼경작조합 전무들께서 오셨습니다만 우리가 단위당 수확량만 하더라도 얼마나 많이 작년에 올렸고 또 지금 세계적으로 우리 잎담배에 대한 품질을 평가해 보더라도 미국담배 다음가는 품질이다 하는 것이 세계적인 정평입니다.

또 그것뿐만 아니라 우리가 잎담배를 생산하는 데 '멀칭'이라는 영농기술을 우리가 보급시켜가지고 그것이 지금 오늘날에 있어서는 담배농사에서뿐만 아니라 농작물 경작에서도 다 쓰고 있는 실정입니다. 그만큼 우리가 전매행정에서 이러한 농업 분야까지 선도해 나가는 역할을 해왔다 하는 것입니다. 이와 같은 몇 가지 예만 보더라도 생산 분야에서 미남의 요소가 상당히 있다고 나는 생각합니다.

또 제조 분야를 보더라도 그동안에 여러 가지 어려운 환경 속에서도 QC활동을 적극적으로 해서 연간 개선 건수가 백건 이상이나 되고 있습니다. 또 우리가 천만본 당 담배에 들어가는 잎담배의 소요량을 보더라도 불과 몇 년 전까지도 9000여kg 들어가던 것이 지금은 8000여kg로 줄어들었다는 것은 그만큼 우리가 제조기술을 향상시켰고 또 주맥팽화기 같은 것을 개발하여 선진국에서 쓰고 있는 주맥팽화기 못지않은 아주 좋은 기계를 개발해서 활용하고 있습니다. 이런 것은 부분적인 예에 불과하지만 이런 것만 보더라도 우리가 제조 분야에서 굉장히 많은 미남의 요소를 가지고 있다고 저는 봅니다.

판매 분야에 있어서도 '원하는 곳에서 원하는 담배를 피울 수 있도록 한다'는 캐치프레이즈(catch phrase) 아래 여러 가지 노력을 많이 했고 또 서비스 향상을 위해서 차량 매도제 같은 것도 지금 적극적으로 해나가고 있어 여러 면에서 우리의 잘한 점이 상당히 많이 있다는 것을 볼 적에 판매 분야에서도 우리는 미남의 요소가 많다고 저는 생각합니다.

우리의 조달, 물품구매 면에서도 제도적인 개선으로 원가의 절감뿐만 아니라 품질향상을 유도할 수 있는 구매제도를 확립했습니다. 이런 것을 종합해서 본다면 저를 보고 우리 전매청의 상을 그리라고 한다면 아주 멋있는 미남의 상, 또 여자를 그린다면 아주 미녀의 상을 그리게 된다고 생각합니다. 이것은 제가 여기 서 있다고 해서 하는 이야기가 아니라 제가 지금 예를 들어 드린 것이 거짓말이 아니고 사실 아닙니까? 그만큼 우리가 열심히 했고 그만큼 우리가 잘했다 하는 것입니다.

나. 타화상

그렇다면 다른 사람보고 우리를 그리라고 해도 그만큼 미남, 미녀로 그리겠느냐 하는 것을 우리가 한번 생각해 봐야겠습니다. 우리가 외부사람의 입장에 서서 우리를 돌아보고 또한 항간의 이야기들을 종합해서 본다면 몇 가지 잘한 점도 있겠습니다만 우리한테 꼭 미남만을 그리지 않는 그러한 요소도 있다고 하는 이야기입니다. 물론 외부의 이야기가 우리를 미남으로 안 그리게 하는 데는 또 미남으로 비치지 못하게 하는 데는 그동안의 우리의 전매사업에 대한 PR부족, 또 조용한 가운데서 해나온 우리의 우직성, 이런 것들이 반영되어서 제대로 우리에 대한 평가가 이루어지지 못하였다는 부분도 있다고 볼 수도 있습니다.

그러나 우리에게 들리는 이야기를 몇 가지 예를 들어본다면 첫째로 전매사업이란 것은 자기 혼자 하는 사업 즉 독점적인 기업경영이다. 그러기 때문에 특별히 경영합리화 같은 것에 대해서 큰 노력이 들지 않는 것이 아니냐, 상당히 특권적인 존재가 전매청이 아니냐 하는 이야기가 있습니다. 심지어 쉬운 일을 할 적에 "그거야 뭐 전매특허지 뭐"하는 식의 우스개 이야기를 종종 들을 수 있습니다. 이러한 이야기들은 우리 전매청이란 곳은 상당히 안일하고 또 어떠한 특권적인 존재로 외부에 혹시 비치지 않았는가 이렇게 반성을 해볼 필요가 있지 않았느냐 하는 생각이 듭니다.

또 전매사업은 운영형태 자체가 관업기업이기 때문에 무조건 '관업기업'하면 곧 '비능률'이다 하는 식의 비판이 또 많이 있다는 것입니다. 일전에 어느 신문을 보니까 어느 여자대학 경제학교수가 국영기업체는 비능률적이고 운운하면서 담배사업도 비능률이라고 하는 것을 보았습니다만 여하튼 우리가 국영기업의 형태, 국가경영의 형태로 있기 때문에 비능률적인 요소가 상당히 강조되는 면도 없지 않다고 생각할 수가 있습니다.

또 한 가지는 담배 전매권의 확보를 위해서 우리가 감시단속을 하고 있는데 그 면에서 우리가 어떻게 비치고 있느냐 하는 것도 우리가 생각할 필요가 있습니다. 어떤 심한 비판자는 이런 이야기들까지도 하고 있습니다. 뭐냐 하면 "외국인과 상담하기 위해서 외국인과 마주 앉아 외산담배 한 대 피우고 있는데 그것마저 취체를 하고 있으니 이럴 수가 있느냐" 하는 이야기들을 합니다.

그래서 한마디로 이야기해서 "귀찮다, 전매권이 얼마나 중요한 건지 모르지만 외국인과 상담하기 위해서 한 대 얻어 피운 것을 가지고 뭐 그리 심하게 구느냐? 이거 아주 귀찮은 존재다" 이렇게 그림을 그리는 사람도 있다고 생각이 됩니다.

또 그뿐만 아니라 최근에는 건강문제를 걱정해서 상당히 담배에 대한 논란이 많이 일고 있습니다. '담배는 아주 건강에 해로운 것이다'라고 말입니다. 또 언론기관이 이런 것을 최근에 상당히 많이 보도하고 있습니다. 지난 월말에 어떤 TV프로에서 한 시간 동안이나 담배를 논고한 적도 있고, 집계에 의하면 3월 말 현재 담배와 관련된 기사가 90여건이 나왔는데 거의 대부분이 담배와 건강에 대한 이야기란 것입니다. 그럼 이야기는 뭐냐? 이것은 '전매청이 뭔가 우리에게 해로움을 주는 집단이 아니냐' 하는 인식도 할 수가 있다는 이야기가 될 수도 있겠습니다.

제가 지금 말씀드린 것을 한 번 요약한다면 우리 자신들이 그리는 그림은 상당히 미남이나 미녀를 그릴 수 있습니다. 그러나 이것을 외부사람들이 평가할 적에는, 물론 우리가 잘한 점을 외부에 안 알려주고 우직하게 우리가 하는 일만 충실히 하자는 그러한 생활태도 때문에 PR을 안 해서 그런지는 몰라도, 매우 다르게 나타날 수 있습니다.

외부사람한테 비치는 우리의 모습은 아주 '특혜적인 존재'요 '안일한 존재'요 '귀찮은 존재'로 비치는 동시에 건강에 해로운 것을 취급한다 해서 '자기에게 위험한 존재'로까지 느낄 수 있게 되었다 하는 이야기입니다. 그러면 이런 것을 종합해보면 외부에서 그리는 우리의 그림이 미남으로 그렸을 것인지 아니면 미남도 아니고 추남도 아닌 중간상으로 그렸을 것인지 우리가 이러한 기회에 한 번 생각해 볼 필요가 있지 않겠느냐 하는 생각이 듭니다.

2. 환경의 변화

우리가 이 세상을 사는 데는 우리 전매가족만 사는 것이 아니라 모든 각계각층의 복잡다양한 조직이 서로 얽히고 설켜서 사는 것이 오늘날의 현실이고 또 각 조직 간 또는 각 직장 간, 각 개인 간의 교류가 빈번하고 또 그 행동 태양(態樣)이 복잡다양한 것이 오늘날의 현실이라고 생각할 수 있습니다. 이렇게 봤을 때 우리 혼자만 묵묵히 일한다고 해서 그것이 결코 우리가 발전하고 창조적으로 우리 직장을 키워나가는 것이라고는 볼 수 없습니다.

그래서 항상 우리는 우리를 둘러싼 '환경의 변화' 이것에 적절히 대처하고 또 기민하게 반응할 수 있는 그러한 체질을 가지고 있어야 된다고 생각합니다. 다른 것은 다 변하는데 우리 혼자만 그저 우리 갈 길을 가련다고 하였을 때에는 외부로부터 상당한 거부반응이 일어날 것이고 그렇게 되면 우리 자신이 적응하고 우리가 발전해 나가기가 더 힘들지 않겠느냐 하는 생각이 듭니다.

3. 홍보의 강화

그래서 오늘날처럼 금연·혐연, 이러한 것이 만연되었을 적에는 우리가 거기에 적절히 대처할 수 있는 방안을 강구해 나가야 되겠다고 생각을 하고 또 우리에게 대한 타화상이 그렇게 미남으로 그려지지 않을 적에는 거기에 대한 우리의 적절한 대응방안을 마련해 나가야 되겠다고 나는 생각합니다. 물론 그런 것에 대처하는 방안의 하나가 우리가 하고 있는 일을 정당하게 알려주는 소위 '홍보업무'를 강화하는 일이 되겠습니다.

그래서 지난번에 우리가 월말부터 우리 제품에 대한 특성을 소비자한테 알려주기 시작했고 그것을 기점으로 해서 앞으로는 우리 전매행정이 무엇을 하는 곳이고 또 국민과 어떤 관련이 있고 국민의 건강을 위해서는 우리가 어떻게 노력을 하고 있고 외국담배와 우리 담배와의 품질에 있어서는 어떻고 하는 내용 등을 앞으로는 적극적으로 국민 속에 파고들어가서 올바른 실상을 알려줘야 되겠다는 것입니다. 그래서 지난 월말에 시작한 광고는 이것이 앞으로의 우리의 적극적인 홍보정책의 하나의 신호탄인 것입니다.

우리가 이제 이러한 홍보를 강화해 나간다 하면 '그러면 이제 우리를 이해해주는 사람이 많으니까 모든 일이 더 쉬워지겠지' 하고 생각하기 쉽습니다. 그러나 저는 그렇게 생각하지 않습니다. 우리가 국민 속에 파고들면 들수록 과거처럼 거리를 두고 살았을 때보다 비판의 소리는 더 높아질 것이라고 나는 생각합니다. 그것은 친한 친구끼리는 할 이야기 못할 이야기 다하게 되는 것과 같습니다. 알지 못하는 사람사이에는 예의를 깍듯이 갖추고 말 한마디를 하더라도 상당히 신중하게 하지만, 친해지면 모든 이야기가 나오기 마련입니다.

우리가 우리를 상대로 하고 있는 국민에게 친절하게 하면 하여 줄수록 또 우리하고 친근하면 친근할수록 요구는 더 많이 나오는 것이 현실입니다. 그렇기 때문에 앞으로 우리가 이러한 홍보를 하는 것과 동시에 우리가 거기에 대처해 나가는 데는 과거보다는 몇 배의 노력이 필요할 것이라고 나는 생각을 하고 또 전망을 하고 있습니다. 그런 면에서 앞으로 우리가 국민속의 전매행정을 해나가는 데 있어서는 우리에게 배전의 노력이 필요하지 않느냐 하는 것입니다.

Ⅲ. 구체적 대응방안: 바람직한 직장의 구현

그러면 앞으로의 바람직한 전매상, 직장상을 그려나가는 데 있어서 출발점을 타화상과 환경의 변화에서 찾는다면 우리는 어떻게 대처해 나가야 할 것이냐 하는 것이 하나의 과제가 되겠습니다.

1. 문제의식의 생활화

첫째로 우리가 일상생활을 문제의식을 가지고 살자 하는 것이 하나의 대응방안이 되겠습니다. 가령 우리가 과거에 하던 것을 모범답안으로 생각하고 그것만 가지고서 모든 문제를 해결해 나가려한다면 그것은 정체 내지 현상유지는 있을지언정 발전에는 상당히 어려움이 있지 않느냐고 저는 생각합니다. 우리가 발전을 하려고 하고 또 하나의 창조적인 직장을 만들려고 한다면 과거에 했던 것에 대한 의문을 제기하고 또 그 의문에 대해서 어떠한 대안이 있느냐 없느냐를 우리가 항상 찾아가면서 뭔가 하나씩하나씩 발전시켜 나가려고 하는 그러한 노력이 필요하다고 생각합니다.

그저 우리가 무의식적으로 행동을 하고 그저 조건반사적인 행동이나 해나간다면 일상생활을 그럭저럭 해나갈 망정 발전적인 직장은 되어 나갈 수 없다고 생각합니다. 사실 가정생활에서도 마찬가지입니다. 우리가 집을 두고 볼 적에 그 집의 가구 배치 같은 것을 과거에 놓였던 대로 그대로 놔두면 그것이 다소 불편하더라도 불편한 것을 모르고 지나가게 되는 것입니다. 그러나 다른 사람이 와서 볼 적에는 아주 불편하기 짝이 없게 가구 배치가 되었다고 보는 경우도 많이 있습니다.

그래서 우리가 그저 옛날부터 놓여있던 가구니까 그대로 놔둔다고 생각하지 말고 하나하나 '이것이 필요한 거냐', '이것이 우리의 집을 꾸미는 데 미관상 좋은 거냐' 하나하나 문제의식을 가지고 봐 나가는 것, 이러한 태도가 필요하지 않느냐 생각됩니다. 그래서 우리가 이러한 문제의식을 가지고 하나하나 우리가 지금하고 있는 공정이라든가 또는 판매방법 또는 생산방법, 이런 것을 꾸준히 개선해 나간다면 우리 직장은 발전될 수 있고 또 창조적인 직장이 될 수 있다고 저는 확신하는 바입니다. 그래서 이러한 문제의식을 가지고 생활하는 태도 이것이 우리가 밝고 명랑하면서 발전적이고 창조적인 직장을 이끌어 나가는 데 무엇보다도 필요하고 또 거기서부터 우리가 출발해야 된다고 생각하고 있습니다.

2. 직업윤리관 확립

이러한 생활태도를 견지하면서 그 다음으로 중요한 것은 역시 우리가 직업윤리를 가져야 된다고 저는 생각됩니다. 우리가 흔히 직업윤리라고 이야기하면 대단한 것같이 느껴지겠지만 저는 한마디로 이야기해서 이러한 직업윤리라고 하는 것은 '프로정신'이라고 생각합니다. 사실 요즘 프로야구가 꽤 많은 붐을 일으키고 있습니다. 그럼 프로야구가 왜 그렇게 붐을 일으키고 있느냐?

프로야구는 굉장히 재미있기 때문에 그런 걸로 저는 생각하고 있습니다. 그럼 프로야구는 왜 그렇게 재미있느냐? 아마추어야구에 있어서는 '그저 최선을 다하면 된다', '승패는 그 다음이다' 이렇게 생각을 했지만 프로야구는 사생결단을 하고 승패에 집착하는 데에 그 나름대로 재미가 있는 것이 아니냐 하고 저는 생각합니다.

사실 '아마추어정신'이란 것은 '최선의 정신'입니다. 그러나 '프로의 정신'이란 것은 '책임의 정신'이라고 나는 생각합니다. 성적이 나쁜 투수는 그 다음 해에 다른 구단으로 쫓겨나거나 그렇지 않으면 아주 직장을 그만둬야 되는 즉 진퇴 내지는 생사를 거는 것이 바로 프로들이라고 나는 생각합니다.

우리가 하나의 직장생활을 본다면 이것은 프로이지 아마추어일 수는 없습니다. 우리가 맡은 일에 대해서는 우리가 책임을 지는 그러한 정신이 바로 프로정신이라 한다면 우리는 과거의 아마추어야구 선수로부터 프로야구 선수로 전환해야 될 때가 되지 않았느냐하고 나는 생각합니다. 그래서 바로 자기가 한 일에 대해서 책임을 지고 또 자기가 한 것에 대해서 자기의 진퇴를 걸 수 있는 이러한 정신, 이거야말로 프로정신이고 앞으로 우리가 지켜야 할 정신인 것입니다.

가. 직업윤리의 바탕

그러면 이러한 프로정신은 어디서부터 나오느냐? 나는 이러한 프로정신이 나오는 것을 역시 '주인의식' 그리고 '긍정적인 사고방식' 그리고 '자기 직장에 대한 긍지'에서부터 나온다고 나는 생각합니다. 아무리 자기직업의식에 투철 하려고 하더라도 자기 직장에 대해서, 자기가 하는 일에 긍지를 느끼지 못한다면 그러한 정신이 나올려야 나올 수가 없습니다. 프로야구 선수라 하더라도 자기가 프로야구에 대해서 별로 긍지가 없다면 거기에 자기가 최선을 다하는 정신, 책임을 지는 정신, 이런 것은 나올 수 없다고 저는 봅니다.

우리가 '주인의식'을 한마디로 이야기하면 '직장을 내 일처럼 생각한다' 하는 것이 되겠습니다. '내가 내 사업을 한다면' 하는 그러한 마음자세, 이것이 바로 주인의식입니다. '긍정적인 사고방식'이라고 하는 것은 앞에서도 말씀드렸습니다만 '하면 된다'는 그러한 생각 또 '무언가 우리가 발전적으로 무엇을 해야 되겠다'하는 그러한 의지 이런 것이 바로 긍정적인 사고방식이라고 이야기할 수 있겠습니다. 또한 '직장에 대한 긍지' 이것은 자기 직장에 대한 애착이라고 할까, 자기 직장에 대한 보람, 이러한 것이 직장에 대한 긍지가 아니겠느냐 이렇게 생각이 됩니다.

우리 전매가족들의 사고방식을 보면 주인의식이라든가 긍정적인 사고방식, 이런 면에서는 그동안 상당히 많은 발전이 있었다고 저는 봅니다. 그러나 아직도 '자기 직장에 대한 긍지'란 면에서는 상당히 회의적인 태도를 갖는 사람이 많지 않느냐하는 느낌을 가끔 받을 때가 있습니다.

그러나 나는 우리 직장이 사실 자랑할 만한 직장이라고 생각하고 있습니다. 왜 그렇게 생각하고 있느냐? 첫째로 우리의 전매역사는 인삼으로 따지고 보면 80년이 넘었고, 담배역사만 보더라도 60년이 넘었습니다. 이런 오랜 전통을 가진 기관이 오늘날 우리나라에 몇 개 기관이나 있느냐? 이런 면에서 우리는 상당히 자랑스러운 기관에서 봉사하는 사람으로서 긍지를 가질 수 있는 형식적인 하나의 요건을 갖추지 않았느냐 생각합니다.

그것보다도 더욱 우리가 자랑스럽게 생각할 수 있는 것은 그러한 긴 역사를 가지면서도 그동안에 우리한테 주어진 임무인 전매익금의 전출에 있어서 우리가 책임을 완수하지 못해본 경우가 거의 없다는 사실입니다. 그렇다면 자기 임무에 그렇게 충실한 직장, 이거야말로 상당히 보람 있는 직장이고 자랑스러운 직장이 아니냐, 나는 그렇게 생각합니다. 그런 면에서 우리 전매행정에 대해서 자부심을 가져도 좋다고 생각하고 또 우리가 긍지를 느낄 충분한 자격이 있다고 나는 생각합니다.

또 그뿐만 아니라 우리가 전매행정에서 장점을 이야기한다면 사실 우리 전매가족처럼 단란한 분위기 좋은 직장이 별로 없다고 나는 생각합니다. 비교적 저는 여러 군데 직장을 다녀본 사람 중의 하나이지만 다른 데 어디서도 볼 수 없는 그러한 가족적인 분위기, 이것들이 우리 전매가족들이 가진 큰 장점이라고 생각합니다. 이런 점에서도 우리 전매가족들은 우리 직장에 대해서 긍지를 가질 수 있는 또 하나의 충분한 근거가 있지 않느냐고 나는 생각합니다.

또 흔히 "우리 전매행정에 대해서 뭐 이렇고 저렇고 이야기해봤자 뭐 권한이라고는 양담배 취체권 하나밖에 없는데 그것 가지고서 긍지를 가지고 보람을 느끼느냐"하고 이야기하는 사람들도 가끔 있습니다. 그러나 나는 그것은 참 잘못된 생각이라고 봅니다. 과거의 구시대, 권력을 중심으로 모든 것이 이루어진 시대, 그러한 시대에서는 권력을 얼마나 가지고 있느냐가 보람을 느끼느냐 안 느끼느냐의 판단기준이 되었을는지 모르겠습니다만 세태가 바뀐 오늘의 현실에 있어서는 그러한 것이 결코 판단기준이 될 수는 없다고 생각됩니다.

그래서 나는 우리가 맡은 일이 국가재정 수입의 확보이며, 재정수입 전체의 9%를 우리가 담당한다는 막중한 사명을 띠고 우리가 이를 완수해 간다는 보람 그리고 또 우리 직장 자체가 굉장히 가족적이라는 그러한 보람, 이것만 가지고서도 우리가 우리 직장에 충분한 긍지를 가질 수 있지 않느냐 라고 생각합니다. 혹시 이 중에서도 우리 직장에 대한 긍지를 한번 회의적으로 생각해 본 분들도 차제에 한번 곰곰이 잘 생각해 본다면 저하고 상당히 많은 부문에서 동감을 느끼시리라고 생각을 하고 있습니다.

3. 직업윤리의 구체적 실천

이와 같이 직업윤리의 바탕은 역시 주인의식, 긍정적인 사고방식 그리고 직장에 대한 긍지, 여기에 바탕을 두어야 한다고 했습니다만 이것을 구체적으로 실천하는 데 있어 금년도에 제가 생각하고 있는 것은 첫째로 품질보증입니다. 그리고 두 번째는 원가절감의식의 생활화 그리고 세 번째로는 관료적인 사고방식으로부터 하나의 기업경영적인 사고방식으로의 전환입니다.

가. 품질보증

우리가 품질보증이라고 하면, 예를 든다면 담배나 인삼에 있어서 우리가 만든 제품에 대해서 책임을 진다는 이야기가 됩니다. 사실 우리는 우리가 만든 솔담배 개비 하나 또는 인삼 엑기스 한 통의 품질에서 평가를 받게 됩니다. 그러면 솔담배 품질보증이다 하는 경우 신탄진에서 솔을 만드니까 솔담배가 잘못되어 있으면 신탄진창장이 모든 책임을 져야 되느냐?

그런 것은 아니라고 생각합니다. 우리가 신탄진창에서 책임질 수 있는 분야만큼 신탄진창에서 책임을 지고, 원료가 나빴다 하면 원료공장장이 책임을 지고, 만약 잎담배에 타르(tar)·니코틴이 많이 들어가서 담배품질이 나빠졌다 하면 이것은 경작농민까지 책임을 져줘야 된다는 것입니다. 그래야만 우리의 품질이 제대로 보증이 되지 타르·니코틴이 많은 원료를 가지고선 아무리 좋은 담배를 신탄진창장더러 만들어 내라고 해도 만들어 낼 수 없는 것입니다.

더 나아가서 정비창에서 만든 기계가 나쁘면 바로 품질에 영향이 미치는 거니까 정비창에서도 바로 품질보증의 주체가 된다고 나는 생각합니다. 판매 분야도 마찬가집니다. 아무리 제품을 잘 만들어줘도 아무렇게나 창고에 쌓아두었기 때문에 변질이 되어 결국 우리의 소비자 손에 들어가서 품질이 나쁘다는 평가를 받으면 이것은 바로 판매관서에서 책임져야 된다는 이야기입니다.

그래서 각자가 맡은 분야, 잎담배 생산서부터 제품의 제조·가공·판매에 이르기까지 모든 분야가 자기가 맡은 것은 자기가 책임을 진다는 것, 이것이 바로 품질보증운동이라고 생각합니다. 다시 말하면 각자 맡은 분야에서 자기가 맡은 것에 대해서는 세계 최고의 물건, 세계 최고수준의 품질을 만들겠다고 하는 그러한 정신 또 그것이 되도록 내가 책임지고 일하겠다는 그러한 마음가짐, 이것이 바로 품질보증문제라고 생각합니다.

나. 원가절감의식의 생활화

또 한 가지 우리가 원감절감을 하자고 하는 경우 흔히 에너지 절약운동을 사례를 들게 됩니다만 우리가 에너지 절약을 하자하면 겨울에 추워서 꽁꽁 얼면서도 에너지 절약목표를 못 채웠다고 하면서 보일러를 안 때는 것, 이것은 에너지 절약이 아닙니다. 어떻게 하면 같은 것을 가지고서도 효율을 높이느냐, 이것이 바로 에너지 절약인 것입니다.

우리가 원가절감의식의 생활화라고 하는 것은 한 끼 안 먹고 때우는 그런 식이 아니라 어떻게 하면 능률을 높이고 어떻게 하면 생산성을 높이느냐 하는 운동 그 자체가 원가절감의식이라고 나는 이야기하고 싶습니다. 좋은 품질의 물건을 만들고 또 우리가 값에 상당하는 물건을 만들려면 거기에 정당하게 들어갈 것은 들어가게 해주되 그것을 좀 더 싸게 할 수 없느냐, 능률을 좀 더 높일 수 없느냐 하는 것이 바로 우리가 이야기하는 원가절감이라고 나는 생각하고 있습니다.

다. 기업경영적 사고방식으로의 전환

또 특히 우리가 이제 천만 명이 넘는 애연가와 더불어서 우리 사업이 수행되고 있습니다. 천만 명이 넘는 애연가 그리고 연간 생산해 내는 담배가 금년의 경우 750억 본이나 됩니다만 이 750억 본의 담배를 판매하고 소비하는 데서 상당히 많은 불평이 있을 것입니다. 그러한 것에 대해서 우리가 그저 '양지(良知)하시압'이라든가 '그것은 그렇게 되는 것이니 그리 아시기 바랍니다'하는 식의 공문(公文)행정 갖고서는 곤란하지 않느냐 생각합니다. 그야말로 우리가 천만 애연가에 대해서 서비스한다는 그러한 정신, 이것이 한마디로 이야기해서 기업경영 사고방식으로 전환하자 하는 것입니다.

또 우리 잎담배를 생산하는 경작농민이 13만여 명 되는 걸로 알고 있습니다만 그 사람들이 진짜 애로로 느끼는 게 무엇이며 또 도와줘야 될 분야가 뭐냐 이런 것을 생산조합과 우리 생산직 공무원들이 힘을 합해서 스스로 찾아내어 도와주고 문제점을 해결해주는 그러한 자세, '이것하면 안된다'고 하는 식의 관료적인 사고방식으로부터 '무엇을 찾아서 해줘야 될까'하는 그러한 자세로의 전환, 이것이 무엇보다도 중요하다고 생각합니다.

우리는 요즘 하나의 의식개혁 내지는 정화운동의 차원에서 친절운동을 굉장히 벌이고 있습니다. 그 대표적인 예로 '전화 친절히 받기 운동'을 하고 있습니다. 전화를 걸면 "원료과 누굽니다"하는 식의 이야기를 하도록 하고 또 "전화 주셔서 감사합니다"하는 식으로들 하고 있습니다. 이러한 전화 받는 데서부터의 우리의 생활태도의 전환, 그러한 친절운동을 일상 업무에까지 연장시키고 또 거기에 적용시키는 것이 말하자면 기업경영적 사고방식이 정착화 되는 단계라고 나는 생각합니다.

우리가 친절하게 한다는 것은 비굴하게 아첨하라는 것이 아닙니다. 우리가 이야기할 것은 또박또박 이야기하면서도 다른 사람 기분 상하지 않게 생글생글 웃으면서 하는 것, 이러한 태도, 이것이 바로 친절한 자세이며 또 그 사람들이 무슨 문제를 호소하기 이전에 그러한 문제점이 어디 있는가를 스스로 찾아 나서서 미리 해결해주는 자세, 이것이 바로 기업경영적 자세라고 나는 생각합니다.

우리가 금년에 구체적으로 정신적 실천 목표로 삼고 있는 품질보증, 원가절감 그리고 기업경영적 사고방식의 전개, 이것들을 우리가 앞으로 조금만 더 해본다면 반드시 정착화 되리라고 나는 생각합니다. 우리가 그렇게 된다면 앞으로 우리는 명랑하고 발전적이고 또 창조적인 바람직한 직장으로서 더욱 발전되어 나갈 수 있다고 생각됩니다.

Ⅳ. 간부들에 대한 당부

이 자리는 우리 전매행정의 핵심적인 간부들이 모인 자리입니다. 그래서 간부 여러분에게 몇 가지 당부의 말씀을 드리고자 합니다.

1. 꿈의 제시자

여기에 모이신 간부 여러분들은 전매행정을 이끌어 나가는 데 있어서 중추적인 역할을 지금 하고 있고 앞으로도 또 계속 하실 분들입니다. 그러면 그러한 중추세력들은 어떠한 역할을 하여야 하느냐? 나는 현실적인 문제를 처리하는 데 있어서 아주 훌륭하게 처리하는 것도 중요하지만 무엇보다도 '하나의 꿈을 제시해주는 역할'을 해주는 사람이 되어야 한다고 생각합니다. 중추세력이 꿈이 없는 집단, 이것은 앞으로 장래성이 없는 집단이라고 나는 생각합니다.

사실 여러분들이 요즘처럼 통렬한 고민 속에 빠져 일상 업무 처리를 하는 때도 없었습니다. 그걸 제가 잘 알고 있습니다. 어느 면에서 보면 제가 여러분들을 너무 혹사시키지 않나 하는 생각도 들고 있습니다. 여기에 지청장들도 계시고 또 본부 과장들도 계시지만 무슨 경영전략회의다 하면서 한 달에 한 번 회의하는데 그것도 부담스럽고 또 판매물량 내려오는 것 그것도 부담스럽고 또 생산 분야에 있어서 계획생산이다 뭐다 하는 것도 부담스러워서 하루하루 일처리 하는 것도 힘들 것입니다. 여기에는 원료공장장들도 계시지만 엽맥편(葉脈片) 크기는 얼마 이상으로 하고 감모는 얼마나 줄여라 하는 등 하나하나 일처리 하는 것이 부담스럽고 또 많은 노력이 필요할 것입니다.

그러나 우리가 중견간부라고 한다면 그러한 일처리 하는 데도 상당한 노력을 하여야 되겠지만 우리가 한 번 조용한 시간을 가지고 앞으로의 우리 전매행정을 어떻게 발전시켜 나가야 되느냐 하는 하나의 미래상을 그려가면서 여러분들의 부하나 동료들과 서로 논의하면서 끌고 나가 주는 그러한 자세, 이것이 무엇보다도 필요하다고 생각합니다. 우리가 이렇게 하나의 미래상을 가지고서 중견간부들이 후배들을 격려하고 또 현실적인 어려움을 독려해 준다면 훨씬 나은 업무처리가 이루어질 수 있지 않겠느냐고 나는 생각합니다.

앞에서도 우리 전매행정의 역사가 길다고 했습니다. 오늘날 우리가 전매행정을 맡고 있습니다. 그러나 오늘날 우리가 맡고 있는 기간도 길어봤자 불과 3,40년밖에 안됩니다. 선배들이 과거에 5,60년 쌓아온 것을 우리가 일시적으로 맡고 있다가 그다음에 또 후배들에게 물려줘야 됩니다. 그러면 하나의 전매행정이라는 역사의 축으로 봤을 적에 선배들한테 물려받은 것은 무엇이고 후배들에게는 어떤 것을 물려줘야 되겠느냐 하는 것들을 간부들이 곰곰이 생각을 해야 된다고 느껴집니다.

즉 다시 이야기하자면 우리 직장이 발전적으로 성장해야 되고 창조적으로 성장하여야 된다고 볼 적에 우리가 현재 처해 있는 위치는 무엇이며, 앞으로 어떻게 해가지고 발전시켜서 후배들에게 물려줘야 되겠다 하는 하나의 상(像) 즉 꿈을 그려가면서 우리가 부하들과 같이 더불어 일을 하고 또 부하들에게 그러한 정신적인 힘을 불어넣어 주는 것이 필요하지 않는가라고 생각됩니다.

2. 따뜻한 심장, 냉철한 두뇌

두 번째로 당부하고 싶은 것은 오늘날의 현실사회가 어느 면에서는 굉장히 각박한 사회라고 나는 생각합니다. 왜 각박하냐? 우리가 농경문화 시대에는 어느 면에서는 시간적인 여유도 갖고 살았습니다. 풍류도 할 수 있었습니다. 그러나 우리의 현대사회라는 것은 고도 산업사회입니다. 고도 산업사회라는 것은 하나의 '기계문명의 사회'입니다. 또 고도의 복잡다단한 구성으로 되어 있기 때문에 '정보사회'라고 이야기할 수가 있습니다. 또 혹자들은 이런 것만 이야기해서 오늘날의 사회생활을 '비인간화 시대'라고들 이야기하고 있어 인간적인 면에서 갈등, 방황 같은 것이 있다고들 하고 있습니다.

또 특히 우리나라는 그런 것이 더 심하다고 생각합니다. 사실 우리가 20년 전의 경제현실을 돌아다보면 우리나라는 상당히 전근대적인 후진국의 대표적인 예로 들 수 있는 그러한 나라였습니다. 그러나 오늘날의 우리의 경제를 본다면 경제사회적인 실상은 하나의 선진국의 문턱에 올라갈 수 있는 앞서가는 중진국, 소위 신흥공업국(NICs: Newly Industrialized Countries)의 대표로 꼽혀지고 있다고 봅니다.

그렇다면 우리가 지난 20년 동안에 겪은 경제사회적인 변화라는 것은 그야말로 급격한 변화 또는 농축된 변화를 겪은 것이라고 본다면, 이러한 하나의 사회경제적인 면에서의 복잡다단화, 행동양식의 다양화, 이런 데서 오는 문제점이 상당히 크다고 봅니다. 좁게 이야기해서 우리의 전매에서 그것을 보더라도 1350본짜리 기계를 가지고서 그것이 최신형이라고 한 것이 바로 엊그저께인데 오늘날은 5000본짜리 기계를 운전해야 되고 이제는 컴퓨터가 저장된 기계를 우리가 운영해야 되는 그러한 급격한 변화를 일으키고 있는 것이 현실 아닙니까?

이러한 급격한 변화를 겪고 있는 과정, 복잡다단한 사회생활, 여기에 있어서 우리가 항상 잊지 말아야 될 것은 따뜻한 심장으로 우리가 서로 대하자하는 것입니다. 특히 간부들이 따뜻한 심장, 이러한 마음의 기저가 없다면 직장 자체가 삭막해지고 또 그러한 직장은 상당히 여러 가지 면에서 어려움을 내포하게 되고 또 여러 가지 문제를 제기하게 될 것이라고 나는 생각합니다. 그래서 저는 직장분위기는 앞에서도 이야기했지만 명랑하고 밝아야 되겠습니다. 그것을 위해서는 역시 간부들의 마음가짐

자세가 따뜻한 심장을 가져야 되지 않느냐라고 생각됩니다.

그렇다고 해서 내가 따뜻한 심장만을 강조하는 것은 아닙니다. 일을 처리할 적에는 꼬박꼬박 따질 것은 따지고 계획은 치밀하게 세우는 냉철한 두뇌, 이것도 필요합니다. 우리가 마음가짐의 기저는 따뜻한 심장에 두되, 일처리는 냉철한 두뇌를 가지고서 하는 그러한 자세, 이것이 역시 간부 여러분들이 솔선수범해줘야 될 자세가 아닌가 생각합니다. 그래서 저는 알프레드 마샬(Alfred Marshall)의 'Cool Head but Warm Heart(냉철한 두뇌, 그러나 따뜻한 심장)'라는 명언은 오늘날 우리가 살아가는 데 있어서 커다란 지혜를 빌려주는 것이 아니냐 하는 것을 평소에 늘 생각하고 있습니다.

3. 솔선수범

이러한 것과 더불어서 한 가지 더 말씀드릴 것은 여러분들은 이 전매청을 이끌어 나가는 중심 세력들입니다. 그렇기 때문에 이러한 중심세력들의 솔선수범 없이는 그 직장의 발전은 기하기 힘듭니다.

사실 우리 전 전매가족들은 약 30만 명이 됩니다. 우리 전매청 직원만도 약 1만3000명이 되고 담배경작인 또 인삼경작인, 담배소매인 이러한 가족끼리 다 합친다면 30만 명이 됩니다. 그러면 그 사람들이 전부다 앞에서 이야기한 바와 같이 주인의식을 가지고 또 원가절감의식을 가지고 일을 처리한다고는 나는 생각지 않습니다. 그것을 해나가는 데는 여러 가지 제도적으로도 고쳐야 되고 또 정신적인 어떤 훈련 같은 것도 해야 되겠지만 그것을 앞서 이끌어 나가는 세력들이 얼마나 적극적으로 해나가느냐에 크게 달려있다고 나는 봅니다.

그런 면에서 역시 모든 전매행정에 있어서의 중추세력인 여러분들이 이것을 솔선수범하는 자세가 무엇보다도 필요하지 않느냐라고 생각하면서 여러분들의 솔선수범을 당부해 두고자 합니다.

V. 결론

제가 생각하고 있는 것은 우리 직장이라는 것은 명랑하고 발전적이고 창조적인 그러한 직장이 되어야 되겠다. 이를 위해서는 우리가 문제의식과 직업윤리를 확립해 나가고 특히 금년에는 품질보증, 원가절감 그리고 기업경영적 사고방식으로의 전환에 우리가 역점을 두어야 되겠다. 이런 것을 실천해 나가는 데 있어서는 역시 간부 여러분들의 솔선수범이 중요하지 않느냐 하는 이야기를 했습니다.

여기에다 하나 더 덧붙여서 이야기한다면 우리가 서로 협조하고 합심하는 것이 무엇보다도 중요하다고 나는 생각합니다. 사실 한 사람이 하는 것을 두 사람이 하게 되면 그것이 두 배의 효과가 나타나는 것 같이 보이지만 어떤 면에서 보면 4배의 효과, 5배의 효과도 나타날 수 있습니다. 한 사람이 하던 것을 열 사람이 하면 열 배의 효과가 나타난다고 생각하겠지만 그것은 백 배의 승수효과적인 효과를 나타낼 수도 있다고 저는 봅니다.

그런 면에서 여러분들이 솔선수범하여 앞에서 끌어주시고 또 온 직원이 호응할 수 있도록 좀 더 노력한다면 우리 전매행정은 명랑하고 발전적이고 창조적인 직장이 될 수 있다는 것을 확신합니다. 우리 이러한 바람직한 직장을 위해서 우리 다 같이 노력해볼 것을 강조하면서 제 이야기를 마치고자 합니다.

감사합니다.

〈별첨 4-7〉
1987.12
대통령(노태우)직 인수위 보고
국무총리행정조정실장

대통령비서실의 기능과 구성

1.1 대통령비서실의 기능에 대한 보편타당한 정형은 없으며 이는 대통령의 국정운영에 관한 철학과 그 나라가 처한 발전단계에 따라 그 형태를 달리하고 있습니다.

1.2 우리나라 대통령비서실의 기능을 규정하고 있는 현행 대통령비서실 직제에 따르면 대통령비서실은 대통령의 비서와 기타 특명 받은 기밀사항에 대한 사무를 관장하도록 되어 있어 실로 애매모호하고 막연하게 되어 있다고 생각됩니다.

1.3 그러나 대통령비서실의 기능을 일반적으로 이야기한다면, 대통령비서실은 국가의 원수이며 행정권의 수반인 대통령이 평온한 마음으로 불편 없이 국정을 수행할 수 있도록 하는 보좌역할을 해나가야 한다고 봅니다.

1.4 그러면 구체적으로 불편 없이 국정을 수행할 수 있도록 하는 보좌역할은 무엇인가를 저 나름대로 정리해 본다면

그 첫째는 대통령과 내각, 정당 및 국민 등과의 사이에 굴절 없이 의사를 소통 연결시켜 주는 일입니다.

둘째는 대통령이 국정수행에 있어서 필요한 각종 자료, 동향 및 정보를 적기에 공급해 주는 일입니다.

셋째는 대통령에 대한 국민의 이해를 증진시키며 국정수행 내용을 홍보하는 일입니다.

넷째는 대통령의 지시에 따라 특정사안에 대하여 조정자로서의 역할을 수행하는 경우도 있겠습니다.

다섯째는 대통령이 각별히 관심을 갖는 사항에 대한 진행상황을 파악, 보고하는 일입니다.

끝으로 비서실은 대통령이 안온한 가운데 평상심으로 집무할 수 있는 환경을 만들어야 한다고 생각합니다.

2.1 이상에서 말씀드린 것은 극히 일반적인 이야기이고 앞으로 바람직한 대통령비서실의 기능을 말씀드린다면 우선 여기에는 대통령당선자의 국정운영철학이 반영되어야 하겠습니다.

2.2 이와 관련하여 대통령선거 시의 공약 등에서 나타난 것을 보면

- 청와대의 기능 축소, 내각에의 권한 대폭 이양
- 청와대의 개방, 시민과의 격의 없는 대화
- 정책결정의 공개주의 실천
- 사회 각 부문의 자치와 자율의 최대한 보장 등을 들 수 있는바

이를 요약하면 한두 사람 천재(天才)에 의한 최선의 국정운영보다는 많은 사람의 능동적 참여에 의한 차선책이 낫다는 것으로 집약할 수 있습니다.

2.3 이렇게 볼 때 앞으로 비서실은

첫째, 대통령과 내각 등과의 소통연결 업무에 충실하고 조정자로서의 역할은 하지 않아야 하겠습니다. 특히 내각과의 관계에 있어서는 총리가 행정적인 사항에 대하여는 책임을 지고 조정자의 역할을 수행토록 하되, 적어도 1주일에 2회 정도는 대통령께서 총리를 접견하여 보고도 듣고 상호 의견을 교환하는 기회가 있어야 하겠습니다.

그리고 각 부처에서는 면책용 또는 타 부처와 협의가 잘 안 되는 사항을 밀어붙이기 위하여 대통령의 재가를 받는 경우도 종종 있는바 이러

한 일들은 총리가 반드시 사전에 검토토록 해야 할 것입니다.

둘째, 비서실이 거중조정자로서의 역할을 하지 않기 위해서는 당정협조가 매우 강화되어야 하겠습니다. 이러한 당정협조는 반드시 사전적(事前的)이어야 하고 또한 형식적이 아니어야 합니다.

이와 같이 충분하고도 실질적인 협의 과정에서도 결론이 안 나면 당정 고위책임자가 연석한 자리에서 그 과정을 소상히 보고하고 대통령이 직접 결론을 내도록 해야 합니다.

셋째, 비서실의 동향보고 및 정보공급 기능을 효율화해야 합니다. 행정 각 부처나 당이나 자기옹호적인 논리에 안주하고 싶어 하는 것이 상례적인 경향입니다. 따라서 비서실에서는 보다 높은 차원과 안목에서 심도 있게 사물을 보는 경륜 있는 분들의 의견이 대통령에게 전달될 수 있도록 해야 합니다.

예컨대 앞으로 구성될 국가원로자문회의, 국가안전보장회의, 민주평화통일자문회의, 국민경제자문회의를 실효적으로 운영하여 깊이 있고 무게 있는 의견이 대통령께 제시될 수 있도록 한다든가 또는 Ad Hoc Base로 특정문제(예 농촌문제)에 대한 전문가모임을 비서실 주관으로 organize해서 그 의견을 대통령께 제시함으로써 대통령이 보다 높은 차원에서 국정을 펼 수 있도록 할 수 있을 것입니다.

이와 관련하여 특정분야(예 외교, 안보, 경제)에 대한 특별보좌관제도를 생각할 수도 있으나 이들이 대부분 행정 분야에 흥미를 느끼고 또 깊이 있게 연구하기에는 여러 가지 환경적 제약이 있기 때문에 과연 실효가 있을지는 의문입니다.

또한 비서실은 각 부문에 사각지대가 없도록 하는 방향에서 동향을 파악·보고하는 기능을 강화해 나가야 할 것입니다. 특히 힘이 약한 부서(예 기상대)는 중요한 일을 하고 있지만 예산도 인력도 보충 받지 못하여 정체를 못 면하는 곳도 많이 있습니다.

넷째, 청와대를 소개하고 대통령이 국민과 보다 가깝게 있게 하는 기능이 신설되어야 할 것입니다. 이것은 청와대를 개방하고 국민들과 격의 없는 대화를 해나간다고 한 공약을 실천하기 위해서도 필요하다고 봅니다.

2.4 이상에서 말씀드린 것을 요약해 보면 대통령비서실의 기능은 대통령이 보다 안온한 가운데서 국민에게 보다 가깝게 있게 하며 실무적인 집행업무에서 벗어나 한 차원 높은 국정수행을 하는 데 필요한 보좌기능을 강화하면서 비서실 자체가 조정역을 수행하는 것은 지양해 나가야 한다는 것입니다.

2.5 이러한 관점에서 비서실을 구성하게 된다면 비서관의 상당수를 줄일 수 있을 것으로 생각합니다. 다만 비서실의 체제는 지금처럼 실장, 수석비서관, 1~2급 비서관의 조직이 좋으리라고 봅니다.

3.1 끝으로 비서관의 업무자세에 대하여 몇 말씀 드리고자 합니다.

3.2 첫째, 비서관은 자기 목소리가 있어서는 안 된다는 말이 있습니다. 참으로 공감이 가는 말입니다. 비서관은 충실한 의견 소통전달자의 역할을 해야지 자기류(自己流)의 주석을 달아 오도하면 안 된다고 생각합니다.

3.3 둘째, 비서관은 항상 내가 호가호위(狐假虎威) 하는 것이 아닌지 유념을 해야 한다고 봅니다.

3.4 셋째, 비서관은 기민하면서도 느긋해야 한다고 생각합니다. 대통령이 필요할 때 필요한 사항을 항상 제때에 챙겨드리는 민첩성이 있으면서도 꾸중을 들은 경우에도 외부에 이를 전가하지 않고 삭일 줄 알아야 하며 또 급하다고 졸속으로 처리하지 않아야 합니다. 특히 이제부터 결과보다 과정을 중시하는 쪽으로 방향이 잡힌 이 시점에서는 이런 느긋한 마음이 꼭 필요하다고 봅니다. 그래야만 민주화가 착실히 추진될 것입니다.

3.5 저는 항상 제도보다는 운영이 중요하다고 생각하고 있기 때문에 이런 말씀을 드렸습니다. 제 말씀은 이것으로 그칠까 합니다. 두서없는 말을 경청해 주셔서 감사합니다.

〈별첨 4-8〉
1987.12
대통령(노태우)직 인수위 보고
국무총리행정조정실장

대통령비서실과 내각과의 관계 정립

1.1 대통령비서실과 내각과의 관계는 대통령의 국정운영 스타일에 따라 달라진다 하겠습니다.

6·29선언과 대통령선거공약에서 나타난 차기 대통령의 국정운영방향은 한두 사람의 천재에 의한 최선의 국정운영보다는 많은 사람의 능동적 참여에 의한 차선의 것이 보다 낫다는 것으로 집약할 수 있을 것입니다. 다시 말하면 권위주의적 국정운영은 탈피하겠다는 것으로 이해됩니다. 이런 전제 아래서 대통령비서실과 내각과의 관계정립문제를 살펴보고자 합니다.

1.2 먼저 정책의 전개과정을 몇 단계로 나누어 보면 정책적 문제제기 과정인 현실에 대한 인식과정 즉 recognition단계 그리고 이를 토대로 한 정책형성의 과정 즉 policy formulation단계 그리고 정책의 집행과정 즉 implementation단계 마지막으로 그 결과를 평가하는 evaluation단계로 나눌 수 있을 것입니다.

1.3 정책전개의 첫째 과정인 recognition단계에 있어서는 각 행정부처는 자기 중심적 내지는 자기 옹호적인 견지에서 좁게 문제를 보고 현실을 해석하려는 경향이 있습니다. 따라서 국정의 최고책임자인 대통령

을 직접 보좌하는 비서실에서는 이러한 점을 보완할 수 있는 역할을 해야 한다고 봅니다. 그 방법으로서는 각계의 경륜 있는 인사들의 높은 식견이 대통령에게 잘 전달될 수 있도록 해야 할 것입니다. 가령 앞으로 구성될 국가원로자문회의, 국가안전보장회의, 민주평화통일자문회의, 국민경제자문회의를 실효성 있게 운영해 나가야 할 것이며 또는 ad hoc base로 교육, 농촌 등 특정문제에 대한 전문가모임을 비서실이 조직해서 그 의견이 대통령에게 제시되도록 함으로써 대통령이 보다 높은 차원에서 국정을 이끌어 나가도록 해야 할 것입니다. 이와 아울러 비서실은 대통령이 가지고 있는 현실에 대한 인식과 이에 따른 문제의식을 정확히 내각에 소통 전달하는 임무를 수행하여야 할 것입니다.

1.4 다음 단계인 정책형성이나 집행과정은 비서실이 관여하는 것보다는 행정 각 부처가 책임을 지고 해 나가는 것이 좋다고 봅니다. 이렇게 하면 전문적 기술관료에 의한 각종 정책대안이 검토될 수 있을 뿐만 아니라 높은 책임의식 때문에 행정예고 등의 절차를 거쳐 광범위한 의견수렴도 해 나가게 될 것입니다.

1.5 이와 같이 각 부처 책임 하에 정책의 입안과 집행을 해 나가도록 하는 데 있어서는 우리가 고려하여야 할 사항은 부처 간의 사전협조입니다. 우리 행정풍토에서 가장 잘 안 되고 있는 부문이 기관 간의 협조라고 생각합니다. 우리나라는 수직(垂直)은 잘 되는데 수평(水平)이 잘 안 됩니다. 기관 간의 협조를 강화해 나가기 위해서는 국무총리의 기능을 최대한 활용하는 것이 바람직하다고 하겠습니다.

국무총리는 대통령의 최고보좌책임자로서 행정각부를 통할하도록 되어 있습니다. 국무회의를 활성화해 나가거나 또는 총리 주재 관계장관회의를 활용해 나가면 기관 간의 협조는 원활화될 것입니다.

그런데 총리가 이러한 조정통할기능을 원활히 수행하기 위해서는 대통령비서실에서 총리를 경쟁자로 생각하지 말고 대통령의 최고보좌책임자라는 인식을 가져야 가능할 것입니다. 대통령이 적이도 1주일에 2회

정도는 정기적으로 총리를 만나서 보고도 듣고 상호의견을 교환하는 기회를 가져야 할 것입니다. 물론 정책대안의 선택에 있어서 중요한 당정 간 또는 부처 간 이견이 팽팽히 맞서 총리 선에서 조정이 안 되는 것은 대통령이 결단을 내려야 할 것입니다.

1.6 그러나 비서실에서는 정책형성이나 집행에 관여는 않는다 하더라도 각 부처의 중요정책동향은 항상 파악하여 대통령이 필요 시 제공하는 기능을 수행해 나가야 할 것입니다. 특히 힘이 없는 부처의 업무에 사각지대가 없도록 하는 방향의 동향파악기능을 강화해 나가야 할 것입니다.

1.7 끝으로 정책의 결과를 평가하는 문제는 총리실의 감독기능, 감사원, EPB의 심사분석기능 등을 통하여 수행되고 있지만 비서실에서도 이에 관심을 기울여야 된다고 봅니다.

비서실에서는 이러한 각급기관의 평가는 물론 언론 및 각계에서 제시하는 평가도 관심을 가지고 종합하여 대통령의 국정운영 자료로 제공하여야 할 것입니다.

2.1 이상에서 말씀드린 것을 요약해 보면 비서실은 기본적으로 내각과 경쟁적 위치에서보다는 상호보완적 위치에서 임무를 수행해 나가야 할 것이며 특히

1) 대통령이 현실에 대한 정확한 인식과 문제의식 아래 국정방향을 구상할 수 있도록 하고
2) 국정의 흐름을 파악하여 필요조치를 할 수 있도록 각종 자료, 정책방향 및 정보를 제공하는 데 역점을 두어야 할 것입니다. 그리고 내각에는 대통령의 뜻을 정확히 전달하고 대통령에게는 내각의 의사가 소통될 수 있도록 하는 데 역점을 두고 조정자로서의 역할은 삼가야 할 것입니다.

2.2 그리고 국무총리는 대통령의 최고행정보좌책임자로서 행정각부의 협조를 원활화 하면서 조정자로서의 역할을 수행해 나가야 할 것입니다.

2.3 또한 행정 각 부처도 자기책임 하에 소관업무를 추진해 나가야 하겠습니다.

이상으로 대통령비서실과 내각과의 관계정립에 관한 저의 소견을 말씀드렸습니다.

〈별첨 4-9〉
2002.9.30
국무총리실 연찬회
카이스트 초빙교수 (전 국무총리 행정조정실장)

국정관리와 정책 조정

이 글은 2000년 9월 30일 국무총리실 연찬회에서 이규성 장관님께서 강의하신 내용을 요약 정리한 것입니다.

이 글 중 2000년 당시의 사실적 상황 설명이 오늘의 그것과 달라 자칫 오해의 소지가 있어 이 책에 싣는 것이 주저된다는 이 장관님의 말씀도 계셨지만 이 글의 내용이 국무총리실의 업무수행에 있어 훌륭한 지침을 제시하고 있어 이 장관님께 간청을 드려 게재케 되었습니다.

오늘 강의는 「국정관리와 정책조정」을 주제로 하되 행정조정실장으로 5년여 동안 재임하면서 겪은 경험을 토대로 진행해 줄 것을 요청받았습니다. 나는 이를 국가 정책의 형성·집행·평가 과정에서 국무총리실이 어떻게 업무를 수행해 나갈 것인가에 대해 이야기 해달라는 것으로 이해하고 강의를 진행하고자 합니다.

국무총리가 국정수행에 있어서 어떤 역할을 해왔고 또 기대되는 역할은 무엇인가에 대해 전직 국무총리 한 분께서는 "대통령이 국정의 최고책임자로서 소신껏 나라를 이끌어 나가도록 보좌하고 또한 장관들이 스스로 최선을 다할 수 있도록 뒷받침하고 필요하면 조정해 주는 것"이라고 말씀하신 바 있습니다. 참으로 타당한 말씀입니다. 그러나 여기에

한 가지만 추가한다면 정치권과의 원만한 협조를 들고 싶습니다. 한편 국무총리 비서실과 국무조정실의 기본적 역할은 국무총리께서 이러한 역할을 제대로 하실 수 있도록 보필하는 것입니다.

국무총리의 대통령 보좌에 있어서는 대통령의 국정이념이나 소신이 국정에 제대로 관철될 수 있도록 각계각층의 국민과 대화를 통해 설득하고, 상황 변화나 예기치 않은 사건 발생 시 실기(失機)하지 않고 정확한 상황 분석에 의한 대응책을 마련하여 건의하는 것이 중요한 일입니다. 국정에 관한 대통령과 총리 사이의 현실인식과 대응방안에 대한 공유가 매우 중요하므로 주례보고를 정례화하는 것이 꼭 필요하다고 봅니다.

사실 삼청당(三淸堂)은 국무총리께서 각계각층과의 대화의 장소로 활용되어 왔습니다. 국무조정실에서는 여건의 변화에 맞추어 또 각 부처의 의견을 수렴하여 연도별로 국정지표를 구체화하여 시정목표를 정하여 시달하여 왔으며 긴급현안 발생 시 그 처리방안을 건의하기도 하였습니다. 6공화국 때부터는 국무총리의 주례보고를 정례화하여 국정운영의 원활화를 기하였습니다.

국무총리의 내각의 통솔 및 정치권과의 협조 기능에 있어서는 무엇보다도 여러 부처가 관련된 업무나 시급성이 요구되는 업무에 대해 계획이나 지침을 수립·시달하는 것이 중요합니다. 그러나 집행단계에서는 각 부처에서 역량을 발휘할 수 있도록 도와주고 국무총리실은 이를 follow-up 하는 역할에 그쳐야 할 것입니다. 86 Asian Game과 88 Olympic Game의 준비계획은 행정조정실에서 주관하고 실천은 각 부처가 맡아 이 두 대회를 성공적으로 개최할 수 있었습니다.

또한 정책 집행과 관련하여 부처 간 갈등 또는 적극적 권한 다툼이 생길 경우 이를 조정하는 역할도 중요합니다. 그동안 필요 시 총리 주재 관계장관회의, 국무조정실장 또는 담당조정관이 관계관 회의를 주재하여 적극 해결하여 왔습니다. 그리고 총리소속기관이 제대로 역할을 할 수 있도록 도와주고 정책조정기능을 활성화하는 노력도 중요합니다.

당정협의, 야당과의 협조, 국회 출석 답변도 매우 중요합니다. 정치권과의 협조는 매우 미묘하고 인내가 필요하므로 국무총리실에서는 섬세한 감각을 가진 준비가 필요합니다.

이러한 일반론을 토대로 이 시점에서 국무총리실의 역할에 거는 기대를 세 가지만 말하겠습니다.

첫째는 최근의 정세와 관련하여 총리실에 거는 기대입니다. 최근의 정세를 살펴보면 경제면에서는 석유 값 급등, 반도체 가격 하락 등이 일어나고 전반적인 금융·기업의 구조조정도 부진하여 경제 불안이 가중되고 있고 사회면에서도 의약분업파동, 끊이지 않는 노사분규 등으로 무질서·무책임·무절제가 만연된 데다 부패도 줄어들지 않고 있습니다. 과연 이런 토대 위에 건실한 국가 발전이 가능한가를 생각해 봐야 할 것입니다. 여러 가지 개혁에 대한 비판은 겸허히 받아들이되 커다란 방향은 올바르게 가도록 해야 할 것입니다. 바로 여기서 국무총리실이 개혁의 큰 방향을 이끌어가는 역할을 해 주기를 기대합니다.

둘째로 규제 개혁 업무에 있어서 건수 위주의 개혁은 시정되어야 합니다. 이제 규제개혁의 지향점은 시장경제와 민주주의가 정착될 수 있는 제도를 구축하는 것이어야 합니다. 현행 법령은 정부 주도형 경제 하의 온정적 간섭주의에 토대를 두고 있을 뿐만 아니라 IT혁명에 따른 여건의 변화도 반영하지 못하고 있습니다. 땜질식으로 규제건수 하나하나를 심의해 나가는 것보다는 경기규칙을 어떻게 만들 것인가, 자율과 책임이 어떻게 조화를 이루도록 할 것인가 하는 등의 문제의식 아래 시장경제와 민주주의 확립에 필요한 제도와 절차를 마련하다는 자세로 법령체계를 근본적으로 고쳐나가야 할 것입니다. 세계화가 깊이 통합되고 있음을 감안할 때 우리의 제도와 관행을 global standard와 best practice에 bench-marking하여 개선해 나가야 할 것입니다.

셋째로 심사분석평가에 있어서 형식적인 것보다는 실질적인 측면에서 이루어져야 한다고 봅니다. 공무원 해외유학제도는 1970년대에 선진 외국 정책 담당자와의 교류, 세계석학들과의 대화 등을 통해 우리 공무원의 안목을 키우고 경륜을 쌓도록 하는 의도에서 도입되었으나 현재는 학위 취득의 목적으로 변질되었습니다. 이런 예를 거울삼아 형식적인 진도 평가나 할 것이 아니라 input-output 분석을 통해 정책의 실효성과 효율성이 제대로 분석되어야 할 것입니다.

이제 국무총리실 공무원들이 맡은 바 역할을 제대로 하기 위하여 어떤 자세를 가져야 할지 살펴보겠습니다. 총리실 공무원들의 가장 큰 임무는 국무총리께서 편안하게 집무하실 수 있도록 보좌하는 것이라 하겠습니다. 이를 위해서는 국무총리 비서실과 국무조정실 간 원활한 업무 협조와 이해가 있어야 하며 불화가 있어서는 곤란합니다. 그리고 청와대 비서실과도 원만한 협조체계를 구축해야 합니다.

또한 각 부처에 대해 군림하거나 각 부처의 업무를 직접 수행하는 일은 없어야 합니다. 각 부처로 하여금 업무를 능동적으로 수행하도록 격려하고 성원해야 하며 이해하는 자세를 견지해야 합니다. 국무총리실의 권위나 위상은 만들어지는 것이 아니라 오랫동안 축적에 의하여 이루어지는 것임을 명심해야 합니다. 군림하기보다는 한발 앞서 문제를 제기하고, 나아가 격려하고 응원해 나가는 것이 축적되면 국무총리실의 위상은 저절로 높아질 것입니다.

그리고 정책결정과정에 국민의 직접참여가 확대되는 추세에 있지만 이 과제는 국민의 정책에 대한 이해를 높이고 나아가 국민의 힘을 국정과제 수행에 결집시키는 계기가 될 수 있다는 적극적인 인식을 가지고 추진해 나가야 합니다. 또한 각 부처와의 인사교류를 활성화함으로써 전문지식을 넓히고 경쟁을 통한 능력개발 기회를 가져야 한다고 생각합니다.

우리가 사는 이 시대는 대전환기이며 이 시대를 슬기롭게 살아나가는 데는 시대정신의 실천을 위한 개혁의 추진이 중요하다는 것을 말씀드리는 것을 오늘 강의의 결론으로 삼고자 합니다.

우리가 사는 세상에는 항상 변화가 있기 마련이지만 작금의 변화는 그 폭과 속도가 크고 빠를 뿐만 아니라 우리의 장래에 커다란 영향을 미칠 수 있는 변화이기 때문에 지금은 대전환기라 할 수 있습니다.

오늘날 우리는 세계화·정보화·다양화의 커다란 변화 속에 살고 있습니다. 세계화에 대응하여 우리는 하루빨리 global standard에 적응해야 하며 정보화 등 기술혁신 추세에 맞추어 우리의 창조력을 높여야 하며 다양한 사회이익집단 간의 갈등을 해소해 나가기 위해서는 공정한 규칙의 확립이 필요합니다. 이제 적응·창조·공정의 확립은 이 시대의 정신(Zeit Geist)이라 할 수 있습니다.

우리는 이러한 시대정신이 구현될 수 있도록 제도와 지배구조 그리고 문화의 개혁을 완성해야 합니다. 우리가 과거와 같은 무책임·무절제·무질서로 되돌아간다면 우리는 영원히 IMF 관리체제로부터 졸업할 수 없습니다.

국무총리실은 앞장설 수 있는 위치에 있는 만큼 시대정신을 구현하기 위한 구조개혁에 앞장서서 21세기에 우리나라가 국제사회의 선진 대열에서 당당히 경쟁해 나갈 수 있도록 해 주기를 다시 한 번 말씀드립니다.

이규성의 기록
소이논집
공무원 시절

초판발행 2020년 3월 31일

지은이 소이산업 회장 이규성
펴낸이 안종만

편 집 장유나
기획/마케팅 조성호
표지디자인 박현정
제 작 우인도·고철민

펴낸곳 도서출판 박영사
경기도 파주시 회동길 37-9(문발동)
등록 1952. 11. 18. 제406-3000000251001952000002호(倫)
전 화 02)733-6771
f a x 02)736-4818
e-mail pys@pybook.co.kr
homepage www.pybook.co.kr
ISBN 978-89-10-98012-4 93320

정 가 20,000원